日本幼児体育学会認定
幼児体育指導員養成ガイド

幼児体育

実技編

日本幼児体育学会　編

編集代表　前橋　明

石井　浩子
岩城　淳子
田中　光
岡　みゆき
原田　健次
楠　美代子
越智　正篤
米谷　光弘
伊藤　華野
梶谷　信之
松尾　瑞穂
田中　芳美
石原由美子
佐野　裕子
北田　和美
森　博史
片岡　正幸
永井　伸人
池谷　仁志
廣瀬　団　著

大学教育出版

ごあいさつ

子どもの幸せづくりのための「幼児体育」実技の普及

日本幼児体育学会 会長　前橋　明
（早稲田大学　教授・医学博士）

「幼児体育指導員」養成10周年と幼児体育実技書の編纂

子どもたちの幸せづくりに、「幼児体育」に何ができるかを考えて、日本幼児体育学会が奮闘努力してきた12年が過ぎようとしています。幼児体育の理論と実践のノウハウを、多くの人々に知っていただき、子どもたちを育んでほしいと、「幼児体育指導員養成講習会（幼児体育指導員資格認定委員会）」を立ち上げました。その講習会も、11年目を迎えました。早いものです。

「初級」から始まり、「中級」「上級」と膨らみ、大学での保育者養成課程や幼稚園教員養成課程で、「幼児体育講座」を指導できるようにと、「専門」コースも立ち上げてきました。そして、「リズム運動指導員」資格、「運動遊具の安全管理･安全指導スペシャリスト」養成も加わり、現在までに6,000人もの幼児体育指導員を輩出して参りました。

そして、この10周年を記念して、資格認定委員会として、世の中に役立つものを残そうと、本実技書を編纂することにいたしました。本書は、本講習会の実技講座で指導されている幼児体育テキストの実技内容でもって構成しております。

これからの幼児体育や保育、教育、福祉をはじめとする指導者の皆様の体育実技の道しるべとして、少しでも役立てていただきたいと願い、まとめてみました。本書が有効に使われることを祈っております。

これからの夢

これからの歩みの中で、「幼児体育」に関する多くの研究知見や、皆様のすばらしい知恵が結集されて、次号が編纂されますことを、楽しみにさせていただき、筆を置くことにいたします。

2017年１月１日吉日

幼児体育 ―実技編―

目　次

1章

準備運動

〔前橋　明〕

準備運動では、手や足を振ったり、首をまわしたり、ジャンプしたりして、後に行う運動が安全に効率よく実施できるように、筋肉の緊張をほぐし、関節の可動域を広げ、血液循環をよくし、体温を高めておきます。

そのためにも、幼児には、わかりやすい大きな動きのある体操を補っていきます。とくに、幼児の落ち着かない気持ちを和らげることをねらうとよいでしょう。

実際では、運動ができるように、お互いの距離や間隔を適切にとらせます。準備運動の補助は、できるだけ子どもたちの後ろから行います。前に立つと指導者が見えなくなるし、各補助者が個別に幼児をリードするようになり、幼児の自主的な活動をさまたげる恐れもあるからです。ただし、全く動きを見せない幼児には、補助者による１対１のリードが大いに必要になってくるでしょう。

上肢の運動をしよう

1）屈伸運動をします

・ボールを持って屈伸させたり、鉄棒にぶらさがって屈伸させると、上肢の動きが子どもにわかりやすくなります。

2）挙振運動をします

・上体を起こし、腕を横や斜め上にリズミカルな動きで大きく動作させます。
・前から上、前から横にも振らせます。
・片腕を交互に振らせます。
・振りはじめを強く、もどすときには力を抜いて自然に振るようにさせます。

3）回旋運動をします

・腕のつけ根を中心にし、大きな円を描くように回旋させ、肩関節の可動域増大をねらいます。
・片腕（両腕）を前後（横）に回旋させます。
・両腕を８の字に回旋させます。
・はやく、あるいは遅く、スピードに変化をつけて回旋させます。

下肢の運動をしよう

1）屈伸運動をします

・かかとをつけたままで、あるいはかかとを上げて前屈伸運動を十分にさせます。
・手は両膝から離れないようにさせますが、バランスがとりにくければ、助木や補助者につかまって屈伸運動をさせます。
・伸ばした足の膝を手のひらで押して十分に伸ばすようにさせます。
・正確にできるようになれば、腕を振ったり、回旋したりしながら屈伸運動をさせます。

2）前後に振り上げます

・バランスをとりにくい子どもには、手を支えたり、腰をもつ等して補助します。
・上肢の運動を複合して行わせます。
・次第にはずみをつけ、大きく振らせます。

3）左右に振り上げます

・バランスを保ちながら行わせます。バランスがとりにくければ、壁やイスにつかまらせたり、２人組でバランスをとりながら行わせます。
・次第にはずみをつけ、大きく振らせます。
・上肢の運動を複合して行わせます。

4）ジャンプします

・両足とびや片足とびをさせて、とび方を工夫させます。
・２人組になったり、助木につかまったりして行わせます。
・バランスをとりながら行わせます。
・ボールがはずむように、リズミカルにジャンプさせましょう。

5）足を大きく前後に開きます
・バランスをとりながら、少しずつ足を前後に大きく開くようにさせます。

6）足を大きく左右に開きます
・膝を曲げないように、足を左右に大きく開き、足を十分伸ばすようにさせます。

首の運動をしよう

1）首を前後に曲げます

・首が前後に十分曲がるよう、目印となるもの（床・天井）を知らせてあげましょう。

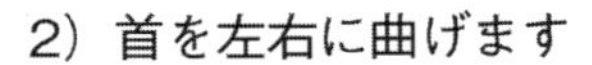

2）首を左右に曲げます
・肩の力を抜き、首を左右に曲げさせます。

3）首を左右にひねります

・後頭部から背すじをまっすぐにしたまま、顔を左右に向けさせます。

4）首を回旋します

・肩の力を抜き、目は開けたままで、首をしっかり回旋させます。

胸の運動をしよう

1）腕を前から左右に開きます

・少し開脚して、バランスをとりながら運動させます。

・顔は前を向き、腕は肩の高さから下がらないように指導しましょう。

・腕を左右に開いたときに、胸をはるようにさせます。

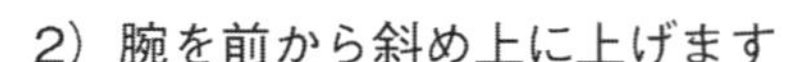

2）腕を前から斜め上に上げます

・あごを少し上げ、顔はやや上向きの状態にして行わせます。

・腕を斜め上に上げたとき、胸をはるようにさせます。

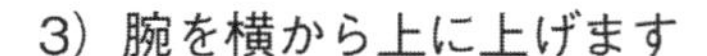

3）腕を横から上に上げます

・バランスをくずさないように運動させます。

・肘が曲がらないようにさせます。

4）下肢の運動を複合しながら、胸の屈伸運動を行います
・屈膝しながら腕を左右に開き、胸を伸展させます。腕と足の協応をはかります。

体側の運動をしよう

1）からだを左右に曲げます
・上体が前かがみにならないようにさせます。
・腕のつけ根が耳に触れるようにさせます。
・上肢の動き（腕の曲げ伸ばしや振り）を下肢の動きと合わせて、からだを左右に曲げさせます。

2）２人組で引っぱり合います
・タイミングを合わせ、適度な力で互いに引っぱり合わせます。

3）２人組で（リングを持って）引っぱり合います
・最初はゆっくり行い、タイミングをつかむようにさせます。

背腹の運動をしよう

1）上体を前後に曲げます

・開脚と閉脚で行わせます。
・前に曲げるときは膝を伸ばし、後ろに曲げるときは膝を軽く曲げさせます。
・上体を前に曲げるときに、上体の力を抜かせます。
・はずみをつけて、上体を前後に曲げさせます。
・腕の振りを加えさせます。
・後ろに曲げたときは、あごを上げながら開き、頭の重さと腕の振りで後ろの床が見えるまで曲げさせます。
・バランスをとりながら行わせます。

2）上体を左右に曲げます

・バランスを保ちながら行わせます。

3）ブリッジをします

・あお向けの姿勢から、両手・両足を地床につけた姿勢をとり、腰を上に上げてからだをそらせます。
・手と足の距離をできるだけ狭くし、腹部を高くさせます。
・目は手の位置を見るようにさせます。

胴体の運動をしよう

1）からだを左右に回します

・少し開脚して、両足のかかとをしっかり地面につけて、からだを左右に回すようにさせます。

2）からだを回旋します

・腕を大きく振り、その反動を利用して、からだを回旋させます。

・両腕でリズムをとりながら、上体を回旋させます。最初はゆっくり行い、次第にはずみをつけてリズミカルに行わせます。

・８の字にも回旋させます。

開いて閉じて閉じて

足は「開く」「閉じる」「閉じる」の運動を、手は「横（水平に）」「下（体側に）」の運動をくり返しながら、手足いっしょに行います。

忍者のとび起き

正座姿勢から両腕を振り上げて、一気に立ち上がります。

背中合わせ立ち

背中合わせになって腕を組み、足を伸ばしてすわります。合図ですばやく立ちます。

ジャンケンまたくぐり

２人１組でジャンケンをし、負けたら、勝った子のまたの下をくぐり抜けます。
（足ジャンケン・表情ジャンケン・身体ジャンケン・回りジャンケン）

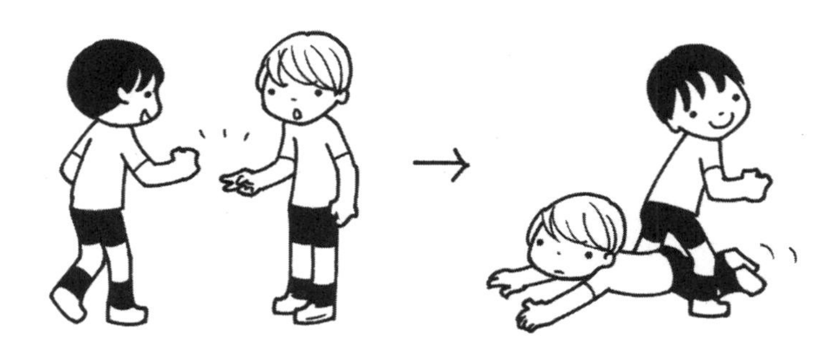

足踏み競争

向かい合い、しっかりと両手をつないだ姿勢で、お互いに相手の足を踏み合いっこします。

2章

身体表現・表現あそび

〔前橋　明〕

1　身体表現のねらい

身体表現活動のねらいとしては、

1）　身体の動きの美しさに対する豊かな感性をもつこと

2）　感じたことや考えたことを、身体の動きを用いて表現すること

3）　生活の中でイメージを豊かにし、様々な身体表現を楽しむこと

の３点があげられます。

その具体的な内容としては、

1）　生活の中で、様々な動きや音、色、形、感触などに気づいたり、楽しんだりすること

2）　生活の中で、美しいものや心を動かす出来事にふれ、イメージを豊かにすること

3）　様々な出来事の中で、感動したことを身体の動きを用いて伝え合う楽しさを味わうこと

4）　感じたことや考えたことを、音や動きで表現すること

5）　いろいろな素材に親しみ、工夫して遊ぶこと

6）　音楽に親しみ、歌を歌ったり、簡単なリズム楽器を使って身体運動の楽しさを味わうこと

7）　自分のイメージを動きや言葉で表現し、演じて遊ぶ楽しさを味わうこと

をとりあげたいものです。

表現活動は、模倣（または再現）と異なり、子どもたち自身の思いや考えを第三者に伝えることです。すなわち、自己表現する行為そのものが表現活動であり、指導者の指示や指導者の行う通りにする模倣とは全く違うものです。

2　幼児体育における身体表現活動の留意点

1）　意欲を育てる活動にします。

①　子ども自らが進んで活動に取り組みたくなったり、それを達成した時に喜びや満足感を感じることができるような活動を準備しましょう。

②　叱咤激励や賞罰によって活動する受け身の活動にならないよう、注意しましょう。

③　“できた”という喜びをもたせるために、子どもたちに共感し、誉めて、認めていきましょう。

2）　社会性を育てる活動にします。

子ども同士が関わることのできる活動を、発達段階に沿って展開させましょう。個々の喜びだけでなく、集団で活動することにより得られる喜びや協調性を経験し、その喜びと関わりを共有させます。

3） 信頼関係を育てる活動にします。

自分の思いや考えを第三者に伝え、それが受け止められて、表現は成立しますので、思いを素直に伝えられるためには、指導者と子どもたち、または子どもたち同士の中に、信頼関係が必要となってきます。

4） 子どもたちの心に気おくれや感情の萎縮のないよう、常に開放的な雰囲気づくりをします。

5） 活動中は、立ち止まって考える状態をつくらないようにし、常に身体を動かして、リラックスできるようにします。

6） 個々からでた表現には共感し、認めて、意欲をもたせるようにすることが大切です。とくに、他児と異なった表現をした時には、皆の前で取り上げて、良い点や工夫した点を知らせるようにします。

3 リズム（Rhythms）とは

リズム運動は、子どもたちの生活経験の一つとして必要とされ、子どもたちは、リズム運動の中での移動系運動スキルを通して身体の使い方をより理解できるようになります。そして、自信をつけ、情緒の安定を図り、社会性づくりにも役立ちます。さらに、この活動では、多くの子どもたちを、運動に一度に参加させることが可能です。そして、この活動を心から楽しんで実践できるようになると、それはすばらしい健康づくりにもつながっていきます。

（1）運動面においては

1） 一様のリズムや不規則なリズムの運動パターン、軸上のリズミカルな運動パターンをつくり出すことができるようにします。

2） 一様の拍子で走って、不規則な拍子でスキップすることも経験させます。

3） 怒りや恐れ、楽しさ等の情緒を、リズム運動を通して表現できるようにします。

4） リズミカルな動きのパターンを創作できるようにします。

(2) 知的面においては

1）　リズミカルな運動パターンの違いを見分けることができるようにします。

2）　ユニークでリズミカルな表現を創作できるようにします。

(3) 社会面においては

1）　運動実践において、個々の創作を受け入れ、その良さを理解できるようにします。

2）　リズム運動を楽しむことができるようにします。

3）　他児と協力したり、自己表現の一方法としての基礎的リズムやダンススキルを知り、それらを理解するとともに、表現できるようにもします。

(4) 指導者のねらい

幼児のリズム運動指導のねらいを、まとめてみますと、次のようになります。

1）　音楽や動きに合わせて、適切に拍子をとることができるようにします。

2）　運動の強さと量が十分経験できるリズム運動を通じて、望ましい体力を身につけさせます。

3）　音楽に合わせて、簡単な動きを創れるようにします。

4）　音楽に合わせた手あそびや歌ゲーム、リズム体操、ダンスができるようにします。

4　活動内容

(1) 基本のリズム（Fundamental Rhythms）

1）　拍子を聞いて、手拍子を打ったり、足を打ったりして応えることができるようにします。

2）「速い」「遅い」、および、「音の大きい」「静かな」という状態の概念を、リズミカルに遂行できるようにします。とくに、声の抑揚、手たたきや足踏み、または、音楽楽器やロープ、テープ等の使用を導入することも有効です。

3）　音楽に合わせて動いたり、行進したり、あるいは、リズミカルにボールをついたり、棒やパラシュートを使っての動きを経験させたりします。

①　リズムの変化に応じて動くようにします。

②　音楽を使ったボール運動を経験させます。

③　リズムの変化に応じて、棒やパラシュートを利用した運動ができるようにします。

④　音楽に合わせて行進したり、指示に従って方向を変えたりできるようにします。

4） 特定の身体部位を動かしたり、スカーフやテープ等の用具を使ったりして、独創力を強調することによって、音楽に応じた動きを創作できるようにします。

5） 歌や歌あそび、ダンスの活動に喜んで参加できるようにします。

（2）移動運動（Locomotor Movements）

拍子を聞いて、その拍子に合わせて歩いたり、走ったり、ジャンプしたり、ホップしたり、ギャロップしたり、スキップしたり、スライドしたりできるようにします。

（3）その場での運動（Non-Locomotor Movements）

音楽に合わせて、押す、引く、曲げる、伸ばす、ひねる、まわる、持ち上げる、振る等の動きを経験させます。

（4）歌ゲーム・ダンス（Singing Games and Dance）

これから行う活動の背景について話した後、子どもたちに音楽を聞かせ、詩を教えます。次に、動きを教え、上達したらバリエーションをつくるようにします。こうして、歌を歌いながら行う歌あそびやゲームができるようになります。

ダンスでは、フォークダンスやスクエアーダンスの中から、幼児にわかりやすいものを取り上げます。例えば、「ホーキ・ポーキ」や「チーチコチャチャチャはおまじない」がよいでしょう。

（5）操作系運動スキル（Manipulative Skills）

身体を楽器として使う場合、多くの動きを誘発できる快活な音楽を用い、活動は、リーダーの指示に従って行います。つまり、リーダーは動きをつくり、子どもたちはリーダーの後に従います。

1） 身体を楽器として使う場合

〈動きの提案〉

㋐ 手をたたく

㋑ 足を打つ

㋒ 指を鳴らす

㋓ 腕を交差する

㋔ 手を振る

(カ)　つま先で床を軽くたたく

〈バリエーション〉

提案した動きを組み合わせたり、自分で考えた2つの動きを組み合わせて新しい動きを作ってみます。そして、子どもたちの能力に応じて、一連の動きの変化を次第につくりあげてみます。

2）　楽器を使う場合

リズム用楽器を使う活動では、打棒やドラム、トライアングル、シェイカー、砂入りブロック、木製ブロック等を使用しますが、とくに打棒とドラムを推薦します。具体的には、リーダーのつくった動きを、子どもたちが後に続く形で行わせます。

〈動きの提案〉

動きの提案としては、①一定の拍子でコツコツたたきます。②音量を上げたり、下げたり、さらに、③拍子にアクセントをつけて、リズミカルなパターンをつくるようにさせます。

〈バリエーション〉

(ア)　床の上で軽く打ち、そして、頭の上で打ちます。

(イ)　楽器から流れる音の高低に合わせて、高く、また、低く歌います。

(ウ)　楽器の音量に合わせて、大きく、優しく歌います。

(エ)　手の使用を強調します（右手で2拍子、左手で2拍子など）。

(オ)　手拍子（手たたき）の数を増やします。

(6) 評　価

リズム運動の評価の例として、次の4点を紹介します。

1）　与えられた空間で、いろいろな動きを実行できるかどうか。

2）　簡単な移動系運動スキルとその場での運動スキル（非移動系運動スキル）の動きを組み合わせて、運動できるかどうか。

3）　教えられた言葉の理解と使い分けができるかどうか。

4）　習った歌あそびやゲーム、ダンスが実践できるかどうか。

風　船

子どもたちが、風船になって、ふくらんだり、割れたり、しぼんだり、飛んだりする様子を表現します。

事前に風船を使ったあそびをしっかりしておくとわかりやすいです。

1　風船って何だろう

指導者は、事前に風船をポケットに用意し、「今日は、いいものを持ってきたよ」と言いながら、ポケットの中から風船を１つ取り出して、ゆっくり、大きくふくらませてみせます。

風船の口を軽くつまんで、ゆっくり空気を抜いてみせたり、つまんでいる指を離して投げ上げてみたり、また、最後に、ピンを取り出して風船を割ったりします。

2　風船になろう

① 「ぺしゃんこの風船になってみるよ」と言って、身体全体を空気の入っていない風船に見たてます。

② 「風船に空気を入れていくよ」と言って、「フーッ！」と吐く息の音をたて、音に合わせて上体をふくらませます。

③　途中でふくらませるのをやめて、「スゥー！」と言って、最初の姿勢にもどって、空気が抜けたことを表現します。

④　もう一度ふくらまし、ふくらんだ風船の口を離した時、風船が飛んでいく様子を表現します。

⑤　今度は、いっぱい空気を吸って一気にふくらませ、だんだん大きくなって、「パン！」と言って割れます。

⑥ 「割れてしまった！今度は、もっともっと大きな風船になってみよう」と言ってから、指導者は、いたずらスズメになって登場し、「みんなの風船を割っちゃうぞ！」と言いながら、順番に一人ひとりの風船を割っていきます。

変身ごっこ

動物や機械など、いろいろなものに変身するあそびです。子どもたちが、今までに見て観察してきた動物や機械の動きの特徴をとらえて、自分なりに表現し、楽しく変身します。

1　動物に変身する

①　指導者が魔法使いになり、魔法の棒を振って呪文をとなえます。「呪文をとなえてタンバリンをたたくと、みんな、私が言った動物に変身してしまいます」と伝えます。子どもは、曲に合わせて歩きます。

②　「カエルに変身！」と言って、タンバリンを２回速くたたくと、子どもたちは、カエルになって動きまわります。

③　子どもたちの様子を見計らって、「魔法がとけてきた。みんな、もと通りになったよ」と伝えて、また、曲に合わせて歩くようにさせます。

④　動物の名前を変えて、くり返して遊びます。

2　ロボットに変身する

①　少し速めの曲に合わせて歩かせます。

②　「ロボットに変身！」と言って、タンバリンを２回たたくと、子どもたちは、ロボットになって、自由に動きを表現します。

③　「あれ、故障しちゃった。ロボットのネジが速くまわっちゃうよ」とか、「電池が切れそう、力がなくなってきた」等と、動きに変化を加える投げかけをし、活動を発展させていきます。

【メ　モ】

・個々の子どもの中であそびが盛り上がれば、自然に、変身した動物の鳴き声やロボットの動く音が飛び出してきます。動きに慣れてきたら、「その動物は、どうやって鳴くのかな？」「ロボットが歩くと、どんな音がする？」等と問いかけて、鳴き声や音を子どもから引き出していきます。

・動きを表現できなくて困っているような子どもには、「カエルは泳ぐこともできるんだよ！」「カメは、頭をつつかれると、隠れちゃうよね」等と、動きのヒントを与えていくとよいでしょう。

くっつき虫

魔法にかかったことを想定して、床や壁、積み木などに、指定された身体の一部分がくっついたり、磁石のように友だち同士がくっついたりする様子を表現します。

1 指導者が、魔法にかかって、身体の一部分がくっついて離れない様子を表現してみせます。

ガムテープやハエ取り紙などのくっつくものや、磁石のように吸いつくものの様子を見せると、わかりやすいでしょう。

2 お尻がくっついた

① 指導者といっしょに、タンバリンの音に合わせて、時計と反対の方向に歩きます。

・タンバリンをたたくリズムを変えたり、音の速さや強さに変化をつけます。

・同じ方向にまわるだけでなく、あそびに慣れたら、自由に歩かせます。

② 「お尻がくっついた！」と言って、タンバリンを「パン！」と鳴らし、お尻を床につけます。

③ 「魔法がとけた！」と言って立ち上がります。子どもたちが立ち上がったら、再びタンバリンの音に合わせて歩きます。

3 手のひら、頭、頬など、他の身体の部分を床にくっつけたり、身体の２カ所をいっしょにくっつけたりします。

4 指導者が指示をせず、子どもが考えたところを、床にくっつけるように指示し、どこがくっついてしまったのか、尋ねてみます。

5 磁石あそび

① 指導者が、引っ張る方の磁石になり、「みんなをくっつけちゃうぞ」と言って、子どもに少しずつ近づいていきます。

② 子どもは、吸いつけられて指導者にくっつきます。

③ 指導者の代わりに、１人の子どもが磁石になって交代して行ったり、２～３人が手

をつないだり、腕を組んだりして１つの磁石を作って行います。

【メ　モ】

・あそびに参加しにくい子どもがいれば、無理強いをしないようにし、指導者がいっしょに手をつないで行います。

ボールになろう

実際に、子どもたちの前でボールを転がしたり、ついたり、投げ上げたりして、ボールの種類や大きさ、バウンドさせる強さによって、ボールがどのようになるのかを観察させます。

表現あそびを行うまでに、ボールを使ったいろいろなあそびを経験し、親しみがもてるようにしておくとよいでしょう。

1　ボールが弾んだり、転がったりする動きを模倣します。

「今日は、みんなが遊んでいるボールになって遊ぶよ！どんなボールになれるかな？」と、課題を与え、自分の身体をボールに見立てさせ、弾ませます。

2　転がってみよう

①　指導者は、「１、２の３！」「そーれ！」等と、勢いよくかけ声をかけて、ボールになった子ども一人ひとりを転がす真似をします。子どもが転がりはじめたら、「コロ、コロ、コロ……」と声を出して、雰囲気づくりをします。子どももいっしょに声を出すとよいでしょう。いざ転がろうとすると、身体が伸びてしまったり、手足を使ったりしてしまうので、時々、ボールの形を確認させてみるとよいでしょう。

②　２人組を作って、ボールになったり、転がす役になったりして、交代して行います。

③　３人１組になって、転がったボールをキャッチします。指導者は、このとき、子ど

もがふざけてボールを乱暴に扱わないように約束をさせ、安全に気をつけます。

3 ボールをつこう

① 指導者は、よく跳ねるボールを選び、ついて見せます。

② 「みんながボールだったら、どのくらい跳ねるかな？」と課題を与えて、子どもに、ボールになって跳ねるように伝えます。子どもの跳ねるリズムや跳ねる高さに合わせて、「ポンポンポン」と言いながら、子どもの頭に軽く触れます。

③ 指導者がリズムに合わせて歌を歌いながら、子どものボールをつきます。このとき、リズミカルな曲を取り入れて楽しく行えるようにします。

④ 「ボールの空気が抜けていないかな？」「空気をいっぱい入れすぎたかな！」等と言って、それらの状態のボールになるように伝えます。

4 ボウリングをしよう

① 子どもたちを２グループ、または３グループに分け、それぞれのグループの中から、ボールになる子と、ピンになる子を決めます。ボールになった子は、ピンになった子どもたちを転がって倒します。ボールになる子やピンになる子にも、転がり方や倒れ方を工夫させます。

② グループ対抗ボウリング大会

倒れた数を競うのではなく、倒れ方や転がり方の表現の工夫をみんなで認め合います。

テンポを変えよう

毎日のいろいろな行動を、いつものテンポから、スローなテンポに変えて、そのときの動作を感じとって遊びます。ここでは、子どもたちの毎朝の行動を、流れに沿って行ってみます。

① 「みんな、朝起きて一番にすることは何？」と尋ね、「それから……」と質問を続けます。

② 子どもたちから出てきた行動を聞きながら整理し、指導者が流れに沿ってジェスチャーをします。子どもたちもいっしょに行います。

③ 「もし、目が覚めたとき、時計の針がかけ足をして、はやくまわったらどうする？」と問いかけ、その場の活動をはやい動きで行います。

④ 今度は、「時計が止まりそう。時間がゆっくりになったみたい」と、低い声でゆっくり話し、同じ行動をスローテンポで行います。

宇宙旅行

宇宙へ飛び出して、歩いたり、走ったりすることをイメージしてあそびを発展させていきます。

① 「さあ、宇宙へ行ってみよう！」と言って、指導者は子どもたちをロケットの中に誘い込みます。

② 子どもたちがロケットに乗り込んだら、「10、9、8、7、6、5、4、3、2、1、発射！」と言って出発し、少しの間、動きまわります。一定時間がたったら、「月に着陸します。……ドーン！」と言って、倒れ込みます。

③ 宇宙をイメージする音や曲を用意して、雰囲気づくりをします。そして、「宇宙では身体がフワフワして、ゆっくりとしか歩けないんだよ」と話し、それぞれの表現でゆっくり動きまわります。

④ 月で１日を過ごすことを想定して、みんなで追いかけっこをしたり、体操をしたり、食事をしたりする場面を取り入れて遊びます。

バスで遠足

バスに乗って、でこぼこ道や急カーブの道など、いろいろな道の走行を想定し、止まっているときのバスの振動による身体の揺れやカーブ時の傾き、でこぼこ道での揺れ等を表現します。

1　バスに乗る

① 指導者のイスを運転席に見立てて、子どもたちと向かい合うように置きます。子どもたちのイスは、バスの座席のように並べます。

② 「さあ、遠足に行きますよ。みんな順番に乗ってください。出発しますよ」と言って、子どもたちをバスに誘います。

③ 指導者は運転手になり、子どもが全員座ったことを確認してから、出発の合図をします。

④ エンジンをかけるしぐさをし、指導者は、「ガタガタガタ」と小刻みにバスの振動を表現して、子どもたちも同じように震えさせます。

⑤ 「♬おおがたバス〜に乗ってます♪」と、歌を歌いながら、バスに乗った気分になります。

⑥ 「でこぼこ道になってきた」と言って、身体を大きく上下に揺らします。

⑦ 「急カーブだ」と言って、身体を大きく左右に傾けます。

⑧ 「あ！大きい穴ボコだ！」と言ったとたん、ドンと揺れて、腰を浮かします。

⑨ しばらく走って、目的地に到着します。

2　みんな運転手

① 今度は、子どもたちが運転手になり、膝を抱えるようにして座ります。

② 子どもたちは、エンジンキーをまわす真似をします。

③ 子どもたちは、それぞれの表現で震え出します。

④ みんなのエンジンがかかったら、「発車オーライ！」と言って、一斉に発車の合図を行います。

⑤ 子どもたちを自由に動きまわらせ、指導者の課題の投げかけ（例えば、急カーブ、急ブレーキ等）によって、いろいろな状態を表現させます。

⑥ 指導者が、「到着！」と言ったら、止まります。

見えない糸

見えない糸を引っ張ったり、引っ張られたりするあそびで、イメージを必要とします。

① 指導者は、右のポケットから長めのヒモを出し、身近にあるもの（例えば、イスの片足）にヒモを結んで、ゆっくり引っ張ります。

② ヒモを思い切り強く引いて、イスが倒れる状態を見せます。

③ 今度は、「今日は、みんなには見えない不思議な糸を持ってきました」と言って、左のポケットからそっと糸を出す真似をします。

④ 「先生の足に結んでみようかな」と言って結ぶ真似をし、糸を引っ張ると、足が持ち上がるように動く表現をし、高さを変えて何度か行います。

⑤ 指導者が自分の手や指などに糸を結んで引っ張ったり、また、動かす方向を変えたり、糸を離してみたりして、その動きを子どもに注視させます。

⑥ 指導者は、子ども一人ひとりの手首に糸を結ぶ真似をしていき、結び終えたら糸を持って、子どもたちの場所から下がって立ちます。そして、「みんなの手についた糸を引っ張るぞ！」と言って、全部の糸を引く真似をします。子どもたちは、指導者の動きに合わせて、それぞれの動きを行います。

⑦ 「○○君の糸を引っ張るよ」と言って、１人ずつ選んで順番に行います。

ロープ渡り

いろいろな方法で、床に置いたロープを渡って遊びます。10人いれば、10通りの渡り方が考え出され、年齢が高くなるにしたがって、多くの表現が引き出せます。

1　1本のロープ渡り

① あそびに入る前に、床にロープをテープで止めておきます。

② 指導者は、「ロープ渡りだよ」と言って、ロープの上を歩いて見せます。

③「みんなも渡ってみよう。下は海だよ。落ちないように気をつけてね」と言ってから、子どもを順番に渡らせます。

④「うまく渡れたかな？ 今度は、今と違う方法で渡れるかな？」と言って、課題を与えます。

⑤ 5～6名を1グループにしてグループ分けをし、1グループずつ行います。他のグループは、あそびが見えるところで座って待ちます。

⑥ 1人が渡り終えたら、次の子が渡りはじめるようにします。

⑦ 全員が渡り終えたら、「みんな、いろいろな渡り方を見つけたね。もっと違う渡り方はないかな？」と問いかけ、「あるよ」とか「見つけたよ」という子がいれば、みんなの前で、その渡り方を発表させます。

⑧ どうしても渡り方が見つからないときは、動きに特徴のある動物の名前をあげて、例えば、「カニさんは、どうやって渡るかな？」と投げかけをしてみます。

2　2本のロープ渡り

① 2本のロープを、30～50㎝の間隔をあけて並べ、テープで止めます。

②「今度は、2本のロープを使って渡ってごらん」と投げかけます。

③ 1と同じように進めます。

大地震

「みんな、地震って知ってる？」もし、地震を経験していれば、「どうだった？」「身体がどんなになったの？」と言って、そのときの様子を聞き出してみます。

経験はしていなくても、話を聞いたり、テレビや映画で見たりして知っている範囲で、それぞれの表現を引き出し、あそびを発展させていきます。

1 地震がきた

① 子どもたちは、友だちとの距離や間隔を開けて、自由に広がります。

② 「地震だ！」と言って、太鼓を小さい音でたたき、子どもたちは、小さく揺れます。

③ 少しずつ音を大きくするにしたがって、「足が震える！」「手も震える！」「頭も震える！」「身体全部が揺れるよ！」と言って、動きを大きくしていきます。

④ 少しずつ音を小さくし、身体の揺れも小さくしていきます。

2 地震マシン

① 子どもたちは、手をつながずに、円になって立ち、指導者は、その中に入ります。

② 「先生は、地震をつくり出す機械で、地震マシンと言います。スイッチオン！」と言って、小さく震えはじめ、「この地震は、手をつないだら、移ってしまいます」と言って、左右どちらかの子どもの手を握ります。

手を握られた子は、身体を震わせ、隣の子の手を握ります。このとき、指導者は、動きが途切れないように、地震が伝わっていく様子を子どもに伝えていきます。

③ １周して、指導者まで地震が伝わったら、スイッチを切って震えを止めます。できれば、震えが伝わった子から順に、震えを止めて手を離していきます。

④ いろいろな大きさの地震を伝えて遊びます。

⑤ 少人数のグループで行い、最後に全員で行ってみます。

新聞はこび

“新聞紙を運ぶ”というあそびによって、運ぶためのいろいろな移動の方法を考えて工夫します。

① 新聞紙１枚の２分の１を１人分として、人数分用意します。子どもたちの正面には、手づくりの大きなポストか、それに代わるものを用意しておきます。
　手を使わずに新聞紙を運んでみます。途中で落とした新聞紙は、すぐに拾ってやり直します。予備の新聞紙を用意しておきます。

② 指導者は、新聞紙１枚を４分の１に折って脇や股に挟み、横歩きでポストのところまで行って「新聞です」と言って配達します。

③ 「みんなもできるかな？」と言って誘い、子どもたちは、指導者と同じようにして新聞紙を運びます。

④ 「今度は、今と違う方法で配達できるかな？　みんな、いろいろな運び方で配達してみましょう」と言って、子どもたちの考えを引き出します。

⑤ それぞれの子どもたちから出た新しい方法を１つずつ取り上げて、みんなで行います。

⑥ ２人組を作って、２人が協力して１枚の新聞紙を運びます。

トンネル

身体のいろいろな部分を使ってトンネルをつくるあそびです。

1 １人でトンネル

① 「みんな、トンネルって知ってる？」「どんなときに通るの？」「どんな形をしているの？」等、子どもたちに質問を投げかけます。

② 指導者は、「みんなの身体でトンネルがつくれるかな？ つくってみよう！」と言って促し、子どもたちに、トンネルをつくらせます。

③ 子どもたちを、トンネルをつくる方とトンネルをくぐる方との半分ずつに分けます。１対１でくぐらせたり、連結してくぐらせたりします。

④ トンネルは、かならず人が通れるような大きなものでなくてもよいことを知らせ、小さいトンネルができた場合は、おもちゃの電車やバスをくぐらせます。

2 ２人でトンネル

① ２人組を作り、２人で力を合わせてトンネルをつくります。

② 何カ所かのトンネルを残し、あとはくぐる方になり、交代します。

③ 「先生、長い長いトンネルをくぐってみたいな」「みんなで長いトンネルをつくってみよう」と投げかけます。

忍者かな？

一定距離を、足の裏を使わないで移動します。明確な条件つきで、いろいろな移動の仕方を工夫します。

1　1人で

① 子どもたちは、指導者の指示に従って、扇のように座り、指導者は、子どもたちから4〜5m離れて立ちます。

② 子どもたちは、足の裏を使わないで、それぞれの考えで移動します。指導者の所まできたら、折り返してもとの場所に戻ります。

③ 何人かのアイデアを取り上げて、全員で移動してみます。

2　2人で

① 2人組を作り、2人とも足の裏を使わずに移動する方法を考えさせます。

② 1 と同じように進めます。

【メ　モ】

・2人で行う場合は、1人ではできないことを、協力して表現することができます。お互いに、役割や約束事を決めたり、助け合うことから、社会性を養うこともできます。

・2人が手をつないでいるだけでは、協力したことにならないことを知らせておきます。

ミラーマン

子ども同士、または、指導者と子どもたちが向き合って、片方が鏡になり、もう一方が鏡に映す人になって、動きを真似て遊びます。

① 指導者は、姿見を用意しておき、子どもたちは、鏡の前で自分で身体を動かしたり、顔を動かしたりして映し、映った鏡の自分がどのようになるのかを見ます。

② 指導者と子どもたちが向かい合います。指導者が鏡に映す方になり、適当な速さでいろいろな動きを行い、子どもたちは、鏡になって真似をします。指導者は、動きをはっきりと示すようにします。

③ 指導者の代わりに、何人かの子どもを順に１人ずつ選び、②と同じように進めます。この場合、自分からしてみたいと言った子の中から、まずは指導者が１人選び、そのあとからは、選ばれた子が次の子を指名します。

大勢を前にするときは、選ばれた子が、他の子どもたちからよく見えるように、台の上に登らせたり、並ぶ位置を工夫したりします。

④ ２人組を作り、鏡と映す方の役割を決めます。

⑤ 指導者の合図によって、映す方がポーズをとったら、鏡になった子は真似をします。適当なところで交代します。

メ　カ

子ども一人ひとりが機械の部品になり、友だちと協力して１つの機械の動きを表現します。機械になるためには、自分と友だちの動きの関連性が必要となるので、お互いが、または、全員が機械やその動きを十分に理解していなければなりません。

① 機械は、同じ速さで同じ動きをするパターンがありますが、それぞれの部品が関連して動いていることをわかりやすく説明します。また、絵を描いて見せたり、身近に本物があれば、実際に動きを観察させてみます。

② メトロノームの音に合わせて、一人ひとりが手や首など、身体の部分を規則的に、左右、上下に動かしたり、回転させたりします。

③ ２人組で、それぞれが規則性のある動きで関連させます。

④ ３～５人で１組になり、方向を問わず、手のとどく程度で並びます。

⑤ 一番前の子が、音に合わせて機械の動きをはじめます。指導者の合図によって、次々に前の子と関連のある動きをしていきます。動きに合わせて音色を変えたり、動きが加わるごとに音を重ねてみる等、動きに変化が出るような工夫をしてみます。

③の例

頭を押すと、両手が上がる、肩をたたくと片足が上がる

頭を押すと両手が上がる

足を開閉するメカ

④～⑤の例

小さく小さくだんだん大きく

身体を精一杯小さくしたり、少しずつ大きくしていくあそびです。両手、両足、上体の使い方を工夫することにより、「できるかぎり小さく」「大きく」の表現ができます。

1 小さくなる

① 楽器や曲を使い、大きい音から、少しずつ小さくしていきます。子どもたちは、音の大きさに合わせて、精一杯小さくなります。

② 音を次第に大きくし、子どもたちは、精一杯大きくなります。

③ 再び音量を小さくしながら、指導者は、「小さく、小さくなるよ」と言って、同じようにくり返します。

2 大きくなる

① 子どもたちは、自由に広がり、指導者の指示で一番小さくなります。

② 「先生がタンバリンをたたきます。1回たたいたら、少し大きくなってね。2回たたいたら、一番大きくなるんだよ」と言って、2段階で大きくなることを知らせます。

③ 次は、前進しながら、徐々に大きくなります。子どもたちの前と、そこから3mくらい先に線を引いておき、「今度は、5回たたくからね。1回、2回、3回、4回と、少しずつ少しずつ大きくなって、5回目には、一番大きくなって向こうの線を越すんだよ」と知らせます。

④ 子どもたちは自由に広がり、③を行います。

⑤ 単発的な音ばかりでなく、流れのある音や曲の音量を利用して、“だんだん大きく”を表現します。また、「さなぎが蝶になる」「たまごが割れて、ヒヨコが生まれる」等、表現の仕方を工夫してあそびを発展させます。

まるを作ろう

子どもたちが、自分の身体のいろいろな部分を使って、丸を作って遊びます。

1 丸を１つ作る

① 「みんな、丸いものに、どんなものがある？」 子どもの反応を見て、「この部屋には丸があるかな？」と問いかけ、みんなで探してみます。

② 子どもたちを数グループに分けて、各グループごとに、身体を使って丸を作るという課題を与えます。

③ 指導者は、個々が作っている丸を手でなぞって示していきます。

2 丸を２つ作る

1と同じ要領で、丸を２つ作ります。

3 丸をたくさん作る

作る丸の数を徐々に増やしていき、たくさん作れるようにします。

文字のあてっこ

頭や足、肘、お尻など、身体のいろいろな部分で文字を空書きして、それをあてっこします。普段、使わない身体の部分で表現しようとするので、動きや格好を見るだけでも、十分楽しめます。

① 指導者が、簡単なひらがなを選び、大きく書いて見せます。

② 子どもたちもいっしょに、大きく空書きをします。
点やはねるところは、声を出して表現します。

③ はじめは、指導者が書く方になり、子どもたちの前で、頭や足、肘のどこかを使って文字を示し、子どもたちは、それを当てます。２回目からは、「今度はどこで書こうか？」と、使う身体の部分を子どもたちに聞いてみます。

④ 文字を書く身体部分を変えたり、文字を徐々に複雑にしていき、何度か、くり返します。

⑤ お尻で書きます。はじめは、一度指導者が書いて、子どもたちが当てます。その後、自分で書く役をしてみたいという子が出てきたら、交代します。

⑥ グループに分かれてあてっこをします。一度は書くグループになります。そして、それぞれが考える機会をもつようにします。また、身体のどこの部分を使っても、どんな格好をして書いてもよいことを知らせます。

宅配便

いろいろな方法で、荷物に見立てた積み木を移動させます。移動の方法を工夫することによって、身体の使い方に、様々な表現が出てきます。

① 部屋の片隅に、いろいろな大きさの積み木を積み重ねておきます。「みんなで、積み木をここまで運んできてくれるかな」と言って、子どもたちに運んできてもらいます。

② 指導者は、立つ位置を移動し、「今度は、今と違う方法で運べるかな？」と課題を与えます。なかなか思いつかないようであれば、「もし、手のひらが使えなかったらどうする？」と、投げかけてみます。

③ 子どもは、自分で考えた方法で積み木を移動します。

④ 次に、積み木の数を増やし、「今度は、荷物を２つ届けてください」と言って、子どもたちに、２つの積み木をいっしょに移動させるように誘いかけます。

もし……だったら！

いつも遊んでいる部屋の床が、フライパンだったり、氷の上だったりと、いろいろなおもしろい場所を想定して、歩いたり、走ったりして遊びます。

1 ここはフライパンの中

① 「もし、今、座っている所がとても熱かったら、どうなる？　普通には歩けないね」「あっちっち！」と言って、指導者が表現して見せます。

② 「今､みんながいる所はフライパンの中です」「あっ！火がついて熱くなってきたよ」と言って、子どもたちをあそびに誘います。

③ 子どもたちは、熱いことをイメージして歩きます。

2 ここは石の上、氷の上

① ごつごつ石の上、どろんこの中、べたべたくっつく所（ゴキブリ取り、ハエ取り紙)、台風の中など、いろいろな場面を設定して歩いてみます。

② 歩くだけでなく、這ったり、走ったりしてみましょう。また、いろいろな動物になって、氷の上を歩いてみるのも楽しいです。

ポーズで伝達

1つのポーズを伝達していきます。観察力や記憶力、再現力が養われます。

① グループごとに、縦1列に並びます。

② 先頭の子どもはそのままで、残りの子どもたちは、まわれ右をして、後ろを向いて座ります。

③ 各グループの先頭の子どもに、指導者の持っているポーズの絵を見せます。

④ 先頭の子どもたちは、そのポーズを覚え、後ろの友だちの肩をたたいて振り向かせ、絵のポーズを伝達します。次の子は、その次の子へと、ポーズを伝達していき、一番後ろの子どもまで伝達します。

⑤ どのグループも、ポーズが最後まで伝わったら、最後の子は、一斉にポーズをします。

⑥ 指導者は、全員にもとの絵を見せて、正しいポーズが伝わったかどうかを、みんなで見て確認していきます。

⑦ 次は、一番後ろの子を先頭にして、反対から行います。

⑧ 今度は、グループの先頭の子がポーズを考えて、それぞれのグループに伝えていきます。

⑨ 最後まで伝わったら、先頭と最後の子が同時にポーズをとって比べてみます。

3 章

手あそびと
リズム体操・ダンス

〔前橋　明〕

たまごたまご

不　　明 作詞
二階堂邦子 採譜

〈１番〉

①たまごたまごが
両手を胸の前で合わせて卵の形をつくる。

②パチンとわれて
大きく拍手して、両手を広げる。

③なかからひよこが
両手を胸の前で組む。

④ピヨピヨピヨ
両手でひよこの口をつくり、３回開いたり閉じたりする。

⑤まあかわいい　ピヨピヨピヨ
両手を開いて、ほほに当て小さく左右に動かす。ピヨピヨピヨは④と同じ。

〈2番〉

①かあさんどりのはねの したから
両手を横に広げて大きな羽をつくり、上下に4回動かす。

②くびだけだして ピヨピヨピヨ
両手のひらをあごに当て、首を左右に動かす。ピヨピヨピヨは1番④と同じ。

③まあかわいい ピヨピヨピヨ
1番⑤のくり返し。

〈3番〉

①おそらおそらがまぶしくて
右手で空を2回指さし
左手で空を2回指さす。

②まるいおめめがクリックリックリッ
右の親指と人さし指で丸い輪をつくって、右目に当てる。左も同じようにする。クリックリックリッで、目に当てたまま、左右に3回動かす。

③まあかわいい
1番⑤と同じ動きをする。

④クリックリックリッ
両手を目に当てたまま、左右に3回動かす。

いとまきのうた

作詩者不詳
デンマーク曲

①いとまきまき　いとまきまき
両手をかいぐりのようにグルグルとまわす。

②ひいてひいて
肘を曲げて両腕を2回横に引く。

③トントントン
げんこつを3回打ち合わせる。

もう1回くり返す。

④いとまきまき　いとまきまき
①と同じ。

⑤ひいてひいて
②と同じ。

⑥トントントン
③と同じ。

⑦できたできた
手をキラキラさせながら、大きくまわす。

⑧こびとさんのおくつ
両手に靴をのせて差し出すような格好をする。

アルプス一万尺

作詩者不詳
アメリカ曲

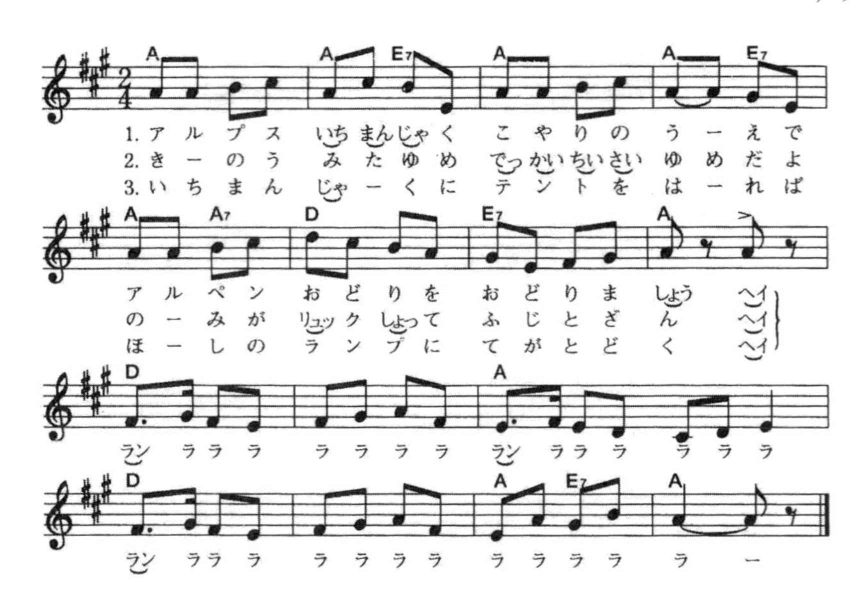

①ア
両手打ちをする。

②ル
右手と右手を合わせる。

③プ
①と同じ。

④ス
左手と左手を合わせる。

⑤いち
①と同じ。

⑥まん
両手と両手を合わせる。

⑦じゃ
①と同じ。

⑧く
それぞれが両手を組んで、手のひらと手のひらを合わせる。

※以下①〜⑧の動作を３回くり返す。

お寺のおしょうさん

わらべうた

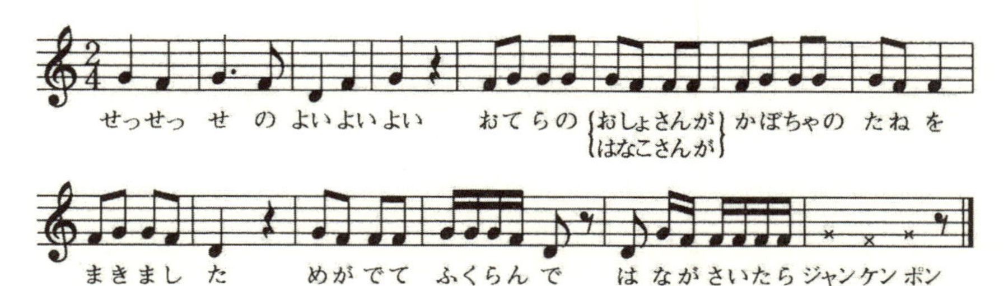

※２人向かい合って座る。

せっせっせっの

ヨイヨイヨイ

①お
両手打ちをする。

②て
右手と右手を合わせる。

③ら
①と同じ。

④の
左手と左手を合わせる。

⑤おしょうさんが
⑥かぼちゃの
⑦たねを
⑧まきました
①～④のくり返し。

⑨めがでて
胸の前で手を合わせる。

⑩ふくらんで
合わせた手をふくらませる。

⑪花がさいたら
ふくらませた手を広げる。

⑫ジャンケンポン
ジャンケンをする。

げんこつやまのたぬきさん

わらべうた
尾原昭夫　採譜

①げんこつやまの　たぬきさん
にぎりこぶしを左右交互に７回重ねる。

②おっぱいのんで
重ねた左右のにぎりこぶしを口の上に重ね、握るように、指を動かす。

③ねんねして
手のひらを合わせ、右ほほに当て、頭を傾ける。すぐに左も同様にする。

④だっこして
両腕に赤ちゃんを抱くしぐさをする。

⑤おんぶして
手を背中にまわして、赤ちゃんをおんぶするしぐさをする。

⑥またあした
かいぐりをして、ジャンケンする。

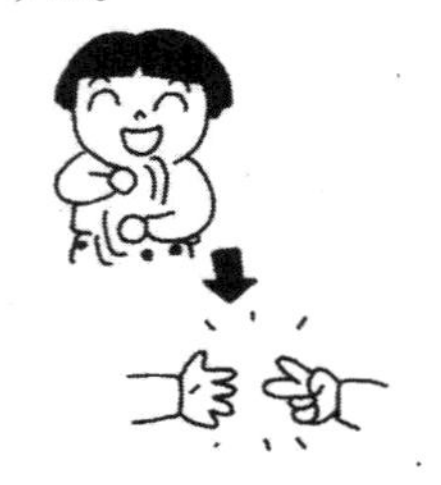

茶（ちゃ）つぼ

わらべうた

※左手で茶わん（グー）、右手でそのふた（パー）をつくる。

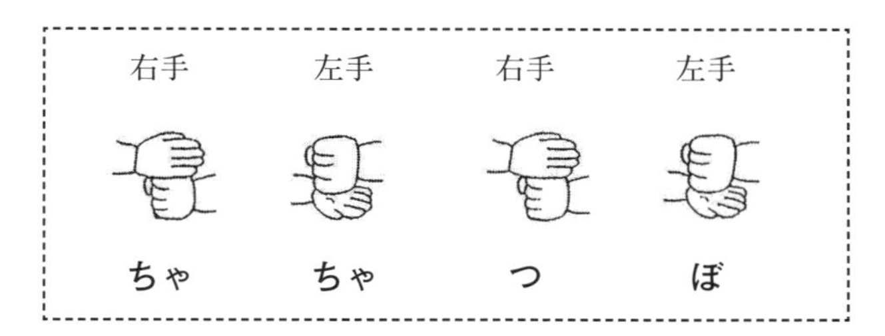

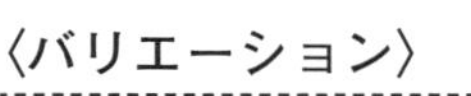

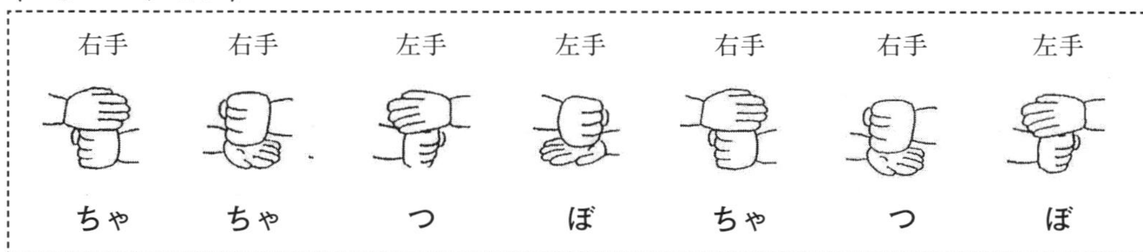

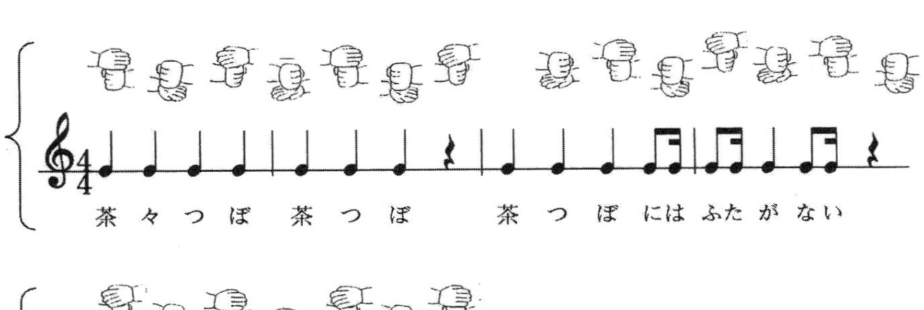

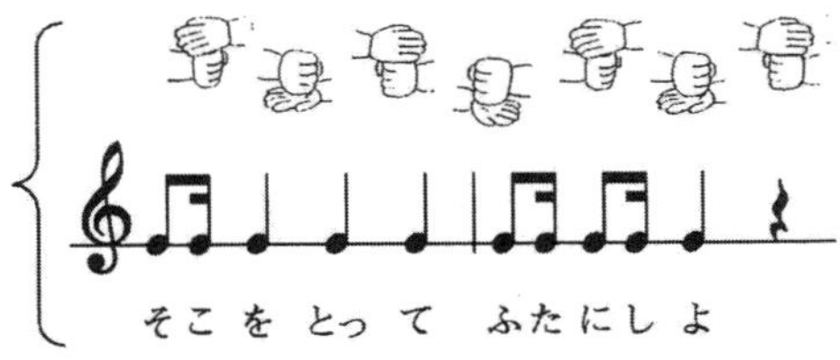

グーチョキパーでなにつくろう

作詞　斎藤二三子
フランス民謡

右手のチョキのつのを左右に動かす。

上の右手をプロペラのようにまわして動かす。

両手を開き、羽のように動かす。

※右手はグーで　左手もグーで　てんぐさん　てんぐさん
　右手はチョキで　左手もチョキで　かにさん　かにさん　でも遊べます。

とんとんとんとん　ひげじいさん

作詩者不詳
玉山英光作曲

①とんとんとんとん
にぎりこぶしをつくり、リズミカルに交互にたたく。

②ひげじいさん
上下に合わせたにぎりこぶしをそのままあごにつけて、ひげをつくる。

③とんとんとんとん
①の動作。

④こぶじいさん
にぎりこぶしを左右のほっぺにつける。

⑤とんとんとんとん
①の動作。

⑥てんぐさん
にぎりこぶしを鼻の上に重ねる。

⑦とんとんとんとん
①の動作。

⑧めがねさん
親指と人さし指で丸をつくり、両目にめがねをかけるようにする。

⑨とんとんとんとん
①の動作。

⑩てはうえに
バンザイする。

⑪きらきらきらきら
バンザイした手をキラキラさせながらおろす。

⑫てはおひざ
両手を膝に置く。

お弁当箱

わらべうた

〈バリエーション〉

♪これっくらいの　タッパウェアに
サンドイッチサンドイッチ
ちょっとつめて
きざみパセリに　こなチーズふって
1、5、3（イチゴさん）
8、6、3（ハムさん）
9、3（キュウリさん）
まあるいまあるいサクランボさん
すじーのとおった　ベーコン

①これくらいの　おべんとばこに
両手の人さし指で、四角を2回描く。

②おにぎりおにぎり
おにぎりをにぎる格好。

③サッとつめて
両手でさくをつくり、おべんとう箱につめ込む動作を3回。

④きざみしょうがに
左手のひらの上で右手を使ってきざむ動作をする。

⑤ごましおふって
両手でパッパッとごましおをふる格好をする。

⑥にんじんさん
指で2、3の数を出す。

⑦しいたけさん
指で4、3の数を出す。

⑧ごぼうさん
手を広げる。指で5、3の数を出す。

⑨あなのあいた　れんこんさん
人さし指と親指で丸をつくり、右左にゆらす。

⑩すじのとおった
右手で左腕を指先から肩へなであげる。

⑪ふー
右手のひらを口元にもっていき、息を吹きかける。

⑫き
右手を上にして左手のひらと重ねる。

むすんで　ひらいて

文部省唱歌
ルソー　作曲

①むすんで
両手を胸の前で握る。

②ひらいて
両手を胸の前で広げる。

③てをうって
４回拍手する。

④むすんで
①と同じ。

⑤またひらいて
②と同じ。

⑥てをうって
③と同じ。

⑦そのてを
静止。

⑧うえに
バンザイをする。

※“うえに”の部分を、した、よこ、うしろ、まえ等に変えて、いろいろな動物や乗物の模倣を楽しみます。

例……その手を　よこに　ひこうきブンブン　ひこうきブンブン
　　　ひこうきブンブン　飛んでます。

コブタヌキツネコ

山本直純　作詞・作曲

〈パターン 1〉

①こぶた
人さし指で鼻を押さえて、ぶたの鼻にする。

②たぬき
はらつづみを打つ。

③きつね
両手で耳をつくり、口をとがらせる。

④ねこ
両手を鼻の下で広げて手でひげをつくる。

⑤ブブブ　ポンポコポン　コンコン　ニャーオ
①～④と同じ。

〈パターン 2〉

①こぶた
人さし指で鼻の頭を上にあげる。

②たぬき
親指と 4 本の指で目尻からほっぺにかけてつまむ。

③きつね
人さし指で目尻をつりあげる。

④ねこ
両手を広げ、両ほっぺにつけてひげをつくる。

⑤ブブブ
①の動作。

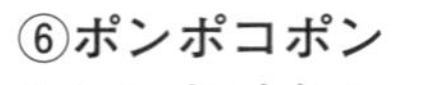

⑥ポンポコポン
はらつづみを打つ。

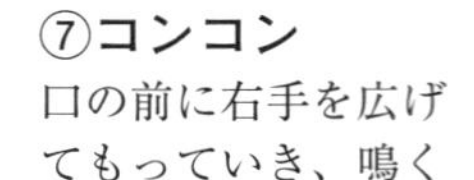

⑦コンコン
口の前に右手を広げてもっていき、鳴くしぐさをする。

⑧ニャーオ
④の動作。

パンダうさぎコアラ

高田ひろお 作詞
乾　裕樹 作曲

①おいで　おいで　おいで　おいで
両手を前に出して上下に振る。

②パンダ
親指と人さし指で輪をつくり、目に当てる。

③おいで　おいで　おいで　おいで
①と同じ。

④うさぎ
両手を上に上げて、うさぎの耳をつくる。

⑤おいで　おいで
おいで　おいで
①と同じ。

⑥コアラ
両手でかかえるような格好をする。

⑦パンダ
②④⑥を1回ずつ行う。

うさぎ

コアラ

⑧パンダ　うさぎ　コアラ～
リズムに合わせて⑦を7回くり返す。

グーパーたいそう

鈴木　みゆき 作詞
池　毅 作曲・編曲

—音楽に合わせて—

①おててはグー　②もひとつグー　③のばしてグー　④ボクシング

⑤大きく大きく
まわして

⑥トン

⑦おててはパー

⑧もひとつパー

⑨ふってふって
パッ

⑩パッパッパー

⑪大きく大きく
まわして

⑫パン！
パンで手を１回たたく。

⑬グーパー～パーグー
歌に合わせてグーと
パーの形をする。

⑭パッ　トン　パン

⑮じょうずにできたね

⑯ハイ　ポーズ!!

手をたたきましょう

小林純一　詞改作
作曲者不明

〈1番〉

①手をたたきましょう
タンタンタン　タンタンタン
うたを歌う。　手拍子をする。

②足ぶみしましょう
タンタンタンタン　タンタンタン
うたを歌う。　足踏みをする。

③わらいましょう　あっはっはっ
うたを歌う。　両手を開いて顔の横にもってくる。

わらいましょう　あっはっはっ
くり返す。

④あっはっはっ　あっはっはっ
両手を開いて顔の横にもってくる。

ああおもしろい
開いた手をキラキラさせながらおろす。

〈2番〉 ①、②と同じ。

③おこりましょう
うたを歌う。

うんうんうん
腕組みをしておこった顔をする。

おこりましょう
くり返す。

うんうんうん

うんうんうん　うんうんうん
腕組みをしておこった顔をする。

ああおもしろい
笑った顔で、開いた手をキラキラさせながらおろす。

〈3番〉 ①、②と同じ。

③なきましょう
うたを歌う。

えんえんえん
両手を顔にもってきて泣くまねをする。

なきましょう
くり返す。

えんえんえん

えんえんえん　えんえんえん
両手を顔にもってきて泣くまねをする。

ああおもしろい
笑った顔で、開いた手をキラキラさせながらおろす。

大きな栗の木の下で

作詩者不詳
イギリス曲

①おおきな
両手で上から大きく輪を描いて、木の形をつくる。

②くりの
木の幹を抱えるような動作をする。

③きの
両手を頭の上に置く。

④した
両手を肩の上に置く。

⑤で
両手をおろす。

⑥あなたと
1人のときは、前を指さす。
2人のときは、相手を指さす。

⑦わたし
自分を指さす。

⑧なか
右手を胸の前にもってくる。

⑨よく
左手も胸の前にもってきて交差させる。

⑩あそびましょう
軽く膝を曲げ、左右に頭を傾ける。

⑪おおきなくりのきのしたで
①〜⑤と同じ動作をする。

アイ・アイ

相田裕美 作詞
宇野誠一郎 作曲

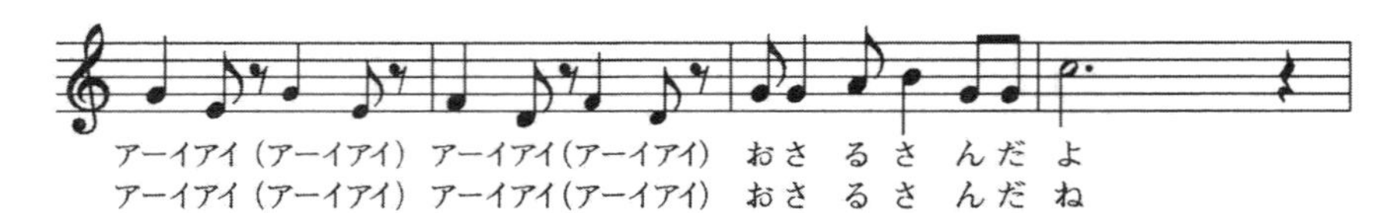

〈1番〉

①アイアイ
右手を広げて、胸の前で2回、円を描くように動かす。

(アイアイ)
左手で行う。

②アイアイ (アイアイ)
①と同じ。

③おさるさんだよ
手を握って、腕を大きくまわすように、おなかの前から頭の上へ動かす。左右交互に行う。足は少し開いて曲げながら、その場で時計まわりにまわる。

④アイアイ
（アイアイ）
①と同じ。

⑤アイアイ
（アイアイ）
②と同じ。

⑥みなみのしまの
かけ足をしながら
大きく１周まわる。

⑦アイアイ（アイアイ）
片手を頭、もう片方をあごの下にもってきて、サルのまねをしながら、膝を少し広げて軽く１回ずつ曲げる。

⑧アイアイ
（アイアイ）
⑦と同じ。

⑨しっぽのながい
左手は腰にあて、右手は後ろから横上へ動かし、長いしっぽを表現する。「ながい」でお尻を振る。

⑩アイアイ
（アイアイ）
①と同じ。

⑪アイアイ
（アイアイ）
②と同じ。

⑫おさるさんだよ
③と同じ。

〈２番〉

- **アイアイ（アイアイ）　アイアイ（アイアイ）　おさるさんだね**
  ①、②、③と同じ。
- **アイアイ（アイアイ）　アイアイ（アイアイ）　きのはのおうち**
  ④、⑤、⑥と同じ。
- **アイアイ（アイアイ）　アイアイ（アイアイ）　おめめのまるい**
  ⑦、⑧と同じ。　両手を丸めて目の前にあて、下からゆっくり見上げた後、その格好で、かけ足をしてその場を１周まわる。

- **アイアイ（アイアイ）　アイアイ（アイアイ）　おさるさんだね**
  ⑩、⑪、⑫と同じ。

おにのパンツ

デンツア作曲
「フニクリフニクラ」より

①おにの
両手の人さし指を頭の上に立てて、鬼のまねをする。

②パン
両手打ちを１回する。

③ツは
右手の指で、２を示す。

④いい
右人さし指で、１を示す。

⑤パンツ
②③の動作。

⑥つよい
両腕を体の横で曲げて

⑦ぞ
真上に伸ばす。

⑧つよいぞ
⑥⑦の動作をくり返す。

⑨とらのけがわで
両手でおなかを大きくさする。

⑩できている
右手人さし指で針をつくり、ぬう動作をする。

⑪つよいぞつよいぞ
⑥⑦⑧と、くり返す。

⑫ごねん
右手で５を示す。

⑬はいても
パンツをはくまね。

⑭やぶれない
パンツを両手で左右に引っ張り、お尻を振りながらゆするまねをする。

⑮つよいぞつよいぞ
⑥⑦⑧と、くり返す。

⑯じゅうねん
両手で 10 を示す。

⑰はいても やぶれない
⑬⑭の動作。

⑱つよいぞ つよいぞ
⑥⑦⑧と、くり返す。

⑲はこうはこう
⑬の動作。

⑳おにのパンツ
①②③の動作。

㉑はこうはこう
⑬の動作。

㉒おにのパンツ
①②③の動作。

㉓あなたも
前（相手）を指さす。

㉔わたしも
自分の鼻をさす。

㉕あなたも
㉓の動作。

㉖わたしも　さあ
㉔の動作。

㉗みんなで
両手を広げる。

㉘はこうおにの パンツ
⑬①②③の動作。

ロンドン橋

高田三九三 訳詞
イギリス曲

〈隊形〉

全員が手をつないで、中心を向いて円を作る。円の１カ所に、２人が向かい合って両手をつなぎ、つないだ手を高く上げて橋をつくる。

【あそび方】

① 歌を歌いながら、手をつないで、右まわりにまわります。または、スキップをしながら、まわります。

② 橋になった子は、歌の間、両手を高く上げ、最後の「どうしましょう」のところで両手をおろします。

③ おろした両手の中に入ってしまった子は、橋の１人と交代して、はじめからくり返します。

〈バリエーション〉

・進む方向を変えます。

・円のまま手をつないで、全員が進行方向に向いて、歩いたり、スキップをしたりします。

・橋の数を増やします。

ごんべさんのあかちゃん

作詩・不詳
アメリカ民謡

①ごんべさんの
くわで畑を耕す動作をする。

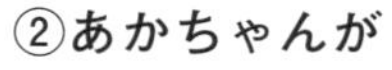

②あかちゃんが
あかちゃんを抱く動作をする。

③かぜ
左から右へ風が吹いているように手を動かす。

④ひいた
ロープを引くような動作を右側でする。

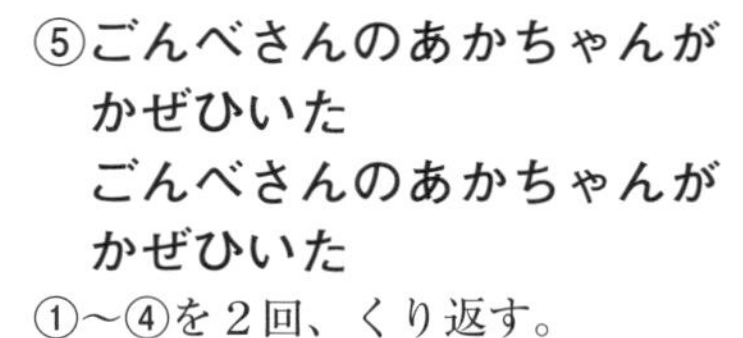

⑤ごんべさんのあかちゃんが
かぜひいた
ごんべさんのあかちゃんが
かぜひいた
①～④を２回、くり返す。

⑥そこであわてて
腕を振って走る。

⑦しっぷ
右手を胸の前にもってくる。

⑧した
左手を胸の前にもってきて両腕を交差させる。

〈バリエーション〉

①ごんべさんのあかちゃんが

自由に歩きまわり、近くの友だちと２人で向かい合う。

②かぜひいた

向かい合った２人でジャンケンをし、負けた子は、その場に座る。

③ごんべさんのあかちゃんが

勝った子どもたちは、自由に歩いてジャンケンする相手を探し、向かい合う。

④かぜひいた

②と同じ。

⑤ごんべさんのあかちゃんが
③と同じ。

⑥かぜひいた
②と同じ。

⑦そこであわててしっぷした
⑤⑥と同じ。

⑧
勝ち残った子を、チャンピオンとしてみんなでたたえる。

〈あそびの展開〉

① 「ごんべさん」の歌詞を歌わず、動作はそのまま行います。
② 「あかちゃんが」の歌詞を歌わず、動作はそのまま行います。
③ 「かぜひいた」の歌詞を歌わず、動作はそのまま行います。
④ いろいろな組み合わせで、歌詞を歌わない部分を指定して行います。
　または、子どもが歌わない部分は、指導者が歌うようにします。

あぶくたった

わらべうた

①あぶくたったにえたっ
手をつないで鬼のまわりをまわる。

②た
ストップ。

③にえたかどうだか たべてみよう
鬼に向かって、円の中心に歩く。

④むしゃむしゃむしゃ
手を離して食べる動作をする。

⑤まだにえない
手をつなぎ、もとの円になる。

⑥あぶくたったにえたった
歌いながら鬼のまわりをまわる。

⑦にえたかどうだかたべてみよう
円の中心に歩く。

⑧むしゃむしゃむしゃ
食べる動作をする。

歌が終わったら、

① 鬼「とだなにいれて。」　子「よいしょ、よいしょ。」
鬼「かぎをかけて。」　子「がちゃ、がちゃ、がちゃ。」
鬼「てをあらって。」　子「ごし、ごし、ごし。」
鬼「ごはんをたべて。」　子「もぐ、もぐ、もぐ。」
鬼「おふろにはいって。」　子「じゃぶ、じゃぶ、じゃぶ。」
鬼「はをみがいて。」　子「きゅっ、きゅっ、きゅっ。」
鬼「さあ、ねましょう。」　子「ぐーぐーぐー。」
鬼「とんとんとん。」　子「なんのおと？」
鬼「かぜのおと。」　子「あー、よかった。」
鬼「とん、とん、とん。」　子「なんのおと？」
鬼「おばけのおと。」　子「きゃぁー！」

② 「きゃぁー」のところで、鬼は、子どもたちを追いかけ、子どもたちは、鬼につかまらないように逃げます。

③ 鬼につかまった子が、次に鬼になり、鬼は子になります。

〈あそびの発展〉

・「とんとんとん。」「なんのおと？」「かぜのおと。」の部分を、いろいろな楽しいストーリーに変えてみましょう。

アブラハムの子

加藤 孝広 訳詩
外　国　曲

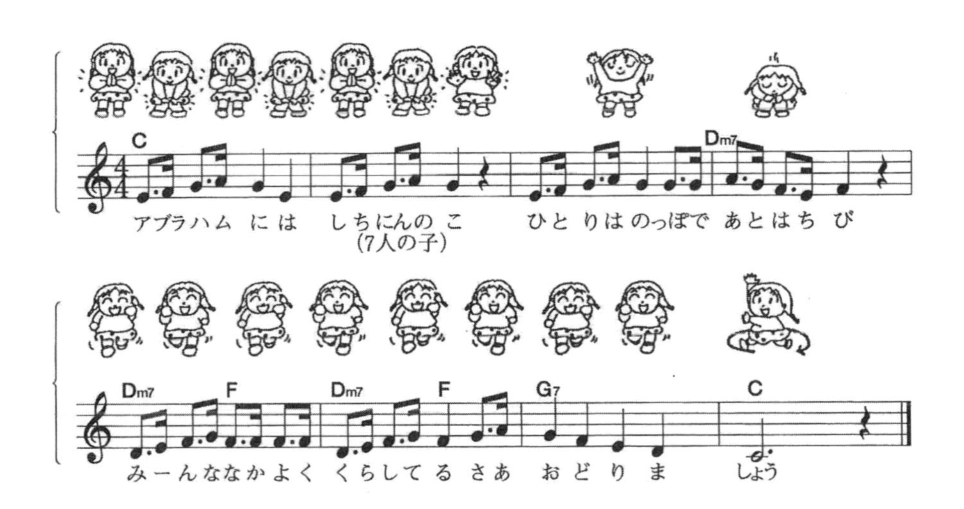

①みぎて

リーダーは右手を出す。
その後について、みんなも右手を出す。

②ひだりて

リーダーは左手を出す。
全員、左手を出す。

③みぎあし

リーダーは右足を出す。
全員、右足を出す。

④ひだりあし

リーダーは左足を出す。
全員、左足を出す。

⑤あたま

リーダーは頭を振る。
全員、頭を振る。

⑥おしり

リーダーはお尻を振る。
全員、お尻を振る。

⑦まわって

リーダーはくるりとまわる。
全員、まわる。

	リーダー	子	リーダー	子	リーダー	子	リーダー	子	リーダー	子	リーダー	子	リーダー	子
1番	①	①												
2番	①	①→	②	②										
3番	①	①→	②	②→	③	③								
4番	①	①→	②	②→	③	③→	④	④						
5番	①	①→	②	②→	③	③→	④	④→	⑤	⑤				
6番	①	①→	②	②→	③	③→	④	④→	⑤	⑤→	⑥	⑥		
7番	①	①→	②	②→	③	③→	④	④→	⑤	⑤→	⑥	⑥→	⑦	⑦
8番	①	①→	②	②→	③	③→	④	④→	⑤	⑤→	⑥	⑥→	⑦	⑦

⑧おしまい！

リーダーは両手を上げる。
全員、両手を上げておしまい。

ホーキ・ポーキ

鴨志田文幸 作詩
アメリカ曲

※全員が一列に並びます。

①みぎあしまえに
右足を前に出して、つま先で床を４回たたく。

②みぎあしうしろに
右足を後ろに出して、つま先で床を４回たたく。

③みぎあしまえに
もう一度、右足を前に出して、つま先で床を４回たたく。

④ぐるぐると
右足をぐるぐるとまわす。

⑤みんなでたのしく
両手を上に上げて振る。

⑥ホーキポーキと
そのまま、右の方へ歩く。

⑦ひだりへあるこう
両隣の人と手をつないで、左の方へ８歩、歩く。

チュン・チュン・ワールド

森有栖香 作詞
赤坂東児 作曲

①チュンチュンチュンチュン　ワールド
手首を上下に4回振り、合わせて足踏みを4回する。
両手を横に伸ばし、時計まわりに1回転する。

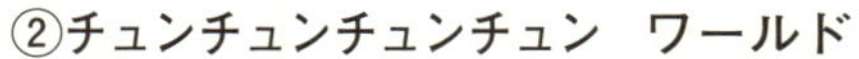

②チュンチュンチュンチュン　ワールド
①と同じ。
時計と反対まわりにまわる。

③チュンチュンチュンチュン　ワールド
①と同じ。
時計まわりに1回転する。

④きたぞ
右手の人さし指を立てて、右腕を伸ばして上げる。

⑤きたぞ
右腕を伸ばしたまま、左手も同じようにする。

⑥そら　ここにいる
上に伸ばした両手を大きく交差して1回まわし、両手を広げて止める。

⑦(1番)空を飛び　街をこえて　やってきた　ぼくら
(2番)どんなもんだい　まかせてくれ　やってきた　なかま
手首を上下に4回動かしながら足踏みをして、8呼間で時計まわりに1回転する。次の4呼間で逆まわりに1回転する。

⑧(1番)夢と　希望を　胸に抱いて
(2番)愛と　勇気の　力を合わせ
両手を腰にあてて、膝をそろえて軽く曲げながら上体を左右に2回ずつ傾ける。

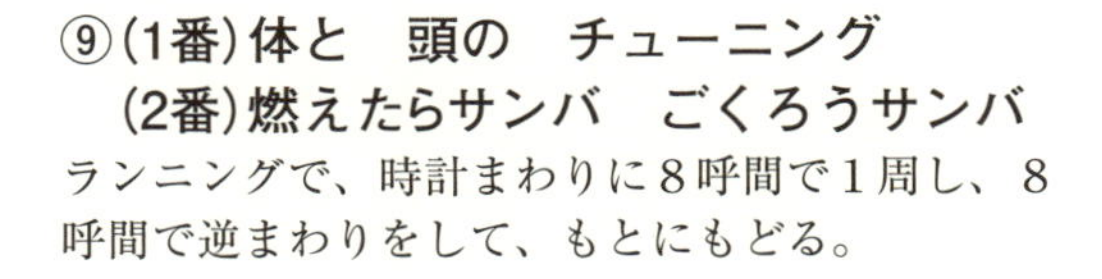

⑨(1番)体と　頭の　チューニング
(2番)燃えたらサンバ　ごくろうサンバ
ランニングで、時計まわりに8呼間で1周し、8呼間で逆まわりをして、もとにもどる。

⑩チュンチュン　チュンチュンワールド

手首を上下に4回振りながら、その場で
軽く4回跳ぶ。

⑪チュンチュン　チュンチュンワールド

⑩と同じ。

※手首を曲げて羽を広げた格好で待ち、

⑫1羽でチュン

「チュン」で1回跳んで手首を1回振る。

⑬2羽でチュンチュン

「チュンチュン」で2回跳んで手首を2回振る。

⑭3羽そろえばチュチュンがチュン

「チュチュン」で少し身体を縮め、
「チュン」で大きくバンザイをする。

4章

保育に使える手あそび

〔石井浩子〕

子どもたちの様子や季節の行事に合わせて、いつでもどこでもできる手あそび・歌あそびを紹介していきます。

あたまであくしゅ

友だちとあいさつをして、次には頭をくっつけて、あいさつをします。

あたまであくしゅ　作詞　福尾野歩／作曲　中川ひろたか

①はじめまして
2人で向かい合い、歌に合わせておじぎをする。

②ごきげんいかが
両手で相手の肩をたたく。

③あたまであくしゅを ギュッギュッギュッ
頭をつけて、軽く押し合うようにする。

④ちょっとそこまで〜 ごきげんよろしゅう
頭をつけたまま歩く。

⑤バイバイバイ
手を振りながら、後退する。

あくしゅでこんにちは

友だちとあいさつをしたりふれあったりして、コミュニケーションを深めます。

あくしゅでこんにちは　作詞　まどみちお／作曲　渡辺　茂

【あそび方】

〈1番〉

①てくてく～あるいてきて
自由に歩いて相手を見つけ、歩いて近づく。

②あくしゅでこんにちは
右手で握手をして、おじぎをする。※ここで自己紹介をしてもよい。

③ごきげんいかが
左手も握手をして、上下に動かす。

〈2番〉

④もにゃもにゃ～おはなしして
口の前で両手をグーパーさせながら、2人の顔を近づける。

⑤あくしゅでさようなら
②と同じ。

⑥またまたあした
手を振りながら、後ろに歩く。

〈くり返し〉新しい友だちを見つけて①〜⑥をくり返して遊ぶ。

〈バリエーション〉

３人組で
握手をするところは、右手を真ん中に差し出して重ね、「ごきげんいかが」では、さらに左手を重ねる。

４人組で
握手をするところは、４人で手をつなぎ、「ごきげんいかが」で手を前後に振る。

キャベツのなかから

リズミカルな歌に合わせて、春の虫たちを指で表現して遊ぶことで、リズム感や手指の協応性が高まります。

キャベツのなかから　作詞／作曲　不詳

【あそび方】

〈１番〉

①キャベツの〜でたよ
左右の手を交互に、グーパーグーパーとし、パーの手はグーの手をつつむようにする。

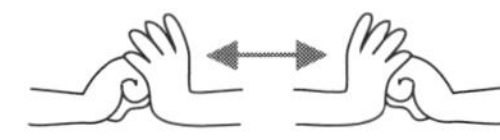

②ニョキニョキ
左右の親指を順に出す。

③おとうさんあおむし
親指を立てたまま、左右に揺らす（２往復）。

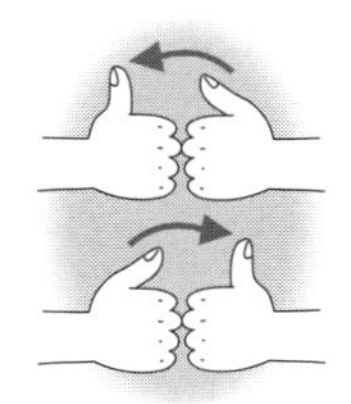

〈2～5番〉 ①は、〈1番〉と同じ動き。②③は、2番はひとさし指、3番は中指、4番は薬指、5番は小指に替えて、同じ動きを行う。

〈6番〉

④キャベツの～でたよ
①と同じ。

⑤ニョキニョキニョキ～
片方の親指から順に1本ずつ指を出していき、両手を開く。

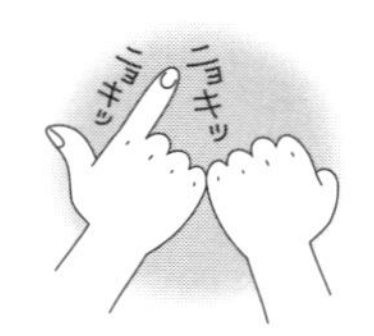

⑥ちょうちょになったよ
親指どおしをからませ、チョウチョウが飛んでいるように、残りの手を上下にヒラヒラさせる。

Point 指を1本ずつ出すのは難しいので（特に中指と薬指）、出せるまで待ってあげましょう。うまく指が出せない場合、手をひらいた状態で、指を合わせるだけでもよいでしょう。

〈バリエーション〉

みんなで遊ぼう
3人組を作り、1人はあおむし役、2人はキャベツ役になる。キャベツは、あおむしを囲んで両手をつなぎ、全員しゃがむ。

①キャベツの～でたよ
キャベツの2人がつないだ手を交互に上下させる。

②ニョキニョキ
あおむしの子が立ち上がり、キャベツから出る。

③おとうさんあおむし
あおむしは、おとうさんあおむしの表現をしながら、他のキャベツに入る。

※2～5番は、同様にくり返し、6番の「ニョキニョキ～」では、あおむしは、両手を頭の上で合わせ、しゃがんだ状態から少しずつ大きくなり、「ちょうちょになったよ」では、全員でチョウになってキャベツのまわりを飛び回る。

おちたおちた

保育者（リーダー）の言葉をよく聞き分けて、すばやく反応して表現することを楽しみます。

おちたおちた　わらべうた

【あそび方】

①おちたおちた
指導者（またはリーダー）が「おちたおちた」と言いながら４回拍手をする。

②なにがおちた
子どもたちが言いながら４回拍手。

③「リンゴ」（または、「かみなり」「げんこつ」）
指導者自身が、「リンゴ」「かみなり」「げんこつ」のうち、どれか一つを言う。

④子どもたちは、指導者の言った言葉に合わせて、ポーズをする（ポーズは、あらかじめ、子どもたちに伝えておく）。

「リンゴ！」
両手のひらを上に向け、落ちてくるリンゴを受け止める。その後食べるまねをする。

「かみなり！」
両手をおへそに当てる。

「げんこつ！」
両手で頭を押さえる。

〈バリエーション〉

言葉を替えて
落ちてくる物を増やして、それぞれの動作をみんなで考えてポーズを決める。

「雨」…傘をひろげてさす動作。

「ネコ」…両手で抱きかかえる動作。

ピクニック

歌に合わせて、指を動かして、いろいろなものに変身します。数への興味ももてます。

ピクニック　「十人のインディアン」（アメリカ民謡）の替え歌

【あそび方】

①１と５で
１本指を立て、もう片方の手は広げる。

②たこやきたべて
つまようじ（１本指）で、皿（広げた手）の上のたこやきを食べるまねをする。

③２と５で
２本指を立て、もう片方の手は広げる。

④やきそばたべて

箸（２本指）で、やきそばを（広げた手）食べるまねをする。

⑤３と５で

３本指を立て、もう片方の手は広げる。

⑥スパゲッティーたべて

フォーク（３本指）で、スパゲッティー（広げた手）を食べるまね。

⑦４と５で

４本指を立て、もう片方の手は広げる。

⑧ケーキをたべて

ナイフ（４本指）でケーキ（広げた手）を切るまね。

⑨５と５で

片方ずつ順番に手を広げて前に出す。

⑩おにぎりつくって
ピクニック

両手でおにぎりを作るまねをする。

⑪やっ！

片手を握りこぶしにして、上にあげる。

きんぎょさんとめだかさん

金魚とメダカの泳ぎ方をまねっこします。泳ぐしぐさがとってもかわいい歌あそびです。

きんぎょさんとめだかさん　作者不詳

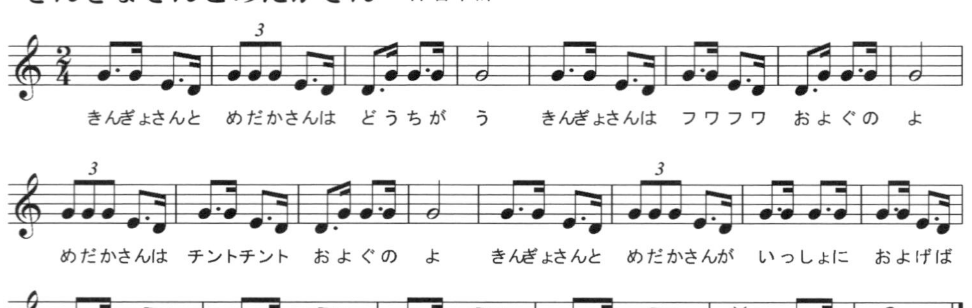

【あそび方】

①きんぎょさんと～どうちがう

手拍子を４回した後、腕を組んで首を左右に傾ける。

②きんぎょさんはフワフワおよぐのよ

手拍子を２回した後、右手を前に出してフワフワさせ、左手は、金魚のしっぽのように、フワフワなびかせる。

③めだかさんはチント
チントおよぐのよ

手拍子を２回した後、右手の親指と他の４本指をつけて、胸の前でつつくように前後させ、左手はしっぽのように腰に付ける。

④きんぎょさんと～いっしょにおよげば

手拍子を４回した後、片腕ずつ交差するように胸に当てる。

⑤フワフワ〜チントチント
②と③で行った動きを歌に合わせてする。

⑥まあかわいー
「まあ」で両手をパッと広げて、「かわいー」で、胸の前で腕を交差して首を左右に傾ける。

まがりかど

両指のやりとりが楽しい歌あそびです。

まがりかど　作詞・編曲　今井引雄／作曲　倉橋惣三

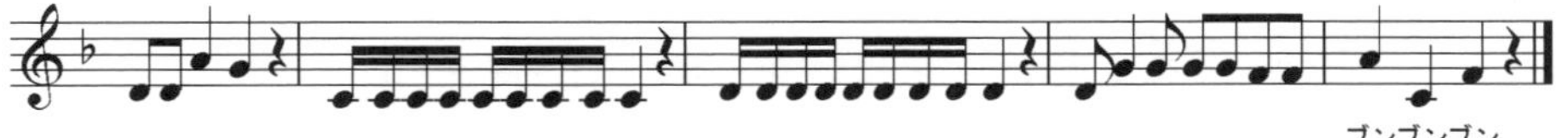

【あそび方】

〈1番〉

①おとうさんがかけてきて
右手の親指を前に出し、かけているように手首を動かしながら胸の前まで寄せてくる。

②おとうさんがかけてきて
右手の親指はそのままにしておき、左手親指も①の動きと同じようにする。

③まがりかどで
左右の親指を立てたまま、手を左右に振る。

④ぶつかって
左右の親指とこぶしをぶつけて離す。

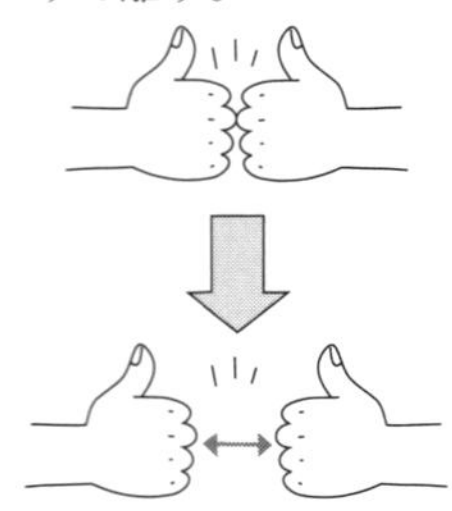

⑤おまえがわるいんだぞ
右の親指を左の親指に近づけて、上下に動かす。

⑥おまえがわるいんだぞ
左右逆にして⑤の動きをする。

⑦ふたりそろって
両方の親指を立てて、左右に揺らす。

⑧プンプンプン
腕を組んで、３回、上下に動かす。

〈２番〉 人さし指を出して、①〜⑦と同じ動きをする。最後の「ワッハッハッ」で、両手を広げて前後に揺らす。

〈３番〉 小指を出して、①〜⑦と同じ動きをする。最後の「シクシクシク」で、手を目に当て、泣いているまねをする。

〈バリエーション〉

☆「お父さんが〜」を「○○ちゃんが〜」と、子どもたちの名前に替えて遊ぶ。⑤以降の歌詞を、「○○ちゃんごめんなさい〜ふたりそろってワッハッハッ」に替えて行う。

☆指人形を使って、「タヌキさんごめんなさい、キツネさん〜」等と、その人形の名前を入れて遊ぶ。

やおやのおみせ

保育者とのかけあいを楽しみながら、野菜への興味が広がる歌あそびです。

やおやのおみせ　作詞者不詳　フランス民謡

【あそび方】

①やおやの〜ならんだ
手拍子を８回する。

②しなものみてごらん
右手をかざし、少しからだをひねって左右を見渡す。

③よくみてごらん
両手でめがねを作り、目のまわりに当てる。

④かんがえてごらん
腕を組み、からだを左右に揺らしながら、首をかしげる。

⑤トマト
保育者が「トマト」等の野菜を言う。

⑥アーア
両手を上げて、下ろす。

〈バリエーション〉

☆野菜当てゲーム

⑤で指導者は、ときどき野菜以外の名前を言う。子どもたちは、野菜だと思ったら復唱し、違うと思ったら、「ないない」と言う。

☆かけ合いあそび

⑤で指導者が言った言葉を、子どもたちはそのまま言う。2番以降は、指導者が「トマト、ニンジン」と言ったら、子どもも「トマト、ニンジン」と言うように、1つずつ言葉を増やしていく。

☆ペープサートやパネルシアターなどを製作して、見せながら進めていっても楽しいです。

ワニの家族

ワニの家族の特徴をつかんだ動きを楽しめます。プールでの水あそびとしても楽しめます。

ワニの家族　作詞　上坪マヤ／作曲　峯 陽

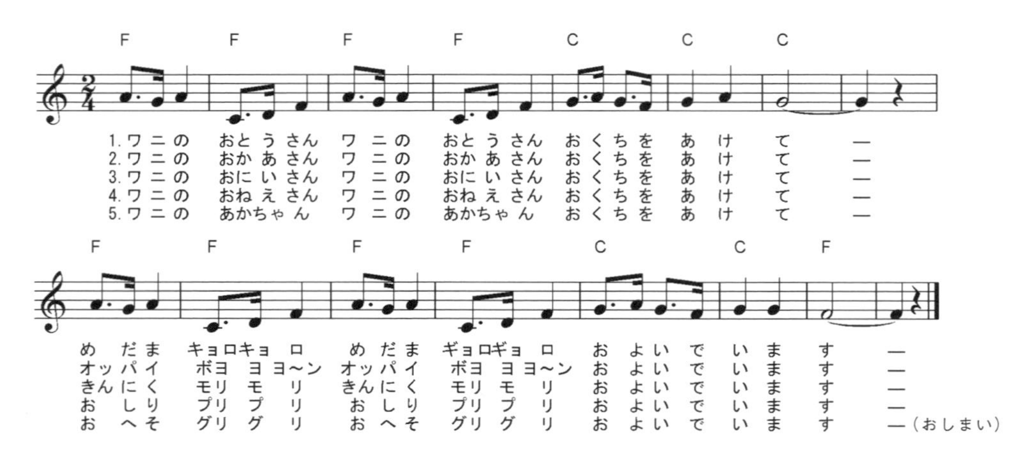

【あそび方】

〈1番〉

①ワニのおとうさん〜おくちをあけて

両腕をワニの口に見たてて、大きく8回開閉させて、手を打ち合わせる。

②めだまギョロギョロ〜

手で丸を作って目に当て、手首を動かして目がギョロギョロしているように見せる。

③およいでいます
平泳ぎのように両腕を動かす。

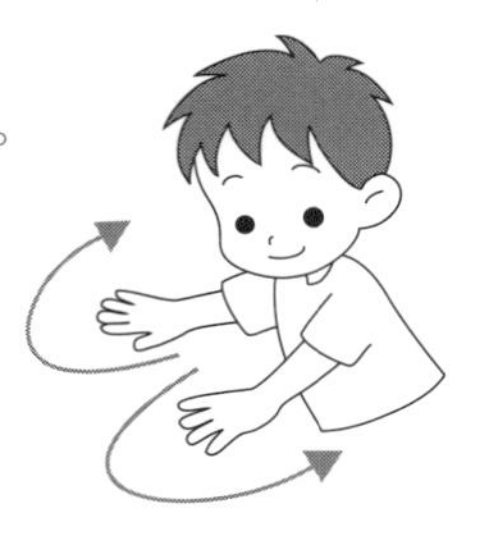

※2～4番は、①と③の動きは1番と同じ動き。②のみ、以下のような動きに替える。

〈2番〉 **②オッパイボヨヨヨ～ン～**
両手を胸に当てて揺らす。

〈3番〉 **②きんにくモリモリ～**
両腕を上げて、肘を曲げる。

〈4番〉 **②おしりプリプリ～**
膝を少し曲げてお尻を出し、左右に振る。

〈5番〉 **①ワニのあかちゃん～おくちをあけて**
人さし指どうしを8回、付けたり、離したりする。

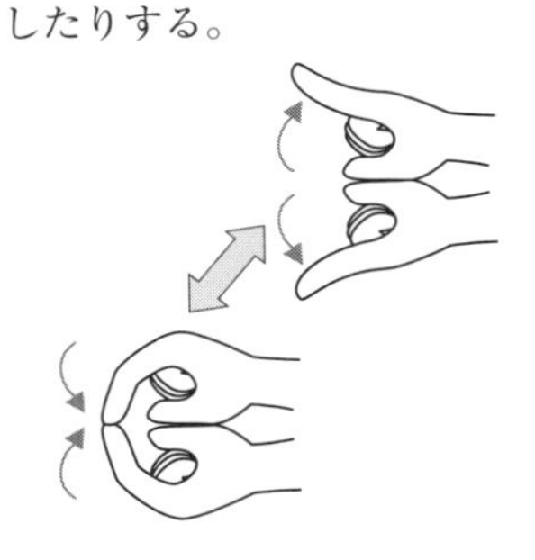

②おへそグリグリ～
人さし指でおへそのまわりをさわる。

③およいでいます
人さし指を左右対称に回して、泳ぐまねをする。

〈バリエーション〉

プールの中で行ってみよう。
ワニの口に見立てた腕を大きく動かし、水しぶきを上げたり、みんなでワニの親子になって行進してみよう。

す い か

子どもたちの大好きなすいかの手あそびです。テンポがゆっくりで、単純な動きの歌あそびです。小さい子もいっしょに、みんなで楽しむことができます。

すいか 作詞 阿部 恵／作曲 家入 脩

【あそび方】

〈1番〉 **①ぎざぎざもようの**
両手を合わせて上から下へ、ぎざぎざを描くように動かす。

②まーるいすいか
おへその前で両手のひらを重ねてから、円（スイカの形）を描くように両腕を上げ、頭の上で手をつける。

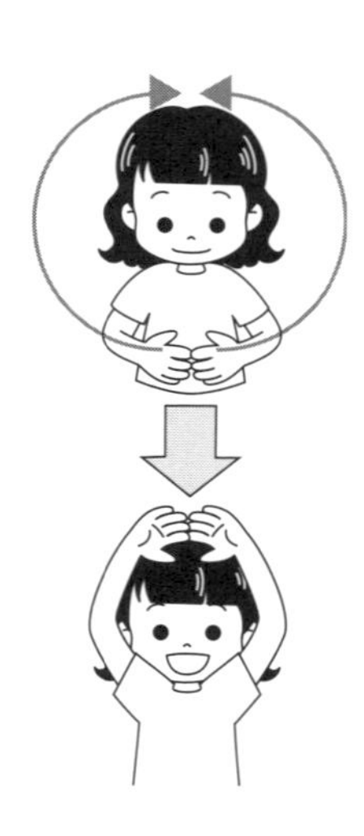

③はたけのなかで
畑の土のでこぼこをイメージして、両手を上下に揺らしながら横に動かす。

④コロコロコロン
両腕でスイカの形を作り、左右に動く。

〈２番〉 **⑤ひやしてたべます**
左右の手を、それぞれのほおに４回当てる。

⑥まーるいすいか
②と同じ動き。

⑦たねはのまずに
両手の親指と人さし指で輪を作り、左右に振る。

⑧だしましょう
口の前で両手をグーにしてうなづき、両手を広げて種を口から出すまねをする。

〈バリエーション〉

たねを元気よく飛ばしちゃおう
２番の⑧も⑦と同じ動きを続けてし、最後に元気よく「ペッ」と言って、種を口から飛ばすまねをする。

幸せなら手をたたこう

みんなが知っている歌あそびを、2人組で楽しみましょう。

幸せなら手をたたこう　訳詞　木村利人　アメリカ民謡

【あそび方】

〈1番〉 **①しあわせならてを たたこう××～**

2人で手をつないで足踏みをし、××で立ち止まって、相手と両手を2回打ち合わせる。これを2回くり返す。

②しあわせならたいどで しめそうよ

2人で手をつないで1周する。

③そらみんなで～××
反対に１周し、××で立ち止まって、相手と両手を２回打ち合わせる。

〈２番〉

①しあわせなら
あしならそう××～
③そらみんなで～××
手をつないだまま、両足ジャンプを２回する。

〈３番〉

①しあわせなら
かたたたこう××～
③そらみんなで～××
相手の両肩を軽く２回たたく。

※２、３番は、①と③の××のところのみ、それぞれの動きに替える。その他は１番と同じ。

〈４番〉　**④しあわせならさいしょから**
パンパンドンドントントン～
手をつないで足踏みをした後、相手と２回ずつ両手を打ち合わせ、両足ジャンプをし、肩を軽くたたく。これを２回繰り返す。

⑤しあわせならたいどで
しめそうよ
②と同じ動き。

⑥そらみんなで～トントン
反対に１周し、１～３番の「××」の動きを続けて行う。

〈バリエーション〉

動きを替えて行ってみよう！
お尻や背中をたたいたり、おじぎやバンザイをする等、子どもたちといろいろな動きを考えてチャレンジ。

おりの中には何がいる？

言われた動物のまねっこをして遊ぶことで、動物への興味が高まります。

おりの中には何がいる？　作詞　まきのりお　フランス民謡

①みんなで〜いきましょう
２人で手をつないで歩く。

②おりのなかには
２人が向かい合い、それぞれ両手で四角を描いて、おりを表現する。

③すごいのがいるぞ
両手を腰に当て、その場で２回ジャンプする。

④（たぬきたぬき）
１人が「たぬき」と言ってまねっこをした後、もう１人も同じようにする。
※指導者が動物の名前と動きを見せて、子どもたちがまねをする。

⑤アーア
両手を上げて、下ろす。

〈バリエーション〉

いろいろな動物をまねっこ
④で、動物園にいるいろいろな動物を言って、まねっこをして遊ぶ。

やきいもグーチーパー

定番の焼き芋の手あそびを、２人組になって、からだを動かして遊びましょう。

やきいもグーチーパー　作詞　阪田寛夫／作曲　山本直純

①やきいもやきいも
２人で向かい合い、手をつないで足踏みをする。

②おなかが
手をつないだままで、足は「気をつけ」の状態にする。

③グー
軽く１回ジャンプして、両足で着地する。

④ほかほか～　あちちのチー
①～②と同じ動きをして、１回ジャンプをしたら「チー」で足を前後にずらして着地する。

⑤たべたら～　なんにもパー
①～②と同じ動きをして、１回ジャンプしたら「パー」で足を横に広げて着地する。

⑥それやきいもまとめて
ゆっくり２回ジャンプする。

⑦**グーチーパー**
③〜⑤の「グー」「チー」「パー」の足の動きを続けて行う。

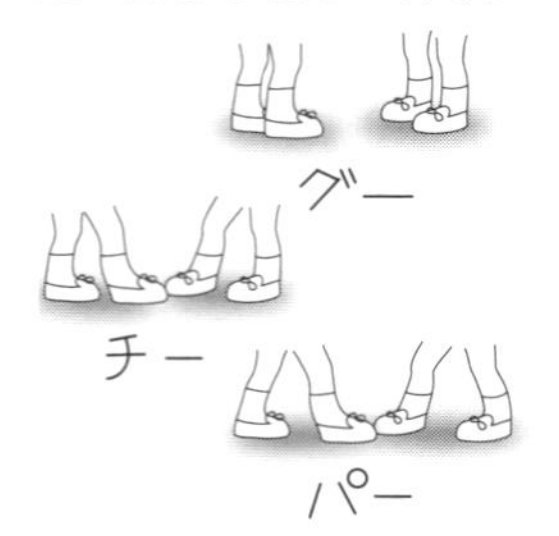

⑧**（ジャンケンポン）**
１回ジャンプして足をそろえてから、「ポン」で「グー」「チー」「パー」の足を出して足ジャンケンをする。

こんこんクシャンのうた

いろいろな動物になりきって、いろいろなマスクやくしゃみを表現して遊びましょう。

こんこんクシャンのうた　作詞　香山美子／作曲　湯山　昭

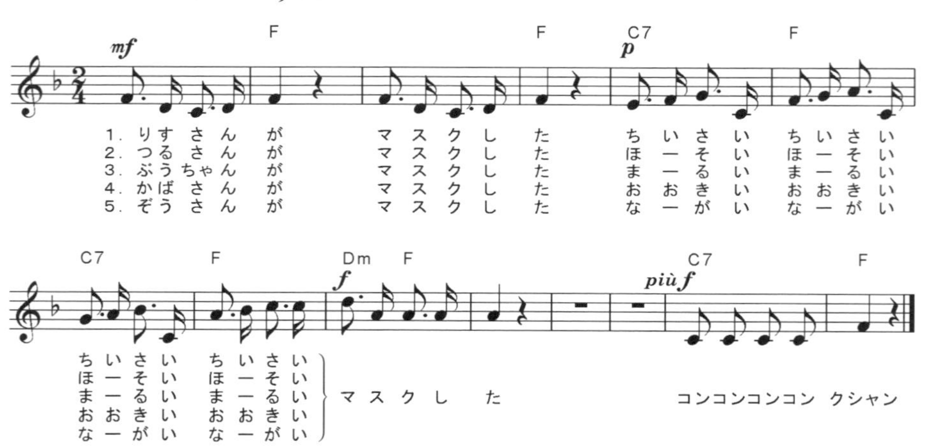

【あそび方】

〈１番〉

①**りすさんが**
両手を軽く握って前に出し、リスのポーズをする。

②**マスクした**
マスクをするように、片手で口を押さえる。

③**ちいさい〜ちいさい**
両方の人さし指を立てて、口の前で小さな四角（マスク）を４回描く。

④マスクした

②と同じ動きをする。

⑤（二分休符×２）

口を押さえたまま、からだを左右に揺らす。

⑥コンコン～クシャン

両手で口を押さえて、４回、頭を上下に揺らして、「クシャン」で、手を口から離す。

〈２～５番〉　①と③は、それぞれの動物に合わせて動いたりマスクの形を描く。その他は、１番と同じ動き。

※子どもたちと「つるさんだったら……」というように、いろいろな動きを考えよう。

どんぐりころころ

子どもたちも大好きな曲を２人組になって踊ります。

どんぐりころころ　作詞　青木存義／作曲　梁田　貞

〈１番〉

①どんぐりころころ
両手をつなぎ、片方の腕を上げ、その下をくぐるようにして後ろ向きになる。

②どんぶりこ
①と反対側の腕を上げ、その下をくぐって元に戻る。

③おいけに～たいへん
つないだ手が丸になるようにして、１周、回る。

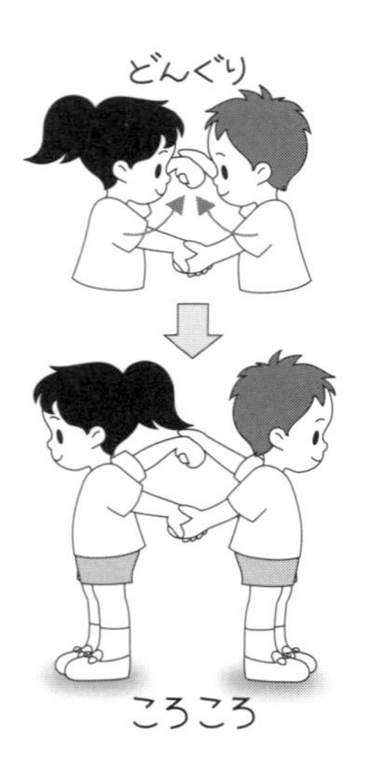

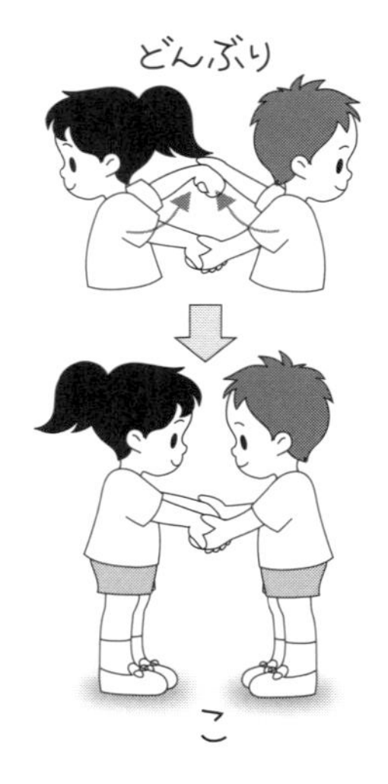

④どじょうがでてきて
手を離してその場にしゃがみ、両手を合わせてくねらせながらゆっくり立ち上がる。

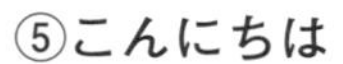

⑤こんにちは
おじぎをする。
㊟頭がぶつからないように。

⑥ぼっちゃん～あそびましょう
両手をつなぎ、その場で４回ジャンプする。

〈２番〉

⑦どんぐり～あそんだが
①～③と同じ動きをする。

⑧やっぱりおやまが
右腕を斜め上に挙げ、人さし指を立てる。

⑨こいしいと
左腕で、⑧と同じ動きをする。

⑩ないてはどじょうを
右手を目に当て、次に左手を目に当てて泣くまねをする。

⑪こまらせた
両手を目に当てたまま、からだを左右に揺らす。

雪のこぼうず

雪がチラチラ降ってきたようすを手あそびで楽しみましょう。

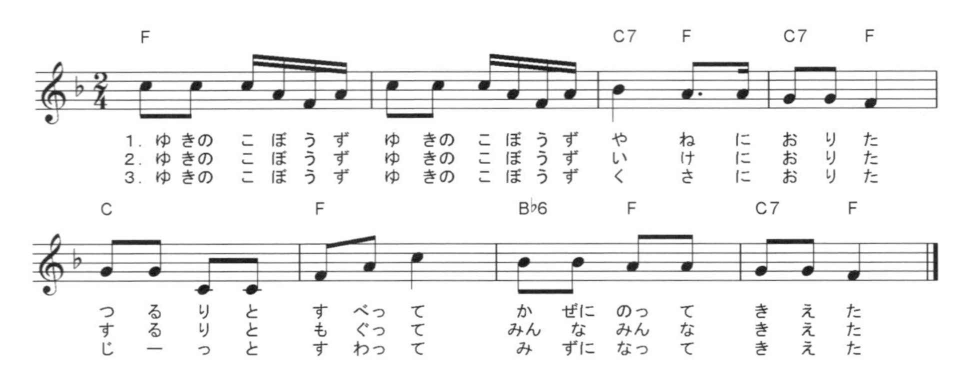

【あそび方】

〈1番〉

①ゆきのこぼうず
右手の小指を立て、手首を左右に動かして揺らす。

②ゆきのこぼうず
左手で同じ動きをする。

③やねにおりた
左右の指先をおでこの前ぐらいで合わせ、斜め下に腕を下ろす（4回くり返す）。

④つるりとすべって
手のひらが上を向くように左腕をまっすぐに伸ばし、肩から手首の方に向けて、右手の小指を滑らせる。

⑤かぜにのってきえた
両腕を上げ、手をヒラヒラさせながら下ろしていく。

〈２番〉 **③いけにおりた**
胸の前で輪を作り、
左右に揺らす。

※その他は、１番と同じ。

〈３番〉 **③くさにおりた**
手を上に向けて交互にすばやく
開閉する。

※その他は、１番と同じ。

**④じーっと
すわって**
左の手のひらに、
右手小指を乗せる。

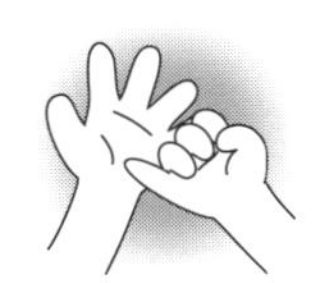

こぶたさんが家を建て

「三匹のこぶた」のお話がもとになった歌あそびです。

こぶたさんが家を建て　作詞　小宮路敏　外国曲

【あそび方】

〈１番〉 **①こぶたさんが**
人さし指で鼻を押し
上げる。

②いえをたて
両手で家の形を描く。

③こぶたさんがいえをたて
①②と同じ。

④わらでつくった
いえをたて

両手の人さし指と親指で輪を作り、左右同じ方向に揺らす。

⑤かぜがふいてきたー

両腕を２回、右上から左下に下ろし次に２回、左上から右下に下ろす。

⑥かぜがふいて
おおかぜで（×３回）

⑤を３回くり返す。「おおかぜで」のときは、大きく腕を動かす。

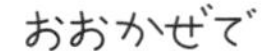

⑦そのいえは

②と同じ。

⑧とんでった（ヒュー）

「ヒュー」で、両手を胸の前で渦を巻くように回し、左上に腕を伸ばす。

〈２番〉

④きでつくった
いえをたて

両手の人さし指を立て、左右同じ方向に揺らす。

⑤⑥あめが～
おおあめで

両腕を伸ばし、上げ下げする。「おおあめで」のときは、大きく腕を動かす。

⑧つぶれた（ペチャン）

「ペチャン」で、上下に離した両手のひらを胸の前で合わせる。

※その他は、１番と同じ。

〈３番〉

④れんがでつくった
いえをたて

両手でれんがの形を作り、左右に揺らす。

⑤⑥ゆきが～おおゆきで

両手をキラキラさせながら、腕を上げ下げする。「おおゆきで」のときは、大きく腕を動かす。

⑧こおった（コチン）

「コチン」で、右手をげんこつにして、頭を軽くたたく。

※その他は、１番と同じ。

もちつき

「もちつき」を手あそびで楽しみましょう。左右の手でもちつきをしたり、友だちともちつきをしたりして遊びましょう。

もちつき　文化省唱歌

【あそび方】

♪ぺったんこ♫♪ぺったんこ♫

①ぺったんこ～もちつきぺったんこ
右手をグーにして、左手のひらを、もちつきのように4回たたく。

②それつきかえせ
「それつき」で1回たたき、「かえせ」で左右の手を逆（左手グー、右手パー）にして、1回たたく。

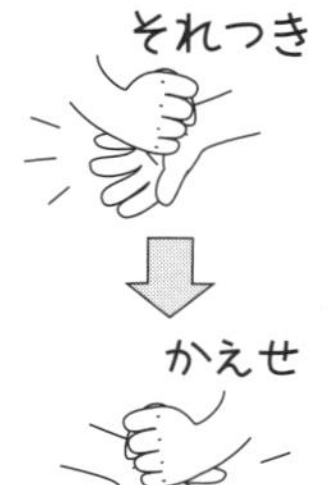

③やれつきかえせせ
「やれつき」で1回たたき、「かえせ」で手をもとに戻して（右手グー、左手パー）、1回たたく。

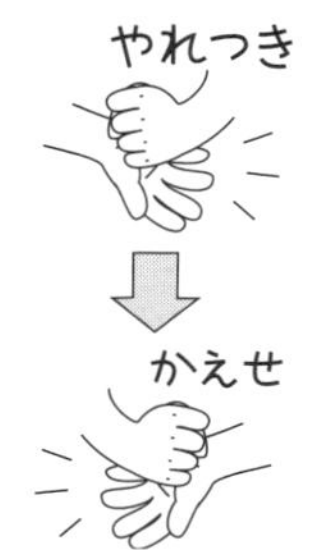

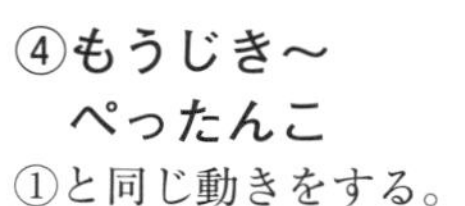

④もうじき～ぺったんこ
①と同じ動きをする。

〈バリエーション〉

ふたりでもちつきをしよう！
2人で向かい合います。①～④は左手をパー、右手をグーにして、互いの手をたたきます。
②③の手を逆にするところが難しいけれど、がんばりましょう！

♪ぺったんこ♫♪ぺったんこ♫

むっくり熊さん

くまが追いかけ、子どもたちが逃げる、追いかけあそびを楽しみましょう。

むっくり熊さん　訳詞　志摩　桂　スウェーデン民謡

※始める前に、「くま役」を決めておく。

①むっくりくまさん～あなのなか
くまは、顔を手で覆って寝ているふりをする。
その他の子は、くまのまわりで手をつないで丸くなり、歌いながら時計まわりにまわる。

②ねむっているよ～むにゃむにゃ
①のまま、反時計まわりにまわる。

③めをさましたら～
たべられちゃうよ
まわりの子どもたちが、徐々にくまに向かって静かに近づいていき、「よ」で手を離す。

④（ガオー）
くまは、「ガオー」と言って立ち上がる。くまの声を聞いたら、まわりの子は逃げ、くまは追いかけてタッチする。タッチされた子とくま役を交代して、くり返して遊ぶ。

※慣れてきたら、早くタッチされた２人がくま役になる。

〈クマの動き〉

②ねむっているよ
グウグウ
両手を合わせて右ほおにくっつけ、頭を傾ける。

ねごとをいってむにゃむにゃ
口の前で、両手を２回、グーパーさせる。

③めをさましたら〜
たべられちゃうよ
両手で顔を覆う。

5つのメロンパン

パンを1つずつ買っていき、自然に数に親しめる指あそびです。

【あそび方】

〈1番〉 **①パンやにいつつの メロンパン**

左手5本指を広げて出し、左右に動かす。

②ふんわり～おいしそう

両手の人さし指でメロンパンの丸い形を描き、「おいしそう」で指をほおに当てる。

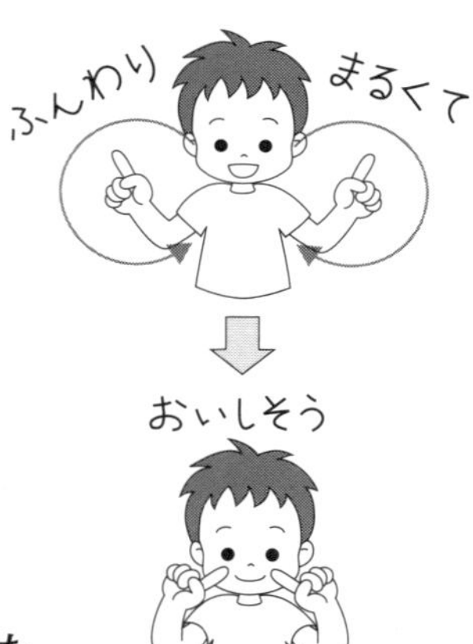

③こどもが～やってきて

右手の人さし指を立て、歩くように端から動かし、左手の横で止める。

④メロンパン～かってった

左手の親指を折り曲げ、右手人さし指をもとの位置に戻す。

〈2～5番〉

①は、それぞれ歌詞のメロンパンの数と左手の指の数を合わせる。

④では、1本ずつ指を折っていく（2番＝人さし指、3番＝中指……というように）。

※その他は、1番と同じ動きをする。

〈バリエーション〉

会話をしましょう。

③と④の間に、会話をして楽しみましょう。

おおきな畑

季節の移り変わりを意識できる歌あそびです。友だちといっしょに歌い、からだを動かして楽しみましょう。畑の「小」「中」「大」の大きさと、植物の成長する過程を楽しめる手あそびです。

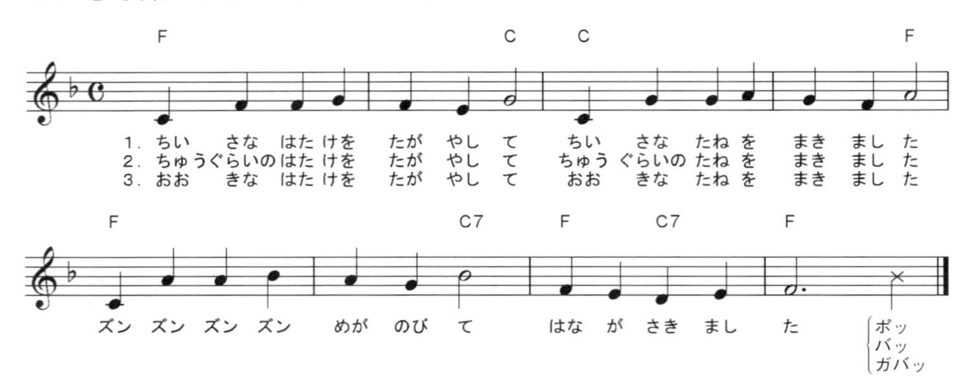

【あそび方】

〈１番〉

①ちいさなはたけを　たがやして

両手の人さし指で、小さな四角を２回描く。

②ちいさな～　まきました

左手にのせた種を、右手の指先でつまんで畑にまくような動きをする。

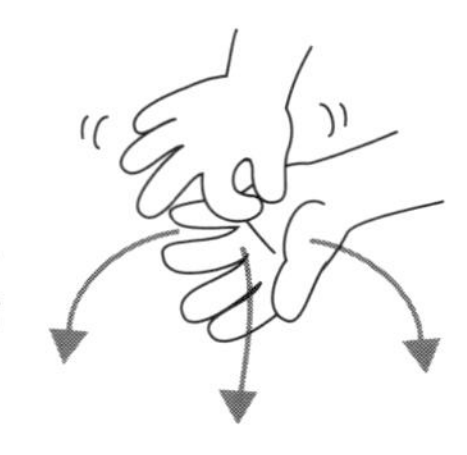

③ズンズン～　さきました

両手人さし指を合わせて、芽が伸びるように左右に揺らしながら、上にあげていく。

④ポッ

合わせていた人さし指の指先だけを離す。

〈2番〉

①②ちゅうぐらいの〜まきました
〈1番〉より大きめの四角を2回描き、右手で中くらいの種を指ではさんで、まく動きをする。

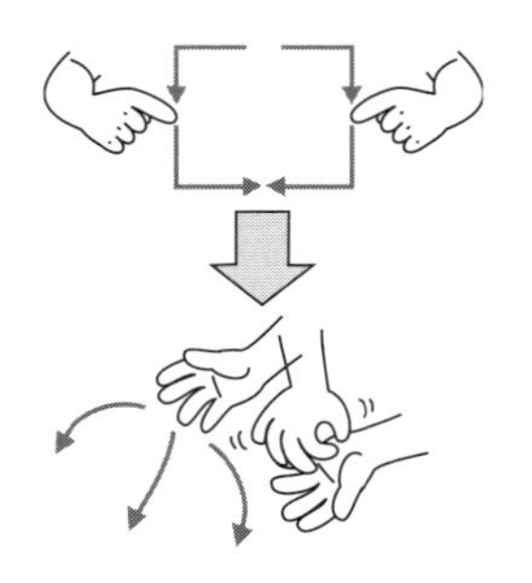

③④ズンズン〜パッ
両手を合わせて、左右に揺らしながら上に伸びていき、最後に手首はつけたまま両手をパッと開く。

〈3番〉

①②おおきな〜まきました
大きな四角を2回描き、左手に持った容器から、右手で大きな種をつかんで、畑にまく動きをする。

③④ズンズン〜ガバッ
両手を合わせてしゃがみ、大きく左右に揺らしながら、少しずつ立ち上がり、最後に、両腕を思い切り広げる。

春

小さい子でも楽しめる簡単な動きです。２人組でも楽しめます。

春　作詞　吉田トミ／作曲　井上武士

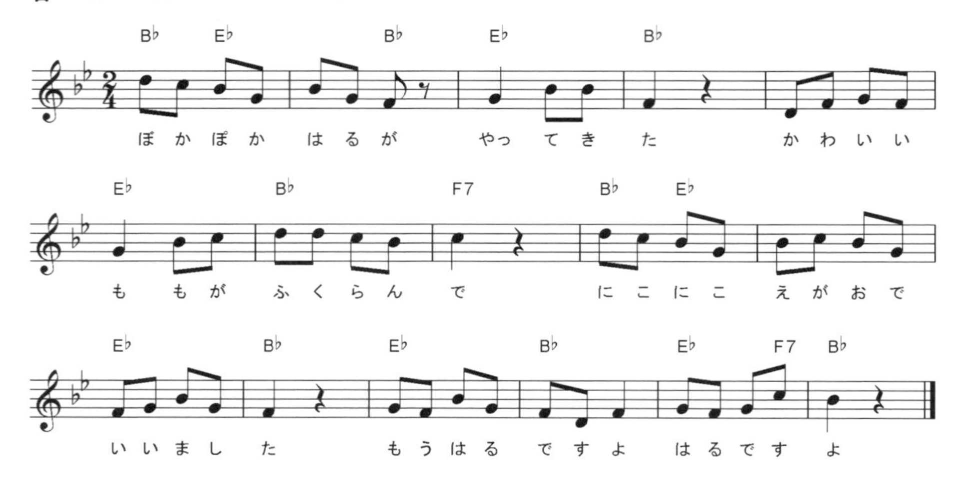

【あそび方】

①ぽかぽかはるが　やってきた
両腕を上げ、両手首をひらひらさせながら下ろす。

②かわいいももが
両手ともグーにして、親指どうしをつける。

③ふくらんで
親指以外の指をゆっくり伸ばしてふくらませ、つぼみを作る。

④にこにこえがおで
右の人さし指で右ほほを押さえた後、左の人さし指で左ほほを押さえる。

⑤いいました
そのままからだを左右に揺らす。

⑥もうはるですよ～
両手を口に当て、叫ぶようなポーズで歌い、２回目の「♪はるですよ」では、違う方を向いて叫ぶ。

〈バリエーション〉２人組で行ってみましょう。

①ぽかぽかはるが やってきた

両手をつないで１周する。

②かわいいももが

手をつないだまま、しゃがむ。

③ふくらんで

立ち上がって両手を上げる。

④にこにこえがおで

片方の手は上げたまま、もう片方の手を下げて、手を上げている方に向いてにっこり笑う。

⑤いいました

④と同じ動きを逆方向で行う。

⑥もうはるですよ～

手をつないだまま、その場で４回ジャンプする。

※本章は、石井浩子「保育のタネ」（手あそび歌あそび部分担当）『ラポム（la pomme）』学習研究社、第 52 巻第 12 号～第 53 巻第 12 号を改変して掲載しています。

5章

すこやかキッズ体操

〔岩城淳子〕

1　ウォーミングアップ『ぐるりんたいそう』

【ねらい】

・言葉を聞いて動く

・運動の楽しさを感じる

・基本的な動作をする

【創作の背景】

準備運動の役割は、運動能力を最大限に引き出すことです。具体的には、血液の循環を良くする、関節の可動域を広げる、筋肉の伸張性を高める等です。通常は号令をかけて行うことが多いのですが、より楽しく心もからだも温まるように、幼児にとって身近で、動きを誘う言葉がけにしています。動きは、≪ポーズ→肩回し（上肢）→膝の屈伸（下肢）→伸脚（下肢）→前屈・後屈（背腹）→捻転（胴体）→回旋（胴体）→柔軟（手首・足首）→表情（顔）、左右・斜め・上下・回旋（首）→バランス（片足立ち）→ジャンプ→ポーズ≫の順に進み、全身をほぐしながら、これから行う運動への期待感を高めていきます。

ぐるりんたいそう

詞・曲　岩城淳子

ポーズ	ちからもち	みんなで	はじめよう	
(かた)	ぐるり	ぐるり	ぐるり	ぐるり
(ひざ)	まげて	のばす	まげて	のばす
(かかと)	ひらいて	すべりだい	すべりだい	
	トンネル	のぞいて	みようかな	みようかな
(ひじ)	みぎにギュッ	ひだりにギュッ	ギュッ	ギュッ
(りょうて)	ぞうの	おはなで	ぐるりんこ	ぐるりんこ
	おばけがでたよ	ブールブル	こわいの　バイバーイ	バイバーイ
(くび)	みぎに	グー	ひだりに	パー
	はてな	チョキは	したかな	うえかな
	おめめを	ひらいて	ぐるりんこ	ぐるりんこ
(かたあし)	つばさを	ひろげて	フラミンゴ	フラミンゴ
(おへそ)	まえ	トントン	まえ	トントン
	ケンケンパー	ケンケンパー	グーチョキパーの	グーチョキポーズ
	おしまい			

ぐるりんたいそう

ポーズ　（ちからもち）　みん なで はじ めよ う　（かた）

ぐ る り　ぐ る り　ぐ る り　ぐ る り　（ひざ）

ま げ て　の ば す　ま げ て　の ば す　（かかと）

ひ ら い て　す べ り だ い　す べ り だ い

ト ン ネ ル の ぞ い て　み よ う か な　み よ う か な　（ひじ）

みぎに　ギュ　ひだりに　ギュ　ギュ　ギュ　（りょうて）

25
ぞう の お は な で ぐ る り ん こ ぐ る り ん こ
29
お ば け が で た よ ブー ル ブ ル こ わ い の バ イ バーイ バイバーイ （くび）
33
み ぎ に グー ひだ りに パー はてな チョキは したかな うえかな

37
お め め を ひ ら い て ぐ る り ん こ ぐ る り ん こ （かたあし）

41
つ ば さ を ひ ろ げ て フ ラ ミ ン ゴ フ ラ ミ ン ゴ （おへそ）

45
まえ トントン まえ トントン ケン ケン パー ケン ケン パー

49
グー チョキ パー の グー チョキ ポーズ お し まい

前奏　ポーズ　ちからもち　みんなで　はじめよう

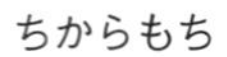

（かた）ぐるり　ぐるり　×2　（ひざ）まげて　のばす　×2

（かかと）ひらいて　すべりだい　×2　トンネル　のぞいて　みようかな　みようかな

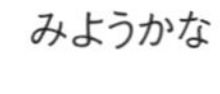

（ひじ）　みぎにギュッ　ギュッ　ひだりにギュッ　ギュッ　×2

（りょうて）ぞうの　おはなで　ぐるりんこ　ぐるりんこ　おばけがでたよ　ブール

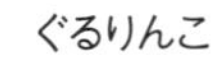

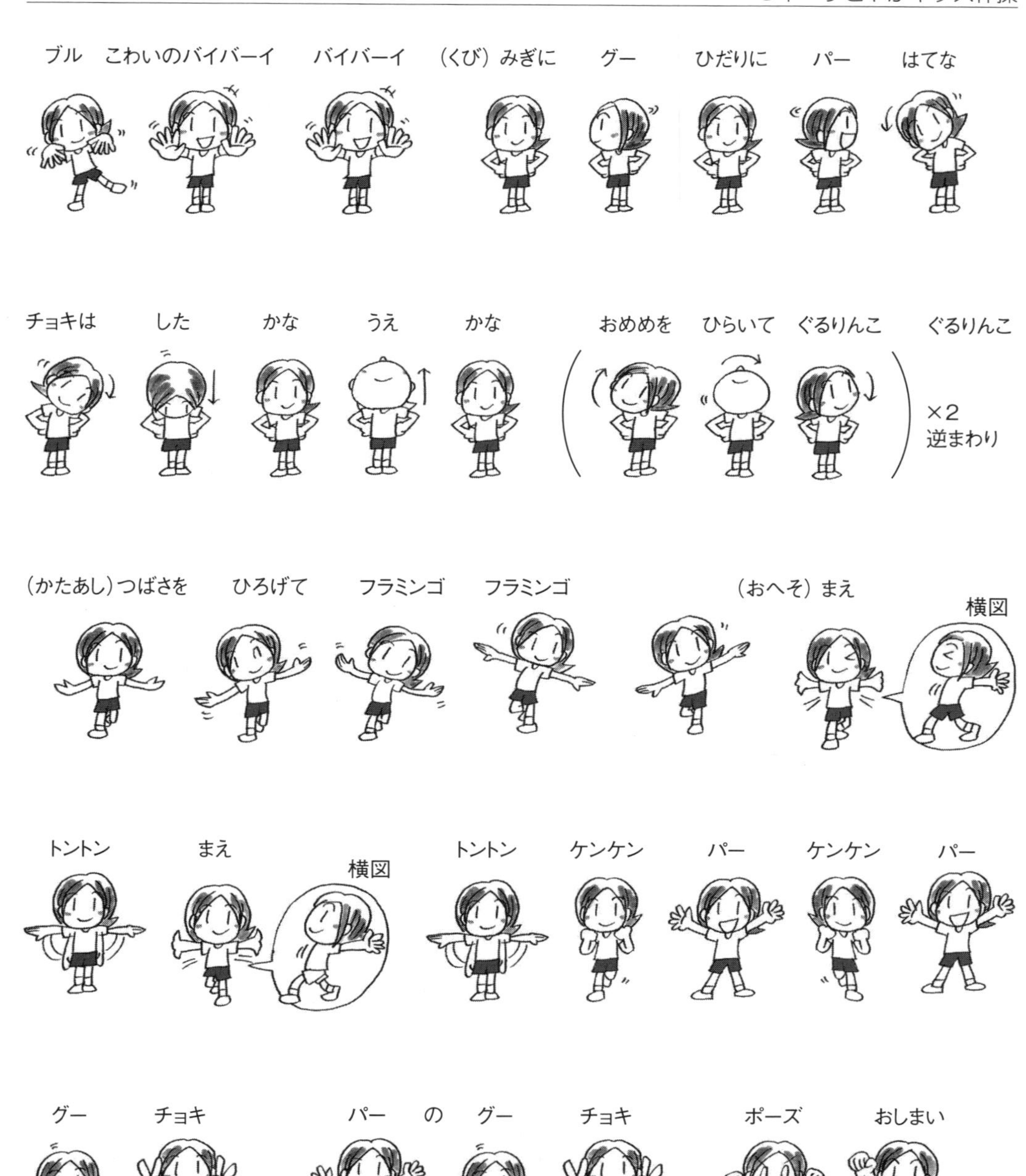
ブル　こわいのバイバーイ　バイバーイ　（くび）みぎに　グー　ひだりに　パー　はてな
チョキは　した　かな　うえ　かな　おめめを　ひらいて　ぐるりんこ　ぐるりんこ
×2
逆まわり
（かたあし）つばさを　ひろげて　フラミンゴ　フラミンゴ　（おへそ）まえ
横図
トントン　まえ
横図
トントン　ケンケン　パー　ケンケン　パー
グー　チョキ　パー　の　グー　チョキ　ポーズ　おしまい

2　親子体操『すこやかキッズ』『Mighty Kids』（英語版）

【ねらい】

・健康生活と生活リズムを作る

・運動技能の発達を促進する

・日々の体力を強化する

【創作の背景】

子どものすこやかな成長には、生活リズムの定着と運動、基本的生活習慣（食事、睡眠、排泄、清潔、着脱）の獲得が必要です。これらの習慣化に向け、歌詞には健康生活に必要なことを入れています。

１番では、心地よく目覚める、人といっしょに楽しく食べる、よく噛んで味わう、食事がエネルギーとなりからだを作る、２番では、排便の爽快感、心拍数が上がり発汗するような身体活動量の確保、戸外での五感（みる、きく、味わう、嗅ぐ、触る）を存分に使うあそび、３番では、疲れたら力を抜いて休む、入浴、清潔、安心して入眠する、睡眠中に発育することを伝えています。間奏部分は、自由に動いてみます。

とんでゆけすこやかキッズ

詩・曲　岩城淳子

1．おはよう（おはよう）	おはよう（おはよう）	おひさまと　おきよう
いただきます（めしあがれ）	いただきます（めしあがれ）	あさごはんを　たべよう
よくかんで　あじわってみよう	おいしさが　ちからに　かわるよ	
えがお（いっぱい）	げんき（いっぱい）	とんでゆけ　すこやかキッズ
2．でたかな（でたよ）	でたかな（でたよ）	すっきり　きもちがいい
あそぼう（オー　イエーイ）	あそぼう（オー　イエーイ）	はしって　あせかこう
みずと　つち　そらと　かぜ	かいで　みて　きいて　さわってみよう	
えがお（いっぱい）	げんき（いっぱい）	とんでゆけ　すこやかキッズ
3．やすもう（ごろりーん）	やすもう（ごろりーん）	おふろに　はいろう
おやすみ（おやすみ）	おやすみ（おやすみ）	おつきさまと　ねむろう
たのしいゆめ　いっぱい　みよう	こころと　からだ　おおきくなる	
えがお（いっぱい）	げんき（いっぱい）	とんでゆけ　すこやかキッズ
えがお（いっぱい）	げんき（いっぱい）	
どこまでも　どこまでも　とんでゆけ　すこやかキッズ		

Mighty Kids

1. Good morning (Good morning)　Good morning (Good morning)
Wake up with the sun, early in the morning
Let's eat (Eat well)　Let's eat (Eat well)
Let's eat breakfast all together
Chew well chew well, it's tasty, yum yummy yum
Every meal gives us a lot of energy

Big smiles (Be happy)　Laugh a lot (Ha ha ha)
Fly high in the sky, mighty kids

2. Did it come out? (Poo poo)　Did it come out? (Poo poo)
Poo poo in the morning feels so good
Let's play (Oh yeah)　Let's play (Oh yeah)
Let's run outside all together
Smell and feel the earth, and touch water
Look up at the sky, and listen to the wind

Big smiles (Be happy)　Laugh a lot (Ha ha ha)
Fly high in the sky, mighty kids

3. Take a break (Relax)　Take a break (Relax)
Take a bath, feel warm in the evening
Good night (Good night) Good night (Good night)
Let's sleep with the gently smiling moon
Sweet dreams, sweet dreams, nighty night, nighty night
May your mind be happy, may your body grow strong

Big smiles (Be happy)　Laugh a lot (Ha ha ha)
Fly high in the sky, mighty kids

Big smiles (Be happy)　Laugh a lot (Ha ha ha)
Fly high in the sky, fly high in the sky, fly high in the sky, mighty kids

とんでゆけすこやかキッズ

33
お　げ ん　き　と ん　で ー ゆ け す こ や か　キ　ッズ
37
17
54
や す　もう　や す　もう　お ふ　ろ に　は い ろ
58
う　お や す　み　お や す　み　お つ　き さ　ま と ね む ろ
62
う　た の　しい ゆ め い っ　ぱ い み よ う こ こ　ろ と か ら だ
66
お お き く な る え が　お　げ ん　き　と ん　で ー ゆ け す こ や か
70
キ　ッズ　え が　お　げ ん　き　ど こ　ま ー で ー も　ど こ
74
ま ー で ー も　と ん　で ー ゆ け す こ や か　キ　ッズ

とんでゆけすこやかキッズ・Mighty Kids

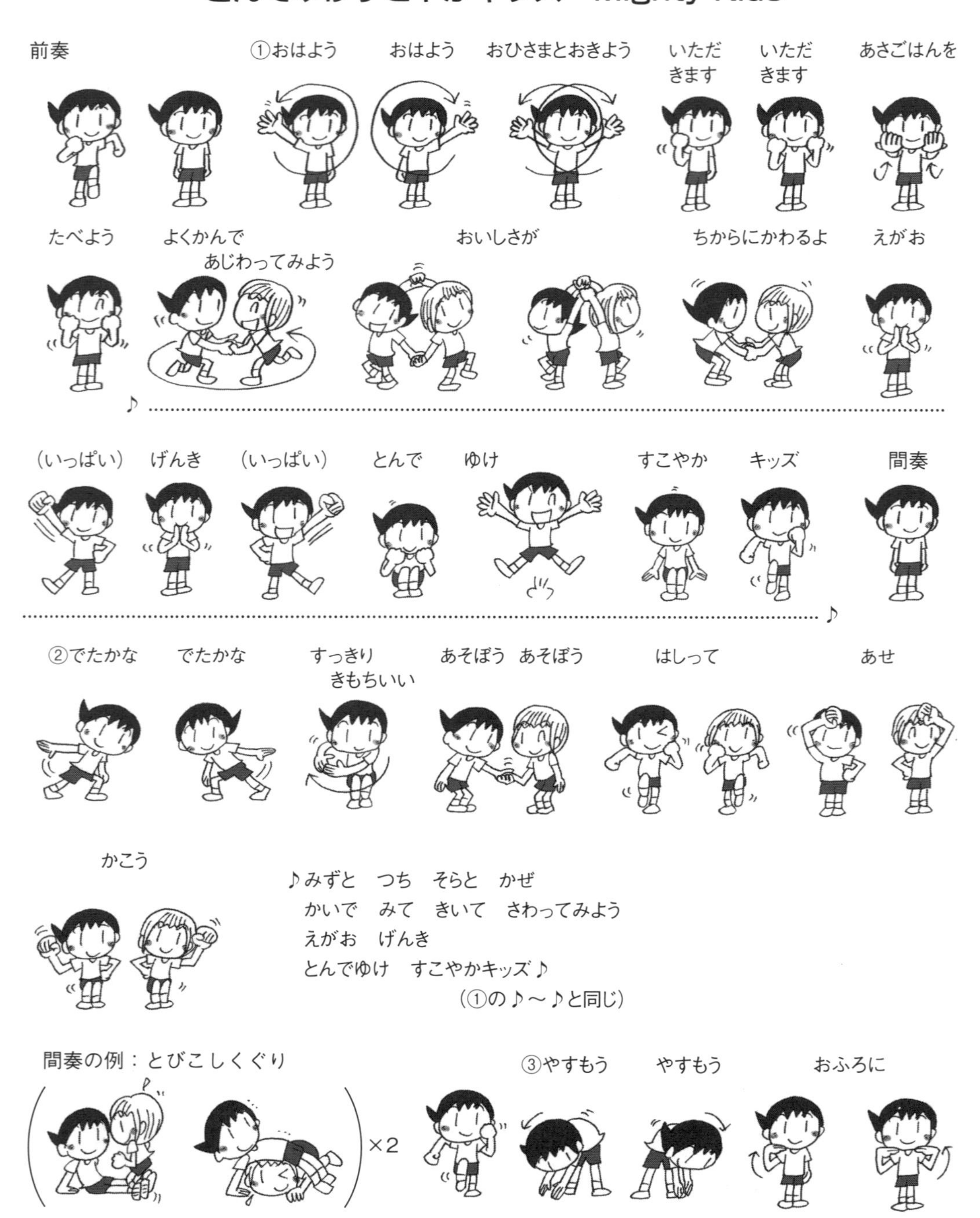

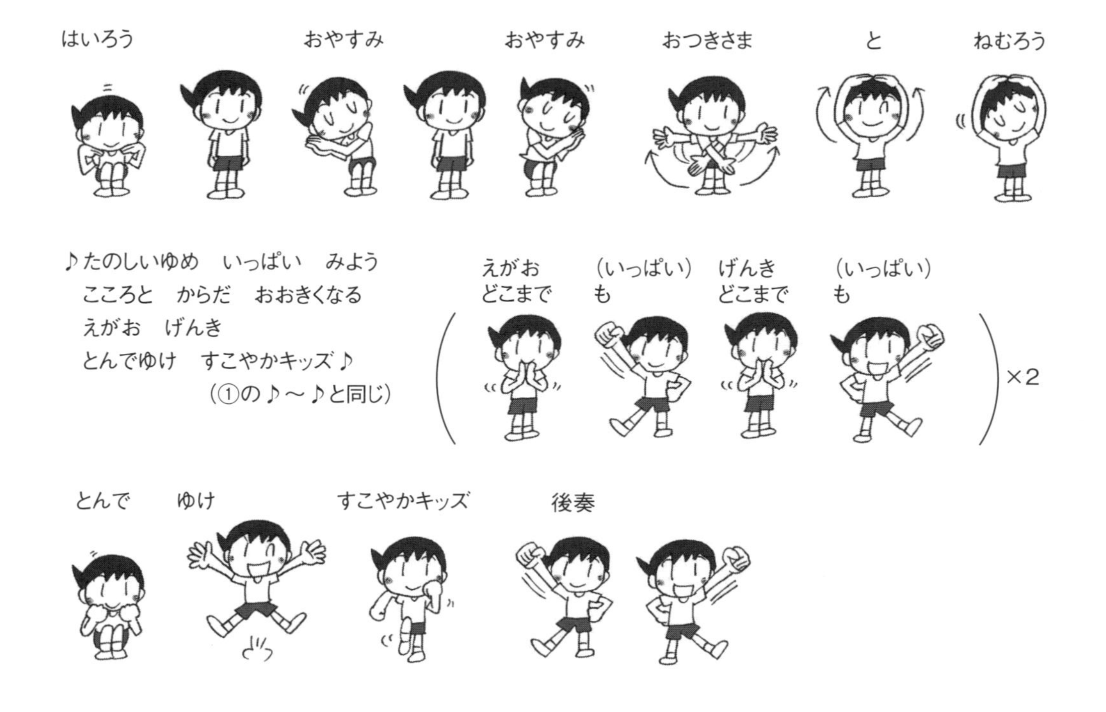

3　体操『はやねちゃん』

【ねらい】

・早寝早起き朝ごはんの習慣をつける

・時計に関心をもつ

・自分で生活リズムを整える

【創作の背景】

最近の子どもの生活リズムの問題点として、就寝時刻の遅さがあげられます。それは、起床時刻の遅れ、睡眠時間の減少、朝食の欠食、朝の排便なし、日中の活動量の減少、夕食時刻の遅れ、夜食の摂取など、生活リズム全般に悪影響を及ぼします。

幼児期は、夜９時までには寝て、朝７時に自然覚醒することが理想です。やなせたかし作のキャラクター「はやねちゃん」「はやおきくん」「あさごはんまん」「みそしるちゃん」「よふかしおにくん」をからだの動きで表現することにより、親しみを深めます。時計を見て「９時は寝る時間」と意識し、自ら生活リズムを作っていくきっかけを誘っています。

はやねちゃん

詞・曲　いわき　淳子

はやね　ちゃんは　　９じに　　グーグー
だって　　おさげが　　９じだもん

とけい　　くるりん　　まわって　７じ
はやおき　くん　　おはよう

おめめ　　パッチリ　　おなか　ペコペコ
あさごはん　まん　　とうじょう

みそしる　ちゃんも　　わすれないでね
はやね　　はやおき　　あさごはん

よふかしおに　くん　　バイバイ
はやね　　はやおき　　あさごはん

はやねちゃん

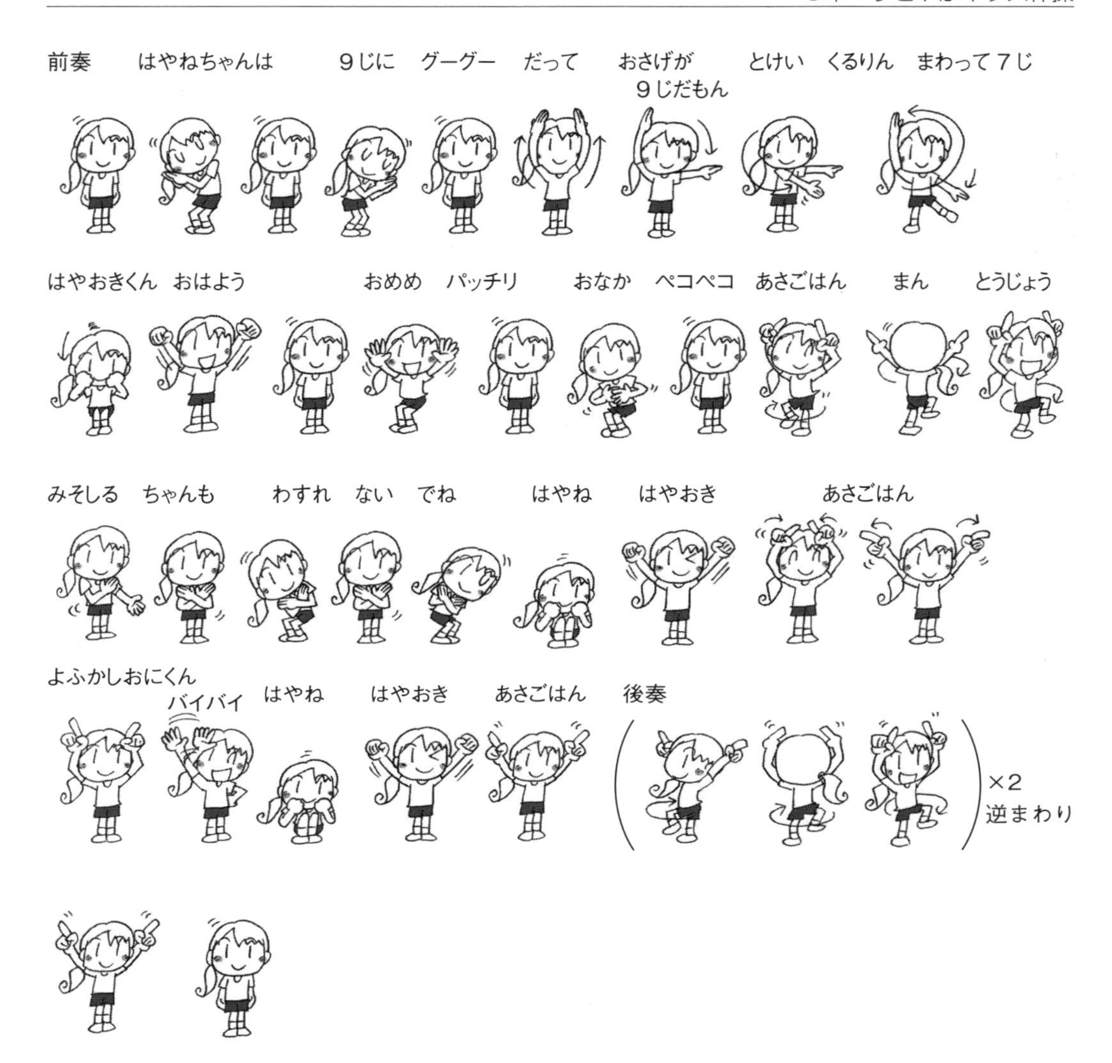
前奏
はやねちゃんは
9じに
グーグー
だって
おさげが
9じだもん
とけい
くるりん
まわって7じ
はやおきくん
おはよう
おめめ
パッチリ
おなか
ペコペコ
あさごはん
まん
とうじょう
みそしる
ちゃんも
わすれ
ない
でね
はやね
はやおき
あさごはん
よふかしおにくん
バイバイ
はやね
はやおき
あさごはん
後奏
×2
逆まわり

4　クールダウン『からだ・じゆうじざい』

【ねらい】

・音を聴き分ける

・空間を認知する

・身体の各部分を確認する

【創作の背景】

音量には大きい小さい、音程には高い低い、音域には広い狭い、アクセントには強い弱い、リズムには速い遅い、方向には上下、左右、前後などがあります。音に耳を澄ませて、メロディラインが上がるときは、「大きく・上に・右へ・前に・体を広げる・力を入れる・息を吸う」イメージで、体の前面（顔・首・胸・腹）を意識します。メロディラインが下がるときは、「小さく・下に・左へ・後に・体を縮める・力を抜く・息を吐く」イメージで、体の背面（頭・肩・背中・尻）を意識します。音と方向とからだを連動させ、ゆったりとストレッチをしながら、からだをイメージ通りに動かしていくのが目標です。

からだ・じゆうじざい

詩・曲　岩城淳子

おおきく	ちいさく	おおきく	ちいさく
うえに	うえに	したに	したに
みぎへ	ひだりへ	みぎへ	ひだりへ
まえに	まえに	うしろに	うしろに
おかお	あたま	くび	かた
むね	おなか	せなか	おしり

からだ・じゆうじざい

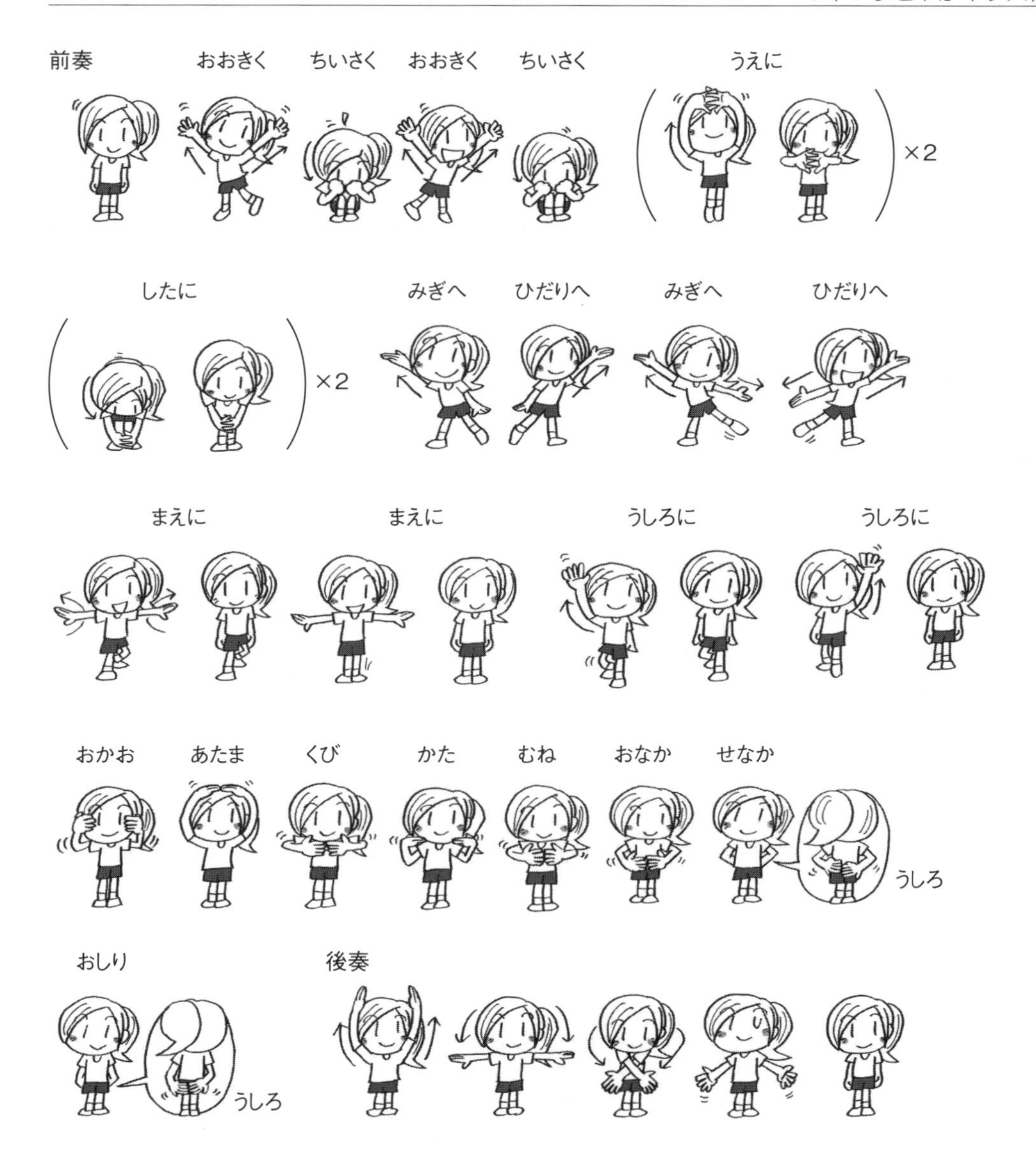
前奏
おおきく
ちいさく
おおきく
ちいさく
うえに
×2
したに
×2
みぎへ
ひだりへ
みぎへ
ひだりへ
まえに
まえに
うしろに
うしろに
おかお
あたま
くび
かた
むね
おなか
せなか
うしろ
おしり
うしろ
後奏

5　親子体操『どんぐりまーけっと』

【ねらい】

・絵本の世界を味わう

・人とのふれあい、かかわりを楽しむ

・相手と目を合わせる

【創作の背景】

『ふゆじたくのおみせ』（ふくざわゆみこ作・福音館書店）は、森の仲間たちがリスの夫婦のお店で買い物をしようと、どんぐりを拾うところから始まる絵本です。六甲道児童館（神戸市）では、どんぐりを使ったお買い物ごっこができないかと、どんぐりマーケットを始めました。≪どんぐりを拾って持って来る→１個が「１ぐり」通貨となる→合力会社で商品を製作する→値段を決めて出品する→お買い物→製作・販売にお給料（ぐり）が支払われる→秋に通貨を「ドングリ銀行神戸」に預ける→春に100ぐりが苗木１本として払い戻される→地域に植樹する→緑化活動に繋がる≫この素敵な活動を歌とダンスで表現しました。

どんぐりまーけっと

詞・曲　いわき　淳子

1.	いちぐり	にぐり	さんぐり	よんぐり	どんぐり	みつけたら
	あきの	こみち	あるこう	ゆきさきは	かぜまかせ	
	くまも	やまねも	あなぐまも	もぐらも	かえるも	さがしてる
	どんぐりは	もりの	なかまの	おともだち		
2.	ごぐり	ろくぐり	しちぐり	はちぐり	どんぐり	ひろったら
	りすの	おみせに	はしろう	ふゆ	ごもりの	したく
	やまから	たにから	つむじかぜ	そらから	ひらひら	ゆきだより
	どんぐりは	かしの	きの	こどもたち		
3.	きゅうぐり	じゅうぐり	ひゃくぐり	せんぐり	どんぐり	あつめたら
	おみせやさん	できるかな	どんぐり で	おかいもの		
	あったら	いいもの	つくろうね			
	わくわく	どんぐり	まーけっと			
	どんぐりは	ぼくたちの	たからもの	どんぐりは	もりからの	おくりもの

どんぐりまーけっと

1. いち ぐり に ぐり さん ぐり よん ぐり どん ぐり みつ けた ら
2. ご ぐり ろく ぐり しち ぐり はち ぐり どん ぐり ひろ った ら
3. きゅうぐり じゅうぐり ひゃく ぐり せん ぐり どん ぐり あつ めた ら
あきのこみちある こう ゆきさきはかぜま かせ
りすのおみせには しろう ふゆごもりのした く
おみせやさんでき るかな どんぐりでおかい もの
く まもやまねも あなぐまも もぐらもかえるも さがし てる
やまからたにから つむじかぜ そらからひらひら ゆきだ より
あったらいいもの つくろうね わくわくどんぐり まーけっ と
どんぐりはもり のなかまの おともだ ち
どんぐりはかし のきの こどもた ち
どんぐりはぼく たちの たからも の
3.どんぐりは もり からの おくりも の

前奏
×2
×2
①いちぐり
にぐり
さんぐり
よんぐり
♪

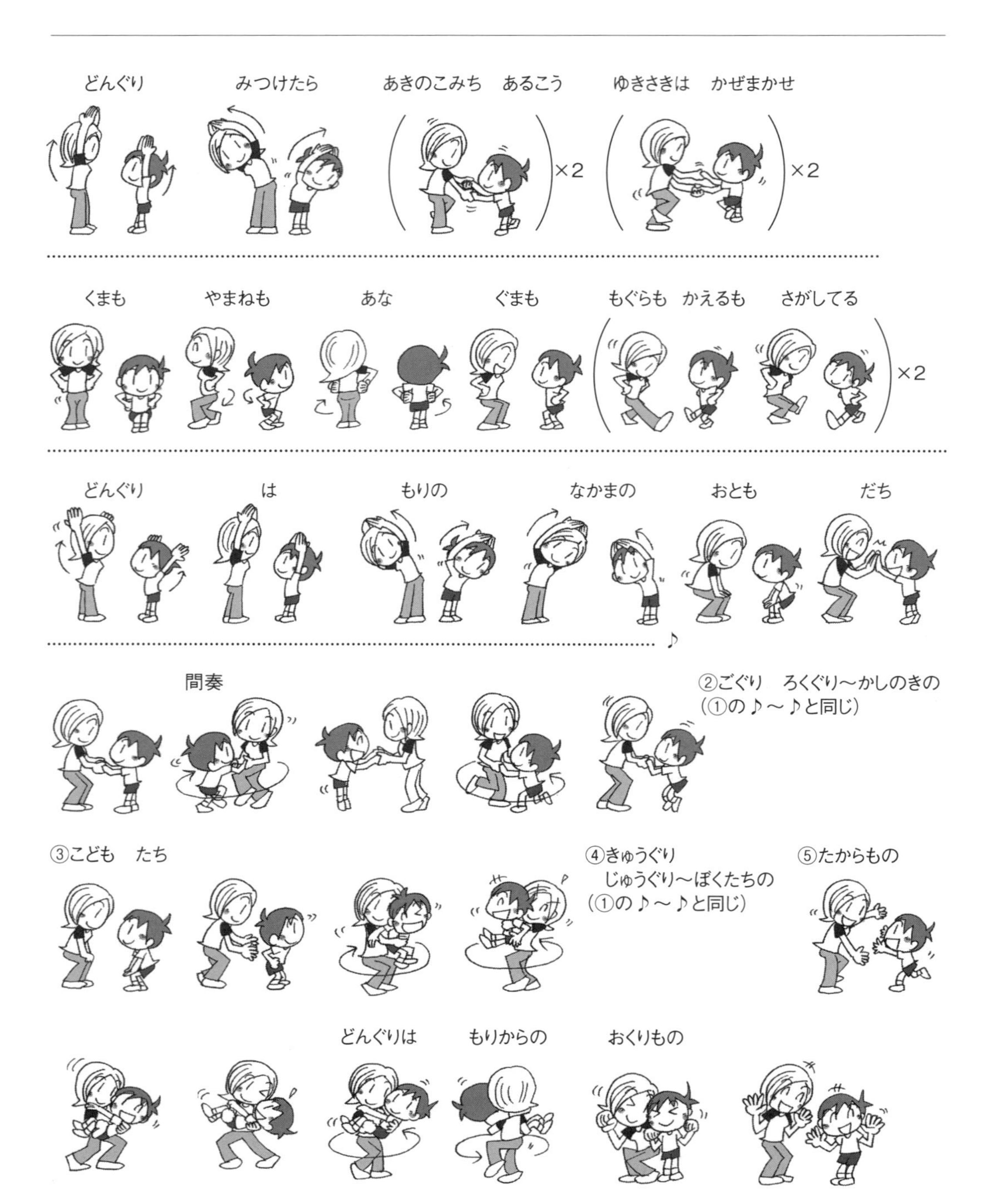
どんぐり
みつけたら
あきのこみち　あるこう
×2
ゆきさきは　かぜまかせ
×2
くまも
やまねも
あな
ぐまも
もぐらも　かえるも
さがしてる
×2
どんぐり
は
もりの
なかまの
おとも
だち
♪
間奏
②ごぐり　ろくぐり〜かしのきの
(①の♪〜♪と同じ)
③こども　たち
④きゅうぐり
じゅうぐり〜ぼくたちの
(①の♪〜♪と同じ)
⑤たからもの
どんぐりは
もりからの
おくりもの

6　パネル・エプロンシアター『バランスごはん』

【ねらい】

・配膳の位置を知る

・いろいろな食品と味を知る

・三角食べをする

【創作の背景】

最近の食の傾向として、早い時期から好き嫌いがある、白米をあまり食べない、一品ずつ食べていくフルコース食べをする、お箸を正しく使えない等があります。望ましい食習慣の形成には、ごはんと汁物を基本に主菜、副菜を口中創味し、バランス良く食べること、味覚が敏感な時期に多くの味を体験して食のレパートリーを広げること、食事のマナー、「いただきます」をする等、感謝の心が大切です。ここでは、配膳の位置を確認し、食品や五原味（旨味・甘味・塩味・酸味・苦味）や辛味を知り、正しい箸使い、ごはんと汁物とおかずを交互に摂る三角食べ、「ごちそうさま」を伝えています。

バランスごはん

詩・曲　岩城淳子

ひだりに　ごはん　みぎに　おつゆ
まんなかに　おかず　いろいろ
おさかな　おにく　おやさい　ぎゅうにゅう
くだものも　あるとうれしい

おいしい　あまい　しょっぱい　すっぱい
からい　にがい　あじだよ
おはしを　つかって　ひとつ　ひとつ
かわりばんこに　たべよう

バランスごはん

ひ だ り に ご は ん み ぎ に ー お つ ゆ ま ん
な か に お か ず い ろ い ろ ー お さ か な お に く お や
さ い ぎゅ う にゅう く だ も の も あ る と う れ しい お い
9
し い あ ま い しょ っ ぱ い すっ ぱ い か ら い ー に が い あ じ だ
よ お は し を つ かっ て ひ と つ ー ひ と つ か わ
15
り ば ん こ に た べ よ う

前奏

ひだりにごはん　みぎにおつゆ
まんなかに　おかず　いろいろ

おさかな　おにく

おやさい

ぎゅうにゅう　くだものも
あると　うれしい

おいしい　あまい　しょっぱい
すっぱい　からい　にがい
あじだよ

おはしを　つかって
ひとつ　ひとつ

かわりばんこに　たべよう

後奏

6章

リズム運動基本ステップ

〔田中　光〕

体力低下の一因には、遊べる環境の減少があげられます。しかし、もし環境が整っていたとしても、基礎体力がないと十分にあそびに没頭することができません。あそびには走りながらボールを投げる、蹴る等、様々な運動形態が混合されています。いろいろな運動にトライすることが、バリエーション豊富な動きの学習につながると考えられます。

幼児の運動量は、室内より戸外で遊ぶ方が多く、また、仲間といっしょに遊んだり、親や先生と遊ぶと、もっと増えます。園庭のような限られたスペースでも、良きリーダーがいれば、飛躍的に運動量はアップするのです。

昨今の子どもたちは、転んだときに手が出ず、まともに鼻やおでこを打ったり、ひどいときには骨折したりします。子どもたちのあそびの内容も昔と比べて変化し、のぼり棒を登る、ぶら下がる、からだを支える、といったあそびの経験が極端に減少しているような気がします。上半身をうまく使えない、手でからだを支えられない子どもが増えているのです。リズム運動の実践で、ケガの回避、さらに、全面的な運動発達に良い効果が得られると考えています。

リズム運動の実践を通して、運動量を確保し、多種多様な動作の学習ができるようになります。そして、からだをコントロールすることが上手で、元気でたくましい子が、この日本に、世界に、増えることを強く望んでいます。

1　ステップの紹介

リズム運動には、「リズム感」「柔軟性」「敏捷性」「表現力」「ジャンプ力」「バランス感覚」「運動基能の発達」「体力」「コミュニケーション能力」の向上を促す運動要素が多く含まれています。そこで、リズム運動の基本ステップを紹介していきます。

1）バウンス

肩幅ぐらいに足を開いて、膝と足首のクッションを利用して軽やかに弾みます。

（留意点）・上体が前傾しないようにしましょう。

・膝が伸びたままにならないようにしましょう。

2）ウォーキング

膝と足首を柔らかく使い、前後に腕を振りながら歩きます。

(正面)

(横)

（留意点）・つま先から踵という順序で、軽やかに足踏みをします。
・腕は、胸の高さまで振り上げます。
・上体が振られないようにしましょう。
・つま先と膝が同じ向きになるようにします。

3）ホップステップタッチ

立位の状態から、片足ずつ横に出して弾みながら、もう片方の足を引き寄せます。足を閉じると同時にクラップ（手拍子１回）します。

（留意点）・足を開いた後は、必ず閉じます。
・膝を柔らかく使いましょう。

4）サイドツーサイド

立位の状態から、横に足を出して重心を移動させて、もう片方の足を引き寄せましょう。同じ方向に２回移動しましょう。

（留意点）・足を開いた後は、必ず閉じます。
・重心をしっかり移動させます。

5）ギャロップ

肩幅ぐらいに足を開いて、軽く弾みながら横に移動します。

（留意点）・床を引きずらないように軽やかに弾みましょう。
・上体は、前傾しないようにします。

6）ジョギング

お尻を蹴るように走り、腕は前後に振ります。

（留意点）・上体が前傾しないようにしましょう。
・しっかり重心を引き上げます。

（正面）　（横）

7）ケンケン

片足ずつ膝を曲げて、重心を移動させながら、2回ずつ弾みます。

（留意点）・上体が振られないようにします。
・手の反動を使って軽やかに弾みましょう。

8）ジャンプ（空中動作）

足首、膝のクッションを上手に使って、床を蹴って空中にジャンプします（グー・チョキ・パー等）。

（留意点）・足首と膝を柔らかく使います。
・着地のときには、必ず膝を曲げましょう。

9）ジャンピングジャック

立位の状態から、弾むと同時に肩幅より少し広めに足を開いて床を蹴って閉じます。

（留意点）・つま先と膝が同じ向きになるようにします。
・足首と膝を柔らかく使い、上体は前傾しないようにしましょう。

10）ヒールタッチ

片足ずつ前方に足を出して、踵を床につけます。

（留意点）・出した足は、もとの位置にもどします。
・上体は、前傾しないようにしましょう。

（正面）

（横）

11）トータッチ

片足ずつ前方に足を出して、つま先を床につけます。

（留意点）・つま先と膝が同じ向きになるようにします。
・出した足は、もとの位置にもどし、上体は前傾しないようにしましょう。

（正面）

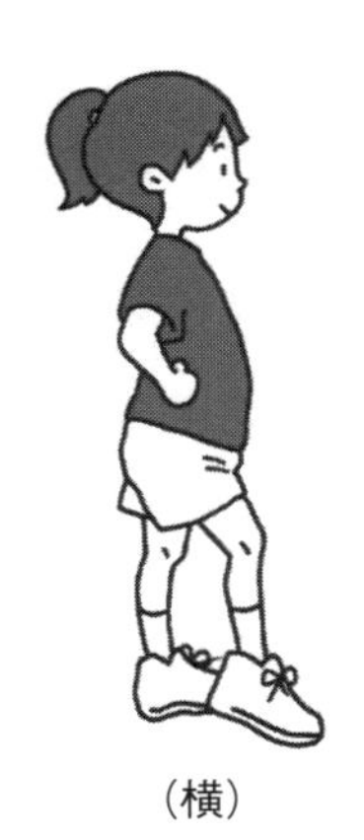

（横）

12）Vステップ

立位の状態から、片足ずつ斜め前に出して、重心を移動させながらVの字を描きます。

（留意点）・つま先と膝が同じ向きになるようにします。
・動作の最後は、もとの位置にもどりましょう。

13）グレープバイン

立位の状態から、からだは正面のまま、横に4歩移動する中で、片足ずつ横に足を出し、2歩目は交差させて3歩、4歩と移動します。

（留意点）・2歩目はしっかり交差させ、4歩目では必ず足を閉じましょう。
・重心を引き上げて移動します。

14）ランジ

立位の状態から、片足を横に出してもどします。

（留意点）・上体は、やや前傾させます。
・出した足は、もとの位置にもどしましょう。

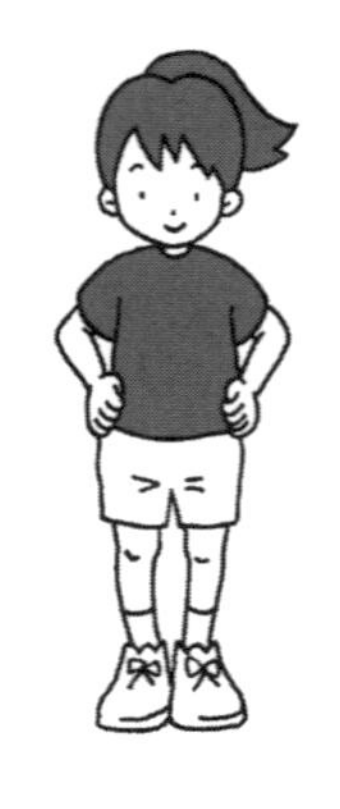

15）キック（ロー・ミドル・ハイ）

片足ずつ後方に曲げてから、前方に蹴り出します。ハイキックに関しては、後方に曲げずに、ストレートにそのまま蹴り出してください。

（留意点）・つま先と膝が同じ向きになるようにしましょう。
・上体が、振られないようにします。
・膝を柔らかく使って、リズミカルに行いましょう。

16）ニーアップ

片足ずつ、膝を曲げた足を腰の高さまで引き上げましょう。

（留意点）・上体が前傾しないようにします。
・膝をしっかり引き上げましょう。

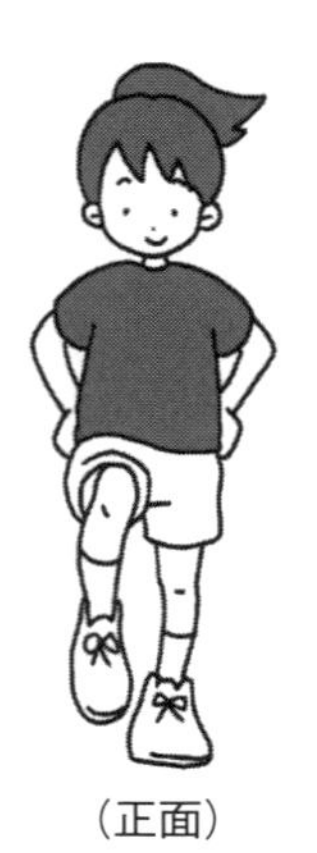
（正面）

（横）

17）ステップバック

片足ずつ、前方に足を出して、重心を移動させ、もとの位置にもどします。

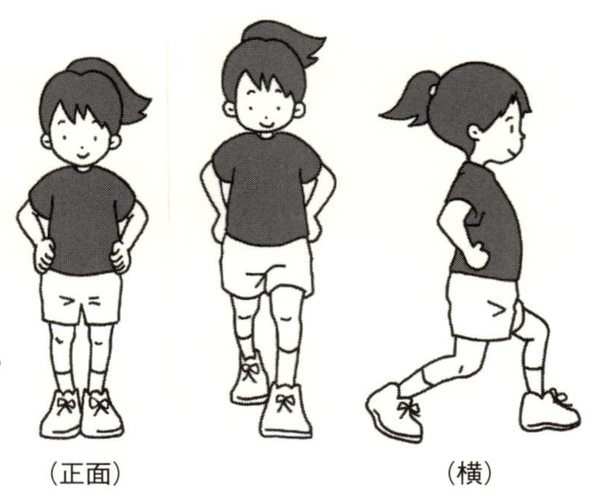

（正面）　（横）

（留意点）・足を出したときに、前傾しないようにします。
・重心移動をしっかり行いましょう。

2　床動作

1）プッシュアップ（腕立て伏せ）

四つ這いになり、腕を曲げて伸ばします（膝立て）。

（留意点）・背中が丸くなったり、お腹が下がったりしないようにします。
・あごを出したり、引き過ぎたりしないように、肘は、突っ張らないようにしましょう。

2）アブドミナルカール（腹筋）

仰向けになり、膝を立て、上体を斜め45度まで起こしましょう。

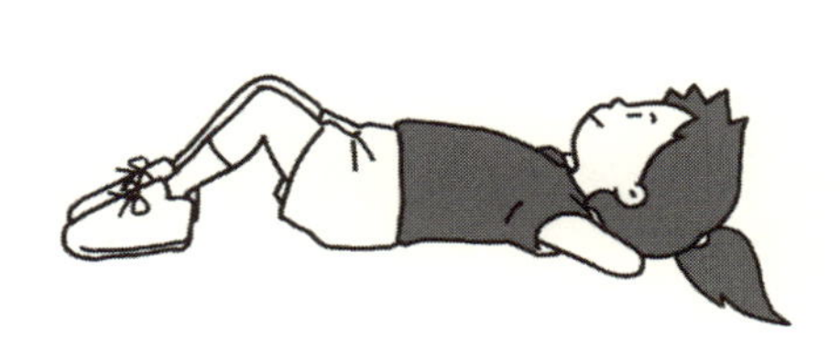

（留意点）・腰を反らさないようにします。
・上体を起こし過ぎないように、また、上体を勢いで起こさないようにしましょう。

3）サポート（支持系）

床に座ってあぐらを組み、両手を足の横について、お尻を上げます。

（留意点）・手で床を押して、しっかりからだを支えます。
・お尻を上げるときは、上体を少し前傾させましょう。

3　アームワーク

足のステップに慣れてきたら、腕の振りを付けます。これを、アームワークと言います。

アームワークには、「ショートレバー」と「ロングレバー」があり、指導者は子どものスキルに合わせてバランス良く、足のステップとアームワークを組み合わせる必要があります。

振り付けの中に「ショートレバー」を多く取り入れた場合、ある一定の運動領域でしかないため、運動強度が低くなってしまいます。

一方、「ロングレバー」が多くなれば、運動強度が高すぎて、負担が大きいため疲れやすくなり、ケガにつながる場合があります。子どもの年齢やスキルに適した足のステップとアームワークを組み合わせて、指導者も子どもも楽しく運動できるように十分な配慮を心がけましょう。

動きを説明するときに、話が長くならないように注意しましょう！　また、自らが積極的に動き、一つひとつ大きくはっきり見本を見せることが大切です。

4　手足の振り付け――振り付けの構成――

プログラムの中で振り付けを行う場合、次の手順で進めてみましょう。

・子どもが、受け入れやすい音楽を選択します（年齢に合った曲調・BGM）。
・子どもの年齢、スキルに合ったステップを選択します。
・足のステップとのバランスを考え、手の振りを付けます。
・空中動作、床動作も組み合わせます。
・振り付けが完成したら、必ず動いて確認します。

運動量と質のバランスをよく考慮し、子どもにとって無理のないプログラムになるようにします。

様々な足のステップ（足の動き）とアームワーク（手の動き）を組み合わせながら、指導者と子どもが一体となって楽しめるよう、バランスの良い運動指導を心がけましょう。

7章

保育現場で楽しめる
リズム運動

〔 岡みゆき 〕

作品の紹介

（1）シャンプー

アニメーションソングを使った、幼児の生活の中にあるお風呂に入る日常動作をデフォルメして作った創作作品です。

幼児向けリズム体操　シャンプー

【ねらい】

・幼児の身近な生活の中にある動作で模倣（まねっこ）を楽しむ。

・幼児自身がポーズを即興で創作する。

【内容】

幼児の動きの基本は、模倣（まねっこ）からです。幼児がまねっこしやすい生活の中にある動作、入浴をテーマにリズム体操を作りました。動きは、幼児の準備運動に用いることができるように、基本の「歩く」「跳ぶ」等の動作と腕まわしや回転、自転の動作でからだ全体を大きく動かし、心拍数をあげるようにしました。幼児自身の創作活動として、ポーズを即興で作るというあそびを含ませました。選曲は、幼児に好まれるアニメーションの中から『クレヨンしんちゃん』の挿入歌シャンプーを使いました。

シャンプー

作詞　井上　望
作曲　南　利一
歌手　のはらしんのすけ

さーさ　みんなでシャンプー　　声をそろえてシャンプー
指でもみもみして　　　　　　　あわあわおばけだぞー　ギャオー！

シャワーで流すシャンプー　　　おめめをとじてシャンプー
きれいに洗ったら　ピカピカに光って　ルンルンルンルン！
うれしはずかし　楽しいお風呂　みんなで入る　はじめての楽しいお風呂
心も体もはだかんぼになって　　　もー気持ちいいったら　気持ちいいね　ほんと　ボー

①前奏
②前奏
③さーさみんなで
シャンプー
④声をそろえて
シャンプー
⑤指でもみ
もみして
⑥あわあわ
おばけだぞ
ギャオー!
⑦シャワーで流すシャンプー
⑧おめめをとじてシャンプー
⑨きれいに
洗ったら
⑩ピカピカに
光って
⑪ルンルン
ルンルン!
⑫うれし
はずかし
⑬楽しい
お風呂
⑭みんなで
入る
⑮はじめての
お風呂
⑯心も体も
⑰はだかんぼ
になって
⑱もー気持ち
いいったら
⑲気持ちいいね
⑳ほんと
ボー
㉑エンディング

（2）きのこ

CMソングを使って、実際の食べ物『きのこ』をモチーフに３人組になり、それぞれが主役になるシーンがある創作作品です。

幼児向けリズムダンス　きのこダンス

【ねらい】

・３人組で踊り、仲間意識を培う。
・子ども自身がイメージを膨らませ、動きを創作する。
・３人組の中で、一度はリーダーになり、仲間をリードする。

【内容】

幼児教育において、リズム運動は健康や体力づくりの一面を担いつつも、動きの表現として豊かな感性を育てることにも位置づけられています。そのことをふまえ、リズム運動を行うときに、音楽に合わせてからだを動かす楽しさや、リズミカルな動きを習得するおもしろさを十分に感じてもらいたいと、ＴＶコマーシャルで聞いた「きのこの唄」に着想を得て、きのこダンスを創作しました。メディアの映像で見たり、音楽として聞いたりしているので、親近感をもっていて導入しやすいという利点があります。

ダンスを共有する単位を３人組として、仲間といっしょに踊る意識をもたせ、子ども自身がイメージを膨らませて動きを創作するようにしました。３人組の中で、一度はリーダーとなり、主役になった気分を味わうことにより自己概念を育みます。

きのこの唄

作詞　ほくとせいこ
作曲　いしいゆうこ
唄　きのこオールスターズ

きのこのこのこ　げんきのこ
きのこのこのこ　げんきのこ

エリンギ　まいたけ　ブナ　しめじ
おいしさたっぷり　きのこ

きのこのこのこ　げんきのこ
きのこのこのこ　げんきのこ

はごたえコリコリエリンギコリ
いただきますます　きのこ

きのこのこのこ　げんきのこ
きのこのこのこ　げんきのこ

いけるねマイマイ　MYマイタケ
たのしくわいわい　きのこ

みんなげんきのこ　すっすめ
おいしくたべて　にっこにっこ

きのこパワーだ　やったったった
きのこクッキング

きのこのこのこ　げんきのこ
きのこのこのこ　げんきのこ

きのこのこのこ　げんきのこ
きのこのこのこ　げんきのこ

きのこのこのこ　げんきのこ
きのこのこのこ　げんきのこ

そしてげんきのこ　ゆっくぞ
たのしくたべて　にっこにっこ

たったったった　きのこ
たったったった　きのこ

きのこのこのこ　げんきのこ
きのこのこのこ　げんきのこ

おかずはしめしめ　ブナシメジ
みんながだいすき　きのこ

こんやのおかずが　のっこのこ
ごちそうさまさま　きのこ

パスタもカレーも　おなべにも
なんでもあうあう　きのこ

きのこパワーだ　あっはっはっは
きのこクッキング

たったったった　きのこ
きのこ　きのこ

おなかがなるなる　ぺっこぺこ
みんながだいすき　きのこ

⑦きのこ
⑧みんな　げんきのこ
⑨すすめ
⑩きのこパワーだ　やったったった
⑪きのこクッキン
⑫グー
⑬間奏
3番　⑭きのこのこのこ
⑮げんきのこ
くり返し
⑯みんなが　だいすき　きのこ
⑰きのこのこのこ　げんきのこ
⑱パスタもカレーも　おなべにも
くり返し
⑲そして　げんきのこ
⑳ゆくぞ
㉑きのこパワーだ
㉒たのしく　たべて
㉓にっこ　にっこ

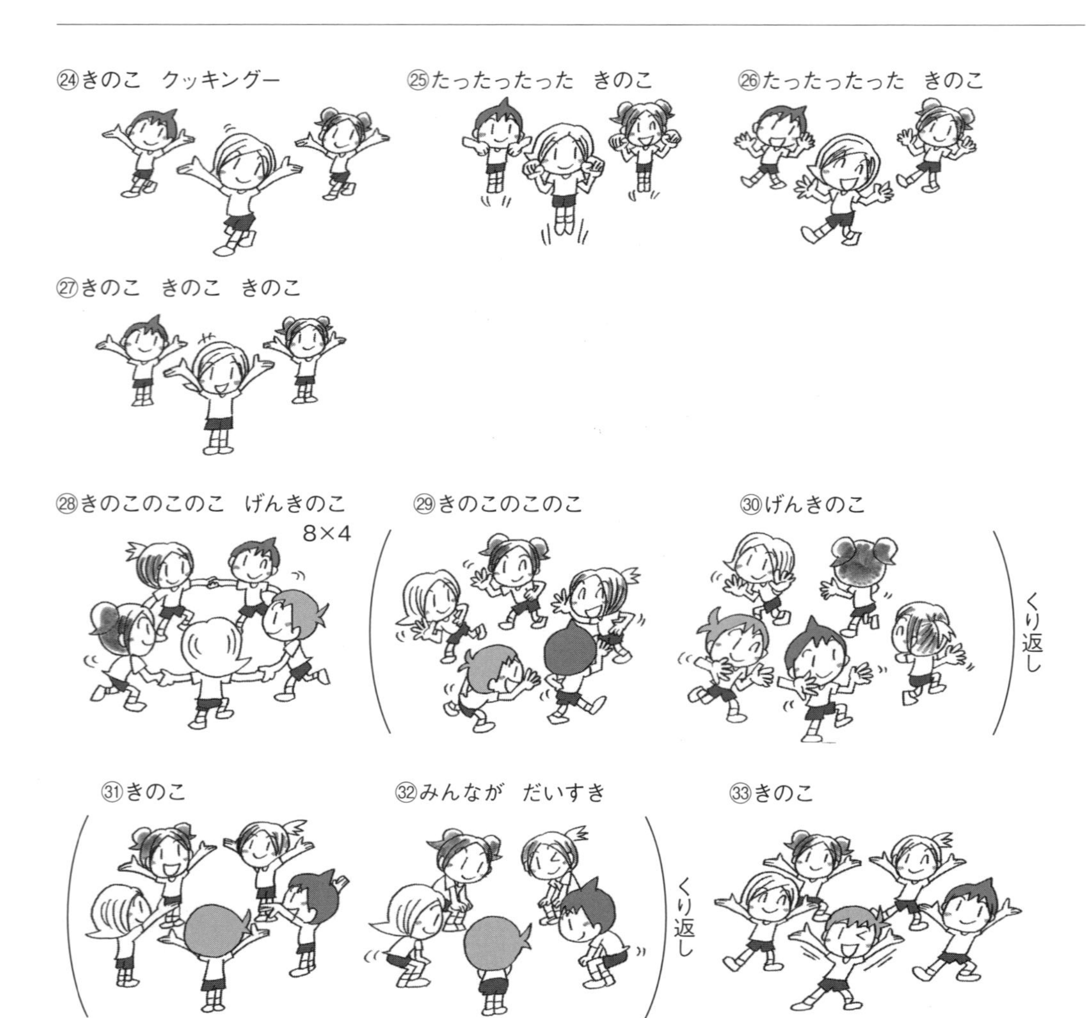
㉔きのこ　クッキングー
㉕たったったった　きのこ
㉖たったったった　きのこ
㉗きのこ　きのこ　きのこ
㉘きのこのこのこ　げんきのこ
8×4
㉙きのこのこのこ
㉚げんきのこ
くり返し
㉛きのこ
㉜みんなが　だいすき
くり返し
㉝きのこ

（3）手のひらを太陽に

親子でふれあいながら踊る作品、童謡『手のひらを太陽に』を現代版にアレンジした曲を使った親子ダンスです。

親子ふれあいリズムダンス　手のひらを太陽に

【ねらい】

・親子がふれあい、コミュニケーションの機会を作る。

・リズムパターンの変化を楽しむ。

・場の設定を考える。

・親子でふれ合いながら踊るシーンの創作をする。

【内容】

近年、子どもを取り巻く環境の変化により、運動量や親子のふれあい、コミュニケーションが少なくなってきました。親子でふれあいながらリズム運動を楽しむことにより、運動量の確保だけでなく、コミュニケーションの機会も増えればよいと創作しました。親子で練習する時間・場所の確保の難しさを考慮して、１回の練習で覚えられるようにと動きは簡単なものの繰り返しとしましたが、一箇所だけリズムパターンを変え、動きを楽しめるようにしました。親子で振り付けを考えて、オリジナルな動きを作りましょう。

練習中にコミュニケーションをとることや覚えた親子リズムダンスを運動会や生活発表会で発表するというような場の設定も必要だと考えます。みんなに見てもらうことにより、認められるという高揚感や自己肯定概念も育てられます。『手のひらを太陽に』は、みんなに親しみのある童謡であり、世代を超えて受け入れられやすい曲です。

手のひらを太陽に

作詞　やなせ　たかし
作曲　いずみ　たく

ぼくらはみんな　生きている　生きているから　歌うんだ
ぼくらはみんな　生きている　生きているから　かなしいんだ
手のひらを太陽に　すかしてみれば　まっかに流れる　ぼくの血潮(ちしお)
ミミズだって　オケラだって　アメンボだって
みんな　みんな生きているんだ　友だちなんだ

ぼくらはみんな　生きている　生きているから　笑うんだ
ぼくらはみんな　生きている　生きているから　うれしいんだ
手のひらを太陽に　すかしてみれば　まっかに流れる　ぼくの血潮
トンボだって　カエルだって　ミツバチだって
みんな　みんな生きているんだ　友だちなんだ

ぼくらはみんな　生きている　生きているから　おどるんだ
ぼくらはみんな　生きている　生きているから　愛するんだ
手のひらを太陽に　すかしてみれば　まっかに流れる　ぼくの血潮
スズメだって　イナゴだって　カゲロウだって
みんな　みんな生きているんだ　友だちなんだ

⑫ミミズだって

⑬オケラだって

⑭アメンボだって

⑮みんな

⑯みんな

⑰生きて

⑱いるんだ

⑲友だちなんだ

⑳間奏　8×2

①〜⑳
くり返し

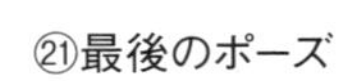

㉑最後のポーズ

（4）愛ＮＥＥＤ

リズムやステップを楽しむダンス　愛NEED

【ねらい】

・リズムテンポを楽しむ。

・少し難しいステップに挑戦してみる。

・踊りながら、空間認知をする。

【内容】

運動会や生活発表会に向けて練習の積み重ねを必要とするレベルのリズム運動です。少し難しいステップを覚えるのも向上心につながります。前後、右左を向いて踊ります。そのことによって、踊りながら空間認知能力をつけます。リズムテンポが軽快で、舞台発表を意識した華やかな雰囲気をもった曲を選びました。

愛ＮＥＥＤ

歌手：キマグレン
作詞：KUREI
作曲：ISEKI

愛や　I　need　ya　君に必要とされたいんだ
愛や　I　want　ya　もっと君がほしいから

People　are　常に　looling　for　a　place　I　guess×4　存在感＝安心感
that's　how　this　ぼくの中の　world　runs

Wanna　be　wanted,　Crying　to　be　needed
Screaming　what　I'm　feeling,　Still　a　kid　dreaming
Trying　to　be　honest　that's　what　makes　me

君はどこ？　僕はここ　君にある　僕にない　でも本当はそんなの関係ない
You　just　have　to　fellow　your　own　LIFE

１人でいると見えなくなってしまうの
愛や　I　need　ya　君に必要とされたいんだ
愛や　I　want　ya　もっと君がほしいから
愛や　I　need　ya　君が必要ってことなんだ
愛や　I　want　ya　他に何もいらないから

Yes　or　No　どっちなの　It's　hard　to　decide　to　stay　or　to　go
Left　or　Right,　Black　or　White　There's　so　many　choices　in　this　LIFE

もうやめてよ　gossip！　すべてがnonsense！　Simpleに言おうぜ！　You　just　don't like　it　SWell, いろいろあるけど　sometimes　you　gotta　ただ　LET　GO

２人になると強がりになってしまうの
愛や　I　need　ya　君に必要とされたいんだ
愛や　I　want　ya　一人ぼっちはいやなんだ
愛や　I　need　ya　君に必要とされたいんだ
愛や　I　want　ya　もっと君がほしいから

誰かが君を求めている　求めているから君はここにいる
君もまた誰かを待っている　いつもそうやって自分を探していく

Ｉは　youはさ　ほんとはとても弱いから　愛　ya　友はさ　１人でいたくないんだ

愛や　I　need　ya　君に必要とされたいんだ
愛や　I　want　ya　もっと君がほしいから
愛や　I　need　ya　君が必要とされたいなら
愛や　I　want　ya　大丈夫、僕には君しかいないから

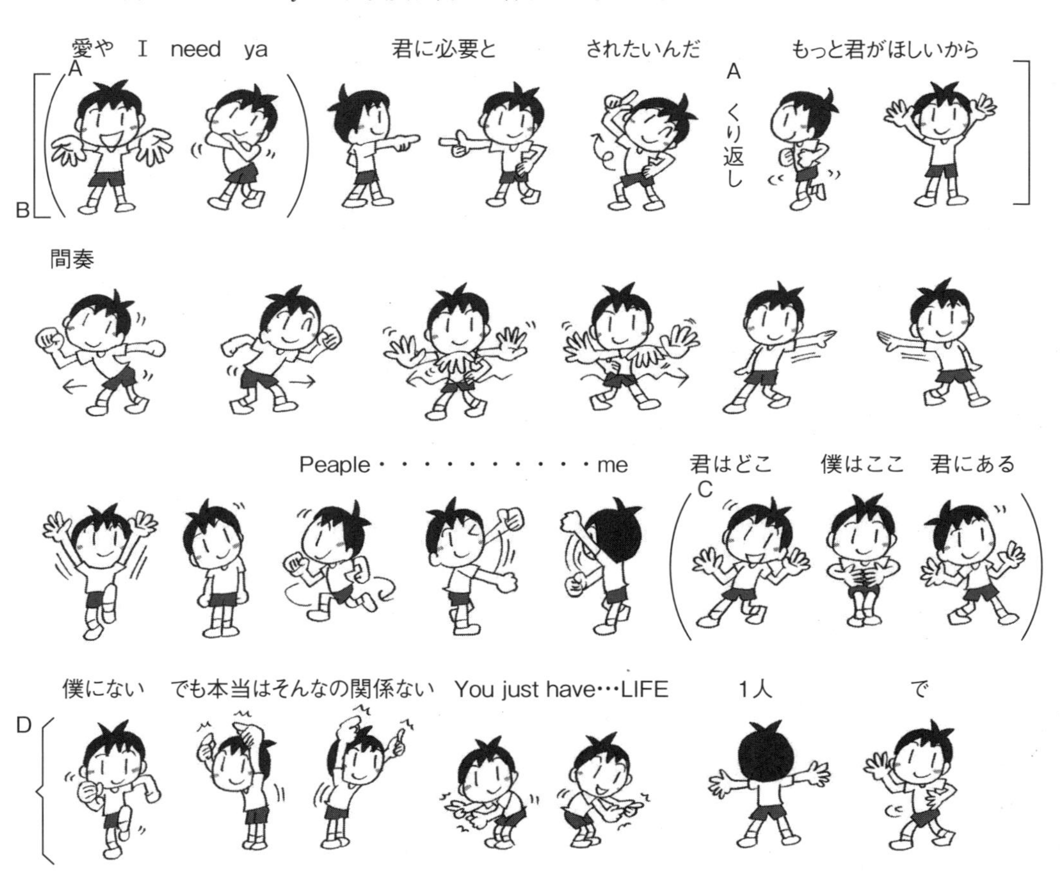

Iは youはさ ほんとはとても弱いから・・・・・・・・ 1人でいたくないんだ

8章

体育あそびの実際
──からだを使った体育あそび

〔原田健次・楠美代子〕

1　仲間づくりあそび

ここ数年、子どもの人と関わる力が不十分であるといわれています。幼児教育の現状と課題、改善の方向性として、幼児を取り巻く様々な環境の変化、家庭・地域社会の教育力の低下が挙げられており、発達や学びの連続性を確保する観点から、幼児教育と小学校教育の具体的な連携方策を示し、教育課程の改善を図る必要があります。また、幼児によっては、運動能力の低下、消極的な取り組みの姿勢、言語表現力や集団との関わりのなかで自己発揮する力が不十分であり、様々な体験・経験不足であると指摘されています。

これからの改善の方向性として、子どもの変化、社会の変化に対応した教育課程の改善の必要性、および幼児教育は、学校教育の始まりとして生涯にわたる人間形成の基礎を培うという役割を担うために、幼児教育の充実を図り、発達や学びの連続性を確保して小学校に引き継ぐ必要があります。

このため、幼児教育は、幼児期にふさわしい生活を通して、幼児が様々な経験をし、それを積み重ねていくことが、小学校以降の生活や学習の基盤の育成につながることを、幼稚園教育要領の総則の中に明示する提案がなされています。

特に、子ども同士が意見を出し合うことで、イメージや考えが伝わり、お互いの気持ちの共有化が図られる集団あそび・仲間づくりあそびの体験・経験が必要です。

(1) 仲間づくりあそびの大切さ

集団生活の中で自発性や主体性などを育てるとともに、環境との出会いや人間関係の深まりに沿って、幼児同士が共通の目的を生みだし、協力し、工夫して実現していくという協同する経験を重ねることが重要です。

仲間といっしょにあそびに取り組むことは、お互いの思いや工夫・創造が加わり、あそびが広がります。しかし、そこには、友だちとの意見のズレや自分の思いが通らないことがあり、仲間から外れたり、それを解決できず、葛藤をもってしまうこともあります。

友だちと意見が食い違っても、自分の主張や要求をするだけでなく、人の意見を聞き入れたり、妥協したりしながら問題を解決し、楽しくあそびを続けていけるようになることが大切です。これらは「自己制御」といわれる育ちで、「嫌なこと」「人と違う意見をもっていること」を主張する自己主張に関わるものと、「決まりやルールを守る」「自分の使っているものや、役割を人にゆずる」等、自己抑制に関わるものがあります。

幼児があそびの中で意欲をもって取り組むことと、仲間といっしょに工夫しながら、からだを動かす楽しさを十分に味わうことができる仲間づくりあそびは意義深いものです。友だちと協同することと、自分や友だちの良さに気づくこと、また、結果を捉えるだけでなく、友だちといっしょに表現して楽しむことといった実体験から、子どもたちはいろいろなことを心で感じ、人に対する思いやりの気持ち等が育ちます。

子どもの育ちを感じることができる場面に遭遇すると、指導者（保育者）としての喜びを感じることができます。よって、指導者（保育者）は育ちを感じる感受性（アンテナ）を備えておく必要があります。

(2) 仲間づくりあそびとは

仲間づくりプログラムは、人とふれあいながら「力をあわせる（協力する)」ことや「力を競い合う（競争する)」といった動きを行うことがあります。これは自分の力を相手に伝えることで相手の力を感じ、同時に自分の力を感じることができます。その動きを通して、相手に対して、うまく自分の力をコントロール（力の調整力）することができるようになってきます。

こういった心（気持ち）とからだ（力）の通い合いがコミュニケーションの原点であると考えます。力を合わせることの「喜び」や「達成感」を、まずは仲の良い２人組みから経験し、ペアを替え、小集団グループに広げるような展開をします。「ひとりの達成感」から「みんなでの達成感」へ、仲間づくりあそびの経験が社会性を育む大きな力となっていくと考えます。

(3) 力を合わせる仲間づくりあそび

1）２人組ムーブメントあそび

① 足の踏み合いっこ、握手で引っ張りっこ

このあそびは、２人の力を競い合うあそびです。手を握ったままで引っ張り合い力くらべをします。また、手を握ったままでもう片方の手で相手のお尻をたたき合うあそび、両手を握ったまま足を踏まれないように相手の足を踏み合うあそびです。

これらのあそびは、力の競い合いなので、つい本気になってしまい、トラブルが起こることがあります。この力の競い合いが楽しく行え、トラブルが起こらないよう相手に合わせた力を調整している姿をみると子どもの心の育ちを感じることができます。

② 背中ずもう

このあそびも２人の力を競い合うあそびです。背中合わせになり膝を曲げて座り、合図と同時に後方に押し合います。このあそびでも、相手の力に合わせて力の出し方を調整している姿がみられます。

新しい学年が始まる４・５月の時期と、２・３月のまとめの時期とでは、同じあそびであっても、子どもの様子に変化があります。当然、まとめの時期では、人間関係が深まっている分、「勝ち・負け」に対する自己主張の出し方、また、相手に合わせた力の出し方など、自己抑制の仕方に子どもたちの心の育ちを感じることができます。

③ 組み立て体操あそび（２人でV字バランス）

このあそびは、２人の力を合わせてバランスをとるあそびです。Ｖ字になった後、数秒間（カウントダウン）静止をすること、２人で「達成感」を感じることができます。力の出し方が慣れてくれば、ペアを替えて行います。そうすることで、いろいろな友だちと「達成感」を感じることができ、より深い人間関係が広がっていきます。

また、保育現場では、クラス全ペアがＶ字で静止をしてからカウントダウンをすると、今度は２人だけでなく、クラス全体で「達成感」を感じることができます。途中で失敗してしまったペアがいると、静止状態で待ちながら、「がんばれ」「あきらめるな」「はやく、はやく」等、励ましの言葉がけをする姿がみられてきます。このようにクラスでの一体感を経験しながら組み立て体操の発表会をすると、仲間と力を合わせることの楽しさを感じることができるでしょう。

④　背中合わせしゃがみ立ち

立ち上がるときのコツは、それぞれが自分の力で立ち上がることではなく、相手に自分の体重をかけて、その押し合った力を利用して立ち上がることです。言葉では簡単ですが、相手に力をかけて自分の身をゆだねるのですから、相手に対して絶対の信頼がなければいけません。子どもたちにこのことを体得させるためには、まず　②背中ずもう　を経験します。このことで、押し合うことが体得できます。

難しいことは、その力を立つ力に変えることです。押し合いっこはできても、立つことに意識がいってしまうと、自分で立とうとしてしまいます。危険なことは、２人のうち、１人は相手に体重をかけ、もう一人は自分で立とうとすると、背中に覆いかぶさるようになり、転倒してしまうことが起こります。幼児期には危ないあそびではありますが、危ないので行わないのではなく、危なくないようにどのようにすればよいか、危なくないように力の出し方を体得する子どもをいかにして育てるかが指導者の役割だと考えます。

⑤　馬馬じゃんけん

１人が馬になり、１人がその上（背中）に乗り、移動をするあそびです。単純なあそびではありますが、子どもの心の育ち具合をみるのによいでしょう。このあそびは、上に（背中）乗る人が馬の人へどのような心遣いができるかがポイントです。やり方を間違えると、ケガにつながるあそびです。相手のことを考えずに自分の体重を一度に全部かけてしまうと、馬の人は支えられず崩れてしまう可能性もあります。指導（保育）者は、そのことを気づかせるために、危険であることを事前に伝え、失敗させない方法をとるか、ある程度の失敗を経験させて気づかせる方法をとるか、葛藤するところです。

今、幼児教育で求められている「子どもの自主性の発達を援助する保育」の展開とは、指導過剰の保育と楽観的保育の狭間にある溝を埋める「働きかけ」を具現化することといわれています。指導（保育）者の言葉がけは、子どもの育っている心を見据えたものでなければなりません。

どちらの方法をとるかではなく、その危険性を察知できるあそびの体験・経験、相手の力に合わせて心遣いができるあそびの体験・経験を積み重ね、子どもの心を育てることが大切であると考えます。

⑥　交替列車あそび

２人組になり、ジャンケンで勝った者が前になって運転手。負けた者が後ろでお客さん。肩に手を置いて連結したり、フープや短縄を使って行うのも良いでしょう。フープを使用して中に入るのは運転手、お客さんは外から持つと安全に行えます。

【1】ジャンケン列車……列車で動きながら相手を見つけ、先頭の運転手同士でジャンケンをします。負けた２人は向き合い、両手を合わせてトンネルをつくります。勝った列車はトンネルを通ります。通った後はそれぞれ前後交替をして違う列車を探しジャンケンをします。

【2】ジャンケン交替列車……【1】のジャンケン列車でトンネルを通るまでは同じ。トンネルを通った後、勝ったペアの列車の２人がそれぞれ運転手になり、トンネルのペアはそれぞれ運転手の後ろにつながり、お客さんになって列車になります。これで、それぞれペアが替わることになります。

2）知恵を出し合い、仲間を認め合う鬼ごっこ：凍り鬼ごっこ

鬼ごっこは、どこでも、簡単にできるあそびで、奥深い、保育的な意義がたくさんあるあそびです。

その中でも、「凍り鬼」は最も知られている鬼ごっこの一つで、鬼と逃げ手にわかれて追いかけ合いを行い、鬼にタッチをされたらその場で「凍り」、仲間にタッチをされると「凍り」がとけて、生き返ることができるあそびです。

しかし、初めて凍り鬼を経験する子どもは、はじめからルールはわかりません。それではどのようにあそびを展開していくと、凍り鬼の楽しさが体得できるかを解説していきます。

【導入期】鬼ごっこの楽しさは、鬼は逃げ手を追いかけて「つかまえる」こと、そして、逃げ手は鬼につかまらないように「逃げる」ことです。単純ですが、このことが鬼ごっこの楽しさの「原点」です。すなわち、「逃げること」と「つかまえること」、それぞれの役は１役です。

鬼ごっこの経験が少ない子どもが鬼から逃げようとすると、一目散に走りまわりって逃げます。そして、慣れてくると鬼を見ながら鬼から遠ざかるように自分の居場所（安全ゾーン）を見つけて鬼との「間」をもつことができます。ここが一つの

ポイントで、この「間」をもつことができるまで、鬼役は「指導（保育）者」がなり、人数は１人がよいでしょう。

初めから鬼の数を多くすると、それぞれが違う鬼を見て逃げる状況になるので、いたるところで子ども同士の衝突が起こってしまうでしょう。鬼を見ながら逃げることができるまでは、つかまえる必要はないでしょう。

【展開期その①】鬼との「間」をもつことができるようになったら、次は、実際につかまえて（この場合はタッチをします）いきます。そして、タッチされたら、その場で座るというルールにします。ここでも、鬼役は「指導（保育）者」がなり、全員タッチをし、座らせて終わります。その時に「最初にタッチされた人」のこと、「タッチされたら座ったまま」であること等を振り返り、どうしたらこのあそびがもっとおもしろく、楽しくなるかをいっしょに考えます。そこで、「助ける」「生き返る」という発想が浮かび、仲間にタッチされると生き返ることができるルールが一つ増えます。ルールが一つ増えることで、それぞれの役が２役になります。すなわち、「逃げる」が「逃げながら助ける」、「つかまえる」が「生き返らせないようにつかまえる」ということです。

【展開期その②】しかし、子どもはすぐにこの楽しさを感じることはできません。

繰り返し行うことで、「助ける経験」「助けられる経験」をするから、この「凍り鬼」の楽しさやおもしろさがわかってくるのです。

この経験をするために、鬼役、逃げ役の割合を１：３程度（鬼の数は少なめ）で行うとそれぞれの役割が経験できるでしょう。よく行われているタッチされたら鬼を交替という鬼ごっこは、一度鬼になると走るのが遅い等という理由で交替できない鬼役の子どもがでたり、楽しさに偏りが出てしまい、鬼ごっこが嫌いになることがあります。

あそび理解度の目安として、凍り鬼の終わった時の子どものつぶやきをよく聞いてみます。すると、あそびを始めた頃は「１回もつかまらなかった」と鬼から逃げることができたことを話します。繰り返し行っていくと、「何人助けた」と仲間のために自分ができたことを話し始めていきます。

また、子どもがルール破りをすることなく、ルールをよりわかりやすくするために、タッチされたら座って凍る（おいも）ようにして行います。そうすれば、誰が凍っているか、誰が鬼との「間」をみて止まっているかが、一目瞭然です。

【まとめ期】凍り鬼の楽しさ、おもしろさを感じることができるようになってくれば、次の段階として、鬼役、逃げ役の割合を１：１～２程度にして、鬼の数を増やします。すると、時間内に全員凍らすことができる場合がでてきます。すると、子どもたちは仲間同士で「達成感」を感じ、「嬉しさ」や「喜び」を共有することができるようになります。

簡単なあそびを通して、協力すること、力を合わせること、また、このようなチームゲームを行っていくと、リーダーの出現も期待できます。

（原田健次）

2　キッズヨガ

(1) ヨガ・キッズヨガとは

1）ヨガとは

5000年前のインダス文明の遺跡から、胡坐（あぐら）の姿勢で座っている人物像が発掘されており、そのことから、インダス文明にはすでにヨガが社会で認知されていたと考えられています（木村、2008）。およそ3000年以上前には、ウパニシャッド（ヴェーダーンタ）と呼ばれる実用書であり、哲学書であるヨガの聖典が完成し、その頃のヨガは、アーサナという名で、長く姿勢を正して座ることを指していました（向井田、2015）。

近年における運動を目的としたヨガは、主に先進国において、手軽な健康法の一つとして急速に広まりました。解剖学的見地から開発されたヨガポーズの数々を実践し、多様な運動を展開することで、肉体的、精神的、情緒的効果が得られると考えられています（前橋、1988）。

2）キッズヨガとは

キッズヨガがヨガ先進国である欧米で認知されてきたのは、1990年代です。それまでのヨガは、発達が完成された成人向けのものでした。ヨガ愛好者の中で、子どものころから多様な動きと、意識された呼吸を組み合わせた運動を習慣化することで、より健康的な人生を送れるのではないか、という考えが広まり、Shakta Kaur Khalsa が『Fly Like a Butterfly (1999)』という子ども向けのヨガ指導書を出版しました。また、Marsha Wenig による『Yoga Kids (2003)』や『The Kids Yoga Deck (2006)』が出版され、キッズヨガ指導者は急増していきました。そして、欧米において、今やキッズヨガはサッカーやバレエ等と並ぶ、子どもの習い事の一つとなっています。

(2) 大人と子どものヨガ指導法の違い

運動と意識された呼吸を通して、姿勢、からだの使い方、呼吸、物事のとらえ方、感情表現の仕方など、ふだん無意識で行っていることを、正しい認知で理解しよう、意識していこう、という指導は、対象が大人であっても子どもであっても同じです。

幼児を対象にしたキッズヨガの指導の特徴は、「姿勢よく立つ、姿勢よく座る、鼻呼吸。これらができるようになって小学校入学を迎えること」を目標において指導します。

子どもたちが楽しんで、自発的に運動するように、指導者はイマジネーション豊かな言葉がけをします。「ライオンになってみよう」「ハチになってみよう」と、語りかけながら運動指導を行います。子どもたちは、想像したものをからだで表現していきます。イメージと身体運動が連動することの楽しさや、身体表現を他者に認められる喜び、ポーズが完成した達成感を見いだせることにより、運動が好きになり、夜は心地よい疲れとともに就寝し、おいしく朝食がとれるようになります。

このような、運動、睡眠、食事のリズムである生活リズムを整えることは、子どもがこれから幸せに生きていく上での、人生の基盤を整えることにつながります。

大人に向けた指導は、足の位置、手の位置、からだの向き、呼吸法、視線の方向などを厳密に指示し、呼吸６回分、姿勢を保つといったように、姿勢の保持が長いのが特徴の一つです。子どもに同じことを行おうとすると、関節や骨が柔らかく、発育発達途中にある子どもたちは、からだの各部位に長時間同じ力が加わることで、関節や腱の故障に繋がりかねません。キッズヨガでは、運動自体を無理なく行う習慣づけを主とし、全身の柔軟性を高め、適切な位置で骨や筋肉が発達するように、次々とポーズを展開し、多様な運動に繋がる指導を心がけます。

(3) キッズヨガの効果

1) 身体的効果

① 運動スキルと呼吸器機能の向上

ヨガによって期待される主な身体的効果は、４つの基本的運動スキルのうち、移動系運動スキル、非移動系運動スキル、平衡系運動スキルが向上します。また、身体認識力や空間認知能力、平衡性や協応性を含む体力を向上させる効果が期待できます。

指導者の動きを、言葉とともに真似ることで、動きの研究がなされ、また、うたや音楽とともにヨガポーズを展開していくことで、リズム感覚が養われます。キッズヨガプログラムの中で、ヨガポーズを使った体操やゲームもあり、動作の取得や協調性、社会性が養われます。

体操とヨガの違いは、呼吸を意識する時間を設けるところにもあります。ヨガは、動きとともに呼吸を意識的に行います。それによって、力まずにからだを使えるようになり、ケガ防止に繋がります。意識して呼吸を行う練習は、自分のからだを安全に、大切に使うための習慣づくりです。

②　生体リズム・生活リズムの調整

ヨガによって、自分のからだへの理解が深まり、運動の楽しさを知ることができます。全身をバランスよく動かすことで、生体リズムがよりいっそう整ってきます。

ヨガは、年齢に関係なく、食事をする前に行うことが良いとされています。前屈や後屈、ねじり、屈曲・伸展を行うことで、内臓を強く刺激する場合があります。そのため、お腹がすき過ぎず、適度な空腹状態でヨガをすることが望ましいです。からだを十分に動かした後は、食事をリラックスした状態で、美味しくいただくことができます。また、夜は心地よい疲労感から、ぐっすり休むことができ、翌朝は太陽の上昇とともに気持ちよく起きることができます。

ヨガを続けることで、太陽の動きにあわせた生体リズムや、朝７時前に起き、朝食をとって排便をする、昼間に十分な運動を行う、午後９時前には就寝するといった、生活リズムが整っていきます。

③　正しい姿勢への理解

小学校入学までに正しい姿勢を身につけるために、ヨガは効果的です。姿勢を正すことで、呼吸が深まることを、指導者が解説・指導し、子どもたちは正しい姿勢を体感しながら理解を深めていきます。

具体的に、猫背の状態と、背筋を伸ばした状態とで呼吸を意識的に行います。どちらが気持ちよく行えたか、どちらが深呼吸できたか、子どもたちに意見を求めます。

一連の活動から、呼吸のしかたや正しい姿勢の大切さを理解し、その後は、自ら姿勢を整えるように動きが定着していきます。

④　からだや各器官のはたらきへの理解

動作を無意識から意識して行えるようになることが、ヨガの学習目的の１つです。意識して行うには、「見る、聞く、嗅ぐ、触れる、味わう」という五感の各器官がしっかり働き、刺激として入ってくる情報を的確に把握することで、大脳の活動水準が高まり、情緒的、精神的発育をよりよく促し、集中力が高まっていきます。

例えば、指導者のヨガポーズを真似ることは、指導者の言葉を、聴覚と視覚でとらえ、それらを脳で理解し、意識化のもとに自分のからだで表現をすることです。この一連の流れを脳神経系の80～90％が急速に発達する幼児期に行うことで、子どもの運動機能をより良く育てていくことに繋がります。

感覚・神経運動、内臓機能などを含め、器用な身のこなしができる調整力を高めるヨガを幼児期から始めることは、子どもたちの健全な発育・発達において、絶好のタイミングです。

2）精神的・情緒的・知的効果

①　リラックスによる自律神経の調整

ヨガは、運動とともに呼吸を意識するのが特徴の一つです。意識した深い呼吸は、自律神経系を整えます。交感神経優位だったものを、副交感神経系優位にします。緊張や興奮している状態から、リラックス、心身の緊張を解く作用があります。正しい呼吸によって、からだの中の血流のほか、感情も落ち着き、ストレッチングによって筋肉の緊張感はさらに解かれ、より良い気分状態になっていきます。つまり、からだの弛緩や免疫機能などの身体機能の活性化に寄与します。精神面では、不安の軽減、集中力の向上、落ち着き感の増加、幸福感や自尊心の増加と自己評価の高まり等の効果が観察されています。

②　体育的要素のある運動あそびとしてのヨガの楽しさ

幼児期におけるヨガは、ポーズができた、できないという評価や、技術面の向上を主にねらっていません。それは、副次的なものです。運動に慣れ親しむこと、からだや情緒への理解、友だちとの協力、思いやりの育成などにより、「豊かな人間形成」を目指すことを主目的としています。

次に、各ポーズを達成することで、運動への楽しさや自信、喜びを感じ、その後は、自ら進んで運動に取り組む、自律した子どもに育てることをねらいとしています。

指導者は、子どもにポーズの提案をする際、その子どもの発達に応じたヨガポーズを提案することが大切です。はじめは、簡単なポーズから、徐々に難易度をあげていきます。それに対し、子どもたちは、自ら考えながら課題を達成していくことで、よりヨガや、からだを動かすこと自体が好きになっていきます。子どもたちがヨガの楽しさを知ると、自発的に保護者や指導者にポーズを披露するようになっていきます。

(4) キッズヨガの導入方法

【方法①】

指導者がヨガポーズを１つずつ取り上げ、真似をするように、子どもたちに促します。ある程度、行ったら、左右を変えて再度行います。

【方法②】

後述するポーズを組み合わせてストーリーをつくり、子どもたちに語りながら、ヨガポーズを次々と展開していきます。

例：「これから森へ冒険です。出発！

　ここに山がありました（山のポーズ）。山には木が生えていました（木のポーズ）。木には鳥がとまっていました（小鳥のポーズ）。木のそばに川が流れていました（川のポーズ）。そこにライオンが隠れていて（ネコのポーズ）、ライオンが「ガオー！」と吠えました。びっくりしたけれど、ライオンさんに「こんにちは！」と、あいさつ（おじぎ）をして、急いで（駆け足で）家に戻りました。おわり（姿勢を正して座る）。」

【方法③】

２人１組になり、向かい合ってヨガポーズを真似し合います。

(5) 簡単なヨガポーズの実際

《 山のポーズ 》

Mountain pose, Tadasana（タダアーサナ）

【まっすぐに立って両手を合わせる姿勢】

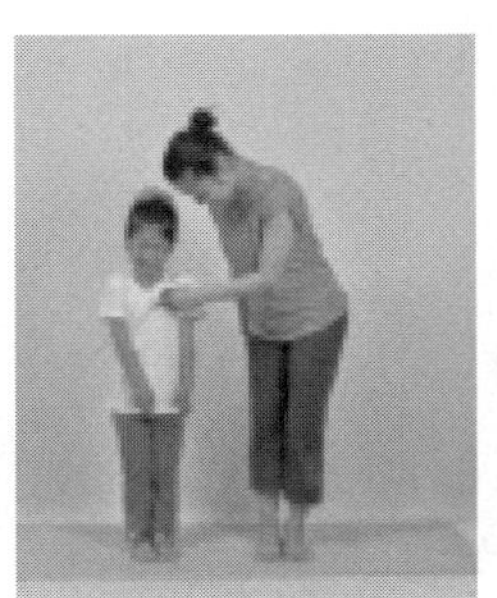

【効　果】

基本の姿勢を維持することができます。からだの中心がどこかを、知ることができます。運動や生活の基本となる健康なからだを作ります。

【方　法】

① 胸を張り、肩の力を抜いて立ちます。両足を揃えます。一度、足の指を上げ、大きく広げてから、床をつかむように下ろします。

② 肩甲骨を引き寄せ、下腹部に力を入れます。

③ 顎を軽く引き、目線は自然と遠くを見ます。

④ 両手を胸の前で合わせます。

【メ　モ】

・体重を両足に均等にかけます。幼児は、お腹が出やすく、肩に力が入りやすいので、下半身に力を入れ、上半身は均等にリラックスするように伝えます。

・ポーズ導入時には、「さあ、高くてどっしりとした山になってみましょう」と、子どもたちに提案します。

・①の場面では、山になっているかをチェックし、お腹や胸を押して揺れないかをみます。

・②の場面で、もう一度、ポーズのおさらいをします。

《 木のポーズ 》

Tree pose , Vrksasana（ブルックシャアーサナ）

【木のように、片足でバランスをとる姿勢】

【効　果】

平衡性を身につけ、肩と太腿部の筋力強化を図ります。坐骨神経痛の緩和に繋がります。集中力を向上させます。

【方　法】

① 両足を揃えて、押されても動かないようにしっかりと立ちます（山のポーズ）。

② 右足の裏を、左足の内くるぶしにつけます。両手は、腰に置きます。

③ バランスがとれたら、右ひざを曲げて、左脚太もも内側に右足をつけます。

④　足の位置が決まったら、胸の前で合わせた手をまっすぐ上に伸ばし、肩の力を抜きます。

⑤　①の山のポーズに戻ります。②、③、④を、反対の足で行います。

【メ　モ】

２人で行うときのバランス感覚の違いを体感させましょう。２人で支え合うと、より安定したポーズのできることがわかります。

《 長座・人形のポーズ 》

Staff pose , Dandasana（ダンダーサナ）

【長座で両手を床につける姿勢】

【効　果】

大腿筋と腹直筋の筋力強化。姿勢の矯正。

【方　法】

①　両足を前に伸ばして座ります。

②　かかとを押し出し、つま先を天井に向けます。

③　腿に力を入れ、ひざ裏が床につくように意識します。

④　肩甲骨を寄せ、みぞおちの位置を高くします。

⑤　下腹部に力を入れ、顎を引き、首を長く保ちます。肩は、力を入れずにリラックスします。

【メ　モ】

ポーズの導入として、「ピノキオになるよ」「人形になってみよう」と、語りかけます。

《 川のポーズ　水泳 》

Seated forward bend , Paschimottanasana（パスチモッタナーサナ）

【長座で前屈する姿勢】

【効　果】

背中と腰の筋力強化。脚とお尻のストレッチ。リラクゼーションとリフレッシュ効果。腹部の引き締め。

【方　法】

① 両脚を前に伸ばし、両足を揃えて座ります。

② 両方の肩甲骨を中央に寄せて胸を開き、両手は広げて、指先を床に置きます。

③ 両腕を上げ、上半身を伸ばし、お腹から折りたたむように前屈をします。

④ 脚（どこでも良い）に手を置き、息を吐きながら、額を脚の上に乗せ、上半身を脱力します。

【メ　モ】

膝の後ろを、床に付けます。大腿四頭筋に力を入れ、踵を突き出し、つま先を天井に向けます。からだを曲げるより、息を吐きながら、からだが足先に伸びていくイメージで行います。

《 ネコのポーズ 》

Cat pose , vidalasana（ヴィダーラーサナ）

【両手両膝をつき、猫のように背中を丸める姿勢】

【効　果】

首、肩甲骨、背骨にかけての柔軟性向上。腹筋力の強化、呼吸と動きの連動。

【方　法】

① 手と膝を床につけます。膝は腰幅に開き、手は肩の真下に置きます。

② 吸う息とともに、顔を上げます。あごは軽く上げ、おへそを地面に近づけ、背骨を反らします（牛のポーズ ビティラーサナ）。

③ 吐く息とともに、尾てい骨を下げ、背中を丸めて頭を下げます。

④ ②と③を、何回か繰り返します。

【ポイント】

「猫に変身します。ネコが目覚めました。大きく伸びましょう」「ねこが鳴きました。いっしょに鳴きましょう。ニャー！」ポーズをしながら、声を出すことで、運動に合わせて呼吸をすることが習慣となります。からだが効率よく動き、正確に行う力となる調整力が高まります。

《 板のポーズ　すべり台 》

Plank pose , Chaturanga Dandasana（チャトゥランガ・ダンダーサナ）

【足を伸ばした腕立ての姿勢】

【効　果】

腹筋や背筋、腕力の強化。猫背の改善。手首や体幹部の強化。身体認識力の向上。

【方　法】

① 正座の姿勢から、両手を肩幅に開いて前方の床につけます。

② 腕を床と垂直に伸ばします。

③ 脚を伸ばし、つま先と手のひらで体重を支えます。頭からかかとまで、一枚の板になるイメージで、ポーズを維持します。維持が難しい場合は、膝をつきます。

【メ　モ】

「すべり台になってみよう！」「木の板になってみよう！」という言葉がけが、幼児にはわかりやすいキーワードとなります。

《ゴロゴロたまご》

Rolling sitting pose, Vayu Muktyasana（ワーユ・ムクティ・アーサナ）

【仰向けで、両足を抱える姿勢】

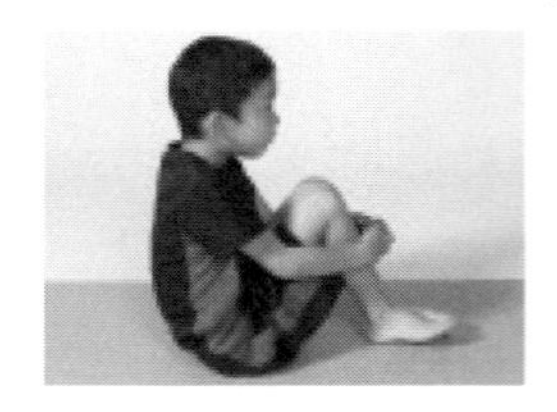  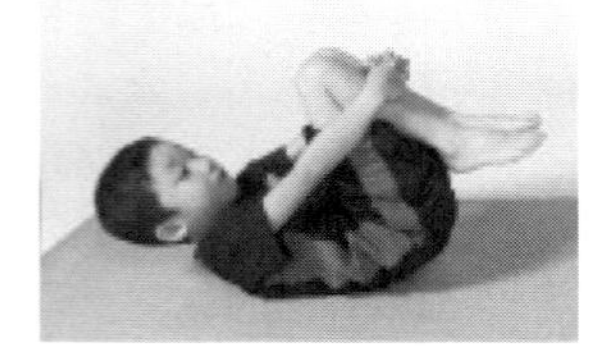

【効　果】

腹筋や背筋の強化。リラクゼーション。平衡性の向上。

【方　法】

① 両膝を抱えて座る、いわゆる体操ずわりで座ります。

② 一度腰を引き、勢いをつけずに後ろに倒れます。顎を引き、膝を抱えたまま、振り子のように前後に揺れます。

③ 起き上がる際は、大きく揺れた時に起き上がり、体操ずわりに戻ります。

【メ　モ】

・顎を引かずに後ろに倒れると、後頭部を床にぶつける可能性があるので、顎を引き頭を守るようにさせましょう。

・複数の子どもがいる場合、前後の距離が近いと、子ども同士がぶつかる可能性があります。指導者は、子どもたち同士が十分な距離をとるよう、注意を促しましょう。

《小　鳥》

Small birds , Practice for the mountain pose

【山のポーズのための練習ポーズ】

【効　果】

肩甲骨の可動域の拡大。平衡性の向上。

【方　法】

① 山のポーズで立ちます。

② 両手を後ろで組み、顎が前に出ないように、肘を伸ばします。

③ 小鳥が枝に留まり、羽ばたくイメージで、腕を上下に動かします。

④ 拇指球（足の親指の付け根）に体重をかけているかを確認しながら、バランスをとって立ちます。

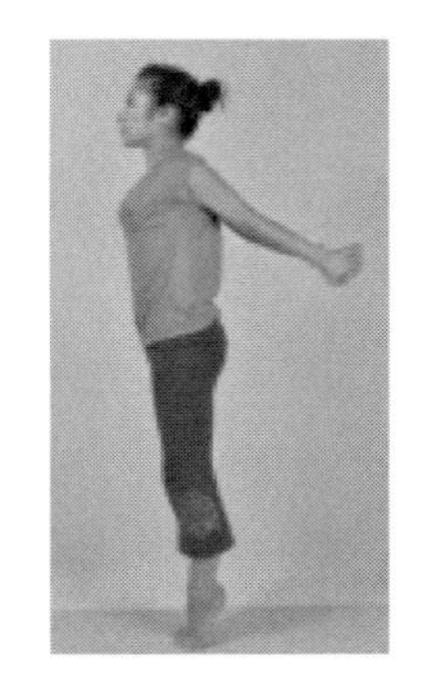

①

②
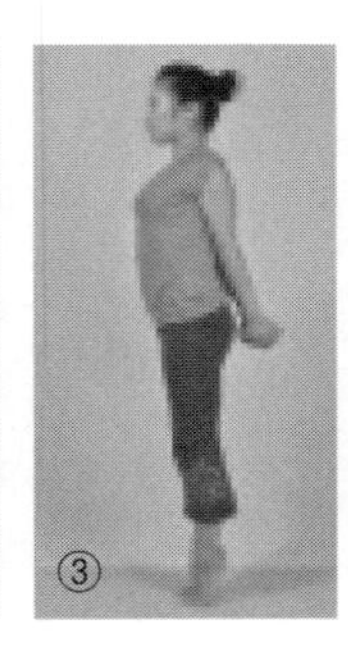
③
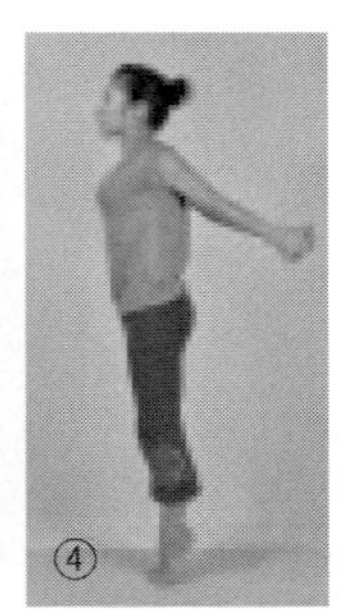
④

【メ　モ】

首が前に出やすいため、顎を心がけて引くようにします。

「小鳥さんになってみましょう。木の枝に留まっていますよ。飛び立つ練習をしています。」と、言葉かけをしましょう。

《ヒーロー・忍者・ソルジャー》

warior 1 , Virabhadrasana1（ウィーラバッドゥラーサナ1）

【両足を前後に広げ、両手を上に伸ばし、上体をそらせる姿勢】

【効　果】

大腿筋、背筋、大殿筋、大腰筋の強化。仙腸関節の可動域の増大 。

【方　法】

① 両足を揃えて立ちます。

② 左脚を大きく一歩下げます。左足のかかとを始点として、45度程度、外側に開きます。腸骨（腰）は、前方に向けます。

③ 息を吸いながら、両手を上げます。肩は上がらないように、首を長く保ちます。

④ 息を吐きながら右ひざを曲げ、沈み込みます。左膝は伸ばし、両足に均等に体重が乗るように意識します。

⑤ 右膝を伸ばし、左脚の体重を右脚に乗せ、両脚を揃えます。反対側も行います。

【メ　モ】

・「忍者が屋根の上を歩いているよ」と伝え、ポーズをとります。

・あそびの中で子ども自らが考え、主体的に判断・創造して行動する力を育てます。

9章

伝承あそびと鬼あそび

〔米谷光弘・前橋　明・越智正篤〕

1　伝承あそび

(1) あそびのルーツを探る

子どものあそびのルーツを探る手立てのひとつに、文化人類学の研究分野があり、フィールド調査によって、世界各地への分布が確認され、それぞれのあそびがどこで発生し、どのように伝承していったのかが明らかになっています。

それでは、「じゃんけん」は、どこで生まれ、どのように伝承されてきたのでしょうか？

アジア各地域には、いろいろな「じゃんけん」がみられ、その発生は中国だと言われています。当時の伝播手段が少なかった時代では、民族や文化交流の副産物として、おとなの生活から子どものあそびの世界へと定着しながら、世界中の各地域に広がっていったと考えられます。日本には、中国のシルクロードから朝鮮半島を経由して伝わり、伝承文化財として、生活やあそびの世界で、受け繋がれてきたのでしょう。

「じゃんけん」の特徴のひとつの、グーはチョキに勝ち、チョキはパーに勝ち、パーはグーに勝つという『みすくみ』の複雑な関係は、発達の上では、一般に４歳後半頃になると理解できるようになり、欧米でみられる単純な「鬼決め」とは別に発展したようです。

したがって、世界中の「じゃんけん」や「鬼決め」には、いろいろな手の形やルールがあり、呼び名やかけ声にも違いがみられます。日本でも同様に、全国各地の特有の呼び名やかけ声があり、その地域によっては手の形も異なり、時代とともにあそび方のルールだけでなく、近年では、マスメディアの影響を受け、身体各部を工夫することにより、現在も動きや形を変えながら、子どものあそびにより受け継がれています。

(2) 伝承性と同時発生からみた子どものあそび

子どものあそびは、いろいろな素材を活用しながら、あそび方も多種多様であり、世界各地に広範囲に分布しています。あそびによっては、それぞれの地域ごとに、「じゃんけん」と同様に、呼び名も異なっており、それらのあそびには伝承してきた証として、あそび方も様々ですが、その内容や方法に関連性があり、遊具の型や素材にも共通点がみられます。

しかしながら、気候や風土の違いを生かしながら、独特なあそびとして、生まれ育ったものもあるはずです。その中でも、伝承的に受け継がれたのではなく、全く異なった交流のない地域で、同時発生的に生まれたあそびも存在すると考えられます。

このことは、猿のような動物の行動にもみられるように、生活やあそびを通しての学習によって、世代を超えて代々受け継がれるものもあれば、偶然に、自然環境の中であそび方を発見することや、突然に本能的な技能として身につき、経験と知識を積むことにより、日々の行動となって現れる場合もあります。

代表的な伝承あそびのひとつに、「鬼あそび（鬼ごっこ）」が挙げられますが、世界各地には多種多様な「鬼あそび」があり、鬼の呼び名も様々です。それらのあそび方には、子どもの世界特有のいろいろなルールがあり、臨機応変な取り決めが存在します。

鬼ごっこの基本的動作は、「追いかける」→「逃げる」→「捕まえる」を繰り返し、追いかける役と逃げる役とに分かれています。ここで注目すべき点は、東洋では追いかける役として、鬼・おばけ・幽霊・河童などの架空の生き物などを採用していますが、西洋では、オオカミ・クマ・ライオン・トラ等、実際に身近な危険な動物などが鬼の役目をはたしていることです。このことは、子どもの頃からあそびを通して、わらべ唄や手あそび歌などの振り付けや歌によって、身近な生活環境での危険回避の知識や術を経験させることにより、教えて伝えているのだと考えられます。

特に、鬼ごっこは、生き物や気象・自然現象などのモノマネをすることにより、いろいろな基本的動作（匍匐・歩走・跳躍・平衡・回転・追逃・運搬・投捕など）がみられ、２人以上の集団あそびとして変化･発展させることができます。また､年齢や能力によりルールを工夫すれば、グループやチームとして協力することができ、仲間づくりのあそびとしても応用できます。

(3) 手づくりの操作性遊具を使った伝承あそび

古今東西を問わず、子どもたちは、身近な自然環境の中の素材を生かし、手づくりの遊具を作って遊んできました。子どもたちは昔から、石ころ・木の枝・粘土などの自然素材を拾い集め、人工の紐・紙・ゴム・金属などと組み合わせて加工することにより、手づくりの簡易な遊具を製作する楽しさを経験してきました。ところが、近年、生産技術の発展に伴い、プラスチック用品などの大量生産が可能となり、保育・教育現場では、画一的な一斉指導の下、平等性と効率を優先するため、誰でも簡単に製作できる遊具が出現し、誰でも回せる独楽回し、誰でも飛ばせる凧あげ等が採用されるようになってきました。従来の伝承あそびで大切とされてきた修正や工夫を加えながら、オリジナルの遊具として改善する喜びが体験できないのではないかと危惧されます。

幼児期から児童期にかけての操作性を必要とする代表的な伝承あそびには、ケン玉・独楽・凧・竹馬・竹トンボ・ビー玉・おはじき・あやとり等が挙げられます。これらの伝承あそびでは、ただ単に既製の遊具を買い与えて遊ばせるのではなく、幼児用にアレンジしたそれぞれの手づくり遊具の製作のおもしろさを経験させることに大切な意味があります。自分専用の愛着のもてるオリジナルの遊具の作製と工夫が求められます。とくに、幼児体育での運動あそびの指導においては、保育所や幼稚園などの他の保育活動との関連を重視しながら、簡易な手づくり遊具を製作する保育活動の時間を経て、自由あそびの時間における従来の基礎的なあそび方にこだわることなく、集団で仲良く遊べて、運動活動量を確保でき、自由な活動を保障しなければなりません。

したがって、ケン玉・独楽・凧・竹馬・竹トンボ・ビー玉・おはじき・あやとり等の伝承あそびの良さと、鬼ごっこ・ボール・縄・フープ等を用いた運動あそびの指導法を組み合わせることが重要となります。そのためには、伝承あそびや運動あそびの遊具のルーツを探り、幼児用に安全で素材を生かした新しいオリジナル遊具として改良することにより、創意工夫しながら、応用的かつ独創的なあそび方の指導法を開発する必要があります。

（米谷光弘）

2　鬼あそび

憶えていますか？　鬼あそびの楽しさを。夢中で走りまわるときのスリル感、鬼から逃げきれたときの安心感、子をつかまえることのできない悔しさ、遊んだ後の満足感…子どもたちに、これらの感動や思いを十分に味わわせてあげたいものです。

「鬼」と「子」の役割の変化・交換の状態によって、鬼あそびは次の４種に分類できます。

①ため鬼型…鬼が、つかまえた子をためる（トリコにする）鬼あそび

②増やし鬼型…鬼がつかまえた子を鬼の仲間に入れ、鬼を増やす鬼あそび

③１人鬼型…鬼がつかまえた子と役割を交代する鬼あそび

④助け鬼型…鬼は子をつかまえる役割やトリコを守る役割、子はオトリになる役割やトリコを助けにいく役割などを選択できる鬼あそび

鬼あそびの実際の指導にあたって、留意したり、配慮すべき点を次に述べてみたいと思います。

(1)　運動面における留意点

①運動能力の低い幼児や体力的に弱い幼児が、あそびを苦痛に思うことのないように、鬼の数を増減したり、追いかけたり逃げたりできる方法を工夫してみましょう。また、活発な幼児だけがあそびの中心となって、あそびが展開されないように、必ず役割を交代できるような場面を設ける工夫もしてみましょう。

②あそびに対して、はじめから逃げ腰になったり、疲れたりしないよう、また、わざと早くつかまってしまうことのないように、少しでも積極的に参加できる励ましや応援をします。

③寒いときは、全員がいっせいに動くことのできる鬼あそびを積極的に導入し、運動量を多く確保します。とくに、全身を使って思い切り動きまわることのできる鬼あそびを、幼児の興味や意欲の程度に応じて導入していくことが大切です。

④運動量が多く、鬼にだけなりたがる幼児には、指導者が鬼になり、その子を追いかけ、その子に逃げる楽しさを味わわせてあげることも必要です。

(2)　社会面における留意点

①消極的な子や幼少児に対しては、指導者が手をつないでいっしょに逃げたり、鬼になっ

て追いかけたりして、みんなといっしょに仲よく遊ぶ「あそびの楽しさ」を知らせてあげたいものです。

②夢中になって遊んでいるうちに、約束ごとが疎かにならないよう、例えば、あそびに夢中になるあまりに乱暴なふるまいをしないように、場面場面に応じて、約束を再確認しながら、あそびを進めていきましょう。

③鬼が子をつかまえるとき、子のからだの一部にさわっただけでは、はっきりしないために、トラブルを起こす場合がよくあります。また、そういうときは、お互いに、「つかまえた」「つかまえられた」という満足感も得られません。したがって、鬼は子にタッチすると同時に、「つかまえた！」と大きな声で伝えたり、子は鬼につかまえられたら（「つかまえた！」と言われたら）、すみやかに鬼と役割を交代したり、トリコになったりして、気持ちよくあそびが展開できるよう、指導者は約束事やあそびのルールを子どもたちに理解させていきましょう。

④最後まで鬼につかまらないで、がんばって残った子をみんなで拍手をして称えたり、きまりを守れた子を誉める等して、一人ひとりを認め、励ましながら自信をもたせていきましょう。

(3) 安全面における留意点

①あそびの展開される場所が、参加人数やあそびの内容に適しているかどうかを考え、安全に活動できるよう、活動範囲を適切に定めます。

②事前に、あそびの場の整備や点検を行い、危険物があれば、とり除いておきます。くぼみ場所や固定遊具のある場所、危険箇所があれば、それらを子どもたちに知らせて、気をつけて遊ばせます。万一、ケガが起こった場合、その原因を確かめて二度と起こらないように配慮しましょう。

③鬼が子を追いかけてつかまえるとき、押したり突いたりしないことや、衣服や髪などを引っ張らないこと等、安全に関するルールを徹底しておきましょう。また、各自がそれぞれ自分の手足の爪を切っておくことも大切です。

④鬼あそびでは、他のあそびに比べて転んだり、ぶつかったりすることが多いため、常にまわりの子に気をつけて走ることが大切です。とくに、ぶつかったり転んだりする事故は、あそびの開始時に多いので、逃げ手の体勢が十分にできてから始めることが大切です。

(4) 健康面における留意点

①あそびの前には、活動しやすいように、衣服調節をさせましょう。

②遊んでいるときの子どもの健康状態（汗のかき具合や顔色の変化など）については、確認を怠らないようにします。

③タオルで目かくしをするときは、清潔なものを個別に使用させます。

④あそびが終わったら、手洗いやうがいが自主的に行えるように指導していきます。

(5) より楽しく遊ぶ工夫

①参加人数が多いときや動きが活発なときは、誰が鬼であるかをはっきりさせるために、帽子やハチマキをつけさせて、鬼の存在を明確化し、遊びやすいようにします。

②図形を用いてのあそびでは、線や形をはっきりと描いておきます。また、図形の広さによって、子どもたちの興味が左右されることが多いため、大きすぎたり、小さすぎたりすることのないように、子どもたちの活動能力の実態に合わせて描きます。

③特定の子どもばかりが鬼にならないように、みんなが鬼の役割を経験できるよう、配慮します。また、１人の子の鬼があまり長く続かないように気をつけ、鬼の数を増やしたり、時間がきたら交代したりする等の配慮も必要です。

④あそび方や約束ごとを考えたり、作ったりすることができるように、子どもの中から生まれたあそびを大切にした指導や助言を行いましょう。

⑤あそびの後で、何がおもしろかったのか、どうしたらもっと楽しくなるのか等の話し合いの場をもたせながら、指導者も、子どもたちが何に興味をもっているのか、何を期待しているのかを、同時に把握します。

次に、幼児が楽しく遊べる鬼あそびを紹介したいと思います。

3組鬼

【あそびを通して育つもの】

瞬発力、スピード、移動系運動スキル（走る）、空間認知能力

【準備するもの】

円（1）… 直径８ｍ

小円（3）… 子の陣地として、円周を３等分したところに直径30cmの円を描き、スタート地点の目印とします。

陣地（3）… 小円の後方へそれぞれ描いておきます。

【あそび方】

①参加者は、同数の３つのグループに分かれ、それぞれのスタート地点（小円）から大きな円周にそって並びます。

②それぞれグループの中から、１人ずつ小円の中に入ります。

③小円の中の子は、全員一斉に一定数（例えば10）数えた後、円に入り、イはロを、ロはハを、ハはイをそれぞれ追いかけます。

④３人の子のうち、最初につかまった子は、つかまえた子の陣地へ連れていかれ、トリコとなります。つかまらなかった２人は、自分のグループに帰り、最後尾につきます。

⑤子は次々と出発していきます。

⑥全員トリコとなったグループができたら、あそびを終わりとし、トリコの人数を数えます。１番たくさんトリコを得たグループが勝ちとなります。

⑦時間がきたら終わりです。

【メ　モ】

・それぞれのつかまえる相手をよく理解させておきましょう。

・それぞれグループに、自分たちが相談して名前をつけて遊んでもよいでしょう。

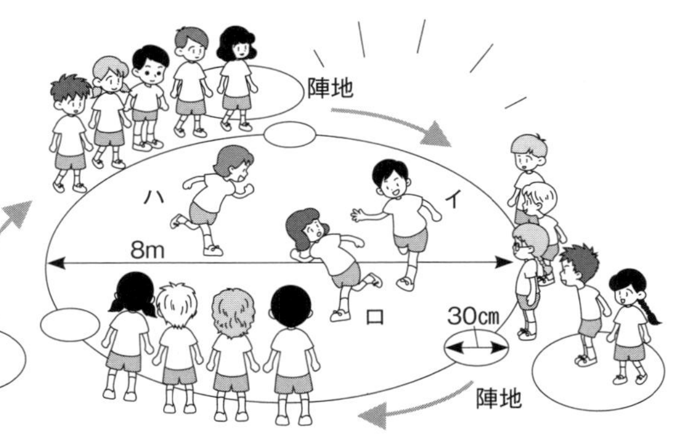

むかで鬼

【あそびを通して育つもの】

敏捷性、巧緻性、空間認知能力、移動系運動スキル（走る）

【準備するもの】

つかまった子が入る場所（1）

【あそび方】

①全員を５人～７人単位のグループに分けます。そして、グループごとに前の子の肩に手を当てて、１列につながります。

②準備ができたら、それぞれのグループの先頭になった子は、他のグループの最後尾の子をつかまえようとします。また、同時に自分のグループの子を守ります。

③つかまったグループの最後尾の子は、列から抜け、決められた場所で応援をします。

④他のグループの最後尾の子をつかまえることのできた先頭の子は、自分のグループの最後尾につき、このあそびを②から続けます。

⑤時間がきたら終わり、列の人数の多いグループを勝ちとします。

【メ　モ】

・列が切れてしまった場合は、やり直しをすることにしましょう。

・ときどき合図をして、先頭の子を交代させるのも良いでしょう。

はさみ鬼

【あそびを通して育つもの】

瞬発力、平衡性、スピード、移動系運動スキル（走る）、空間認知能力、身体認識力

【準備するもの】

８ｍ×６ｍの四角形（１）… 対角線を２本引きます。

円（１）… トリコの入る円で、直径３ｍのもの

【あそび方】

①みんなで鬼になる子を２人決めます。他は全員、子となります。

②最初２人の鬼は四角形のコーナーに、子は線上にそれぞれ立ちます。

③鬼は一定数（例えば、10）数えた後、線上を移動して子を追いかけます。子も線上を移動して、鬼から逃げます。

④２人の鬼が線上で子をはさみうちにすると、その子はつかまったことになります。

⑤つかまった子は鬼のトリコとなり、決められた場所で待ちます。

⑥子が全員つかまると、このあそびを終わりとし、最初につかまった２人の子が次の鬼になり、②からあそびをくり返します。

【メ　モ】

・参加人数が多いときや運動量を多くしたいときには、四角形を大きくするとよいでしょう。

・線上では、追い抜きを禁止する、追い越すときは馬とびをして前に出る、四角内に休憩地点や移動用の島を用意する等、いろいろと新しいやり方やルールを加えると楽しいでしょう。

・人数が多いときは、鬼に帽子をかぶせるようにさせて、鬼と子をはっきり区別させましょう。

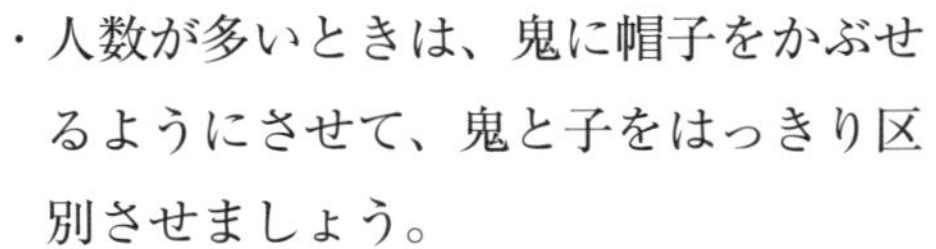

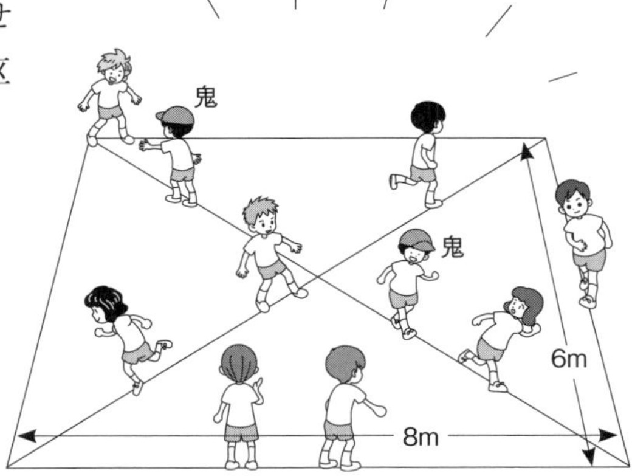

ウシ・ウマ鬼

【あそびを通して育つもの】

瞬発力、敏捷性、スピード、移動系運動スキル（走る）、空間認知能力、身体認識力

【準備するもの】

ライン（4）… 1mの間隔をおいて2本の線（スタートライン）を引き、その線から5m程離れた所に、それぞれもう1本ずつ線を引き、ウマとウシの陣地を作ります。

【あそび方】

①親を1人決めます。他は全員ウシとウマの2グループに分かれ、それぞれのスタートライン上に並びます。

②親はあそび場の中央に位置し、ウシかウマのどちらかの名前を言い、名前を言われた方が鬼となります。例えば、親が「ウシ」と言うと、ウシのグループが鬼となり、ウマのグループを追いかけます。そのとき、ウマのグループは逃げ手（逃げ役の子）となり、逃げます。

③鬼は逃げ手をつかまえると、その子をトリコにして自分の陣地へ連れて帰ることができます。ただし、逃げ手が自分の陣地にもどったら、鬼は、その子をつかまえることができません。

④時間がきたら終わりとし、そのとき、トリコの数の多い方のグループを勝ちとします。

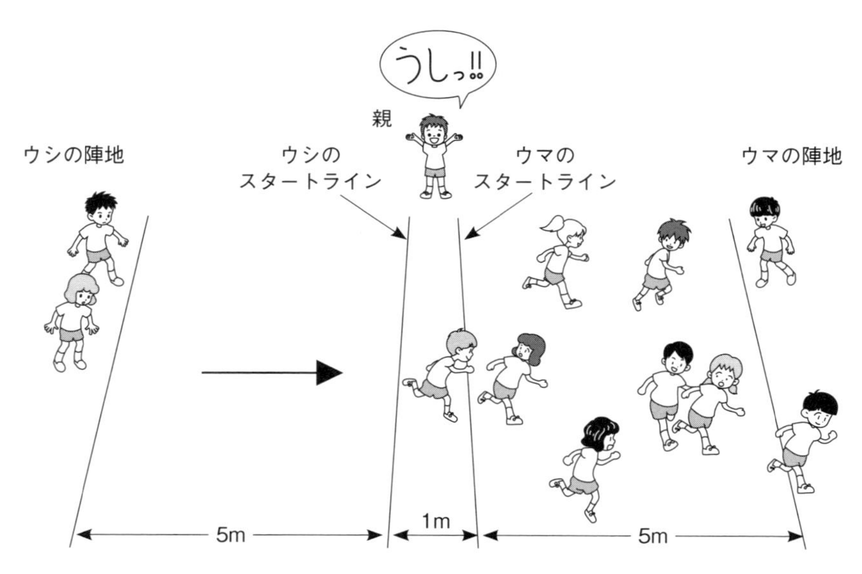

【メ　モ】

・親になった子には、はっきりした言葉で、「ウシ」、「ウマ」と言うようにさせます。
・「ウ」を長くのばしたり、突然「ウマ」というように、言い方に変化をつけるとおもしろいでしょう。「ウーーウマ」、「ウーーウシ」等。
・ウシやウマの代わりに、他の動物や食物などの名前を利用してもよいでしょう。ただし、言葉の最初の音が同じものを選んで下さい。例えば、「ネコ」と「ネズミ」。

十字鬼

【あそびを通して育つもの】

瞬発力、スピード、敏捷性、移動系運動スキル（走る）、空間認知能力、身体認識力

【準備するもの】

正方形（１）… １辺５ｍ～８ｍの正方形の中に、幅50cm程度の十字の道（鬼の道）を描きます（図１）。

子の入口（１）… 子が正方形のあそび場に入れるように、入口のマークを描いておきます。

円（１）… トリコを入れる場所で、直径２ｍ

【あそび方】

①みんなで鬼になる子を１人決め、鬼の道の中に立ちます。他は全員、子となり、子の入口の前に並びます。
②鬼の「始め！」という合図で、子は子の入口から入り、鬼につかまらないように一定方向にコート内を５周します。このとき、子は鬼の道を跳び越して進みます。
③鬼は、鬼の道しか動けません。また、子は、鬼の道には入れません。
④子は鬼につかまる（タッチされる）と、鬼のトリコとなり、コートの外に出て、トリコの入る円の中に入ります。
⑤子のうち１人でも５周したら、このあそびを終わりにします。トリコになった子の中から次の鬼を決め、②からくり返します。
⑥時間がきたら、終わりです。

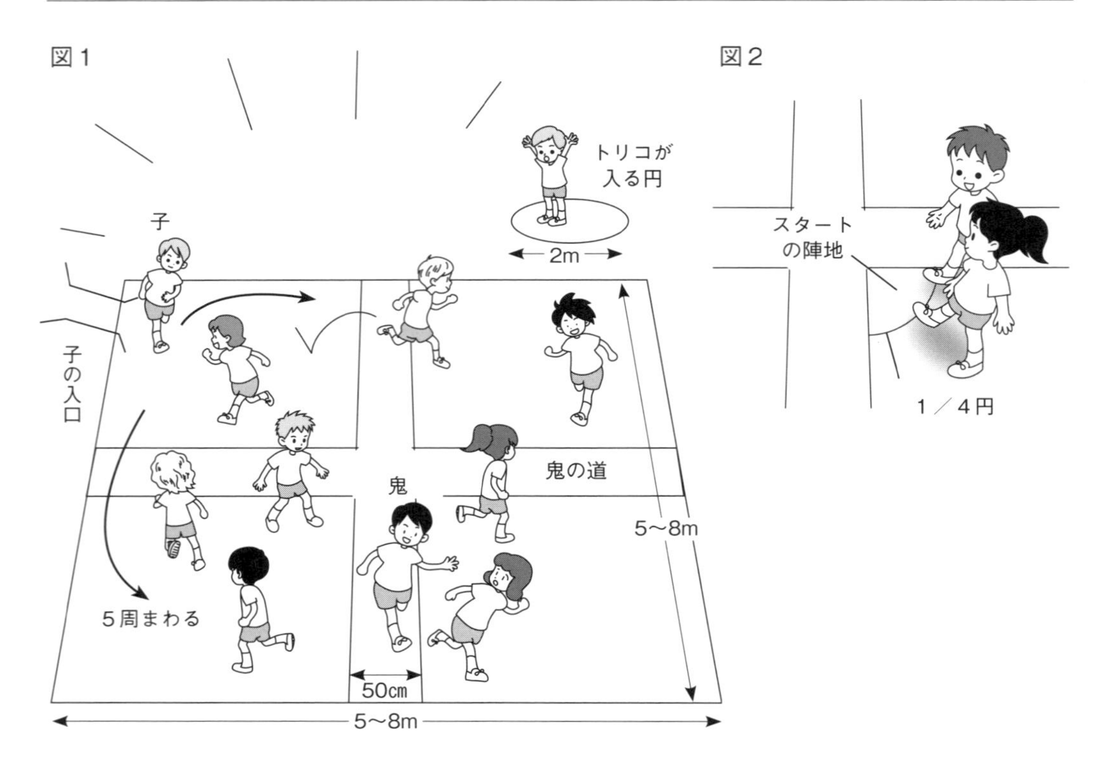

【メ　モ】

・スタートとゴールの位置を変えてみましょう。子がスタートする位置を、鬼の道が交わるところにし、１／４円を描いて始めます。スタートする前は、片足の裏をスタートの陣地の地面（１／４円）につけないようにします（図２）。スタートするときは、足の裏を地面（１／４円）につけてから行います。鬼は、子が足の裏を地面につけてからつかまえます。子がゴールするときも、ゴールの陣地の地面（１／４円）に足の裏をつけ、「ついた！」と言います。
・あそびのコートを、正方形の代わりに円形にしてもよいでしょう。
・あそびに慣れないうちは、同じ方向に回るようにさせます。
・子が、なかなかつかまらないようであれば、鬼の人数を増やしてもよいでしょう。
・増やし鬼のように、鬼がどんどん増えていくようなルールにしてもよいでしょう。

宝とり鬼

【あそびを通して育つもの】

瞬発力、敏捷性、スピード、移動系運動スキル（走る）、空間認知能力

【準備するもの】

鬼の陣地（1）、子の陣地（1）、通路（1）…子の陣地のまわりを囲みます。

出入口（4）…子の陣地と通路の接するところに、出入口を4つ設けます。

宝物（1）…石を宝物にみたて、子の陣地内に置きます。

【あそび方】

①参加者は同数になるよう、宝物を取る鬼グループと宝物を守る子グループに分かれます。

②鬼は、子の陣地の外にある通路を通って、子の陣地内に侵入します。

③鬼が子の陣地内に入るときや子が通路に出るときは、必ず出入口を通らなければなりません。

④子は、鬼を通路の外へ押し出したり、出入口以外から子の陣地内に引き込むと、その鬼をアウトにすることができます。同様に陣地や通路から外に出てしまった子もアウトになります。アウトになった子は、陣地の外に出て1回のあそびが終わるまで待ちます。

⑤鬼が宝物にさわったら、鬼グループの勝ちとします。鬼全員がアウトになったら、子グループの勝ちとします。そして、鬼と子の役割を交代し、②からあそびをくり返します。

⑥時間がきたら、終わりです。

【メ　モ】

・鬼グループと子グループを区別するために、色別帽子をかぶるようにさせます。

・鬼は宝物をとって、自分の陣地まで運ぶ方法もあります。

・押し出すときに、乱暴にならないように注意します。

ナマズ鬼

【あそびを通して育つもの】

瞬発力、敏捷性、空間認知能力、身体認識力、移動系運動スキル（走る）

【準備するもの】

コート（1）… 縦5m×横5m。対面する線をスタートラインとゴールラインにします。その間に、直径1mの円（ナマズの穴）を2つ、横に並べて描きます。

【あそび方】

①みんなでナマズ（鬼）になる子を2人決め、他は全員メダカ（子）となります。

②ナマズはナマズの穴（円）の中に、メダカはスタートラインの手前に、それぞれ立ちます。

③メダカは声をそろえて“メダカの学校”のうたを歌い、歌い終わると一斉にゴールをめざして走ります。

④ナマズは円の外へ出ないようにして、ゴールに向かって走るメダカをつかまえるか、タッチします。

⑤タッチされた子や、枠からはみ出た子は、ナマズのトリコとなり、わくの外に出て待ちます。

⑥うまくゴールまで移動できた子は、再び、スタートラインに並び、③からくり返します。

⑦メダカになっている子が1人になったら終わりとし、最初につかまった子（メダカ）2人が、次の鬼となります。

⑧時間がきたら、終わりです。

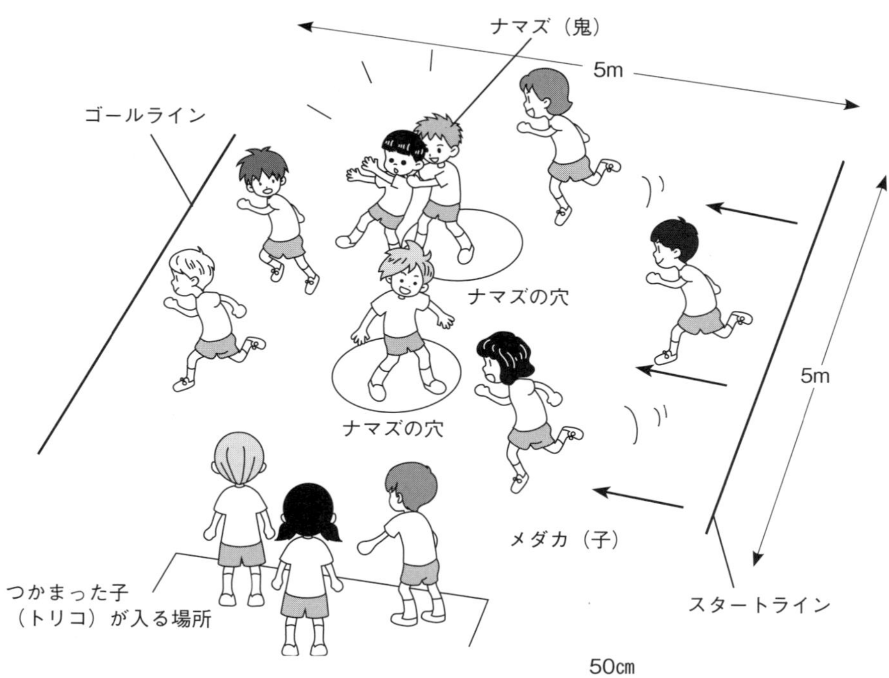

【メ　モ】

・参加人数が多いときは、ナマズになる子の人数を増やしたり、ナマズの穴や四角の枠を大きくしたりすると良いでしょう。

（前橋　明）

3　季節感のあるあそび・鬼ごっこ

もちつき鬼ごっこ（12月・1月）

【あそびを通して育つもの】

敏捷性・瞬発力・持久力・協調性

【あそび方】

①指導者は、子どもたちがもちつきのイメージがもてるように話をしていきます。

②指導者がうすの中の「もち」（鬼）になり、中央にしゃがみます。子どもたちは「もちをつく人」（逃げる役）になり、下記の歌を歌いながら、その「もち」をつくまねをします。

越智正篤　作詞・作曲

③歌い終わったら、「つく人」は「もち」をさすりながら「まるめて、まるめて、まるめて、まるめて」と言いながら、丸めるまねをします。

④「つく人」が「火をつけて、ぼうっ」と言ったら、もちは「ぷ〜う、ぷ〜う、ぷ〜う」と言いながら、しゃがんだ状態から立ち上がりながら「パ〜ン」とジャンプをして、「つく人」を捕まえ（タッチ）に行きます。

⑤「つく人」たちは、「もち」（鬼）にタッチされないように逃げます。

⑥「もち」（鬼）にタッチされた人は、「もち」になり、手をつないで鬼になって、他の人を捕まえに行きます。

⑦「もち」（鬼）が手をつないで４人になったら、２人と２人の小もちにわかれて追いかけに行きます。

⑧鬼の数が参加者の半分から２／３ぐらいになれば、止めます。最後まで捕まらなかった子どもをチャンピオンとして、みんなで称えます。「もち」は、座ります。

⑨チャンピオンは、「もち」（鬼）を食べるまねをして、「もち」をくすぐります。

【メ　モ】

・「もち」（鬼）が３人で手をつないで走るときが走りにくく、転びやすくなります。また、手を離しやすくなるので、離してタッチしても捕まえることができないこととします。力を合わせるように、言葉をかけてください。
・慣れてきたら、初めの「もち」を子どもたちがしていきます。

冬眠鬼ごっこ　個人戦（2月・3月）

【あそびを通して育つもの】

筋力、瞬発力、持久力、巧緻性、思考力、協調性

【あそび方】

①子どもたちに、冬のカエルはどうしているかを聞いたり、カエルにおへそがあるか等を聞いてみます。

②子どもたちが冬眠中のカエルになり、床にうつ伏せになって、おへそを隠します。

③指導者が「人間」（鬼）になり、冬眠しているカエルをひっくり返しにいきます。ひっくり返すときは、カエルの手や指、服を持って引っぱらないようにします。

④カエルは、ひっくり返っておへそが上に向かないように、１人で手や足、体を上手く使い、踏ん張ります。

⑤踏ん張りきれずにひっくり返ったら、おへそが見えたので人間になって、他のカエルをひっくり返しに行きます。

⑥２／３ぐらいが人間になれば止めて、最後までカエルでいた子は「殿様ガエル」になり、みんなで称賛します。

【メ　モ】

・導入として、カエルは冬どうしている？　春は？　夏は？　と尋ねて、実際にその動きを子どもたちがするようにもっていきます。いろいろな動きが出てきたら、おもしろいですよ。（春…跳ぶ、夏…泳ぐ、浮かぶ等）

・カエルに口はある？　目は？　鼻は？　おへそは？　等と問いかけてみます。

・遊び込んでいくと、子どもたちの踏ん張る力はすごいですよ。

冬眠鬼ごっこ　団体戦（2月・3月）

【あそびを通して育つもの】

筋力、瞬発力、持久力、思考力、協調性

【準備するもの】

なし（室内）

【あそび方】

①個人戦を行ってから、２チーム、または、３チーム以上に分けて、チーム対抗戦を行います。

②各チームで、「人間（鬼）」を１人決め、うつ伏せになったカエルをひっくり返しに行きます。

③スタートの合図で、各チームの人間が自分のチーム以外のカエルをひっくり返しにいき、終了のときに、各チームの人間を数えて、人間の少ないチームが勝ちとなります。

④２回戦以降は、初めの「人間」は順次変わっていきます。各チームで作戦を考える時間をつくります。

⑤指導者も冬眠中のカエルになります。指導者が、ひっくり返ったら子ども５名分が、ひっくり返ったことになります。

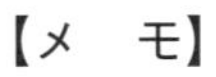

【メ　モ】

・自分たちのチームが勝つためには、だれをひっくり返しにいくかを見ておきましょう。同じチームのカエルをひっくり返していても、指導者はだまって見ていて下さい。子どもたちはいろいろ考えます。何回も遊び込んでみましょう。

・何人かでカエルをひっくり返してもよいことにします。

顔鬼ごっこ（6月・7月頃）

【あそびを通して育つもの】

敏捷性、巧緻性、平衡性

【準備するもの】

水線で描いた顔（1）…25名前後が入れる直径8～9ｍの円に近い顔

赤い帽子と青い帽子（人数分）

【あそび方】

①運動場にできるだけ大きい顔を、水で描きます。

②子どもたちは、顔の中に入ります。指導者は、バイキン（鬼）になり、子どもたちを捕まえに行きます。

③子どもたちは、捕まらないように顔の中を逃げます。目や鼻・口・ほっぺた（以後、安全地帯と言う）の中に入れば、バイキンには捕まりません。だって、バイ菌が入ると病気になるから、バイキンは、その中には入れません。

④バイキンはぶつからないように、追いかけるスピードや方向を考えて追いかけます。子どもたちが安全地帯から移動をしないようなら、バイキンは「ハヒフヘホ～」と言いながら、安全地帯のまわりを回ってください。一人でも移動したら、最初は追いかけますが、うまく逃がします。それがきっかけで、子どもたちは動き回ります。1回目は捕まえません。

⑤捕まらなかった子どもたちがチャンピオンになれて、バイキンに「パーンチ」をする

真似をします。バイキンは、飛んでいく真似をします。

⑥２回目は捕まえます。安全地帯以外の顔の中にいる子を捕まえます。捕まれば、顔の外の決められた所で応援します。子どもたちが、顔の外に出た場合も、応援席に行かせます。

⑦３回目以降は、バイキンに捕まった子どもたちは、顔の外に出て、赤または青の帽子をかぶってカビになって、バイキンの仲間になり顔の中に戻り捕まえに行きます。そのときは、安全地帯には入れません。だんだんとカビが増えていきます。（梅雨の時期ですよね。）

【メ　モ】

・捕まった子どもが鬼になるのを嫌がることもありますが、仲間が増えるので安心して鬼になることができます。
・最近は、本物のカビを知らない子どもがいますので、日本独特の梅雨の季節、カビが増えやすい季節のことを知らせ、衛生面について考えるきっかけにして下さい。

たこやき、たいやき鬼ごっこ（11月から冬）

【あそびを通して育つもの】

敏捷性、巧緻性、平衡性、瞬発力、持久力

【準備するもの】

なし

【あそび方】

①秋～冬の季節のおやつについて聞いてみて、「たこやき」や「たいやき」を子どもたちにイメージしてもらいます。そして、子どもたちが「たこやき」になり、指導者は「食べる人（鬼）」になります。

②子どもたちは、下記の歌を歌いながらスキップをして、指導者のまわりを回ります。指導者は、歌の問いに考えながら、「た、た、た、た、たいやき」または「た、た、た、た、たこやき」かの答えを歌の最後に大きな声で言います。

越智正篤　作詞・作曲

たこやきたいやき　どっちたべる　どっちたべる

③答えが「たいやき」なら、子どもたちは食べられないので、逃げないでその場にいます。

④答えが「たこやき」なら、子どもたちは食べられるので、捕まらないように、逃げていきます。捕まった子どもは、決められた所（たこやきのお皿）で座って待ちます。

⑤１／３程度の子どもが捕まれば止めます。捕まらなかった子どもたちはチャンピオンになります。

⑥捕まった子どもたちは、食べる人の前に並び、食べる人は、好きなもの（ソース、青のり等）をかけて食べるまね（くすぐり）をします。その繰り返しで遊びます。

⑦慣れてきたら、食べる役を子どもたちにもさせていきます。
⑧その繰り返しで、遊びます。

【メ　モ】

・クイズ形式で、子どもたちがヒントを聞きながら食べ物を当てていくように導入すると楽しくなります。「丸くて」「ソースをつけて」とか、「あんこが入っていて」「目や口があって」等のヒントから、いろいろなことを想像していく、子どもたちの様子が見えてきます。
・食べるとき、ソースやマヨネーズ等をつけるまねをして頭や体をさすると、子どもたちは喜びます。

（越智正篤）

10章

ヨーガ

〔伊藤華野〕

1　幼児体育とヨーガ

(1) ヨーガとは

インド伝統5000年とされるヨーガは、近年、一般に普及し、心身健康の維持増進、ストレス解消などに活用されています。ヨーガといえば、ポーズをつくる体操と思われがちですが、「ヨーガとは、心のはたらきを止滅すること」[1)] と定義されるように、目的は瞑想にあります。

瞑想とは、静かに自分の心の中をみようとする操作であり、一般に心の静寂や平穏、安寧を醸し出すために活用されています。身体の感覚や感情に振り回されている思考を覚知することのくり返し作業と考えることができます。古代人の叡智としての技法ですが、近年では、こうした瞑想の生理学的、心理学的な有効性が、科学的に検証されています。

現代社会で多く活用されているヨーガは、身体を活用して瞑想に至るハタ・ヨーガ派の流れをくんだもので、10世紀以後、修行僧が身体の健康を維持しながら、瞑想を行えるように開発されたといわれています。

現代人のヨーガは、主に紀元前２～３世紀頃に編纂された根本教典『ヨーガ・スートラ』と、10～13世紀頃にまとめられたハタ・ヨーガの技術『ハタ・ヨーガ・プラディピカー』に則って実施されています。ハタ・ヨーガでは、体操法、呼吸法、瞑想法が図10-1のように体系づけられて示されています。

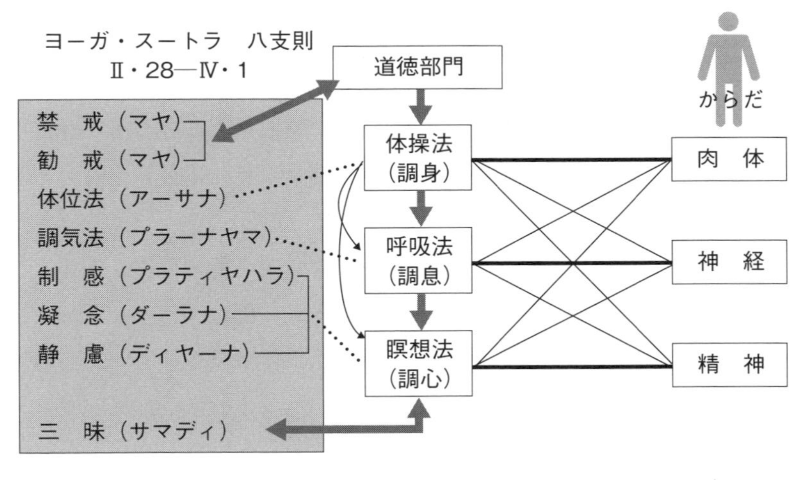

図10-1　ハタ・ヨーガ

図10- 1では、体位法とかかれたところが、ハタ・ヨーガ派の象徴であるポーズ（アーサナ）の部分になります。この図からもわかるように、ヨーガは単なる体操ではなく、道徳部門、人としての行いが実行できることが前提とされています。

また、体操は、坐法が快適で安定的になるためのものであり、坐法は安定した呼吸を行うためのもの、安定した呼吸は瞑想のためのものとして設定されています。最終段階の瞑想にあっても、凝念、静慮の段階を経て、三昧、至福の境地に至ると考えられています。ヨーガでは、こうした心の安寧こそが至福であると考えるのです。

体育界にあっても、「スポーツマン精神に則り、正々堂々と闘います」と宣誓する等、道徳部門は基本です。また、競技での勝負にあっても、ゾーンと呼ばれる境地、つまりは勝敗に対する雑念を払い、競技そのものに集中（凝念）し、周囲の喧噪が聞こえない状態（静慮）から、無我無心（三昧）に至るときに本領が発揮されるということを考えると、ヨーガは同じ身体活動としてスポーツと共有できる要素の多いことがわかります。

(2) スポーツとヨーガ

一般に、施設や技術、ルールに則って営まれ、身体を使って遊戯・競争・肉体鍛錬を行う「スポーツ」からヨーガをみると、どのように説明できるのでしょうか。

もともとスポーツは、気晴らしをする、遊ぶ、楽しむといった語源をもつものであることから、今日では勝敗を競う競技スポーツばかりではなく、遊技を主にするレクリエーションスポーツもスポーツと呼ぶようになっています。そうした広義からみると、ヨーガ体操は、レクリエーション・スポーツの類にも入るでしょう。

なぜなら、競技スポーツとは異なり、他者との比較や競争がありませんし、もちろん勝敗はなく、よりよい記録を出すこととは無関係です。本人の身体感覚が基準で、それが快適であることを重視します。また、身体を部分的に酷使することなく、全身を活用し、ゆっくりゆるやかな動きで、エネルギーを回復させます。意識は興奮させられるのではなく、鎮静していくことも、ヨーガの特徴です。

このようなヨーガは、一般成人に対する健康の維持増進や精神修養、スポーツ選手へのメンタル強化法として、その有効性が認められています。例えば、ハーバード大学で心理学と東洋思想を学んだガルウェイは、インドのヨーガの哲学を基盤とした独特なスポーツ指導論で評価を得ています。

ガルウェイは、人間の心にエゴとセルフという２人の心が住むと想定し、本来、セルフの働きにまかせておけば、自動的な習得修正が可能になるにもかかわらず、「〜せねば、

〜してやろう」というエゴの欲によって、本人の注意が散漫し失敗を招く、したがって、本来のセルフの力、可能性を発揮するためには、エゴをいかに静かにさせるかが重要になる、というのです。

ヨーガ古典では、エゴが鎮まるこの状態を「心の止滅」と表現し、この境地に至るための技法を、ヨーガとして様々に開発しています。こうした技術は、今日、メンタルトレーニングとして、スポーツ界でも重視されるようになってきました。今日のスポーツのオリンピック選手は、その「技術」を本番で発揮するために、リラックスや集中といった精神的操作をヨーガで修練するようになってきています。

従来、体育・スポーツ界において、ヨーガは弾みをつけない整理運動「ストレッチング」として開発され、活用されてきました。しかし、近年では、そうした体操部門だけではなく、呼吸法や瞑想法部門にも開かれ、ヨーガの本質に迫った活用の仕方がされるようになっていることがわかります。

(3) 幼児体育とヨーガ

こうした特徴をもつヨーガを、幼児に実践することの意義は、どこにあるでしょうか。現に、わが国ではヨーガを取り入れている幼稚園や保育所があります。ただ、この場合、ヨーガを単なるあそびとして導入しているところは珍しく、多くは身体や精神の鍛錬を目的として導入しています。幼児にポーズの完成をめざして身体修練させるヨーガや、画一一斉に号令にあわせて沈黙の中で実施する精神修養的ヨーガ等、ヨーガは目的に応じた方法の展開をみることができます。

幼児体育としてのヨーガはどうでしょうか。あくまでも、ヨーガが、子どもの全人的な心とからだの発育・発達を保障できるよう配慮が重視されます。つまりは、幼児が自分で考え判断し行動できる、主体的に外界と結びついていく力「発達」を保障するヨーガとして実践されることが最重視されます。

先にもふれましたが、子どもの心とからだは柔軟であり、くり返し行えば、あらゆるポーズができるようになります。また、厳しい態度で静寂を強いれば、それも行うことができます。ときと場合によっては、こうした「がまん」を覚えさせることも大切かもしれません。

けれども、幼児期は、情緒を分化させ、思考を培っていく重要な時期であり、そのためには多くの感覚を悦びとともに体験させていくことが大切になります。その体験が「快」であれば、幼児は主体的に活動できる子になり、自分の気持ちやからだに応じてヨーガを行える子になっていくのです。

幼児体育では、子どもの健全な心身の発達を保障する教育、保育としてのヨーガ活動をめざしています。幼児が悦んで自分から主体的になって取り組める、その子なりの心身の特徴を生かすことのできるヨーガを実践していきたいものです。

2　幼児のヨーガとは

(1) 幼児のヨーガの有効性

幼児へのヨーガは、実際、どのような効果があるのでしょうか。ヨーガの実践を行うに先立ち、実践対象幼児、比較対照幼児の姿勢、その他の身体的測定を行い、その後、実践対象幼児に週に１度、定期的にヨーガを実践、さらに１年後、再度測定および調査を実施し、実践状況を記録したものをコラム欄に示します。

ヨーガを行った実践園の結果からは、「姿勢がよくなった」「体格が向上した」「情緒が安定し、風邪をひかなくなった」という成果をみることができました。

また、姿勢がとくに悪い４名の幼児の変化とヨーガへのかかわりについてみたところ、彼らは主体的に頻繁にヨーガに取り組んでおり、姿勢が好転し、その他の心身の発育、発達が良好になっていることがわかりました。

■ 子どもへのヨーガの実践の成果（要約）[2)]

①姿勢には、顕著な効果がみられ、とくに加齢との相関の低い背面部傾斜が顕著に好転した。
②足の裏の発達（土踏まずの形成、拇指内向、浮き指）に有意な効果がみられた。
③厚かった皮脂厚が、比較対照園児よりも減少していた。
④対象園児の内、非常に体格が劣る子は好転していた。
⑤運動能力は、姿勢との関係が深いため、姿勢が好転した子の今後の向上には大いに期待をもつことができた。
⑥保護者へのアンケートの回答からは、家庭内で、あるときは、母親とともに「ヨーガ療法を実習している子どもの姿勢がよくなった」「病気が少なくなった」等や、幼児が家族の疾病の治療にヨーガ療法を指導した、という報告を得た。
⑦あそびに対して消極的で、群れからはずれて傍観する、何事にも集中できずに好きかってな行動をとる、という傾向にあった子どもが、新奇なあそびであるヨーガ療法に、とても興味と好感をもって取り組んで、「活気づいてきた」「欠席が減った」等の保育者からの報告があった。
⑧ヨーガの機会を通して、徐々に、クラスの幼児たちと融和していく力と自信がついてきた。

(2) ヨーガの誘導方法の重要性

幼児のヨーガの誘導で大切なことは、幼児への全人的な発達を促す体育として充実させることです。それには、単にポーズをとらせるような体操的な誘導ではなく、幼児期の身体的精神的発達段階に応じながら、心情的な解放や安定を導いたり、本人の自尊感情を培ったりすること、また、内的に充実した快適さを、感覚的にも意識的にも、体感できるように配慮することが必要になります。

ヨーガの動きは、身体をつかった調身、呼吸をつかった調息、こころをつかった瞑想、調心が、三位一体になっています。そこで、幼児にこれらを提供する場合の留意点やその成果について一つ一つみていきたいと思います。

1）幼児の行えるポーズについて（調身面）

ヨーガの調身法には、主に足首、手首、股関節などへの動きの準備、強化体操に加えて、５つの系統、前屈や後屈、体側のばし、ねじり、逆転、バランス等の体位（ポーズ、ヨーガではアーサナという）があります。

これらの動きは、胎児期から乳児期、幼児期へのプロセス、うずくまり、頭そらし、ロコモーション、ねじり、バランス等、立位し、歩行するまでの身体発達のプロセスを反映したものという見方もでき、幼児が無理なくできる動きばかりです。

幼児ヨーガで発達段階に応じて選択させるのではなく、その子がイメージをして、楽しそう、やってみたいと思えるポーズを自由に実施させ、できることもできないことも楽しめるように誘導します。

ただし、集団で指導する場合に、危険が予想されるポーズについては、とくに言葉がけの配慮が必要になります。例えば、頸椎の使用が関連してくるポーズの指導にあっては、とくに注意を払います（例：さかな、エビ、うさぎのポーズ）。

なお、ポーズを提供する中でとても重要なのは、インドのサンスクリット語の名称を日本の幼児が見聞できるものに変更する作業です。ヨーガの専門家の間には、反対意見もあるのですが、やはり、この時期はイメージ力を活用することが最優先になります。また、幼児は成人に較べて手足の長さが短いこと、未分化な面があること、技巧性の必要なポーズについては、大人のヨーガよりもプロセスを簡易にして、幼児の身体に応じた方法をとることが大切になります。

＜ヨーガの保育的効果＞

ヨーガの体位は、様々ありますが、種々の体位が、相関・相乗して有効となります。例えば、前屈後屈は背中をしなやかに、とくに前屈は足腰の筋肉をゆるめ、後屈は背筋力を培い、体側のばしは肝臓・脾臓などの内臓機能に影響し、ねじりは脊椎の修正を、バランスは平衡感覚や集中力を培います。

ヨーガの実践後の身体測定や調査では、姿勢や皮脂厚や体格の好転、病気の予防などへの効果がみられていたことから、身体諸機能を活性するヨーガは、幼児の体力づくりに有効に働くと考えることができるでしょう。

2）息づかいについて　（調息面）

ヨーガが特徴的なのは、呼吸を意識的に活用するという点です。ただし、幼児期は、心身未分化で、無意識な動作と呼吸は自然に一体になった状態です。また、肺呼吸が完成していないため、大人の場合はあえて取り組まなければならない腹式呼吸を、幼児は自然に行うことができます。

この時期の幼児への呼吸のポイントは、生活の中で行いにくくなっている大きな呼吸、深呼吸のできる機会を増やすことです。ダイナミックに全身を動かすことで、「吸って、吐いて」という指示がなくても、自然にこれが可能になります。

ポーズのイメージづくりにふさわしい、動物の鳴き声や擬音を活用して、あるときは早く、あるときは、ゆっくりな呼吸のリズムをつくることができます。充分に楽しませると、息にあわせて、ゆっくりからだを動かすことにも集中できるようになります。

ヨーガでは、動きに伴わせる呼吸とは別に、単独で呼吸のみを実施する方法—呼吸法があります。呼吸法については、呼吸器官が未完成である発達状態を考慮して、息に気がつかせることを目的に実施する程度がよいでしょう。

＜ヨーガの保育的効果＞

はさみで物を切る、折り紙をおる、つくったり描いたりするときに、息が荒いと難しいものです。呼吸が安定すると、熱中活動に入ることが可能になります。ヨーガを実施している園では、こうした静の活動にも変化がみられるようになったことが報告されています。最初のうちは、自分のリズムで動くことしかできなかった子どもが、徐々に「ゆっくり息を出して、なくなるまでからだを小さくしてみましょう」の誘導にも応じることができるようになり、自分の息を自分で調整することもできるようになります。気持ちが落ち着きやすくなり、友だちと息をあわせるということもしやすくなっていきます。

3）瞑想について（調心面）

瞑想は、人間の生理的・心理的な機能の活性をもたらし、人間存在の自己発揚をもたらします。こうした行為が、幼児に必要がないかといえば、決してそうではありません。ただし、瞑想は目をつむって坐ることをさすのではありません。からだの感覚、思考の状態のありのままに気づいて、それにとらわれない状態を指します。

幼児期は、心身未分化であり、心が動かなければ、からだを動かすことができません。反対に、からだを動かしているときに、心はからだと一体になっています。そこで、幼児のヨーガでは、子どもが特有にもつ想像力を活用し、その子の心の躍動感にあわせて、ヨーガ体操を展開するようにしていきます。

ただし、必ず１回のヨーガ活動の中に、体を横たわらせて静寂になる時間「夢見のポーズ」の間を設けます。これは、活動中に「ゆっくり静かに」を強いて楽しさを減少させなかった分、床に静かに横たわるという動きによって、身体と呼吸と心を休憩させ、整理させるための行為となります。

また、動と静のメリハリをつけることを目的にしています。がんばった後は、必ずお休み、というように、幼児自身の心とからだの要求に応じて、緊張と弛緩の雰囲気を体得させていくのです。

＜ヨーガの保育的効果＞

幼児の自由なイメージ活動は、保育の他の活動での身体表現を拡大していきます。保育現場では、数々のイベントがあり、その都度、様々な表現活動が展開されます。ヨーガでからだの可動性を体得できると、そのからだを自由につかうことができ、創作意欲も湧いてきます。生活発表会のお芝居にも、たくさんのヨーガポーズのアレンジを活用することができるのです。

また、ヨーガ活動の最中であっても、「○○のポーズ」といって新しいポーズを創作したり、一人ヨーガではなく、友だちとともにできるヨーガを考案したりする幼児もでてきます。どんなヨーガも、O.K.である、という雰囲気が大切です。

また、こうした動の活動に対して、静の活動である「夢見のポーズ」は大切です。幼児が一人になれるときです。自分のありのままの状態といっしょにいるという活動が、子どもの情緒を落ち着かせます。最初のうちは、慣れにくいのですが、慣れると子どもがこの時間を楽しみにします。子どもと指導者側の１対１の関係の時間になることも、子どもの情緒を安定させるきっかけになるでしょう。保育内ではなかなか落ち着いて観ることのできない一人ひとりのからだに触れ、観るという間を、この時間にもつことができるのです。

(3) 幼児のヨーガの指導の場について

活動の場に共通で大切なことは、安心できる安全に子どもの自信を根づかせるための配慮です。ヨーガの実践は、模倣させるという性質があることから、まず、モデルを観察できる状態をつくりださねばなりません。イメージでオリジナルなポーズをつくらせてもかまいませんが、最初のうちはだいたいのモデルが見えるように工夫する方が望ましいです。

スペースについては、子どもたち同士がぶつからないようにしなければなりません。幼児期は、まだ空間認知能力（上下、左右、奥行き、方向への知覚）が充分ではなく、左右方向の指示、間隔のとり方などへの工夫が重要になってきます。散在するという方法がわからず、友だちと接触し合わない空間をつくることが難しいため、具体的に指示をして空間をつくるヨーガを提供するのも一つです。例えば、飛行機の羽、白鳥などのバランスポーズをアレンジして行います。

活動に夢中になると、指導者に接近しすぎて、他の子どもがみえなくなることがあります。その都度、指導者が広い場所に移動しながら、子どもを誘導するのも一つですが、指導者自身が輪になった紐を持参し、幼児にはその輪の外で行わせるという方法をとらせたり、ヨーガの前に一つだけ「お約束」をさせて、「手をのばしても先生に届かない距離で行いましょう」という決まりをつくったりする方法もあります。いずれも園の方針や子どもの様子にあわせるとよいでしょう。

＜ヨーガの保育的効果＞

一つの部屋で、数名がいっしょに行うという場合は、他の幼児の妨げとなる行為は避けさせなければなりません。ヨーガの集団指導も、他の集団保育活動と同様に、一人ひとりが楽しく行うためには、「ある程度のルールが必要である」ということを学ばせる場になります。このとき、言葉のかけ方で注意したいのは、その子が自分に気づくための言葉「○○ちゃん、どうしたのかな」と言って、優しい誘導を配慮することです。避けたい言葉づかいとしては「○○ちゃん、○○ちゃんをみてごらん」と、他の子との比較をして叱ったり、「○○ちゃん、見えないじゃない、どきなさい」などです。このような言葉づかいは、すぐに子どもも覚えて他の子に使うようになります。そしてこの言葉のやりとりが喧嘩につながることさえあります。

うまくできているときには、それを当然として扱わないで、「みんながそれぞれぞれ集中したね」「○○ちゃんらしく、みんなとできたね」等と、その状態を印象づける言葉をかけておくことも大切です。

子どもの主体的な意欲を押し込めてしまわないように、自由な雰囲気をつぶしてしまわないように配慮することで、ヨーガによる集団活動は、子どもと場を共有するために、最低必要なことを自分たちでわからせていくことができるようになります。

(4) ヨーガの達成基準─成就感の与え方─

ヨーガの目的は、ポーズの完成にありません。ですから、外からみた形からの評価をすることには、焦点をあてないことがポイントです。子どもは、「できる、できない」で評価されない体験をするうちに、ヨーガの楽しさを見いだし、主体的になり、また、自分のよさを実感していきます。

けれども、幼児期は、自分という存在を意識できるようになり、「みて、みて」とできた悦びを伝えてきます。競争や協調という心の芽が培われていく時期でもあります。競争は、ゲーム感覚で使う方法も取り入れることがあってもよいでしょう。「目にはみえない、それぞれの心情、意欲、態度」を評価するという視点を指導者が常にもつことで、言葉のかけ方は自然に変化してきます。

実践では、「できないからやらな～い」という子たちに、「やってみて、できているつもりで合格よ」、「からださんが気持ちがいいところで、がんばらないで待ちましょう」等の言葉をかけます。また、ポーズ途上に名前をつけて、王様と王子様、鳩の王様と家臣など、どの役柄も大切であることを説明しながら、その子なりのポーズを受け入れるように工夫することができます。

＜ヨーガの保育的効果＞

子どもたち自身が、ヨーガの基準を覚えると、他の大人がヨーガに加わったときに「先生、がんばらんでええんやで、つ・も・りでやればええねんで～」と、形の完成が重要でないことを教えてくれる程になった事例もあります。

また、集団の場で自由にヨーガをさせていると、手つなぎのポーズ等、自然に友だちと組んだヨーガのポーズや、息をあわせて、いっしょにポーズをつくる楽しさも覚えていきます。そうした発想には、感動させられますが、すかさずその気持ちを伝えて称賛します。

あるいは、「ヨーガ教室ごっこ」として、ヨーガの「先生役と生徒役」という展開も可能になります。先生役を引き受けるのを楽しみにする幼児や、友だちが先生役であることを楽しむ幼児の姿をみることも、できるようになります。自分たちでできた、ということについて称賛します。

ヨーガの基準は、あくまでも「その子の主体性の充実」にあるという視点で取り組むことが大切で、それによって子どもの意欲や心情、態度が徐々に培われていきます。

(5) 幼児へのヨーガ指導上の留意点

一般のヨーガは、自己や内的感覚、内面のプロセスを重視しています。そして、この内的感覚の感得は、一つひとつのポーズを通して行われるものです。ヨーガの実践では、一つのポーズのプロセスに生じる緊張や弛緩に対して、呼吸を穏やかに、意識を集中させ、全身と意識がまったく一つになった気づきの状態（覚醒）をつくりだします。が、この行為は、成人でさえも容易にできません。

こうしたヨーガを、子どもに誘導するためには、指導上の工夫が必要になります。ここでは、子どもヨーガの四原則を遵守しつつ、動の時間、静の時間を区別するという方法でのヨーガ展開を紹介しています。

子どもヨーガの四原則とは、以下の通りです。

①のびのびと動きましょう―　呼吸と動作の一致
②想像してみましょう―　意識の覚醒
③できあがったポーズで、しばらく待ちましょう―　一定体位の保持
④動いた後は、やすみましょう―　緊張と弛緩の調和

ポーズ活動は、動、緊張、想像の時間として、子どもの心の躍動に任せて楽しくあそびに展開させます。ヨーガのポーズの基準を「楽しさ」に構成、その際、ゲーム的になったり、あるいは、肉体鍛錬的になったり、想像から湧き出す偶然的な活動になる等のことも、子どもヨーガの四原則に基づいていればよいということにしています。

こうした動の動きに対して、必ず静の活動があるということが条件です。その活動とは、弛緩のポーズであり、呼吸や瞑想の誘いになるあそびを指します。弛緩のポーズとは、どのポーズの後にも、必ず実施するのがよいとされる仰臥位姿勢、また、呼吸や瞑想の誘いになるあそびとは、本来、呼吸法や瞑想法として体系されているものですが、これもアレンジの仕方によって楽しく、けれども鎮静効果をもって実施することができます。

3　幼児ヨーガの活用方法

(1) スキンシップ・ヨーガ―ウォーミングアップ、クールダウンを楽しむ方法と特徴―

ウォーミングアップでは目・耳・鼻・口・皮膚を活用し、からだに生まれるいろんな感じを確かめさせます。クールダウンには、ヨーガの夢見のポーズを。からだ全身を大地にあずけ、からだ全体の感覚を受けとめることのできるように促します。

この耳だあれ？　【耳の体操】

①♪おみみさん、おみみさん、おみみさん、誰でしょね
……横にひっぱって「ダンボ！」

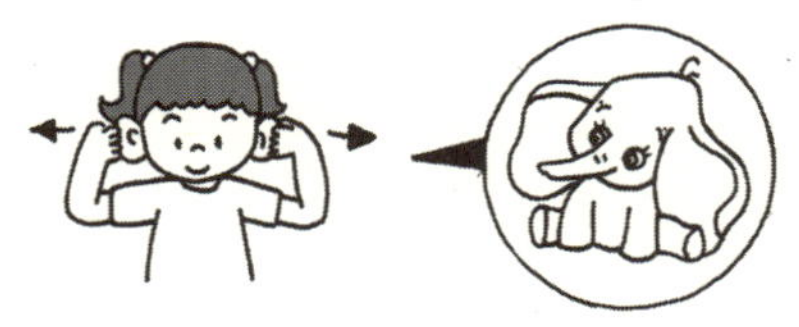

②♪おみみさん、おみみさん、おみみさん、誰でしょう
……上にひっぱって「宇宙人！」

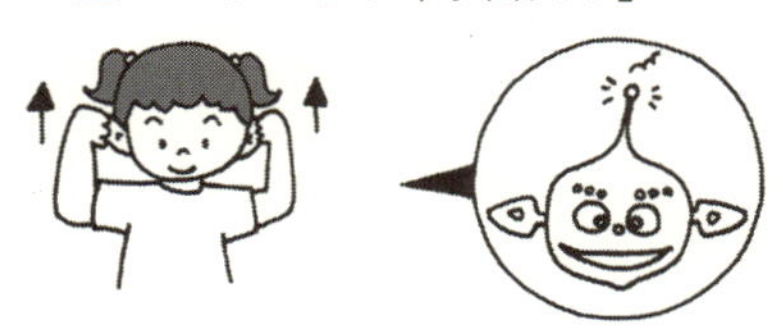

③♪おみみさん、おみみさん、おみみさん、誰でしょね
……下にひっぱって「お坊さん！」

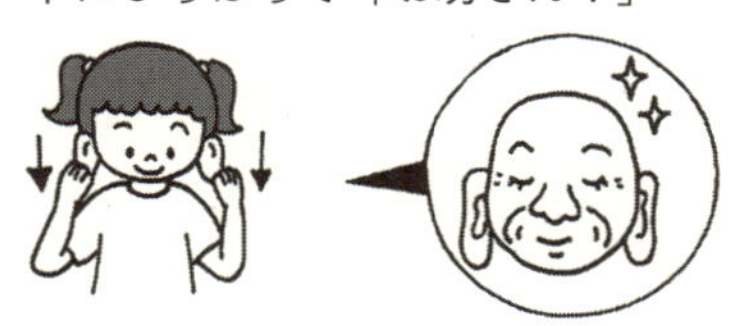

④♪おみみさん、おみみさん、おみみさん、誰でしょう
……耳を折ってふさいで「餃子！」
「おいしそう、もしゃもしゃもしゃ」
……耳くすぐる

チョウチョウがとんできて、お花をちゅ・ちゅ・ちゅ・ちゅ
【鼻の体操】

※鼻づまりは集中力低下の原因になります。

「ちょうちょう」の歌に合わせて
♪ちょうちょう、ちょうちょう　お花にとまれ
♪ちょうちょうがとんできて　お鼻にとまった
……子どもの片鼻を指でおさえます。

「あれ、○○ちゃんのお鼻だね」

「ちょうちょさん、まちがってるよ
教えてあげましょう。ふんふんふ～ん」
……開いている片鼻から息を出させます。

※繰り返して反対側の鼻もふさぎ、息を出させます。
※ちり紙を用意しておきましょう。

♪ちょうちょう、ちょうちょう
「今度は、○○ちゃんの頭の後ろにとまってますよ」
……鼻がとおっていない場合があるので、首の後ろをマッサージします。

良寛さんの歯・えんまさんの舌　【口の体操】

良寛さんの歯ッパ、カチ　カチ　カチ　カチ
……歯をカチカチ38回。
※良寛さんの健康法です。大脳を刺激して、咀嚼力を強化します。

えんまさんのベロ、ベッベッベ～　えんまさんに舌を見せましょう。よい子の舌は抜きませんよ。
……口を大きく開けて、舌を長く伸ばします。
※舌の筋肉運動。口臭予防にもなります。

(2) まねまねヨーガ――一つずつのポーズを楽しむ方法と特徴―

どんなふうに真似ても、「○○ちゃんらしいポーズだね」とその姿を受け入れる、子ども自身が体を動かす「快」を得ることができるように行います。息とイメージ豊かなこころで、からだを動かしていくのが特徴です。無理や競争をさせません。

ねじる

「からだをそっとねじりましょう。こころイジイジが飛んでいきます」

【動きの特徴】身体をねじることで脊柱をねじり、全体の関節を整えます。

【効　　果】脊柱のゆがみが矯正されます。
脊椎神経が正しくなり神経経路が活性化します。
内臓が活性化し、からだのぜい肉がとれます。

※ねじりの軸になる側を慎重に観察しながら動くこと。
ねじった後は左右の調整運動をするようにしてください。

よこのばし

「からだのよこをのばしましょう。こころくよくよが飛んでいきます」

【動きの特徴】身体の体側を片方に曲げることで反対側の体側を伸ばします。

【効　　果】筋肉と椎骨に刺激を与え、柔軟にします。胸郭を発達させ肋間筋を弾力的にして呼吸機能を高めます。側腹部周辺の内臓、特に肝臓、脾臓を強化します。脊椎下部の血行がよくなり骨盤のゆがみを修正します。身体左右の不均衡を整えます。

※まえかがみにならず、骨盤を安定させることを意識して呼吸を流すこと。
倒すことを意識しすぎるのではなく、骨盤を基盤にして気持ちよくのばすように。

うしろのばし

「からだのうしろをのばしましょう。こころがしんしんと静まります」

【動きの特徴】頭の上から背中、足のかかとまでのうしろ側を伸ばします（椎間板・足裏の腓腹筋・アキレス腱のストレッチ）。

【効　　果】脊椎の靱帯を強くします。腹部の各部が刺激され、消化機能が促進します。腰椎を強く刺激して生殖器・膀胱が活性化します。

※無理に伸ばさないように。痛む寸前でとどめること。
無理のない位置で呼吸を伴わせて観察することが大切です。

バランス

「からだでバランスをとりましょう。こころハラハラがおさまります」

【動きの特徴】身体の一部を使って身体の全体を支えて安定させます。

【効　　果】自律神経を整えます。平衡感覚を発達させます。バランスのとれた身体をつくります。
手・足首、ひざ・股関節を整えて柔軟にします。

※この体位をするプロセスでは首を使うため、絶対によそ見をさせないように。
子どもの発達に応じておこなうこと。

(3) おはなしヨーガ― 一連のプログラムを楽しむ方法と特徴―

子どもの大好きなお話をつかって、想像の世界でからだを動かしていきます。子どもに問いかけながらすすめてもよいでしょう。

ブレーメンの音楽隊

①昔、ロバが犬をさそって、ブレーメンに行くことにしました。
２匹とも年をとって、ご主人に捨てられそうだったのです。
「ブレーメンへ行って音楽隊に入ろう！」

②途中で猫に会いました。
猫も年をとっていて、川に捨てられそうだったのです。
ロバと犬は「ブレーメンへ行って音楽隊に入ろう！」と猫をさそいました。

③途中でにわとりに会いました。
にわとりも年をとっていて、スープにされそうだったのです。ロバと犬と猫は、
「ブレーメンへ行って音楽隊に入ろう！」とにわとりをさそいました。

④４匹は、ブレーメンをめざして歩いていましたが、どんどん夜が更けて月が出て……森の中。

⑤星も輝きはじめました。
どこかに家はないかなぁ……。

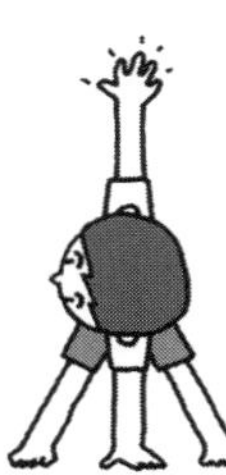

⑥明かりのついた家が一軒。
窓をのぞくとドロボーたちが机の上に宝物を広げてごちそうを食べて大パーティーをしています。

⑦４匹はいっせいに鳴き声を出して、ドロボーたちをおどろかせました。
「ワン・ニャー・コケコッコ・ヒヒーン」

⑧びっくりしたドロボーたちは、ひっくり返って、大慌てで逃げていってしまいました。
動物たちはぐっすりおねんね…。この家で仲良く音楽隊をして､暮らしたんですって。

(4) みんなでヨーガ　―共同でつくりあげるポーズを楽しむ方法と特徴―

子どもが安全で安心できる場、自信をもってじぶんらしくいることのできる場になるように温かい言葉がけをし、皆で考えた、やった、できた悦びを味わわせていきます。

[文献]

1）佐保田鶴治：ヨーガ根本経典，平河出版，1978．p.66
2）伊藤華野：幼児のヨーガに関する研究１―姿勢不良児とヨーガの実践―，姫路学院女子短期大学紀要 21 号，1994，pp.175-183
・伊藤華野：まねまねヨーガ，京都通信社
・伊藤華野監修：はじめよう！　キッズ．ヨーガ，エンターブレイン，2008
・原田碩三・伊藤華野：幼児の身体表現，幼児健康学研究室，2001

11章

運動能力を高める基本の運動

〔 梶谷信之 〕

基本の運動は、運動あそびを行う上で非常に大切な運動です。基本の運動を行うことによって、運動あそびをよりスムーズに実施することができるとともに、故障やケガ等の防止にもなりますので、基本の運動をしっかりと身につけるようにしましょう。

本章では、以下の５つの基本運動を取り上げています。

1　柔軟運動

2　歩く・走る・跳ぶ・登る・ぶらさがる

3　バランス

4　模倣運動

5　２人組の運動

これらの運動を十分に実施することにより、器械運動あそびへの移行をスムーズにしていきます。それぞれの運動は、体をしなやかに・力強く・巧みに動かすための運動が取り入れられていますので、一つひとつの運動を楽しみながら着実に実施していくことが重要となります。

1　柔軟運動

＊股関節をゆるめる

・座の姿勢で、膝を曲げ足の裏を合わせる。手でつま先を持つ。

・膝を上下にゆらす。

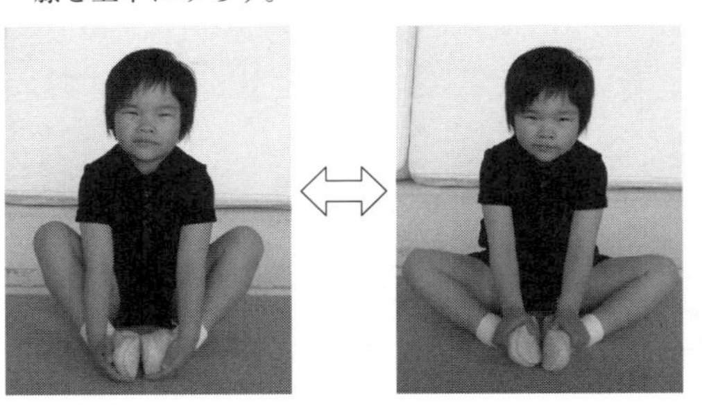

＊膝を曲げて体前屈

・座の姿勢で、膝を曲げ足の裏を合わせる。手でつま先を持つ。

・おでこを床につけるように体前屈をする。

＊開脚座体前屈（左右）

・足を開き、右足、左足の膝におでこをつけるように前屈をする。

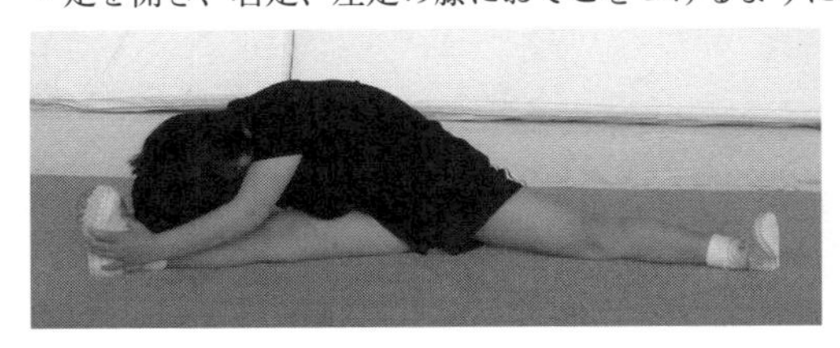

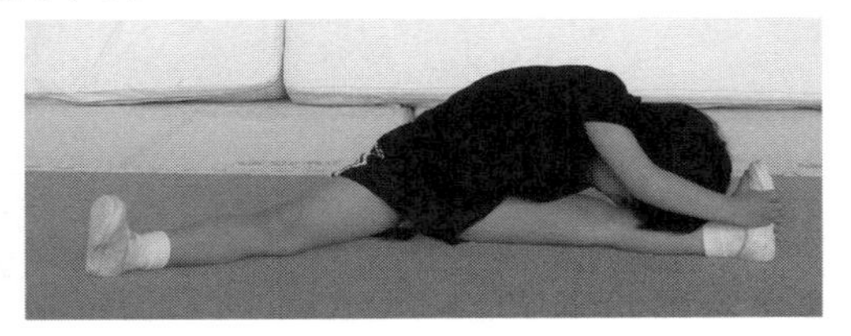

＊長座体前屈

・膝を曲げずにおでこを膝につけるように前屈をする。

・能力に応じて肘やお腹が膝につくようにする。

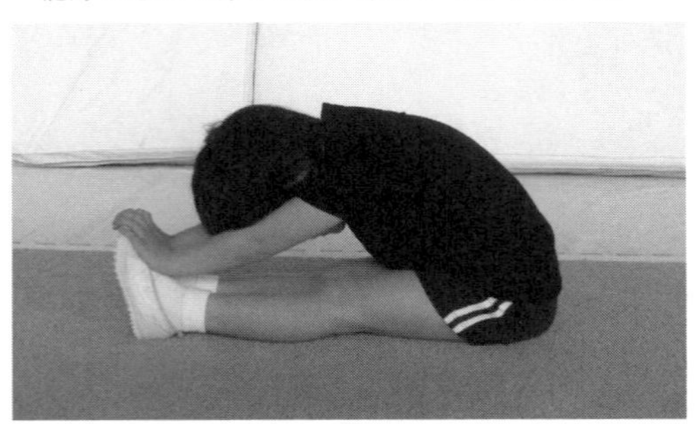

＊体前屈

・膝を曲げないようにする。

・体を曲げるとき、手を膝におき、膝から徐々に足首へと下げていく。

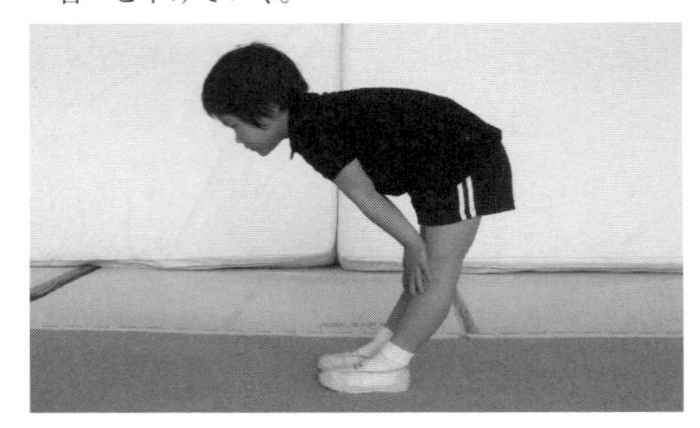

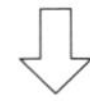

＊しこをふむ

・膝を曲げ、おすもうのときのように、しこをふむような形をとり、体を前に曲げて肘をつくようにする。

＊開脚立ち姿勢

・床を手で支え、お山のような形をとり、足幅を広げていく。

＊足を開いて体前屈

・肩幅より少し広く足を開いて立ち、前屈をする。

＊足を開いて立ち、左手（右手）で右足首（左足首）を持つ

＊後ろへ反る

・足を肩幅より広く開いて立つ。
・胸、お腹を前へ出すようにして後ろへ反らす。
・手を腰におく。倒れないようバランスをとる。

＊タオルを使って柔軟

①側屈
・肩幅より広めにタオルを持ち、両手を挙げながら、左右へ曲げる。

②捻転
・タオルを持ち、両手は水平に保ち、左・右と上体をねじる。

③肩の柔軟
・タオルを持った両手を耳より後ろの方へ倒す。
・頭上からお尻の位置までを行き来する。

④タオルくぐり回転
・両手でタオルを持って、前の方からタオルをまたいで体を通し、1周する。
・肩幅より広く（長く）タオルを持つ。

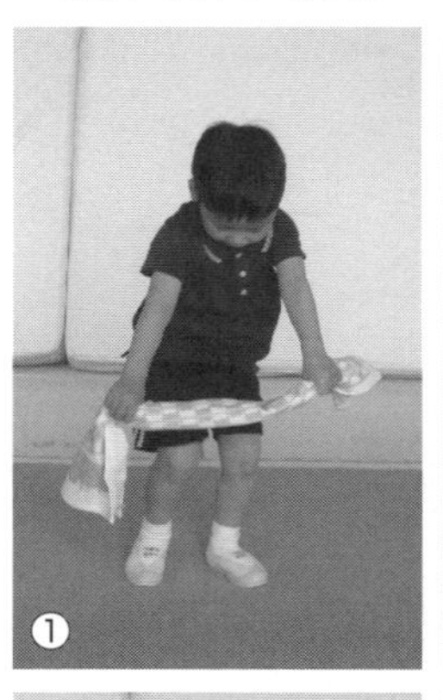

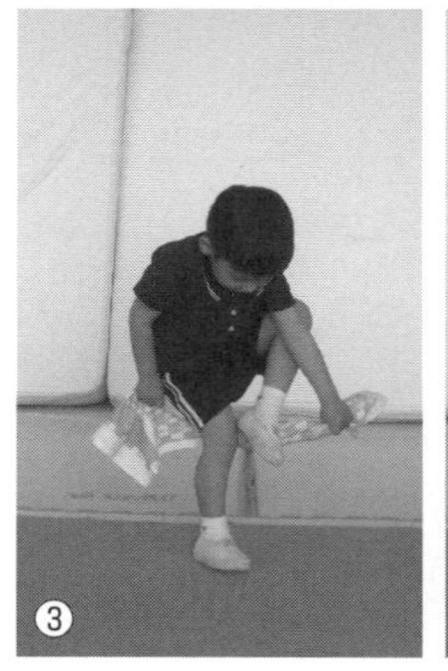

＊首、背中を伸ばす

・座の姿勢から後ろへころがり、頭の上の方向につま先がつくようにする。
・腰が落ちてこないように、手で腰を支える。
・うまくできないときは、腰を補助する。

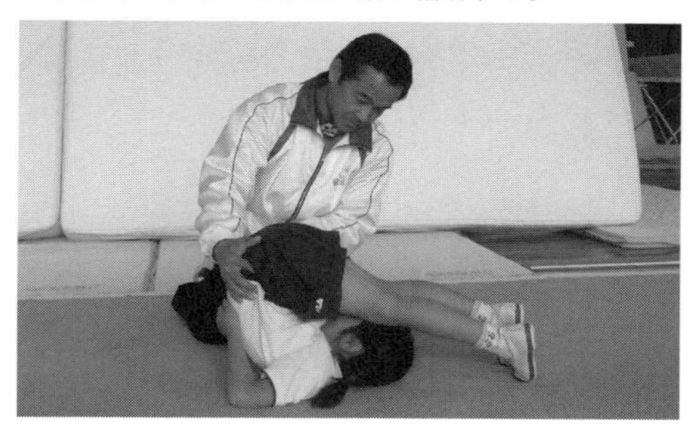

＊ゆりかご（背面）

・うつぶせになり、膝を曲げ、手で足首をもって体を反らせる。
・能力に合わせて足をひらいたり、とじたりする。

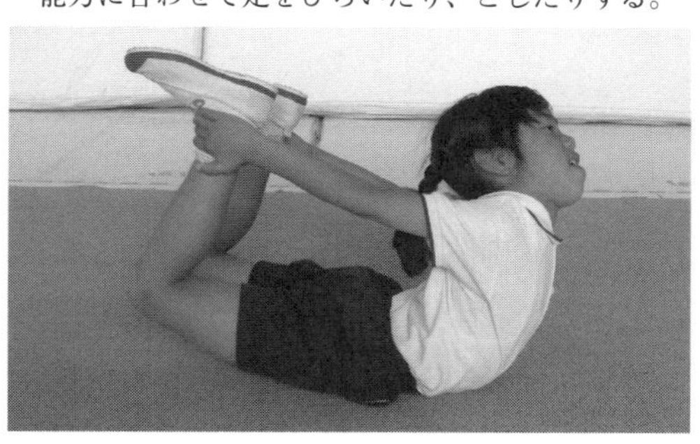

＊フラフープを使ってゆりかご（背面）

・伏臥姿勢になり、フラフープを手で持ち、フラフープを足首にひっかけて体を反らせる。

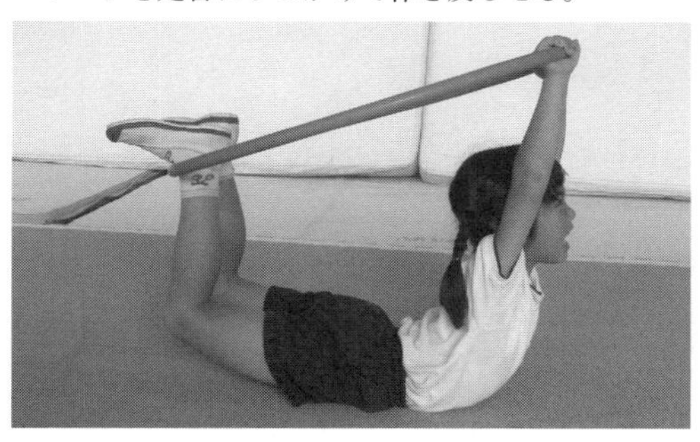

＊手首の柔軟

・前

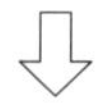

・後ろ（手首は逆向き）

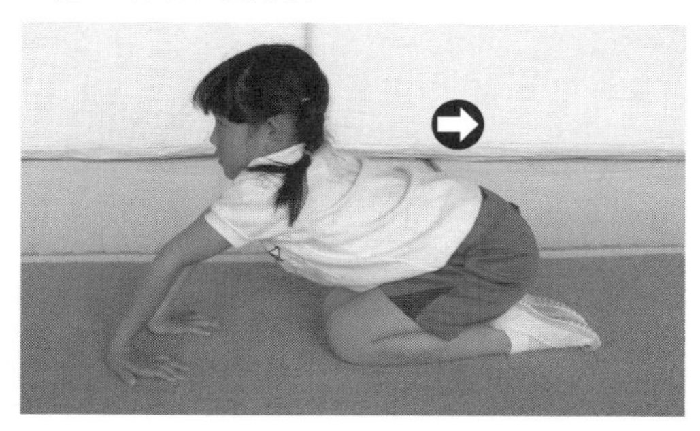

・横（左右）

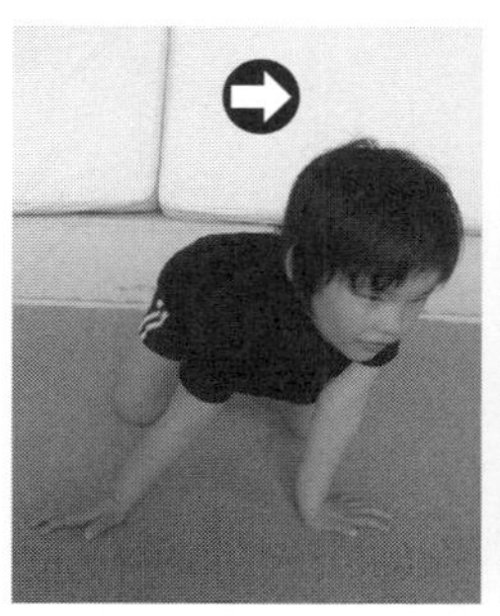

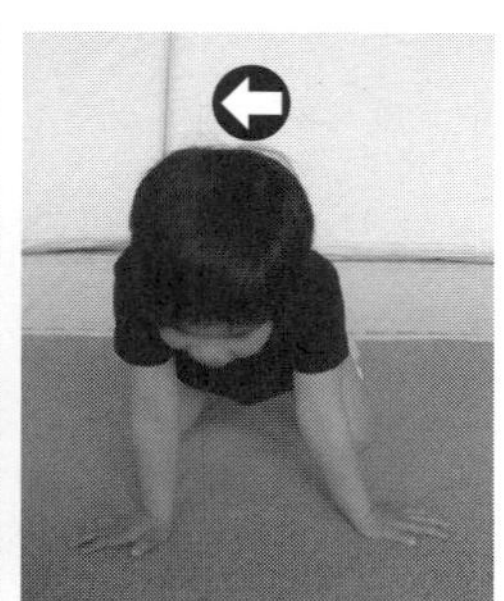

＊ブリッジ

・あおむけ姿勢から、膝を曲げ、かかとをお尻につけ、腕は肘を曲げ、耳の横に手をつける。
・おなかを持ち上げ、体を反らす。そのとき、かかとを床にしっかりつけてふんばる。
・腕は、手で床を押すように伸ばしていく。

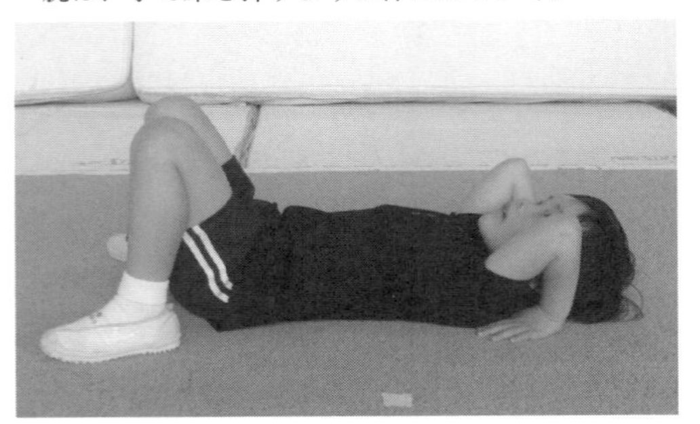

⇩

間違い例①
・手のひらが反対方向になっている。

間違い例②
・手で床を押せないので上体が反らせない。

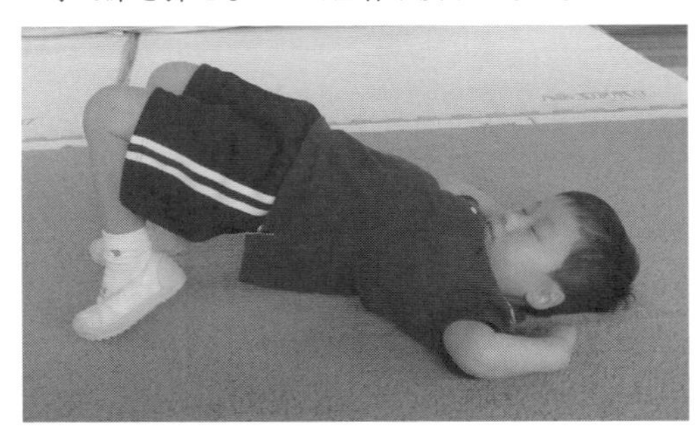

＊手のつき方

良い例

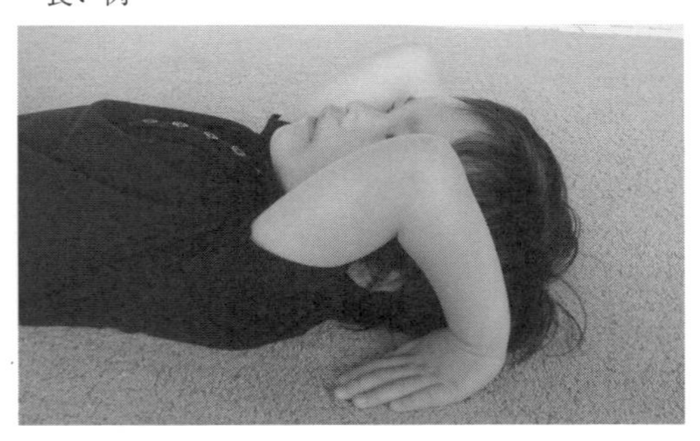

間違い例③
・肩が回転していないので、腕の使い方が反対になっている。

2　歩く・走る・跳ぶ・登る・ぶらさがる

歩く

＊前歩き

・背筋をしっかり伸ばし、歩く。
・腕を前後に大きく振る。

＊後歩き

・ころばないように、足を後ろへはこぶ。

＊大股歩き

・歩幅を大きくして歩く。

＊交差横歩き

・横向きになり、右足を左足の前に交差、一度開脚立ちした後、右足を左足の後に交互に交差させながら歩く。

＊膝を曲げて歩く

・腰を低くして膝を曲げて歩く。

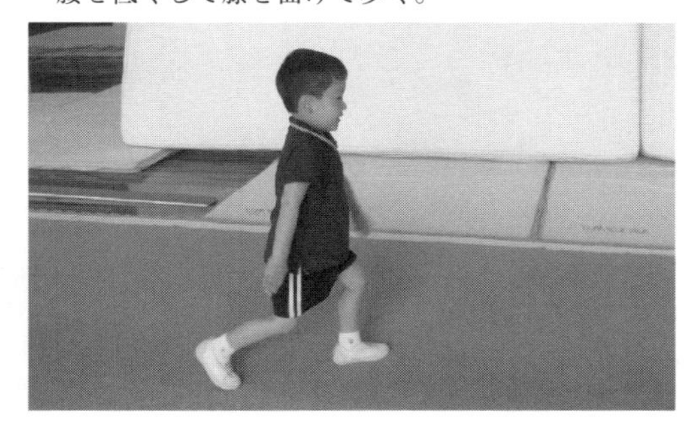

＊つま先立ちで歩く

・背すじを伸ばし、かかとを上げて背を高くして歩く。

走る

＊かけ足

・ゆっくり走ったり、早く走ったり速度を変えてリズミカルに走る。

＊かけっこ競走

・スタート地点とゴール地点を設ける。

・友だちと競走をする。

＊スキップ

・ももをしっかりあげて、リズミカルにスキップをする。

・後ろ向きのステップもしてみよう。

＊ギャロップ

跳ぶ

＊垂直とび

・両足とびをする。
・連続してリズミカルに行う。

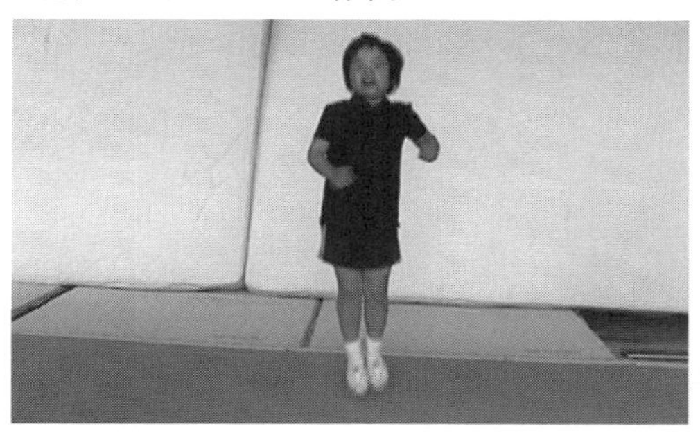

＊捻りとび

・両足で跳び上がるときに、半分捻り（180°回転）をし、両足で着地をする。

＊かかえこみとび

・両足でとび、膝を曲げかかえこむ。

＊開脚とび

・両足とびを3回連続して行う。
・３回目に足を開いてとびあがる。

＊片足とび（左右）

・左足でケンケンを、リズミカルに跳ぶ。
・右足でケンケンを、リズミカルに跳ぶ。

＊とび箱や巧技台の上に跳びあがり、跳びおりる

・とび箱や巧技台をおき、両足で跳びあがり、跳びおりる。

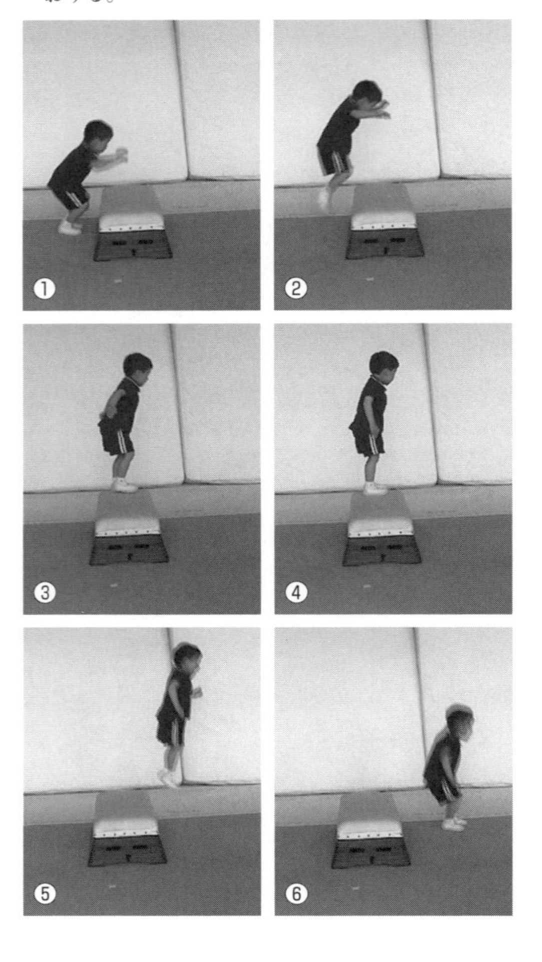

＊巧技台から巧技台へ跳び移る

・能力に応じて、巧技台の幅を広げる。

＊線の上を走る

・園庭に線を引き、その上を走る。
・線からはみださないようにする。

＊障害物走をする

・巧技台や平均台などを組み合わせて、跳び越えたり、登ったり、くぐったりして走る。

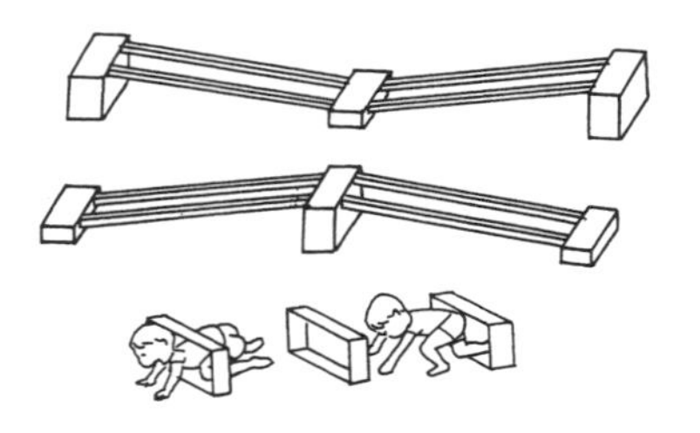

登る

＊登り棒、雲梯、ロープ等を使って登る

ぶらさがる

＊雲梯、ロープ等を使ってぶらさがる

3　バランス

＊片足バランス

・片足立ちになって、バランスをとる。
・右足、左足、交代でする。

（左右）

（前後①）

（前後②）

＊膝をついてのバランス

・両膝をつけて四足位姿勢になる。
・片足の膝を伸ばして後ろ（横）に伸ばし高くあげる。
・右足、左足、交代でする。

（前後）

（左右）

・右手をあげ、左足をあげる。
・左手をあげ、右足をあげる。

（手足同時）

＊V字バランス

・手を床につき、足をあげてV字の姿勢をとる。
・能力にあわせて、手をはなしてV字姿勢でバランスをとる。
・能力に合わせて、膝を曲げたり伸ばしたりする。

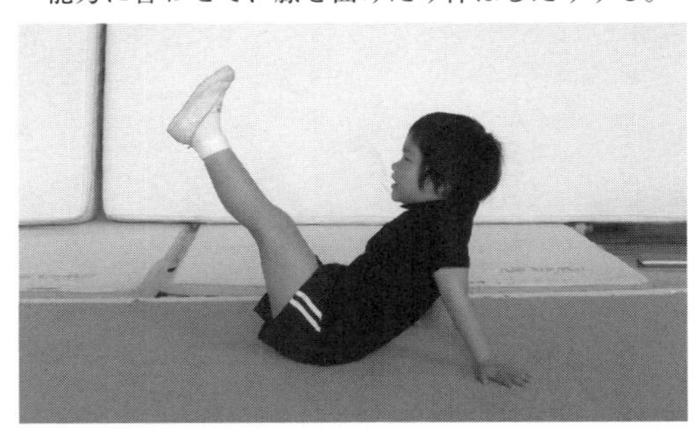

＊平均台の上を歩く

①前後歩き
・手を横に広げ、バランスをとりながら歩く。
・前へ、後ろへ、歩く。

②横歩き
・バランスをとりながら横に足をすべらせて歩く。

4　模倣運動

＊赤ちゃんのようにハイハイで歩く

・両膝をつけて四足位姿勢で歩く。

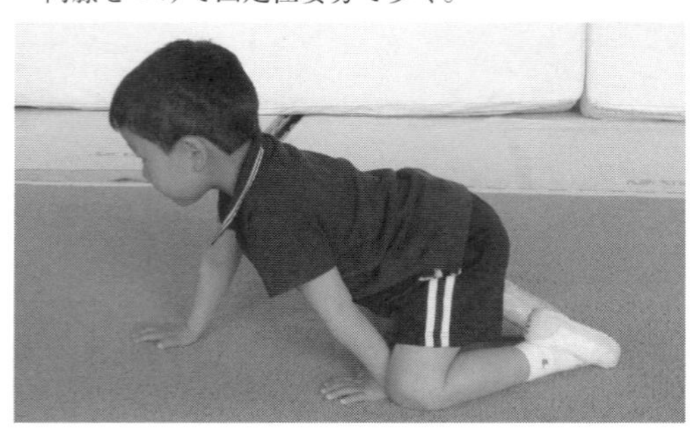

＊アヒルさんになる

・膝を曲げてしゃがみ立ちになる。
・かかとをあげて、つま先立ちで歩く。

＊クモさんになる

・仰臥姿勢（あおむけ）で両手、両足を床につけた姿勢で歩く。
・お尻が床につかないようにする。
・前へ、後ろへと方向を決めて歩く。
・リズミカルに手と足を動かす。

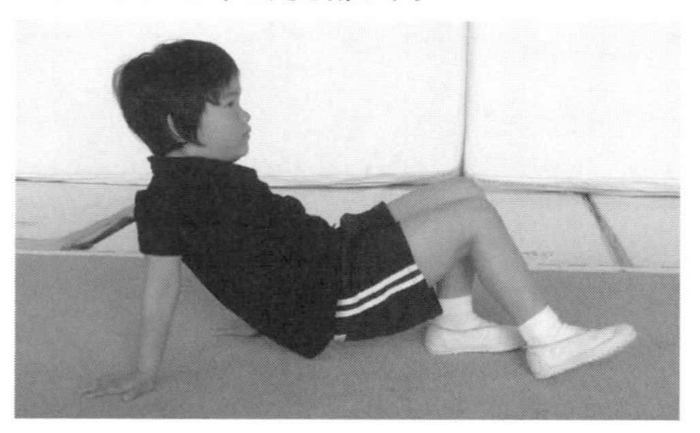

＊お馬さんになる

・両膝をつかず、腰を高く上げ、なるべく膝を曲げずに歩く。
・四足位姿勢で歩く。

＊カニさんになる

・指でカニのハサミをつくり、膝を曲げて足を大きく広げ、横に移動しながら歩く。

＊あざらしさんになる

・伏臥姿勢（うつぶせ）になり、両手を床につけ、腕を伸ばし上体だけおこす。
・手で歩き、前へ進む。

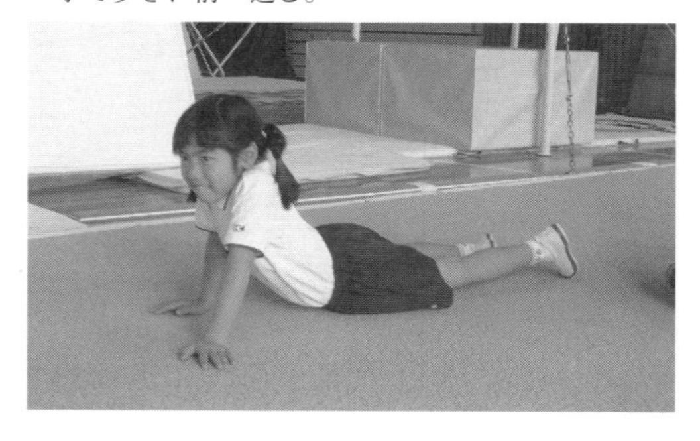

＊むかでさんになる

・伏臥姿勢（うつぶせ）になって、腕の力で前に進む。

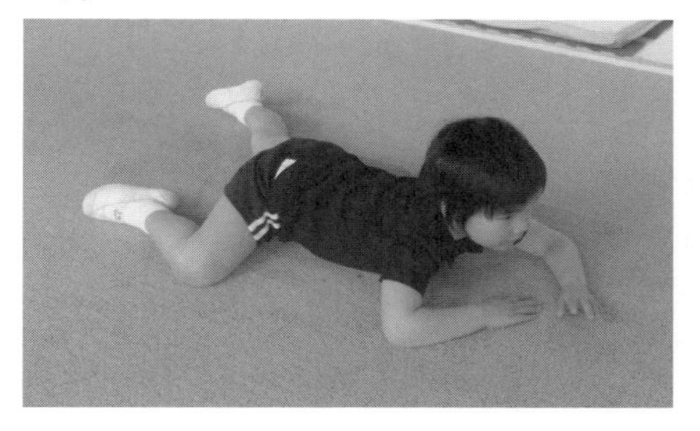

＊おいもさんになって、床をコロコロころがる

・右回り（左回り）をする。

＊うさぎさんになる

・両足とびで、大きく跳ぶ。

＊カエルさんになる

・膝を曲げて、ピョンピョンと跳ねてとぶ。

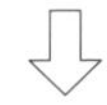

＊手を着いて、とぶうさぎさんになる

・手と足、別々に着きながら跳ぶ。

・手を先に着く。

・次に足を着く。

＊鳥さんになる

・両手を横に大きく広げ、鳥の羽のように動かす。
・ふわふわ跳ぶように走る。

5　2人組の運動

【同じような体格の相手と組みましょう】

＊手押し車

・手押し車になる子は、体を反ったりしないようにする。
・足を持つ子は、途中で手を離したりしないようにする。

＊タオルで引っぱる

・タオルを使って友だちを引っぱる。
・肘、肩など抜けやすい子はケガをしやすいので、止めておきましょう。
・うつぶせで引っぱる。
・あおむけで引っぱる。
※引っぱられている子は、急に手を離さないようにしましょう。

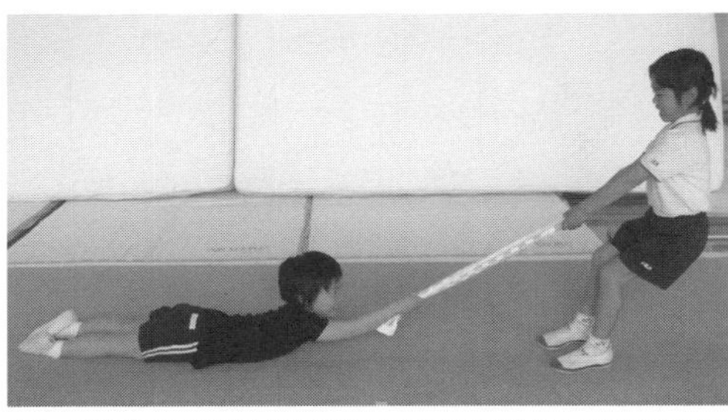

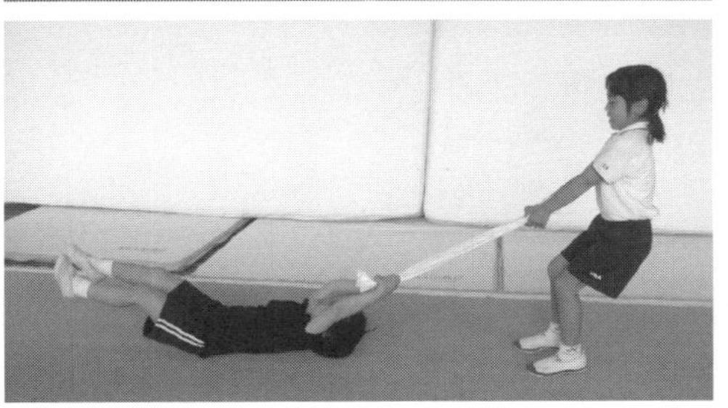

＊背中合わせしゃがみ立ち

・背中合わせになり、腕を組む。
・２人で背中を押し合い、立ったりしゃがんだりする。

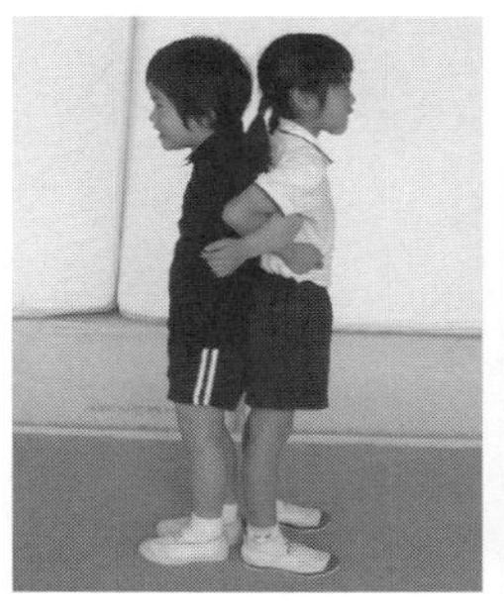

＊2人でV字バランス

・手をつなぎ、足の裏をあわせてゆっくり膝を伸ばし、たおれないようにバランスをとる。

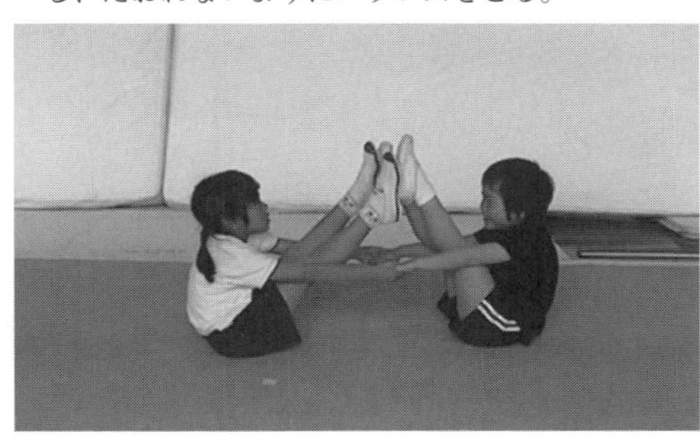

＊背負い歩き

・おんぶをして歩く

＊2人でスキップ

・2人で腕を組んで、リズムに合わせて、リズミカルにスキップをする。

＊2人でギャロップ

・2人で向き合って、手をつないで立つ。
・横へ進みながらギャロップをする。リズムを合わせて、リズミカルにする。
・右方向、左方向と、向きを変えてする。

＊馬とびくぐり

・跳ぶ子の能力に応じて馬になる子の高さを変える。
・馬とびをしたあと、馬になっている子は足を大きく開き立つ。跳んだ子はその足の間をくぐる。
・跳んだり、くぐったりの動作を繰り返す。
・馬になる子は、跳ぶ子の足が頭にあたらないように、頭を内に入れる。

①

②

③

④

⑤

＊おいもコロコロ

・向かい合って、うつぶせになり、手をつなぐ。
・右方向、左方向へころがる。

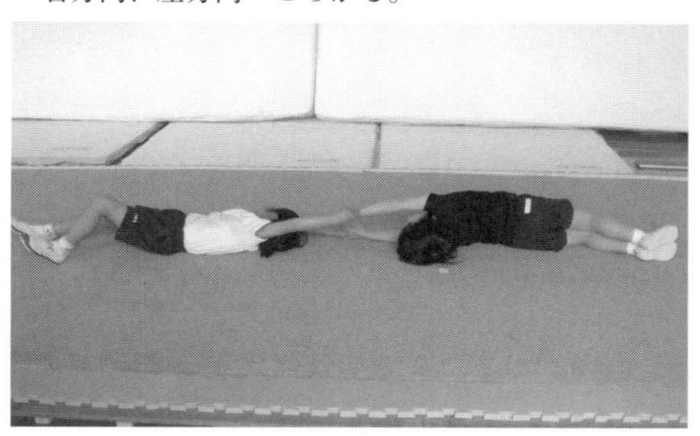

＊ぞうきんがけ

・大きなぞうきんを用意し、２人でぞうきんを押しながら走る。
・２人同じ速さで走る。

＊片足を持ってバランス

・向かい合って立ち、お互いの右足（左足）を持って立ち、バランスをとる。
・能力に応じて、屈伸をする。

12章

親子体操・体力づくり運動

〔前橋　明・松尾瑞穂〕

1　親と子のふれあい体操の有用性

わが国では、子どもたちの学力低下や体力低下、心の問題が表面化し、その背景には、「生活リズムの乱れ」「運動不足」「親子のきずなの乏しさ」が挙げられます。生活リズムの乱れについては、日中の運動刺激が一点突破・全面改善につながるひとつです。その「運動」と「親子のきずな」を深めるには、「親子体操」が理に適っています。

日本幼児体育学会は、親子体操をはじめとする運動を、子どもたちの毎日の生活の中にしっかり浸透させることの有用性を提唱しています。親子体操は、特別な道具の必要がなく、ちょっとしたスペースがあればできます。子どもにとっては、保護者とスキンシップをとりながら、大好きな親をひとり占めにできるので、親子のきずなが深まり、保護者も子どもとふれあうことで子どもの成長を確認できます。そして、ふれあいは、コミュニケーションづくりに役立ち、言葉の発達につながります。さらに、遊び方や動き方を工夫できる可能性が無限にあるので、考える力の発達にもつながります。

親子体操は、これまでいろいろなところで取り組まれてきた内容ですが、そうした地道な取り組みが、各家庭や地域単位で活性化されていくことで、子どもたちの健康や生活を取り巻く環境や状況は、大きく根本から変わってくるはずです。そのために、各家庭で実践しやすいよう、章末にポスターを掲載しましたので、ご活用ください。冷蔵庫やトイレ等、子どもにも家族にも目につくところへ貼り、楽しみながら親子のきずなを深め、運動実践につなげてほしいと思います。成長してからの問題点の軌道修正は極めて困難であり、現実的ではありません。だからこそ、幼少児期には、心とからだの健康づくりの、小さいながらも継続的な努力を積み重ねていくという姿勢が大切なのです。

子どもたちが元気を育むためのサポートとして、本章で紹介する親子体操や体力づくり運動の実践を、皆様のお力もお借りして、大きく推進していきたいと願っています。

2　親子体操・体力づくり運動の実践例

ボートこぎ

子どもを親の両足ではさむようにして座らせ、２人で棒（ラップの芯）を持って体を前後に倒したり、反らしたりして、ボートこぎあそびをします。

エレベーター

子どもの手首を持って、つり上げます。このとき、「エレベーター、ヒューン！」と、言葉かけをすることで、子どもの気持ちがスタンバイの状態となり、肩を脱臼することなく、安全にあそびが展開できます。

丸太倒し

① 親は、あお向けに寝て、両足を大木がそびえ立つように、床面と直角に上げます。

② 子どもは、大木（大人の両足）を倒すようにします。

メモ

・後ろから加速をつけてもよいし、押したり引っ張ったりしてもよいでしょう。

・強いお父さんには、２人で向かっていきましょう。

おしりたたき

① 親は、子どもと手をつなぎます。

② お互いに、もう一方の手で、相手のお尻をたたきます。

③ 自分のお尻もたたかれないように逃げましょう。

メモ

・子どもの手を引っ張るときは、急に強く引っ張らないようにしましょう。タオルを持ち合って行うと、動きにゆとりがもてます。

・小さい子どもには、はじめに子どもがお尻をたたきにいく番、次に親が子どものお尻をたたきにいく番と、順番に行うと、子どもも理解しやすく、楽しめます。

ブランコ

後ろから子どもの脇を持って抱き、しっかり支えて、ブランコのように揺すります。言葉もかけてあげて下さい。慣れてきたら、子どもの両脇を抱えて、ゆっくり、大きく揺すってあげましょう。

高い高い

子どもの脇に手をあて、身体をしっかり支えて、「高い高いだよー」と、言葉かけをしながら、持ち上げて遊んであげましょう。赤ちゃんは、とくに喜んで手足をバタバタするので、しっかり支えて下さい。

円盤

親は、子どもの両手首をしっかり持って、「まわすよ」と準備をさせてからまわします。慣れてきたら、少し上げて大きくまわしてみましょう。

振り子

あお向けに寝た子どもの足を持ち上げて、左右・前後に揺すります。

メモ

・あそびに慣れたら、少し左右に大きく振ってみましょう。

メリーゴーラウンド

① 親は、子どもを抱っこして、子どもは、親のからだを両足でしっかりとはさみます。

② 親は、子どもの脚を両腕で押さえ、尻を抱えるようにします。

③ 子どもは、静かに上体を後ろに倒し、バンザイをします。

④ 子どもが逆さになってリラックスしたら、横にゆっくり揺すります。このとき、子どものからだが緊張しないように注意をして、ゆっくりスタートすることが大切です。

⑤ 大人は、子どもをゆっくりまわし、メリーゴーラウンドに見立てて遊びます。

メモ

・はじめは、親が上体を前に曲げ、子どもが逆さになってから、親はからだを起こします。

・子どもが逆さまにぶら下がったまま、両手を床につき、逆立ちをさせてみましょう。

逆上がり

① 親のからだをかけ上がります。

② クルリンとまわります。

③ 両手で着地して、逆上がりができました。

手押し車からでんぐり返り

① 手押し車で歩きましょう。
② 自分のお腹を見るようにして、ゆっくりでんぐり返りをしましょう。

背中まわり

① 背中合わせになります。
② 肩から背負い投げのように、子どもの手を引いてまわします。
③ クルリンとまわって、はい！　お顔が見えました。

ロボット歩き

① 子どもを同じ方向に向けて手をつなぎ、親の足の甲に乗せて、いっしょに歩きます。
② 「イチ、ニ、イチ、ニ」や「あんよは上手」などの言葉かけをしながら、調子をとって歩きます。

メモ

・上達したら、歩幅を広げたり、足を高く上げたり、動く方向も、左右や後ろに歩く等して、変化をつけてみましょう。足を徐々に広げて、親子で足長競争をして遊ぶのも楽しいですよ。どちらの足が長いかな。

キックで進め！

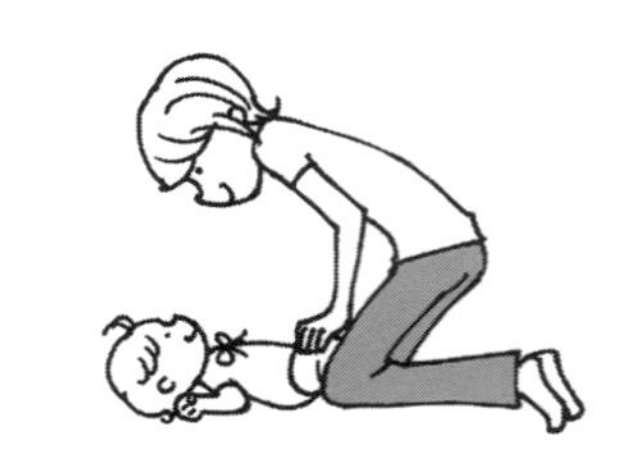

① 赤ちゃんの両ひざを曲げ、足首をはさむように支えて持ち、そのまま力を入れて上から押します。

② そうすると、赤ちゃんは、ひざを伸ばそうと、反発の運動をするため、頭の上の方にずれて移動します。これをくり返して進みます。

メモ

・言葉をかけたり、顔や目を見つめながら行うと、楽しさが倍増します。

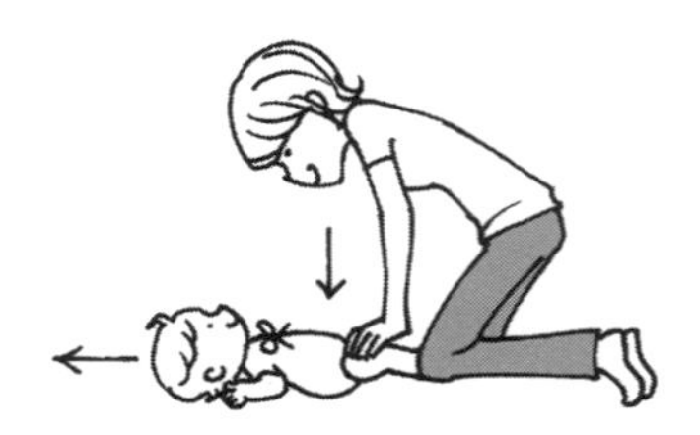

シーソー

① 子どもの腰や後頭部を支え、上半身を少しずつ反らせます。

② シーソーのように、「ギッコン」「バッタン」と、声をかけ合いながらくり返します。

メモ

・慣れたら、後ろにぬいぐるみやボールを置き、反り返ったときに取らせて遊ぶと楽しいでしょう。

トンネルくぐり

① 親が両手をついてトンネルをつくります。

② 親がつくったトンネルの中を、子どもが這ってくぐります。

メモ

・子どもがくぐるときは、「バー」と声をかけて歓迎したり、ギューッとつかまえて、スキンシップを図ってあげると大喜びをします。

ゆらゆらだっこ

①　子どもを抱っこして、片手で首の後ろを支え、前後・左右にゆっくりゆすって遊びます。

②　片手は、お尻を支えてしっかり抱きます。

メモ

・はじめは、言葉をかけながらゆっくりと、慣れてきたら少し大きくゆすってあげましょう。親といる安心感と楽しさを体験できるよう、笑顔と言葉かけは忘れないでくださいね。

両足とび

①　親は、開脚で座ります。

②　子どもは、親の足の上を、両足でピョンピョンと跳び越えて遊びます。

メモ

・跳ぶたびに、「ピョン、ピョン」とかけ声をかけて励ましましょう。

グーパーとび

①　親は開脚で座り、両足を閉じたり、開いたりします。

②　子どもは、親の足を踏まないように、開いたり、閉じたりします。

メモ

・できるまでは、子どもが安心して挑戦できるように、親子で手をつないで遊ぶとよいでしょう。

・上手になったら、親子２人が同じ方向を向いて、声をかけて挑戦してみましょう。

両手ぶらさがり

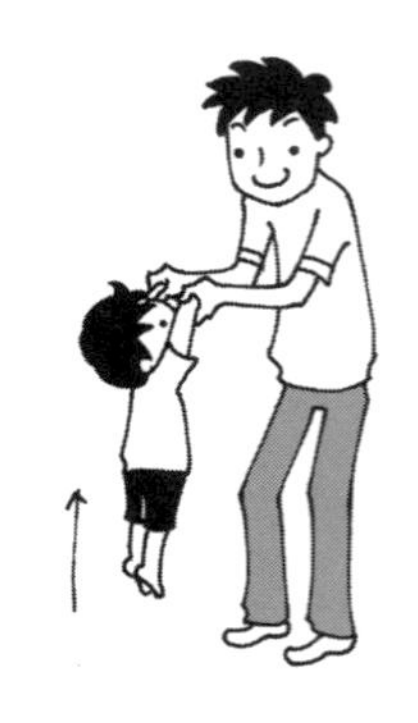

子どもをお父さんの手や腕につかまらせ、自力でぶらさがりをさせましょう。はじめのうちは、足が少し上がる程度の高さにして、慣れてきたら、次第に高くしていきましょう。

ゆらゆらバランス

① 親は、足を伸ばして座り、子どもを両ももの上に立たせます。
② 手をしっかり持って支えながら、膝を使って軽く揺すってあげましょう。

メモ

・前後・左右、ぐるりと回す等、変化をつけて揺らすと、喜びます。

膝のせ飛行機

① 親はあお向けに寝て、膝に子どもをうつ伏せにして乗せ、上下・左右に動かして揺らします。
② 子どもは、落ちないようにバランスをとって遊びます。

膝のりバランス

① 子どもと親は、向き合って立ち、両手をつなぎます。
② 子どもは、親と手をつないだまま、親の膝（太もも）の上に足を乗せて立ちます。
③ 親は、子どもの手をしっかり握り、子どもが落ちないよう、バランスを保ちます。

メモ

・子どもが親の膝（太もも）の上に乗るとき、片足で立ったり、向きを変えて同じ方向を向いたりしてバランスを保ってみましょう。
・互いに腕をのばすと、きれいな三角の形に見えます。
・できたら、そのままの形でまわると、よりバランス感覚が高まります。

足ころり

①　親は、両足を伸ばして座り、子どもは親と同じ方向を向いて、親の足（もも）をまたいで座ります。

②　子どもは、親の両足の上で前転をします。親は、子どもの後頭部を支え、足から落ちないようにまっすぐに、まわらせます。

メモ

・親はつま先を伸ばし、両足を少し開くと、子どもは転がりやすいでしょう。ただし、両足を開きすぎると、子どもが頭部を床にぶつけることもあるので注意して下さい。

・前転の上手な子どもの場合、子どもの腰部を支えてもよいです。

・あごを引いて、おへそを見るようにしてまわるように伝えましょう。

ジャンケン足ふみ

①　向かい合って手をつなぎます。「ジャンケン、ポン」で、同時に足を使ってジャンケンをします。

②　親が勝ったら、手をつないだまま、子どもの足を踏みにいきます。子どもが勝ったら、親の足を踏みます。

③　ジャンケンに負けた方は、足を踏まれないように、ピョンピョン跳びはねながら逃げます。

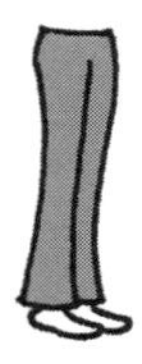

グー

パー

チョキ

メモ

・小さい子どもや初めて行う場合は、はじめに子どもが踏みに行く番、次に親が踏みに行く番などと、区切りをつけると遊びやすいです。

・足でのジャンケンについては、足をそろえて「グー」、足を左右に開いて「パー」、足を前後に開いて「チョキ」のように、互いに約束を決めます。

・手は、いつもしっかりつないでおきます。

・子どもに足を踏まれたら、大げさに「負けた！」と言って、子どもをほめてあげてください。

ひっつき虫

① 子どもは、親の足にしっかりつかまって、ひっつき虫になります。

② 親は、ロボットになって歩きます。

飛行機

親にからだを支えてもらっておなかに力を入れ、両腕を伸ばして飛行機に変身します。

ジャンケントンネルくぐり

① 親子でジャンケンをし、勝ったら両足を開いて立ち、トンネルをつくります。

② 負けた方が、足のトンネルをくぐります。

③ このやりとりをくり返して遊びます。

メモ

・一定時間内に何回くぐれるかを競争するのも楽しいでしょう。

・くぐる方向を一定にしたり、逆からくぐる等のルールを決めて、楽しみましょう。

こんにちは

① 親は、子どもを抱っこした後、ゆっくりと子どものからだを後ろに倒します。

② 子どもが逆さになるまで倒れたら、背中を支えながら引き上げます。

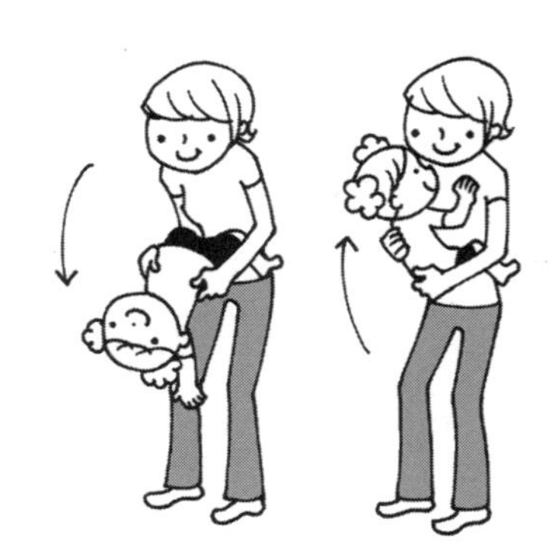

お尻バランス

① 親は、うつ伏せになります。

② 子どもは、親のお尻の上に立ちます。

③ バランスよく立てるようになったら、その場でまわったり、肩のところまで歩いたりしてみましょう。

メモ

・アキレス腱やふくらはぎの部分は、痛みを感じやすいので、乗ることを避けましょう。

跳び越しくぐり

① 親は両手をついて、お尻を上げます。

② 子どもは、親の両足の上を跳び越え、からだ（お尻）の下をくぐり抜けます。

メモ

・頭からくぐったり、足から入ったりして、くぐり方を工夫してみましょう。

跳んでくぐる

くぐったら、跳ぶ

くるくるひこうき

① 親は、子どもの片側の手と足首を持ちます。

② はじめはゆっくりと、徐々に加速をつけてまわします。

③ 数回まわしたら、ゆっくり子どもをおろします。

メモ

・肩を痛めている子どもには、行わないようにしましょう。

腕立て握手

① 子どもと親は、向かい合って腕立ての姿勢になります。

② お互いに右手を床から離して握手をします。できたら、次は左手で行ってみましょう。

③ 腕立て握手の状態から、引っぱりずもうをします。

メモ

・ジャンケンをして、負けたら腕立て伏せをするのも楽しいでしょう。

・両手を床から離して、ジャンプもしてみましょう。

しがみつき

① 親は、両手・両膝をつきます。

② 子どもは、親のおなかの下に入り、親のからだにしがみつきます。

③ 親は子どもがしがみついてから、ゆっくり歩きはじめます。

④ 子どもは落ちないように、しっかりしがみつきましょう。

メモ

・衣服ではなく、からだにしがみつくように伝えましょう。

ギッタンバッコン

親子で正面を向いて座り、両手を取り合って足の裏をくっつけ、「ギッタンバッコン、ギッタンバッコン」と言いながら、お互いを順に引っぱり合います。

おすもうさん

子どもを抱き上げ、首とお腹まわりを両手両足でしっかりつかんでもらったら、「どすこいっ、どすこいっ」と言いながら、しこを踏みます。

前に進むだけでなく、右に行ったり左に行ったり、後ろへ戻ったり、ひとまわりしてみたりと、いろいろなところに行ってみましょう。

メモ

・子どもはだっこの状態から自分の力だけで背中にまわり、おんぶの姿勢になります。そして、もう一度、だっこの状態にもどり、親のからだまわりをしてみましょう。

輪くぐり

うつ伏せになり、両手を後ろに伸ばして足首を外側からつかみます。輪ができたら、子どもに輪の中をくぐってもらいましょう。

すべり台

イスに座り、両足を伸ばしてすべり台をつくり、子どもを上から下へ滑らせます。滑り終えたら、子どもの手をもち、上まで登ってもらい、また、すべり台を滑りましょう。

（前橋　明、松尾瑞穂）

0歳児の親子ふれあい体操

4～7ヶ月の運動

親が乳児の扱いに少し馴れてきた4ヶ月頃からできる体操（運動）を紹介します。

体操で育つもの からだを支えたり、寝返ったりする腹筋力や背筋力、移動しようとする脚筋力、空間認知能力、回転感覚やバランス感覚の向上、親（保護者）と子のコミュニケーションづくり、快の体験と情緒の開放

早稲田大学人間科学学術院　教授／医学博士　前橋　明
〒359-1164　所沢市三ヶ島2-579-15　TEL＆FAX 04-2947-6902

ⓚんがえる子
ⓖんばる子
ⓨさしい子
ⓚふうする子
子の未来づくり

❶首を支えた立ち抱きから、前後左右にゆすり、抱っこあそびをする

片手はお尻を支えて、しっかりと抱きましょう。はじめのうちはゆっくりと、慣れてきたら、大きくゆすってみましょう。

❷両足首を支えてねじると、肩がまわり、寝返る

はじめのうちは手がぬけずにおなかの下に入っていることが多いのですが、次第に自分で手をぬいて前に出すようになり、1人で寝返りができるようになります。

❸ブランコごっこをする

赤ちゃんを前向きにし、しっかりと支えてブランコのようにゆすってみましょう。

❹手を支え、起き上がりをする

親指を赤ちゃんに握らせて、軽く引いてやると、赤ちゃんが肘を曲げて起き上がろうとします。それに合わせて手を引いてやると、上体を起こし、おすわりの状態まで起き上がります。

❺高い高いをする

赤ちゃんをしっかり支え、ことばをかけながら持ち上げてみましょう。

❻ヒコーキになる

赤ちゃんをうつ伏せにして、両腕を広げ、手のひらを下向きにして、お母さんの手の上にのせます。お母さんは赤ちゃんの手を握らないようにして軽く支えながら、赤ちゃんを反らせます。

❼転んだまま引っぱる

子どもをあお向きに寝かせて、子どもの両足を握って、ゆっくりと引き寄せます。はじめは座ぶとんの上に寝かせて、座ぶとんごと引っぱってあげてもよいでしょう。

〔日本幼児体育学会・日本食育学術会議推薦〕

❽軽い抵抗を与えても寝返る

寝返りしようとする赤ちゃんの腰に軽く手をあて、抵抗を与えます。からだの筋肉が発達してくると、軽い抵抗を加えても、がんばって寝返るようになります。

❾キックをする

赤ちゃんの両膝を曲げて、足首をはさみ、そのまま力を入れて上から押さえます。赤ちゃんは膝を伸ばそうとして、頭の方へ背中でずっと進みます。

❿胸と足を支え上げると、足上げ両手つきをする

赤ちゃんの両足首を片手で支え、もう一方の手を胸の下に回し、赤ちゃんの手は床につけたままで少し持ち上げます。逆立ちをさせることで、視界を変えてあげ、空間感覚を養うこともできます。また、腕の力も強くなります。

⓫膝の上にのり、反り起きをする

シーソーのように「ギッコン、バッタン」と声をかけながらくり返すと、赤ちゃんは喜びます。日常生活で満足度の高い赤ちゃんはよく笑います。笑わない赤ちゃんは積極的に遊んであげましょう。床にボールやぬいぐるみを置いて、後ろに反った時に取らせてみるのもおもしろいでしょう。

⓬立ち抱きゆらゆらをする

お母さんの膝の上に立たせ、左右にゆらゆらとゆらしてみましょう。

⓭足支え起き上がりをする

あお向けに寝た赤ちゃんの両手を片手で握り、もう一方の手で赤ちゃんの足首を軽く押さえ、少し赤ちゃんの手を引くようにすると、赤ちゃんが自力で起き上がろうとします。

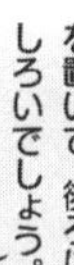

体操は いいことがたくさん!

- お金をかけずに、体力づくりができる（体力向上）
- 道具も必要なく、体だけをつかって運動がいっぱいできる
- 子どもが親をひとり占めできる（心の居場所づくり）
- 親が子どもの成長を確認できる
- ふれ合うことで親子のコミュニケーションづくりに役立ち、感情や言葉の発達につながる（社会性づくり）
- 遊び方を工夫することで、知的面の成長にもつながる（学力向上）

夜の運動はNG

夜に体を動かしすぎると、子どもは血液循環がよくなり、かえって眠れなくなってしまいます。仕事から帰ってきたお父さん、夜の運動あそびはぐーっとガマンして、体を使ったあそびは、朝起きてから行うのが理想的です。

早稲田大学人間科学学術院　前橋　明　研究室
(04-2947-6902)

（平成21年度　科学研究費／基盤研究(A)　課題番号20240065の助成を受けて作成）

0歳児の親子ふれあい体操

8～11ヶ月の運動

這ったり、姿勢を維持しようとする8ヶ月頃からできる体操（運動）を紹介します。

かんがえる子
がんばる子
やさしい子
くふうする子
の未来づくり

体操で育つもの からだを支えたり、這ったりする平衡性や筋力、移動しようとする腹筋力や脚筋力、空間認知能力、回転感覚やバランス感覚、逆さ感覚の向上、親（保護者）と子のコミュニケーションづくり、快の体験と情緒の開放

早稲田大学人間科学学術院　教授／医学博士　前橋　明
〒359-1192　埼玉県所沢市三ヶ島2-579-15　TEL＆FAX 04-2947-6902

❶ 支えられて立つ

最初はお母さんと向かい合い、両手をつないで、つかまり立ちをさせます。何度もくり返していると、片手を援助するだけで立っていられるようになります。

❷ トンネルくぐりをする

赤ちゃんはトンネルくぐりが大好きです。くぐり抜けるときに「バー」と声をかけて、意欲づけをしましょう。

❸ つり上げをする

向かい合って立ち、お母さんの親指を握らせ、子どもの手首を持ってつり上げをします。

❹ ハンドルまわしをする

椅子にすわったお母さんの膝の上に乗せて、「運転手さん」になり、ハンドルを持つまねをさせます。

❺ ボートこぎをする

お父さんは開脚してすわり、内側に子どもを同じ向きですわらせます。いっしょに棒を持って、前後にからだを倒してボートをこぐ真似をします。

❻ 高のりをする

お父さんがあお向けに床に寝て、足の膝から先が床と平行になるように曲げ、その上に子どもをうつ伏せに寝かせます。両手を持って飛行機のような形にして、お父さんが膝から下を軽く上下・左右に動かし、子どもにバランスをとらせます。慣れたら、馬のりをさせましょう。

❼ 肩車をしてもらってバランスを保つ

肩車をし、子どもの両手を持って、からだをゆすったり、いっしょに回ったりします。慣れてくると、足を持って支えると、自分でバランスを保つようになります。

（日本幼児体育学会・日本食育学術会議推薦）

体操は いいことがたくさん!

- ●お金をかけずに、体力づくりができる（体力向上）
- ●道具も必要なく、体だけをつかって運動がいっぱいできる
- ●子どもが親をひとり占めできる（心の居場所づくり）
- ●親が子どもの成長を確認できる
- ●ふれ合うことで親子のコミュニケーションづくりに役立ち、感情や言葉の発達につながる（社会性づくり）
- ●遊び方を工夫することで、知的面の成長にもつながる（学力向上）

夜の運動はNG

夜に体を動かしすぎると、子どもは血液循環がよくなり、かえって眠れなくなってしまいます。仕事から帰ってきたお父さん、夜の運動あそびはぐっとガマンして、体を使ったあそびは、朝起きてから、日中に行うのが理想的です。

早稲田大学人間科学学術院　前橋　明　研究室
松尾瑞穂　(04-2947-6902)

❽体おこしをする

足を前に出して長座姿勢ですわっている子どもの両手を右手で握り、左手で子どもの両足を押さえます。子どものかかとを軸にして、腰や膝が曲がらないように注意して引き上げ、立つまで引きます。

❾頭をつけた さか立ち姿勢になる

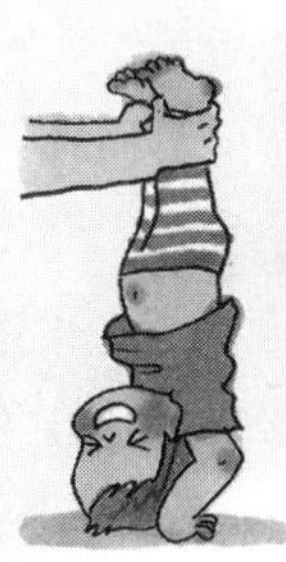

子どもの両足首を握って、ゆっくりと垂直まで持ち上げ、しばらくして降ろします。慣れたら、持ち上げてゆらゆら左右にゆすってあげてもよいでしょう。

❿引っぱり立ちをする

子どもの腕が曲がらないように腕、頭、肩、腰が床から順に離れるよう、ゆっくり引き上げ、立ち上がるまで上に引きます。

⓫ハイハイ登りをする

お母さんが寝たり、すわったりしている時に、子どもがハイハイして寄ってきたら、からだの上に登らせるようにするとよいでしょう。赤ちゃんは高い所に登るのが大好きです。ハイハイも上手になり、興味のあるものへ、どんどん動いていきます。

⓬足上げキックをする

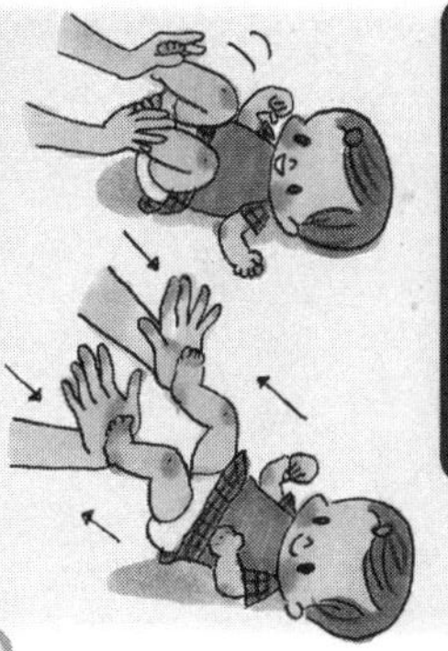

足の裏を支えて押し、手をゆるめると、膝を伸ばしてきます。ゆるめた手を蹴るように誘って、徐々に手を高くして、その手を目標に、高く蹴らせます。

⓭まねをしながら からだの太鼓たたきをする

「ドン、ドン」「ポンポコ」等、かけ声をかけると喜ぶでしょう。次に、「手をたたきましょう」「膝をたたきましょう」と言いながら、お母さんがその通りに自分のからだの各部位をたたき、子どもにもまねをさせます。身体のいろいろな部位の名前を覚えさせながら、楽しくたたいていきます。

（平成21年度　科学研究費／基盤研究(A)　課題番号20240065の助成を受けて作成）

1歳児の親子ふれあい体操

1歳～1歳3ヶ月の運動

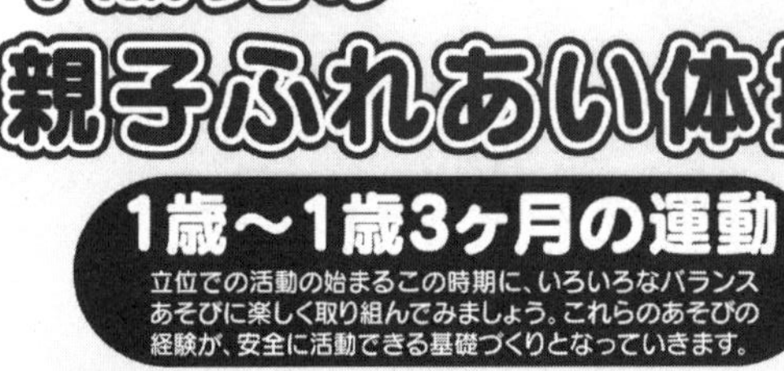

立位での活動の始まるこの時期に、いろいろなバランスあそびに楽しく取り組んでみましょう。これらのあそびの経験が、安全に活動できる基礎づくりとなっていきます。

かんがえる子
がんばる子
やさしい子
くふうする子
の未来づくり

体操で育つもの　揺れる膝の上でバランスをとったり、リズミカルに立ったり、座ったり、歩いたりして、平衡性やリズム感を養います。親（保護者）と子のコミュニケーションづくり、快の体験と情緒の開放を図ります。

早稲田大学人間科学学術院　教授／医学博士　前橋　明
〒359-1192　埼玉県所沢市三ヶ島2-579-15　TEL＆FAX 04-2947-6902

❶飛行機わたしをしてもらう

片手の上に子どもを立たせて、もう一方の手で子どもの胸を支えます。「1、2、3」で飛行させるつもりで渡していきます。そのスリルを、子どもは喜びます。

❷足をつっぱって膝の上に立つ

子どもの手をしっかり持ち、足を伸ばしたり、曲げたりさせましょう。

❸ゆれる膝の上でバランスを保つ

お母さんの両膝の上に子どもを立たせ、支えてあげながら膝を使って軽くゆらします。

❹しゃがみ立ち上がりをする

お母さんは、手のひらを上に向けて、子どもの両手を持って、膝を曲げたしゃがみ姿勢から、立ち上がらせます。

❺しゃがんだり、立ったりする

親子で向かい合って立ち、手をつなぎ「1、2、3」のかけ声でいっしょにしゃがんだり、立ったりします。

❻2拍子で歩く

向かい合って両手をつなぎ、前後や左右、斜め等、いろいろな方向に2拍子で歩きます。

❼空中バランスをしてもらう

子どもと向かい合って、両手を握ります。お父さんがあお向けに寝ころぶときに、お尻をつけて両膝を曲げ、子どものおなかに足の裏をつけます。そのまま子どもを乗せて、空中でバランスをとらせます。

❽手を支えてもらい、バランスくずしをしてもらう

子どもを立たせて、最初は両手を支えて前後左右にバランスをくずしていきます。慣れたら、片手で支えて行います。

（日本幼児体育学会・日本食育学術会議推薦）

1歳4ヶ月～1歳7ヶ月の運動 ①

持ち上げてもらったり、逆さにしてもらったり、回してもらったりして、見える世界が変わってきます。とても喜びますが、親子の信頼関係と、これまでのあそび体験が未熟だと、恐がります。無理をさせないように、気をつけてね！

体操はいいことがたくさん！

- 楽しく、体力づくりができる（体力向上）
- 道具も必要なく、体だけをつかって運動がいっぱいできる
- 子どもが親をひとり占めできる（心の居場所づくり）
- 親が子どもの成長を確認できる
- ふれ合うことで親子のコミュニケーションづくりに役立ち、感情や言葉の発達につながる（社会性づくり）
- 動き方を変化させることで、知的面の成長の刺激にもなる（模倣能力の向上）

布団の上でのじゃれつきあそびを十分に経験させておくと、これらの運動はとても安全に楽しく、無理なく展開できますよ。

早稲田大学人間科学学術院　前橋　明　研究室
松尾瑞穂　(04-2947-6902)

① お子さんの成長や体調に合わせて無理なく行いましょう。
② 急に、子どもの手足を引っぱらないようにしましょう。
③ 子どもが、手足に意識が向くように、声をかけてから行いましょう。

❶ 手首を持って、からだを少しずつ高く持ち上げてもらう

腕と背筋を強くするために、からだを少しずつ高く持ち上げます。

❷ 宙ぶらりんになる

両手首をしっかり握って引き上げ、ぶら下がった状態にします。
お父さんとお母さんが2人いる場合には、子どもを真ん中にし、階段を降りるときや道を歩くときに宙ぶらりんにすると、大変喜びます。

❸ 手で支えたさか立ち姿勢になる

逆さ感覚を楽しむ程度に！

子どもを四つ這い姿勢にし、その両足首を持ち、ゆっくりと引き上げてみます。

❹ さか立ち引っぱりをしてもらう

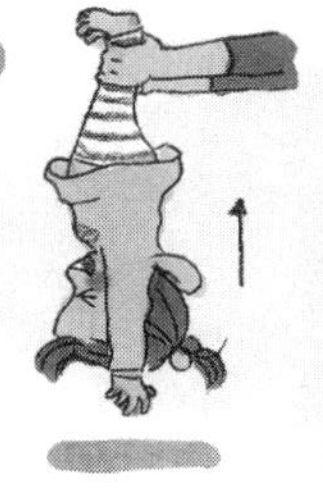

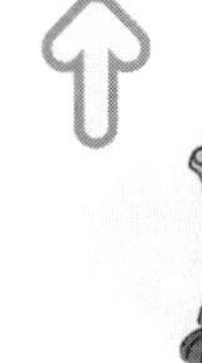

うつ伏せになった子どもの足首を持って、脚、腰、胸、頭とゆっくりと引き上げ、子どもの両手を床から離します。慣れたら、子どもを左右に振ったり、上げ下げしてみましょう。

❺ でんぐり返りをさせてもらう

四つ這いの姿勢から、支えてさか立ちにさせ、手でつっぱらせてでんぐり返りをさせます。でんぐり返りをするとき、片手で頭を内側に入れてやります。

❻ 手を持ってまわしてもらう

まわりにぶつからないように、また、まわした後に、ふらついたり、転んだりするので、広いところでしましょう。
まわした後、ふらついて危ないようなら、上向きに寝ころばせるのもよいでしょう。

❼ 振り子になる

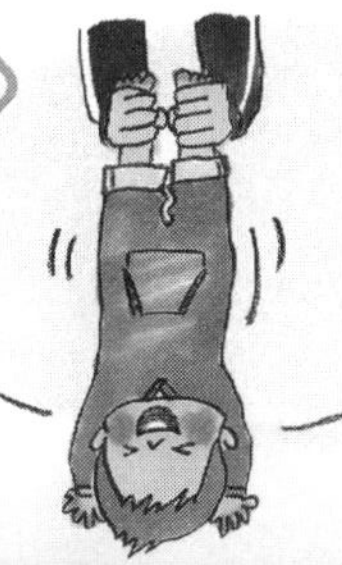

子どもの両足首を握って、逆さに宙づりにして、左右に、ゆっくり揺らします。
「ゆーら・ゆーら」と、言葉がけをしましょう。

（平成22年度　科学研究費／基盤研究(A)　課題番号20240065の助成を受けて作成）

1歳児の親子ふれあい体操

1歳4ヶ月～1歳7ヶ月の運動 ②

立位での活動が始まるこの時期に、いろいろなバランスあそびに楽しく取り組んでみましょう。これらのあそびの経験が、安全に活動できる基礎づくりとなっていきます。

体操で育つもの　バランスをとったり、リズミカルに立ったり、座ったり、歩いたりして、平衡性やリズム感等の体力を養います。親（保護者）と子のコミュニケーションづくり、快の体験と情緒の開放を図ります。

早稲田大学人間科学学術院　教授／医学博士　前橋　明
〒359-1192　埼玉県所沢市三ヶ島2-579-15　TEL＆FAX 04-2947-6902

❶棒引っぱりをする

あお向けに寝ている子どもに、棒を握らせ、その手を親が包むように軽く握り、子どものからだを徐々に引き上げ、立ち上がらせます。棒にぶら下がらせてもよいでしょう。

慣れたら、子どもに自力で起き上がらせてみましょう。

❷メリーゴーランドをしてもらう

両手を持って、ゆっくり回します。

両手だけではなく、右手・右足または左手・左足を持ってまわしてみましょう。

回す前に子どもに知らせ、ぶら下がる準備をさせてから行います。

❸手につかまってピョンピョン跳ぶ

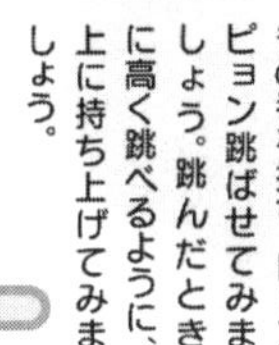

向かい合って、子どもの手を持ち、ピョンピョン跳ばせてみましょう。跳んだときに高く跳べるように、上に持ち上げてみましょう。

❹ペンギン歩きをする

お母さんの足の甲に子どもを立たせて、落ちないように支えたり、手を持ったりして歩きます。

向き合って歩くのが上手になったら、2人とも前を向いてのロボット歩きをしてみましょう。

❺股を通して後ろを見る

お母さんと子どもが背中合せに開脚して立ち、いっしょにからだを前に曲げて、股の間から顔を合わせて「こんにちは」をします。

できれば、膝を曲げないようにしましょう。

❻キャッチごっこをする

お父さんが開脚してすわり、その内側で軽いボールを手渡し合い、次第に投げて渡すようにします。できたら、少しずつ距離を広げましょう。

❼短い距離の目的地を目指して走る

少し離れた位置に立ち、手を広げて、「ここまでおいで」と、言葉がけをします。走ってきたら、笑顔で抱きとめ、ほめてあげましょう。手を広げるときは、座るか、中腰になるかして、子どもと目線を合わせるように心がけましょう。

❽引き上げてでんぐりがえりをする

床に両手をつかせて、足首をしっかりと持ち、でんぐりがえりをさせます。降ろすときは、ゆっくりと降ろし、背中を丸くするよう、言葉をかけましょう。

〔日本幼児体育学会・日本食育学術会議推薦〕

1歳8ヶ月～2歳の運動

持ち上げてもらったり、逆さにしてもらったり、回してもらったりして、見える世界が変わってきます。とても喜びますが、親子の信頼関係と、これまでのあそび体験が未熟だと、恐がります。まずは、無理をさせないように、気をつけてね！

体操はいいことがたくさん！

- ●楽しく、体力づくりができる（体力向上）
- ●道具も必要なく、体だけを使って運動がたくさんできる
- ●子どもが親をひとり占めできる（心の居場所づくり）
- ●親が子どもの成長を確認できる
- ●ふれ合うことで親子のコミュニケーションづくりに役立ち、感情や言葉の発達につながる（社会性づくり）
- ●動き方を変化させることで、知的面の成長の刺激にもなる（模倣能力の向上）

布団の上でのじゃれつきあそびを十分に経験させておくと、これらの運動はとても安全に楽しく、無理なく展開できますよ。

早稲田大学人間科学学術院　前橋　明　研究室
国際学院埼玉短期大学　松尾瑞穂　研究室
京都ノートルダム女子大学　石井浩子　研究室

① お子さんの成長や体調に合わせて無理なく行いましょう。
② 急に、子どもの手足を引っぱらないようにしましょう。
③ 子どもが、手足に意識が向くように、声をかけてから行いましょう。

❶ 補助をすると片足で立つ

足の筋力が発達し、補助をすると片足で立つようになります。しかし、まだ長い時間は無理です。

❷ 親の背中の上を歩く

うつ伏せに寝たお母さんの背中の上を、落ちないように、ゆっくりと歩きます。
お母さんが重ね着をしているとすべりやすいですよ。

❸ 補助つき足とびをする

お父さんが開脚してすわり、最初は子どもの両脇を支えて、「イチ、ニのサーン」とリズムをつけて持ち上げ、跳ぶまねをさせます。

❹ 腕立て歩きをする

子どもに腕立ての姿勢をとらせて、お母さんは手で子どもの腰を持ち上げます。子どもの足が少し上がった姿勢でがまんをさせたり、手で歩かせたりします。

❺ 自力でぶらさがりをする

子どもをお父さんの手や腕につかまらせて、自力でぶらさがりをさせます。
はじめのうちは足が少し上がる程度の高さにしましょう。

❻ 足とびをする

子どもの手を持って支えながらの足とびに慣れたら、自分で足とびをさせてみます。1人でできたら、しっかりほめてあげましょう。

❼ とびつきをする

お母さんが立って手を前に出します。その手に、子どもがしゃがんでから跳びつきます。子どもの好きなものを持って、それに触れさせるのもよいでしょう。

❽ 風船つきをする

親子で向き合い、紙風船やゴム風船を軽く突き合います。子どもの突きやすい位置に風船を突いていきましょう。

（平成22年度　科学研究費／基盤研究(A)　課題番号20240065の助成を受けて作成）

親子
ふれあい体操
食べて、動いて、よく寝よう!
早稲田大学人間科学学術院　教授／医学博士　前橋　明
〒359-1192　所沢市三ヶ島2-579-15　TEL&FAX 04-2947-6902
かんがえる子
がんばる子
やさしい子
くふうする子
の未来づくり
体操で育つもの
巧緻性や平衡性、敏捷性などの調整力、筋力、空間認知能力、回転感覚や逆さ感覚、支持感覚の向上、親（保護者）と子のコミュニケーションづくりと情緒の開放、感動体験
部屋の中で行うときは、窓を開けて風通しをよくして行いましょう。体操が終わったら、手洗いやうがいをして、汗をしっかりふくようにしましょう。
では、親子ふれあい体操を紹介してみます。
❶高い高い
子どもの大好きなあそび。喜ぶことで楽しく感じ、また、やりたいという気持ちを起こさせます。
❷スーパーマン
親は、子どもの胸とももに手をあてて、子どもを持ち上げます。移動しながら、子どもを上下させると、いっそう喜びます。
❸メリーゴーラウンド
子どもを抱っこして腰と背中を手で支え、脇で子どもの足をしっかりと挟み、ゆったり回ります。上下させたり、回る方向も変えてみます。
❹ロボット歩き
親の足の甲に、子どもが乗り、親子で手を握っていっしょに動きます。前方や横方向、後ろ方向へと移動します。親が大またで動くと、子どもは大喜び。両足を広げて、またさきだ!
❺手おし車
子どもにとって、腹筋や背筋、腕力を使うダイナミックな運動です。前進だけでなく、後ずさりもします。持っている足の高さを低くすると、少し歩きやすくなります。
❻逆さロボット
子どもは、逆さになって、親の足の甲の上に、手を乗せます。親は、子どもの両足首を持ち、少し引き上げて歩きます。
❼足跳びまわり
親は両足を開いて座り、子どもはその足の上を両足踏み切りで跳び越えて、親の背後をひと回りします。できたら、片足跳びや横跳び、後ろ跳びにも挑戦します。
〔日本幼児体育学会・日本食育学術会議推薦〕

⑧跳び越しくぐり
子どもは、座っている親の足の上を跳び越えた後、今度は浮かせた体（お尻）の下をくぐり抜けます。
⑨両足くぐり
親は両足をそろえてV字になります。子どもは、親の両足の下をくぐり抜けます。
⑩丸太たおし
「力試しをしてみよう」と誘いかけます。親は仰向けに寝て、足を垂直に立て、両手は床面につけて、足が倒れないように支えます。子どもは、その大木（親の両足）を倒すようにします。
押したり、引いたり
⑪グー・パー跳び
①子どもは、親の足をまたいで立ちます。
②親は両足を開き、子どもは跳んで両足を閉じます。
③この動作を、声をかけ合いながら、繰り返します。2人の呼吸とリズムの取り方がポイント。
④上達したら、子どもが親に背を向けて行ってみます。
①
②
⑫おしりたたき
親は子どもと手をつなぎ、お互いに、もう一方の手で相手のお尻をたたきます。自分のお尻もたたかれないように逃げましょう。
一本のタオルの両はしを持ち合って行ってみましょう。
ゆとりがもてるよ！
⑬ジャンケン足ふみ
①向かい合って手をつなぎます。「ジャンケン、ポン」で、同時に足を使ってジャンケンをします。
②親が勝ったら、手をつないだまま、子どもの足を踏みにいきます。子どもが勝ったら、大人の足を踏みます。
③子どもは、足を踏まれないように、ピョン、ピョン跳びはねながら逃げます。
手を離さないで！
踏まれないように逃げろ、逃げろ！
足ジャンケン
足をそろえて「グー」
足を左右に開いて「パー」
足を前後に開いて「チョキ」
⑭飛行機
子どもは親の足をおなかに当てて、前方に倒れます。
親はタイミングを合わせて、子どもを持ち上げます。慣れていないときは、子どもの両手をもって行いましょう。
体操はいいことがたくさん！
●お金をかけずに、体力づくりができる（体力向上）
●道具も必要なく、体だけをつかって運動ができる
●子どもが親をひとり占めできる（心の居場所づくり）
●親が子どもの成長を確認できる
●ふれ合うことで親子のコミュニケーションづくりに役立ち、言葉の発達につながる（社会性づくり）
●遊び方を工夫することで、知的面の成長にもつながる（学力向上）
夜の運動はNG
夜に体を動かしすぎると、子どもは血液循環がよくなり、かえって眠れなくなってしまいます。仕事から帰ってきたお父さん、夜の運動あそびはぐーっとガマンして、体を使ったあそびは、朝起きてから行うのが理想的です。
早稲田大学人間科学学術院　前橋　明　研究室
(04-2947-6902)
国際学院埼玉短期大学　松尾瑞穂研究室
［平成20年度　科学研究費／基盤研究(A)　課題番号20240065の助成を受けて作成］

体力づくり運動をしよう A

❶足のばし前屈をする

- 長座の姿勢で、膝を曲げずに前屈をします。
- 力を抜いて行います。
- 補助する場合、子どもの背を手で軽く押します。

❷足屈伸をする

- 手を腰の後ろで握り、足の屈伸をします。
- 足は肩幅ぐらい開きます。
- 慣れたら、リズミカルに連続して行いましょう。

❸手押し車をする

- 手押し車になる子は、からだをできるだけまっすぐ保つようにします。
- 手押し車になった子の脚を離すときは、安全上、静かに足をつま先から置きます。

食べて　動いて　よく寝よう

汗をかくくらいの運動が必要です。自発的に、自主的に行動しようとする意欲づくりのためにも、自律神経の働きをよくする運動刺激が必要不可欠です。

運動で育つもの

①筋力や瞬発力などの行動を起こす力。
②持久力という持続する力。
③敏捷性や平衡性、巧緻性、協応性などの正確に行う力（調整力）。
④柔軟性という円滑に行う力。からだの柔かさ。

早稲田大学人間科学学術院　教授／医学博士　前橋　明　〒359-1192　埼玉県所沢市三ヶ島2-579-15　早稲田大学人間科学学術院
TEL＆FAX 04-2947-6902
（国際学院埼玉短期大学　松尾瑞穂・高知県本川中学校　尾木文治郎）

❹ゆりかごになる

- うつ伏せ姿勢で足首をもち、できるだけ反るようにします。
- 胸をはり、顔をできるだけ上げます。

❺片足でバランスをとる

- 片足立ちでいろいろなポーズをし、バランスをとります。

❻腹筋運動をする

- 両手を頭の後ろで組み、上体をゆっくり起こします。
- 同じテンポでリズミカルに続けます。
- 脚が動きすぎるときは、補助者に脚をもってもらい、脚を固定します。

❼正座両足とび起きをする

- 正座位より両手を振り上げ、一気に立ち上がります。

❽腕立て脚開閉をする

- 「開いて」で両脚を左右に開き、「閉じて」で両脚を閉じます。
- 慣れたら、リズミカルに連続して行います。

〔日本幼児体育学会・日本食育学術会議推薦〕

❾馬とびをする

- 下で馬になるときは、安全上、あごを引き、頭を内に入れます。
- 馬になる子のいろいろな高さに挑戦してみましょう。
- 上達したら、反復して、リズミカルに跳びます。
- 慣れたら、坂道ののぼりおりをしてみましょう。

❿背負い歩きをする

- 友だちをおんぶして一定距離を歩きます。
- 慣れたら、坂道ののぼり・おりをしてみましょう。
- 前歩きだけでなく、後ろ歩きや横歩きもしてみましょう。

⓫人力車になる

- 人力車を引くときは、人力車になった友だちの能力に合わせて歩くことが大切です。

運動はいいことがたくさん！

- ●楽しく、体力づくりができる（体力向上）
- ●道具を使わなくても、体だけをつかって、運動がいっぱいできる
- ●自分の成長を確認できる
- ●友だちといっしょに行うことでコミュニケーションづくりに役立ち、社会性の発達につながる（社会性づくり）
- ●動き方を変化させることで、知的面の成長の刺激にもなる（知性の向上）

幼少児期より布団の上でのじゃれつきあそびを十分に経験させておくと、これらの運動はとても安全に楽しく、無理なく展開できますよ。

①自分の能力や体調に合わせて無理なく行いましょう。
②急に、お互いの手足を引っぱらないようにしましょう。
③お互いに意識が向くように、声をかけ合ってから行いましょう。

早稲田大学人間科学学術院　前橋　明　研究室　（TEL：04-2947-6902）

⓬腕立て腕屈伸をする

- 足を伸ばして腕を立て、腕を屈伸させます。
- 閉脚だけでなく、開脚でも練習してみます。

⓭V字バランスをする

- 手を床につけ、からだを支えてV字姿勢を保ちます。
- 上達したら、手と足を床から上げて、V字姿勢を保ちます。

⓮ブリッジをする

- あお向け姿勢から、足と腕をつっぱり、静かに腹を持ち上げ、ブリッジをつくります。
- 腹を持ち上げた姿勢を5秒程度保ちます。
- できないときには、マットを使って後ろ曲げの練習をします。

⓯手たたき腕ジャンプをする

- 腕ジャンプをし、ジャンプ中に手をたたきます。
- 慣れたら、リズミカルに連続して行います。

⓰開いて閉じて閉じて

- 足は「開く」「閉じる」「閉じる」の運動を、手は「横（水平に）」「下（体側に）」の運動を、いっしょにくり返しながら行います。

〔平成22年度　科学研究費／基盤研究(A)　課題番号 20240065（研究代表者　前橋明）の助成を受けて作成〕

❶片脚屈伸

- 片手で足先をつかみ、上げた方の膝が軸足のくるぶしに触れるまで軸足を曲げ、その後、直立にもどします。
- 何回、くり返してできるか、挑戦してみましょう。

❷倒立

- 倒立で、少しの間、静止します。

❸足文字

- 両脚をそろえて、まっすぐ高く上げ、足先で「1、2、3 …… …」「い、ろ、は ……」「A、B、C……」等と、綴ります。
- 膝を曲げないようにして、つま先をそろえて、できるだけ大きな数字や文字を書くように心がけます。

体力づくり運動をしよう B

食べて　動いて　よく寝よう

汗をかくくらいの運動が必要です。自発的に、自主的に行動しようとする意欲づくりのためにも、自律神経の働きをよくする運動刺激が必要不可欠です。

運動で育つもの

①筋力や瞬発力などの行動を起こす力
②持久力という持続する力
③敏捷性や平衡性、巧緻性、協応性などの正確に行う力（調整力）
④柔軟性という円滑に行う力。からだの柔らかさ

早稲田大学人間科学学術院　教授／医学博士　前橋　明
（国際学院埼玉短期大学　松尾瑞穂・高知県本川中学校　尾木文治郎）
〒359-1192　埼玉県所沢市三ヶ島2-579-15　早稲田大学人間科学学術院
前橋研究室　TEL＆FAX 04-2947-6902

❹短なわジャンプ

- 膝から腰の高さになわを張ります。
- はじめは低いところから、少しずつ高くして、なわを跳び越えます。
- 片足でまたぐのではなく、両足をそろえてジャンプするようにしましょう。

❺新聞ランナー

- 1枚の新聞紙を胸にあて、手を離してバンザイすると同時に、新聞紙が落ちないように走ります。
- 新聞紙をバトン代わりにして、リレーを楽しむこともできます。

❻前屈わたし

- 互いに後ろ向きで立ち、前屈して、股の間からボールを手わたします。
- バランスを保ちながら行います。
- ボールを見ながら受けわたすようにします。

❼前後屈わたし

- 一方は前屈してボールを手わたし、他方は後屈してボールを受け取ります。逆の方法でも行います。
- ボールを見ながら受けわたすようにします。

❽サンドイッチボール運びリレー

- ペアのボール運びリレーです。背中合わせになった2人が、背中にボールをはさんで運びます。ただし、受けわたしの時だけは、手を使って、次の人にボールを渡してもよいことにします。
- 背中だけでなく、胸と胸、腹と腹、おでことおでこというように、いろいろな身体部位でボールをはさんで競争すると楽しいでしょう。

（日本幼児体育学会推薦）

❾輪くぐり

・2人組になって、1人はフープを転がし、もう1人はフープの中をくぐります。

瞬発力
巧緻性

❿ヒヨコとネコ

・前の子の腰をつかんで縦1列につながり、先頭の子がお母さん鳥、それに続く後ろの子はヒヨコになります。
・ヒヨコをねらうネコが1匹いて、列のいちばん後ろのヒヨコをつかまえに追いかけます。
・先頭のお母さん鳥は羽（両手）をいっぱいに広げ、かわいいヒヨコを守ろうとします。
・ネコが、1番後ろのヒヨコをつかまえるか、触れるかした時、今までのネコが先頭のお母さん鳥に、つかまった子が次のネコになって、再びあそびを始めます。

敏捷性
スピード

⓫カゴの中のネズミ

・2人ずつが向かい合って両手をつなぎ、いろいろな場所にカゴをつくります。
・ネズミ（子）はネコ（鬼）から逃げて、カゴの中に入ります。カゴをつくっている2人のうち、ネズミと向かい合わせにならなかった方が、次のネズミとなり、逃げます。
・ネコにつかまると、ネズミとネコの役が入れかわります。

敏捷性
瞬発力

運動はいいことがたくさん！

●楽しく、体力づくりができる（体力向上）
●道具を使わなくても、体だけをつかって、運動がいっぱいできる
●自分の成長を確認できる
●友だちといっしょに行うことでコミュニケーションづくりに役立ち、社会性が身につく（社会性づくり）
●動き方を変化させることで、知的面の成長の刺激になる（知性の向上）

幼少児期より布団の上でのじゃれつきあそびを十分に経験させておくと、これらの運動はとても安全に楽しく、無理なく展開できますよ。

①自分の能力や体調に合わせて、無理なく行いましょう。
②急に、お互いの手足を引っぱらないようにしましょう。
③お互いに意識が向くように、声をかけ合ってから行いましょう。

早稲田大学人間科学学術院　前橋　明　研究室　（TEL：04-2947-6902）

⓬つながり鬼

・つかまるにしたがって鬼の数が増えていきます。鬼たちはどんどん手をつないで、横に広がって子を追いかけます。
・両端の鬼しか、子をつかまえることはできません。

敏捷性
持久力

⓭手つなぎ鬼

・つかまった子は鬼となり、もとの鬼と手をつないで他の子を追いかけます。
・鬼が4人になったら、2人ずつに分かれて、鬼のグループを増やしていきます。

敏捷性
持久力

⓮背中合わせリレー

・2人で背中合わせになり、折り返し点をまわってもどってきます。

リズム感
巧緻性

瞬発力
スピード

⓯子ふやしリレー

・6人を1チームにし、先頭の子が旗をまわってきます。まわってきたら、次の子と手をつないで2人で旗をまわってきます。
・だんだん人数を増やしていき、早く6人がいっしょになって旗をまわってきたチームの勝ちとします。

敏捷性
巧緻性

⓰通りぬけ競争

・1グループ約10人で、2グループを作ります。1グループはスタートラインに立ち、通り抜ける役に、もう1グループはゴールラインの5メートル程前に立ち、通り抜けを防ぐ役になります。
・「はじめ」の合図で、スタートライン上に立っているグループは一斉にゴールをめがけて走ります。途中でつかまったり、タッチされたら、アウトになります。通り抜けた人数の多いチームの方が勝ちです。

（平成22年度　科学研究費／基盤研究(A)　課題番号 20240065（研究代表者　前橋　明）の助成を受けて作成）

13章

キッズエアロビック

〔田中芳美〕

1　キッズエアロビックの心と体の発達

エアロビックは、心肺機能の向上の他、柔軟性・バランス感覚・リズム感・コミュニケーション能力・連結性など、様々な運動能力の発達を促します。音楽に合わせて体を動かすということは、楽しいことです。楽しく運動しながら、様々な運動能力の発達を促し、子どもの心と体の成長に大いに役立てましょう。

2　エアロビックの基本動作

(1) スタンディング編「立位」

①　ダウンアップ

（両足を肩幅ぐらいに開き、膝の曲げ伸ばしを行います）

【留意点】

・つま先と膝の向きが同じ向きであることを確認しましょう。

・膝を柔らかく使い、上下運動をしましょう。

・膝が伸びたときに、突っ張らないようにしましょう。

②　バウンス

（軽く足を開き、腹の上下運動とともに、踵を上げます）

【留意点】

・つま先と膝の向きが同じであることを確認しましょう。

・足首と膝を柔らかく使い、足の裏で床を蹴りましょう。

・腕を軽く曲げ、前後に振りましょう。

③　ウォーキング

（腕を前後に振って、リズミカルに歩きます）

【留意点】

・つま先、踵、膝をしっかり使い、リズミカルに歩きましょう。

・腕を軽く曲げ、前後へ交互に振りましょう。

・肩の力を抜き、リズミカルに歩きましょう。

④　ジョギング

（腕を前後に振り、リズミカルに走ります）

【留意点】

・つま先と膝の向きが同じであることを確認しましょう。

・腕を軽く曲げ、前後へ交互に振りましょう。

・足首と膝を柔らかく使い、軽快に走りましょう。

・走るときは、後ろに足をけり上げましょう。

⑤　ヒールタッチ

（片足ずつ踵を前の方に出し、もとの位置にもどします）

【留意点】

・踵を前に出すのと同時に、もう一方の足は軽く膝を曲げ、膝をロックしないようにしましょう。

・踵をしっかりと床につけ、リズミカルに行いましょう。

⑥　トータッチ

（片足ずつつま先を前に出し、もとの位置にもどします）

【留意点】

・つま先を前に出すのと同時に、もう一方の足は軽く膝を曲げ、膝をロックしないようにしましょう。

・つま先をしっかりと床につけ、リズミカルに行いましょう。

⑦　オープントータッチ

（両足を肩幅より広めに開き、膝の曲げ伸ばしを行う中で膝が伸びたときに、左右交互に重心移動を行います）

【留意点】

・つま先と膝の向きが同じであることを確認しましょう。

・左右交互に重心移動を行うと同時に上下運動も行いましょう。

・膝を伸ばしたときにロックしない様にしましょう。

⑧　ステップタッチ

（片足ずつ一歩横に踏み出し、もう片方の足を引き寄せつま先を床につけます）

【留意点】

・左右交互に重心移動を行うと同時に、上下運動も行いましょう。

・重心移動や上下運動は、おへその位置を意識して行いましょう。

⑨　ステップバック

（片足ずつ前方に踏み出して、重心移動を行います。着地と同時に膝を曲げ、もとの位置にもどします）

【留意点】

・つま先と膝の向きが同じであることを確認しましょう。

・足を前に出したときは、しっかりと重心移動を行いましょう。

・足をもどすときは、前の足で床をしっかり蹴り、もとの位置にもどします。

⑩　Vステップ

（片足ずつ一歩斜めに踏み出し、Vの字を描き、もとの位置にもどします）

【留意点】

・つま先と膝は、やや外向きに開きましょう。

・足を前に出し、床に着地すると同時に、膝を軽く曲げましょう。

・足を前に出したときに、上体が前傾しないように注意しましょう。

⑪　ニーアップ

（片方ずつ膝を引き上げます）

【留意点】

・膝を引き上げたときに、背中が丸くなったり、後ろに反ったりしないように注意しましょう。

・交互に膝を引き上げ、テンポよく行いましょう。

⑫　キック
(軽く弾みながら後ろに蹴り上げた後、前に蹴り出します)

【留意点】
・軸足のつま先と膝が、内側を向かないように注意しましょう。
・軸足を使って、しっかりと弾みましょう。

⑬　レッグカール
(両足を肩幅ぐらいに開き、左右交互に重心移動を行い、重心がのっていない方の足を後ろに曲げます)

【留意点】
・左右交互にしっかり重心移動を行いましょう。
・後ろに蹴り上げる足は、お尻を蹴るようなイメージで行いましょう。

⑭　ケンケン
(左右交互に片足で２回、弾みます)

【留意点】
・腕を軽く曲げ、リズムをとり、ケンケンのタイミングに合わせながら、前後に振りましょう。
・片足なので、無理のない範囲で２回ずつ弾みましょう。

⑮　ジャンピンジャック

（弾みながら両足を１で左右肩幅ぐらいに開き、２でもとの位置にもどします）

【留意点】

・つま先と膝の向きが同じであることを確認しましょう。

・足首と膝を柔らかく使い、しっかり弾みながら開閉動作を行いましょう。

・動作を行うときに、上体が前傾しないように注意しましょう。

(2) フロア編「座位」「床利用」

①　腕支持

（長座、あぐら、開脚、四つ這いの体勢になり、両手で床を押してお尻を上げます）

【留意点】

・手をつく位置は、一番安定する位置に置くようにしましょう。

・尻を下ろすときに、勢いよく下ろさない様にしましょう。

・尻を持ち上げたとき、伸ばした腕の肘はロックしないようにしましょう。

・無理のない範囲で、楽しく行いましょう。

②　床でバランス

（座位の体勢で、床から両手、両足を離して、お尻だけでバランスをとります）

【留意点】
・両手でうまくバランスをとりましょう。
・まわりの環境に注意して、人や物にぶつからないようにしましょう。
・背中が丸くなりすぎたり、後ろに反りすぎたりしないように注意しましょう。

③　腹筋運動（腕支持を含む）
（長座、あぐら、開脚の体勢になり、両手で床を押し、お尻を持ち上げます）

【留意点】
・尻を持ち上げるときに、お腹を縮める意識をしっかりもちましょう。
・無理のない範囲で行いましょう。
・尻を下ろすときに、勢いよく下ろさないように注意しましょう。

④背筋運動
（うつ伏せになり、両手両足を同時に上げます）

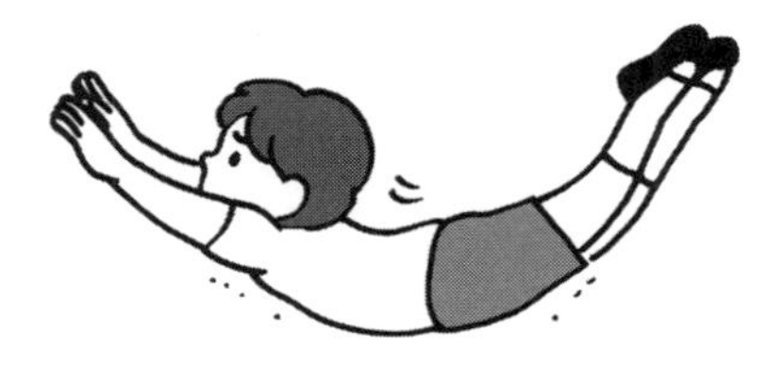

【留意点】
・両手、両足は、できるだけ同時に上げましょう。
同時に上げることが難しいようであれば、手足をわけて上げます。
・手足を下ろすときは、勢いよく下ろさないように注意しましょう。
・無理のない範囲で行いましょう。

(3) 空中編「空中利用」

① グージャンプ
（空中で両膝を抱え込む）

② チョキジャンプ
（空中で両足を前後に開く）

③ パージャンプ
（空中で両足を左右に開く）

④ 空中半回転
（手の振りを活用し、半分向きを変える）

⑤ 空中一回転
（手の振りを活用し、一回転する）

【留意点】

・ジャンプは、空中姿勢が大切です。背中が丸くなりすぎたり、後ろに反りすぎたりしないように注意しましょう。
・ジャンプを行うときに、腕の反動をしっかり使いましょう。
・着地するときは、足首と膝を軽く曲げ、優しい着地を心がけましょう。

表13-1　キッズエアロビックのプログラム（30分）

	指導内容	留意点
導入	・集合して始まりの挨拶 ・様々な動作を交えながら、ウォーミングアップ ・ストレッチ（ペアストレッチ） ・動物の真似っこ（ジャンプやバランス）	・マナーを守り、明るく元気よく挨拶をする。 ・運動を行う環境に、危険性はないかを確認し、運動中に転倒やぶつかりがないように注意する。 ・あそびを取り入れながら、ストレッチを行う。 ・怪我予防にしっかりストレッチを行う。 ・様々な動作を取り入れながら、体全身をバランスよく使う。
展開	・予め用意しておいた振りを、音楽に合わせて行う。 ・手足を分けて練習したり、子どもの様子をよく観察しながら進める。	・テンポの良い音楽を選択して、一つひとつ確認しながら丁寧に指導する。 ・振り付けは何分割化にして、レッスンごとにしっかりと計画を立てて行う。
まとめ	・実践した振り付けの復習・発表 ・ゲーム（整理運動を兼ねて） あまり走り回ったりしないゲームにして、2人組になる動作も取り入れ、コミュニケーションもはかるようにする。 ・集合して終わりの挨拶	・振りを覚えることが、困難な年齢では音楽を聞いて楽しむ感覚を実感してもらう。 ・不十分なところがあれば、重点的に確認する。 ・あそびを取り入れながら、整理運動を行う。 ・安全であり、子どもが楽しめるゲームを考える。

プログラムの内容は、子どもの年齢や体力などの状況に合わせて様々な動作を組み合わせ、バランスよく行うようにしましょう。

内容や動作が偏ることのないように、しっかりと計画を立てて、1クラスが充実した時間になるように心がけましょう。

常に子どもの成長を観察しながら、様々な動作を取り入れて楽しく、そして、安全なプログラムづくりをしましょう。

3　音楽と動きの選択

音楽は、子どもたちが興味をもち、親しみやすく馴染みやすい曲を選択しましょう。自然に体が動き出し、笑顔がこぼれるようなテンポの良い曲が適しているでしょう。季節やプログラムの内容に合わせ、様々な曲を利用し、子どもたちが飽きないように工夫します。

動きの選択は、子どもたちの運動能力の発達を観察しながら、バランスよく選択することが望ましく、決して無理のないプログラムにしましょう。そして、年齢や人数に応じて様々な動作を組み合わせ、音楽に合わせて楽しく運動しましょう。

年齢に合った運動能力を身につけるために、様々な動作を組み合わせると共に、指導者が子どもたちといっしょになって動きのバリエーションを考え、発展させていくことも大切でしょう。

14章

キッズチアダンス

〔石原由美子〕

1　幼児体育とチアダンス

(1) チアリーディングとチアダンス

チアリーディングは、約100年前、アメリカで男子学生が母校の大学のアメリカンフットボールの試合の際、母校のチームの応援をしたのがそもそもの始まり[1)]と言われています。その後、チアリーディングをするチアリーダーたちは、男女混合でチームを作り、競技者を応援しました。すなわち、日本では女性が行うスポーツと捉えられがちですが、本来は性別を選ばないスポーツとしてスタートしました。

チアリーディングにおいて一番大切なのは、「自分の元気さでまわりを元気づける」という精神であり、すなわち、それは「自らを励まし奮い立たせ、その勇気とパワーでもって他者を元気づけ、楽しい気持ちにさせる」ということです。このチアリーディングの精神は、「チアスピリット」と呼ばれ、チアの根幹を成すものです。

チアダンスとは、このチアスピリットはそのままに、チアリーディングからダンスの要素を抽出したもので、同じくチームで力を合わせて行うスポーツです。

幼児期の未発達な体の状態を鑑み、幼児体育においては危険の伴うスタンツやアクロバットを抜きながらも、チームワークを育むチアダンスを実践することが大切です。チアダンスでも、幼児がチアスピリットである「自分の元気さでまわりを元気づけることの大切さ」を理解し、技術ではなく、心身を発達させることは十分可能です。

(2) 幼児体育とチアダンス

チアダンスは、勝敗や記録を主な目的として行う競技のために行うものもありますが、幼児がする際には、体を動かし楽しむことを目的にするのが望ましいといえます。

それは、このスポーツの根幹をなす精神が「自分の元気さでまわりを元気づける」というものであるが故、幼児期はまずこの精神を心と体で理解し、このスポーツを楽しむことから始めるのが基本となってくるからです。また、それが幼児の心身の発達にも十分寄与しながら、かつ、幼児期以降の上達にもつながっていくのです。

チアダンスを通じて、仲間とはまずチームプレーを育み、そこから自己の成長につなげていくことも、幼児期のチアダンス実施においては大変重要なこととなります。チアダンスの重要な要素として、同時性（チームで同時に動く）と同調性（チームで調子を合わせて動く）があります。この要素は、チアダンスを通じて、自然に身につけることが可能です。なぜならば、チームプレーを育むには、自己を見つめるだけでなく、常にチームメイトである他者を認識し区別することが必要になります。また、そのチームメイトを認め（承認し）、思いやり、かつ、そのチームメイトに常に気を配り合いながら息を合わせて演技することも必要となります。幼児は、チームプレーの習得を通じて、このような能力を自然と身につけていくのです。

このように、チアダンスを幼児体育の一環として捉えるとき、身体的発育の促進、運動機能の発達と促進、情緒の発達のみならず、知的発達の促進、社会性の育成も可能になってきます。

(3) 表現のスポーツチアダンス

チアダンスは、自分の体・声・表情を使い、自分をいきいき元気に見せることで表現力が養われるスポーツです。表現とは、内面的・精神的・主体的な思想や感情などを、外面的・客観的な形あるものとして表すことですが、チアダンスでは「自分の元気さでまわりを元気づけるにはどうしたらいいのか」という大きな課題を自ら問い、それを他者に向けて伝える方法について考えて、実行するサイクルを回し続けていきます。その作業を通じ、表現力が磨かれていくのです。

まわりを元気づけるために必要な手段の一つとしてあるのが、笑顔や大きい声、そして、元気な振る舞いであり、それらをチアダンスを通じて表現していきます。

自分がどうやったら大きい声を出したり、笑ったり、元気に振るまえるのかということを、幼児が自分で考え行ってみることが大切です。そして、指導者は、それに対し褒めてあげることで、子どもの自己肯定感が生まれ、「もっと表現してみよう」という次の成長につながっていきます。幼児が自分の力で考え、それを自分の身体を通じて表現していくという貴重な体験をするのです。

2　幼児へのチアダンスを通した教育の目的

(1) 幼児へのチアダンスを通した教育の目的

幼児のチアダンス指導とは、「自分の元気さでまわりを元気づけられる」という素晴らしさを幼児に伝え、それを実践してくことに大きな目的があります。幼児の身体能力から言っても、個人の技術を磨くことがすべてではなく、チアダンスにふれ、そこから楽しみを見いだし、幼児が自発的に行動することで、チアの精神を自然に身につけ、自分を励まし、まわりの人に思いやりをもって接する能力を身につけられます。チアダンスを通して、幼児の健全育成を図るのが、指導実施における主目的です。

(2) チアダンスで幼児が身につけられるもの

チアダンスは、表現のスポーツであるが故、幼児自身が楽しみながら表現力を発達させることが可能です。また、自分の元気な振る舞いで、まわりの人を元気づけようとする思いやりの心を育むことが可能です。

3　幼児ができるチアダンスの動き

チアダンスのすべての基本動作より、幼児の発育を考慮して、それらの一部を使い、実施していきます。チアダンスにおいてもっとも大切なのは、姿勢です。チアダンスでは、「体にロックをかける」という表現を用いて、体に軸を通し、ぶれないダンスをすることが大切です。もし体がぶれると、同時性、同調性を高めていくのに障害となってきます。

体にロックをかけるトレーニングをしつつ、チアダンスの基本動作であるアームモーション（腕の力強いポーズ）、足の形やステップ、キック、ジャンプ等の技を身につけていきます。

また、幼児がこの技術を習得する際には、楽しんで技を覚えられるように、アームモーションや足のステップ等の動きを、「形当てクイズ」のようにして習慣化することで、幼児が技を覚えるスピードが大変速くなる効果があります。

体にロックをかける

４　幼児へのチアダンス指導における注意点

対象：

ダンスへの意欲、同時性・同調性の指導、それからチアの精神の理解という観点から、満４歳児以降（年中以降）を対象に指導をすすめることをおすすめします。

場所：

ジャンプやキック等の激しい動きに耐えうる、平らな床のある屋内が適しています。ある程度スペースのある教室であれば、実施は可能です。ただし、幼児一人ひとりが手を伸ばして当たるくらいの近さになると、ケガや事故などの危険を伴うので、そこでは実施を中止します。また、まわりに幼児がぶつかる可能性がある器具や道具などを置いていないかを確認しておきましょう。天井高については、アクロバットやピラミッドをしないので、規定はありません。

時間：

幼児の集中力を鑑み、時間は50分〜１時間以内で行いましょう。

用いる手具：

ダンスの練習時に、20㎝〜30㎝ほどのポンポンを手に持って行います。

ダンス曲の選定：

明るく、ある程度カウントが取りやすい、早すぎないテンポの曲を用います。洋楽でも邦楽でも、幼児が楽しく体を動かせる音楽であれば、ジャンルは選びません。

(1) １時間のカリキュラム

①　始まりの挨拶・導入

「おはようございます」「こんにちは」等の挨拶から始め、今から始まる活動の内容を説明し、幼児がすんなりと活動に入っていけるようにします。また、かけ声は、オリジナルのものを作成し、指導開始時に全員で声を出すことで、一体感が高まり、これからの学びの動機づけになっていきます。

②　ウォーミングアップ・ストレッチ

ウォーミングアップで体を温め、動きやすくします。その際、ノリの良い音楽をかけながら、指導者が体を大きく動かしながら見本を見せて、指導者と同じ動きを促します。このとき、動きの中にチアの基本動作である、アームモーションやステップを

入れて、幼児にスムーズに動きを習得させるようにする場合もあります。ストレッチは、上半身・下半身をバランスよく行い、キックやジャンプの際に使う下半身のストレッチは、とくに十分な時間を取って行います。不十分な場合は、指導者が補助をして行います。

③　チアの基本動作の確認

・ロック確認…ロックとは、下腹部に力を入れ（おへその下あたり、丹田とも言う）、お尻の穴をきゅっと締め上げるようなイメージで力を入れます。次に、姿勢を良くし、頭から上に吊り上げられているようイメージし、体に軸を通します。このロック姿勢は、チアダンスの基本中の基本で、すべての動きにおいて、この姿勢をとります。

・アームモーション確認…腕の力強い動きをアームモーションと言い、こちらもチアダンスの最も基本的な動きの一つです（図14-1)。指導時には、このアームモーションを一つひとつ確認していきます。一つの動作をしたときに、同時にその名称を幼児に声を出して呼ばせます。そうすることで、一つひとつの名称を覚えやすくする効果があります。たくさんあるアームモーションのうち、3つを組み合わせて、それぞれの動きと同時に「ＧＯ！」「ＦＩＧＨＴ！」「ＷＩＮ！」といったような言葉をつけ、幼児に発声させます。チアの発祥である応援のスタイルを取り入れた表現方法です。とくに、こぶしの向きは重要ですので、何度もくり返し確認します。

・足の形確認…アームモーションと同様に、足の形（図14-2）も一つひとつ確認していきます。指導者が一つひとつ見本を見せる方法と、指導者が名称を言い、幼児はすばやくその形を作る方法、どちらも有効です。

・ステップ確認…ステップも同様に、一つの動きを確認していきます（図14-3)。ステップは、とくに、リズミカルにできているかどうかが重要です。指導者は、幼児の足の運びを注意深く観察しながら、リズムに乗れるよう指導していきます。このとき、音楽を流しながら、一つひとつの動きを確認することも有効な指導法です。

図14-1　アームモーション（腕の形）

図14-2　ランジ（足の形）

図14-3　ステップ

・キック確認…キックで一番重要なことは、上げる方の足とは反対の足（軸足という）が曲がらないようにすることです（図14-4）。軸足が曲がると、上半身も落ちてしまうので、キックした際の姿が美しくありません。軸足をしっかり伸ばしたままで、上げる足は伸ばしたままで上がる位置までにします。ずっと足を上げたままにしておくことはできないので、1、2、3のリズムで上げます。1のときは、キックの準備で、上げる方の足を一歩引く、2のときはキック、3で下ろすというリズムが一番よいでしょう。指導者が「1，2，3」と声を出し、幼児がそのリズムに合わせて足を上げます。

まだ慣れない頃は、指導者が声を出しながら、幼児といっしょにリズムに合わせ、足を上げてもよいでしょう。

図14-4　キック

・ジャンプ……ジャンプで一番重要なことは、体のロックを抜かないことです（図14-5）。指導者は、幼児が膝と足首両方を使って大きく跳び、安全に着地することを注意深く観察し、指導することが大切です。

図14-5　ジャンプ

・声を出す練習…チアダンスにおいて、声は大変重要な要素の一つです。腹式呼吸を用いながら、お腹から声を出します。チアダンスの発声の仕方は、すぐ近くにいる人に伝えるための声の出し方ではなく、少し遠くにいる人に「おーい！○○さーん！！」と呼びかけるようなイメージで、声を遠くに飛ばします。チアダンスにおいて発声する言葉は、「ＧＯ！」や「ＦＩＧＨＴ！」、「ＷＩＮ！」等で、すべて前向きな言葉だけを発するのがチアダンスです。それは、チアダンスが「応援」から端を発したからです。相手を元気づけるために、前向きな言葉を発するのです。

④　ダンス

指導者は、基本動作の確認で行った、ロックの姿勢、アームモーション、ステップ、キック、ジャンプ、声をすべて組み合わせて、ダンスの振付を作ります。最初は、幼児が親しみやすい曲を使って、８×８カウントくらいの簡単なダンスでよいでしょう。幼児が慣れていったら、最初の振付につなげる方法で振りを長くしてきます。

少し形になってきたら、チームを２つのグループに分けて、ミニ発表会をします。このとき、ポンポンを持ってもよいでしょう。基礎練習時には、アームモーションでの手の形を確認しやすいようにするため、持たないようにします。

演技終了後、指導者は「他のグループの演技を見てどうだったか」という質問をし、幼児たちに振り返りをさせます。

⑤　クールダウン

ダンスで高揚した気持ちを静め、体の調子を整えるために行います。内容は、使った上半身・下半身のストレッチを行います。音楽は、ゆったりとした気持ちを静める曲をかけるとよいでしょう。

⑥　終わりの挨拶

レッスンの簡単な振り返り、かけ声をして終わります。

(2) 指導上のポイント

1）プロセス重視

幼児へのチアダンス実施は、競技を目的としたものでなく、体を動かしたり楽しむことを目的として実施するのが望ましいため、その運動がもたらす結果を重要視するのではなく、運動中にみられる幼児の成長の過程を見つめることが重要です。

「勝ち」「負け」に幼児をこだわらせるのではなく、人を元気づけるために自分はどんな演技をしたらよいのかということについて自己を見つめると同時に、子どもたちから出た表現を指導者がしっかり見つめ、褒めて認めてあげることが最も大切です。

また、指導の場では主だった発表の場に臨む前に、指導の現場で「ミニ発表会」と称してチームを２組ないしは３組に分け、簡単な発表の機会を作ることが大切です。なぜかというと、チームメイトがどこまでできているか、どんな演技をしているかというプロセスを一人ひとりに見せることで、自分がどんな演技をすればよいのかという振り返りにつながるからです。このプロセスを通じて、再び幼児一人ひとりが自分を見つめることができるのです。

２）自らやりたい！という気持ちを引き出すための環境づくり

チアダンスの精神が「自分の元気さでまわりを元気づける」というものであるため、チアダンスをする幼児自身が演技を「やりたい」と思わなければ、演技を実施しても効果的ではありません。

そのため、指導者は幼児がまずはチアダンスに親しめるよう、チアダンスにおいて重要な「笑顔」や「声」を意識することが重要です。

指導を開始する前の指導者の準備が大切で、指導者自らが「自分の元気さでまわり（幼児）を元気にできる」チアリーダーとして、元気いっぱいの「笑顔」と「声」で、幼児に接することが大切です。

３）チームワーク

チアダンスは、チームで行うスポーツであるため、誰かひとりの技術がどれだけ高くなっても、それ自体はあまり重要なことではありません。

チアダンス実施を通じて、覚えや技術習得に多少の差が生じるのは自然なことです。チアダンスは、一人ひとりの技術力アップが最終目的ではなく、いかにチームとして力を発揮できるか、それについてチーム内で考え、話をすることが大切です。

実際､指導の場においては欠席者がいても「今日は○○ちゃんがお休みだけど､○○ちゃんの分まで頑張ろう！」という発言が出ることもあります。指導者は、その幼児の成長を見逃さず、声に出して褒めることが大切です。

また、同時性や同調性を養っていくと、チームとして動くことが一人ひとり大変楽しくなってきます。これは、同時性や同調性の高まりに応じ、そのチーム自体に盛り上がりが出てくるからです。この盛り上がりも、チームで運動をする醍醐味の一つと言えます。この盛り上がりが出てくると、「もっとチームで上手になりたい」という成長欲求も出てきます。

4）発表の場を重視する

チアダンスは、「自分の元気さでまわりを元気づける」という精神をもっているため、「自分がどれだけうまくなったか」という内向きの成長だけにとどまらず、「見ている人をどれだけ元気にすることができたか」という外向きの成長にまで発展させることが可能なスポーツです。

そのため、練習だけに留めるのではなく、定期的に発表の場を用意することが大切です。発表の場は、幼児が演技しやすい場所であれば、どこでも構いません。そして、その場には幼児の演技を見てくれる他者が存在することが大切です。

幼児は、どんな小さな発表の場でも、それに向けて頑張りますし、誰かが自分の演技を見てくれるということは、大きな励みとなるので、日々の練習の場でも集中力が継続します。また、発表の場に誰かがいることで、「目の前にいる人を、元気にしよう」という対象がはっきりし、演技になお一層の力が加わります。

5）振り返りを重視する

日々の練習でのミニ発表会や、定期的な発表の場での演技終了後には、「見てくれていた人、どんな風だった？」「演技してみて、どう感じた？」と幼児に自分の演技を振り返らせることが大切です。なぜなら、振り返りをさせることで、幼児は自己を見つめ自信を深めたり、反省したりすることができるからです。また、「チームで上手にできたよ」という感想や「みんなで踊れたから、楽しかった」等、チームワークを感じ、それを肯定する意見が出ることもあります。

幼児は、自分が演技したことに対し振り返りをすることで、自分の言葉で表現し、自己を肯定したり仲間を承認したりすることを覚えます。そして、その行為がまた将来の上達、成長につながるのです。

6）身体を通したコミュニケーションの重要性

コミュニケーションとは、「意思・感情・思考などの様々な情報内容」を、「言葉・身振りや手振り・表情・通信技術などの様々な手段」を用いて「互いにそれらを伝え合う」状況[2)]とされますが、チアダンス自体が身振りや手振り、表情を手段としたコミュニケーションを多用するスポーツであるだけに、この能力を発達させることができます。

それは、チアダンスが、「人を元気づける」応援から始まったスポーツであるが故、常に対象者を意識し、対象者と常にコミュニケーションを取りながら行うスポーツであるからです。その対象者が、いっしょに演技をするチームメイトである場合は、同時性や同調性を向上させるために表情や身振り、手振りを使い、コミュニケーションを取っていきます。また、その対象者が演技を見てくれる観客であれば、その観客に元気を届けるために大きな身振りと豊かな表情で、観客に訴えます。この表情や身振り手振りといった身体表現を多く使い、コミュニケーション力を発達させていくことが、チアダンスでは可能です。

指導上は、幼児のこの能力を伸ばしてやれるよう、指導者も言葉を使ったコミュニケーション中心で指導するのではなく、自ら身体や表情を使いながら指導することが重要です。

5　幼児へのチアダンス指導の達成基準

チアダンスの目的は、技術の習得ではありません。「自分の元気さでまわりを元気づける」という精神を、幼児はまずチアダンスにふれて楽しむことで、知らず知らずのうちに理解していきます。指導者は、その精神を言葉で伝えるだけでなく、まずはとびきり楽しいレッスンを行い、幼児が楽しく自然にチアダンスに慣れ親しめるように促すことが大切です。

幼児へのチアダンス指導の場合、まずは幼児がチアダンスを楽しんでいるかという点が、指導上の達成基準となります。この感覚を幼児にもち続けさせることができれば、技術の習得も楽しんで、進んで行うようになります。それゆえ、指導者は、「楽しい」レッスン環境を整える努力をする必要があります。時にはゲームを取り入れ、幼児にゲームの中から様々な発見をさせることも大切でしょう。

幼児が、「楽しい」という感覚から主体的にチアダンスに取り組めるようになれば、技術は後からついてきます。幼児の「してみたい」「できた」という前向きな気持ちを見逃さず、認め褒めて、楽しくチアダンスができるサイクルを回し続けてもらいたいと思います。

[文献]

1）日本チアリーディング協会ホームページ　http://www.fjca.jp/
2）三省堂ワールドワイド・ウェブ　http://dictionary.sanseido-publ.co.jp/wp/

15章

身近なもの・廃材を使った運動あそび

〔 佐野裕子 〕

タオルやティッシュペーパー、スーパーのレジ袋など、生活の中でふれる身近な用具や、新聞、ペットボトル等の廃材として出てきたものを運動用具として用いた運動あそびを紹介します。身近な用具は可塑性にも富み、自由に変化を楽しむことができます。また、子どもにも取り扱いが容易であり、それを使った運動あそびは、物の性質を知るとともに、知的好奇心や探索欲求を満足させ、表現能力を豊かに育むことにもつながります。これは、子どもが、元来、あそびとする原点でもあります。また、廃材を利用して子どもといっしょに作った遊具は、あそびへの強い興味づけとなり、運動あそびの苦手な子どもが自然とからだを動かすことにもつながります。

既成の遊び道具が氾濫している現代、身近な物を運動用具としてあそびの中に取り込み、工夫しながら遊ぶことは、現代の子どもたちに経験させたいあそびのひとつです。しかし、目新しい素材ではないため、子どもの興味や関心を引き、あそびを持続させるのは、指導者の力量にかかってくると言っても過言ではありません。子どもの発達に合わせ、心の動きを読みながら、おもしろく、あきのこないあそびの展開が要求されます。

1　指導計画時における留意事項

子どもが、運動あそびの中に自然に入っていくためには、あそびの内容が分かりやすく、楽しく、あきがこないものであることが大切です。発達や能力に応じて、あそびの展開が図れるように、以下の点に留意し、計画を進めましょう。

①操作系の運動が多くなりがちであるため、移動系・平衡系・非移動系の運動スキルも高められるように、バランスよく計画しましょう。

②用具の製作については、製作の過程を楽しむことも一つのねらいですが、あくまでも運動のための用具ですから、短時間でできるものにしましょう。製作にも重きを置く場合は、運動あそびとは別に計画を立てます。

③用具のもつ特性を生かした運動あそびを計画します。まず、どんな動きが引き出せるかを列挙してみましょう。それらの動きを基にして、運動あそびを計画していきます。

④運動量が発達に応じて確保できているかを見直してみましょう。

2　プログラム実践における留意事項

子どもは、その日のからだや心のコンディションによって活動意欲も左右されます。指導者の適切な言葉がけや助力が、運動あそびへの意欲づけとなり、興味・集中が持続します。一人ひとりの動き（心の動きも）を確認しながら進めましょう。

また、指導する側もされる側も、身近な用具や見慣れた素材だからこそ安心して扱える半面、緊張感にも欠けます。思わぬけがや事故にならないように、安全配慮を怠らないようにしましょう。

3　タオルを使った運動あそび

オットット

【あそびで育つもの】

・操作系運動スキル（身体各所に乗せて持つ）の向上

・移動系運動スキル（持って歩く）の向上

・柔軟性・身体認識力の育成

【あそびの準備】

フェイスタオル（人数分）

【あそび方】

①タオルを4等分にたたみ、頭上や背中、お腹などに乗せて歩きます。

②あそびに慣れたら、走ってみましょう。

【メ　モ】
・２人組で手をつないで、行ってみます。
・折り返しのリレーをして、競争を楽しんでみましょう。

タオルくぐり

【あそびで育つもの】
・操作系運動スキル（タオルを操る）の向上
・柔軟性・巧ち性・身体認識力の育成

【あそびの準備】
フェイスタオル（人数分）

【あそび方】
①タオルの端を両手で持ち、足から背中をとおってくぐらせます。
②慣れたら、２人組で向かい合ってどちらが早いかを競争しましょう。

なべなべそこぬけ

【あそびで育つもの】
・操作系運動スキル（タオルを操る）の向上
・協応性・柔軟性・巧ち性・身体認識力の育成
・協調性・協力性など、社会性の育成

【あそびの準備】

フェイスタオル（人数分）

【あそび方】

①２人で向かい合い、互いのタオルを持ちます。

②「なべなべそこぬけ」のわらべうたに合わせてタオルを左右にゆらします。

③「そこがぬけたらかえりましょ」で、互いに背中合わせになります。

④背中合わせになったまま②を行い、③で、互いに向かい合います。

⑤全員で行います。片手に自分のタオルを持ち、もう片方の手で隣の子どものタオルを持って、全員で円心を向いて円になります。「なべなべそこぬけ」のわらべうたに合わせてタオルを前後にゆらし、「そこがぬけたらかえりましょ」で、１箇所をトンネルにして全員がくぐり、円外を向きます。円外を向いたまま上記②を行い、③で、１箇所をトンネルにして全員が順次、後ろ向きでくぐり、円心を向いて元の円になります。

（前向きでくぐる）　（後ろ向きでくぐる）

【メモ】

・子どもの動きに合わせて、ゆっくり歌いましょう。

開けゴマ

【あそびで育つもの】

・操作系運動スキル（タオルを操る）の向上

・柔軟性・巧ち性・身体認識力の育成

・協調性・協力性など、社会性の育成

【あそびの準備】

フェイスタオル（人数分）

【あそび方】

①２チームに分け、１チームが各自、片手に自分のタオルを持ち、反対の手で隣の子どものタオルを持って、全員で円心を向いて円になり、しゃがんで準備します。

②相手チームが、円の中に入ります。

③指導者の「開けゴマ！」のかけ声で、円になっているチームは立ち上がって両手を上げます。

④中のチームは、急いで円外に出ます。

⑤指導者の「閉めろゴマ！」のかけ声で、円になっているチームはしゃがんで両手を下に降ろします。

⑥相手チームは、急いでジャンプやまたぐ等して円内にもどります。

⑦交代しながら行います。

【メ　モ】

・慣れてきたら、「開けゴリラ！」や「閉めろまご！」等でフェイントをかけて言葉あそびも楽しみます。

電車リレー

【あそびで育つもの】

・移動系運動スキル（２人でタオルを持って走る）の向上

・協応性・柔軟性・巧ち性・身体認識力の育成

・協調性・協力性など、社会性の育成

【あそびの準備】

フェイスタオル（チーム数×２）

コーン（チーム数）

スタートライン（１）・ゴールライン（１）

【あそび方】

①２人で前後に並び、おたがいのタオルを持って電車の運転手と車掌役になり、電車ごっこで自由に遊びます。

②あそびに慣れたら、子どもたちを、１チーム８人程度でチーム分けをします。

③スタートラインに各チーム、２人１組で前後になって並びます。先頭は互いにタオルを持ち、電車ごっこの要領で準備します。

④スタートの合図で、先頭の１組がコーンを回って戻り、タオルを次に渡してチームの一番後ろに着きます。

⑤タオルをバトン代わりに順次行います。

⑥アンカーの組が戻って、列の一番後ろに着いたら、アンカーは、タオルを首にかけ、一斉に前の子の肩に両手を置き、１列の電車になって、ゴールまで走ります。

【メ　モ】

・導入の電車ごっこを十分に楽しみましょう。

●流れ星エクササイズ

自宅のタオルを持参してもらい、参観日やお楽しみ会などの親子行事で行っても楽しいでしょう。

流れ星

【あそびで育つもの】

・操作系運動スキル（投げる）の向上

・協応性・巧ち性・空間認知能力の育成

【あそびの準備】

フェイスタオル（人数分）…タオルの先端を結び、流れ星に見立てます。

【あそび方】

①流れ星に見立てたタオルの結んだ所を持って投げて遊びます。

②慣れてきたら、２人で向かい合い、パスやキャッチを行います。

【メ　モ】

・高く投げたり、遠くに投げる等、方向を変えて行いましょう。

ぐるぐる回して

【あそびで育つもの】

・操作系運動スキル（操る）の向上

・協応性・敏捷性・身体認識力・空間認知能力の育成

【あそびの準備】

フェイスタオル（人数分）…タオルの先端を結びます。

【あそび方】

①遠心力を利用して、回して遊びます。結び目を下にして片手で持ちます。

②頭上で、ぐるぐる回します（ヘリコプター）。

③からだの横で、ぐるぐる回します（扇風機）。

④からだの前で、ぐるぐる回します（扇風機）。

⑤回してから、投げ上げます。

【メ　モ】

・スペースを十分にとって行いましょう。

・手首の運動から、腕全体の運動になるようにしましょう。ボールや縄跳びあそびの基本となります。

はなさんぞ！

【あそびで育つもの】

・操作系運動スキル（つかむ）の向上

・筋力・調整力・身体認識力の育成

・協調性・協力性・相手を認める等、社会性の育成

【あそびの準備】

スポーツタオル（適宜）

【あそび方】

①タオルの先端を結び、結んだ箇所を子どもが腹ばいになり、持って準備します。

②指導者がタオルの片方を持ち、引っ張ります。慣れてきたら、ダイナミックに揺らしたり、回転させたりします。

③上向きや長座など、持つ体勢を変化させます。

【メ　モ】

・子ども同士でも行ってみましょう。スムーズには行えませんが、子ども同士で関わり、相手の体重分の重さを感じることは大切なことです。

・自宅のタオルを持参してもらい、参観日やお楽しみ会などの親子行事で行っても楽しいでしょう。

ニョロ虫

【あそびで育つもの】

・平衡系運動スキル（タオルの上を歩く）の向上

・平衡性・巧ち性・空間認知能力・集中力の育成

【あそびの準備】

スポーツタオル（人数分）… 縦長に巻き、輪ゴムで数箇所止めて、「ニョロ虫」に見立てます。

輪ゴム（適宜）

【あそび方】

①各自、床の上に「ニョロ虫」を置き、その上を落ちないように歩きます。

②他の友だちの「ニョロ虫」の上も歩き、友だちと出会ったらジャンケンをします。

③負けたら降りて、勝った子を先に通します。

④指導者の「ごはんですよー」の呼びかけで自分の「ニョロ虫」のところに帰ります。（自分の「ニョロ虫」の位置が確認できない子どもの補助をしましょう。）

【メ　モ】

・裸足で行うと、足の裏や５指をしっかり使うことができます。また、タオルの上を裸足で歩く心地よさも味わわせ、感覚器官を刺激しましょう。

・短縄を「ニョロ虫」に見立て、あそびを展開しましょう。

ニョロ虫つかまえた

【あそびで育つもの】

・操作系運動スキル（這わすように動かす）の向上

・敏捷性・協応性・スピード・巧ち性・集中力・空間認知能力の育成

・協調性・協力性・相手を認める等、社会性の育成

【あそびの準備】

スポーツタオル（２人に１本）…縦長に巻き、輪ゴムで数箇所止めます。

輪ゴム（適宜）

中央ライン（1）、補助ライン（2）

【あそび方】

①２人組になり、１人が「ニョロ虫」に見立てたタオルを持ち、床を這わすように動かします。相手は「ニョロ虫」を手で捕まえたり、足で踏んだりします。交代して行いましょう。

②２チームに分け、中央ラインに「ニョロ虫」を置き、補助ライン上に立ち、向かい合って準備します。

③合図で、走って「ニョロ虫」を取りに行き、補助ラインまで引っ張って運びます。多く取れたチームの勝ちです。

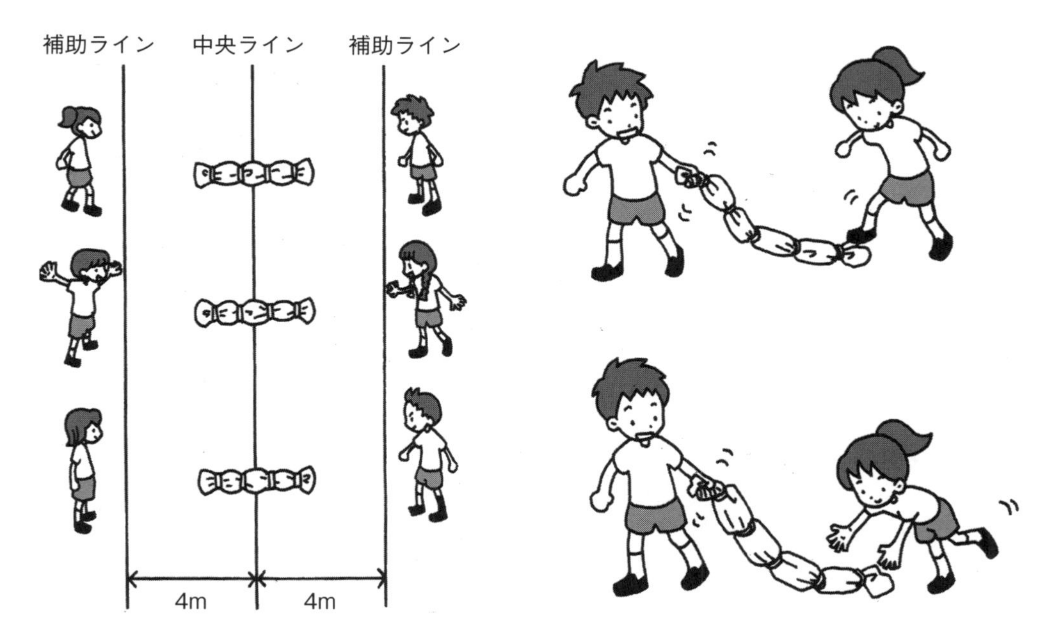

【メ　モ】

・「ニョロ虫」の取り合いになったら、綱引きの要領でお互いが引き合います。時間内に補助ラインまで運べなかったら、ジャンケンで決めましょう。

・初めは、「ニョロ虫」の数を多めに準備して、多くの子が取れるように配慮しましょう。

ニョロ虫とんだ！

【あそびで育つもの】

・移動系運動スキル（ジャンプする）の向上

・瞬発力・敏捷性・リズム感・空間認知能力の育成

【あそびの準備】

スポーツタオル（１本）…縦長にまるめ、輪ゴムで数箇所止めます。

輪ゴム（適宜）

【あそび方】

①指導者は、「ニョロ虫」に見立てたタオルを持ち、床を這わすように回します。

②子どもは、「ニョロ虫」をジャンプします。

③指導者は、「ニョロ虫」に見立てたタオルを持ち、床から振り上げます。

④子どもは、「ニョロ虫」にぶつからないように、くぐります。

⑤指導者は、「ニョロ虫」に見立てたタオルを持ち、床を這わせてから、振り上げます。

⑥子どもは、「ニョロ虫」を跳んで、素早く、くぐります。

【メ　モ】

・「ニョロ虫」の動かし方を変化させたり、カエル跳びや片足跳び等、跳び方を変化させましょう。

・慣れてきたら、子どもが「ニョロ虫」を操作して、子ども同士で行ってみましょう。

・短縄を「ニョロ虫」に見立て、あそびを展開しましょう。

転がって

【あそびで育つもの】

・操作系運動スキル（投げる）の向上

・敏捷性・協応性・巧ち性・空間認知能力の育成

【あそびの準備】

タオルケット（チーム数）…丸めて、周囲をしっかりヒモでしっかり整えます。あえて、球状に整えないで、変形させます。蹴ったり、転がしたりすると、思わぬ方向に転がります。

コーン（チーム数）

スタートライン（1）

【あそび方】

①チームに分かれ、1列縦隊でスタートラインに並びます。

②先頭から、タオルボールを蹴ったり、転がしたりして、コーンを回って戻り、タオルボールをスタートライン内に入れたら、次の子に、バトン代わりにタオルボールを手渡します。

③最後の1人が、スタートラインに戻って先頭の子にタオルボールを手渡すまで、競技を続けます。

【メ　モ】

・子どもの発達レベルに応じて、中間地点にコーンをもう1個設置してみましょう。中間地点のコーンを回り、折り返し地点のコーンを回って戻ります。

・親子で手をつなぎ、親子競技で行っても楽しいでしょう。

4　スーパーのレジ袋を使った運動あそび

レジ袋は、広げたり、たたんだり、膨らませたり、しぼったり等、様々に変化させることにより、あそびのレパートリーが広がります。また、用具や遊具などを組み合わせることにより、さらにあそびが広がります。

●広げて遊ぼう

ナイスキャッチ

【あそびで育つもの】

・操作系運動スキル（投げて取る）の向上

・巧ち性・敏捷性・協応性・柔軟性・身体認識力・空間認知能力の育成

【あそびの準備】

スーパーのレジ袋（人数分）

【あそび方】

①広げたレジ袋の持ち手部分を片手で持ち、高く投げ上げてキャッチします。

②頭や背中、足などでキャッチします。

③子どもは、腹ばいや上向き、後ろ向き等、様々なポーズで準備し、指導者が高く投げ上げたレジ袋をキャッチします。慣れてきたら、遠くから走ってきてキャッチします。

【メ　モ】

・慣れてきたら、子ども同士で２人組になって行いましょう。

蹴ったり・ついたり

【あそびで育つもの】

・操作系運動スキル（蹴る・つき上げる）の向上

・協応性・巧ち性・敏捷性・柔軟性・身体認識力・空間認知能力の育成

【あそびの準備】

スーパーのレジ袋（人数分）

【あそび方】

①広げたレジ袋を足で蹴ります。慣れてきたら、交互の足で蹴りましょう。

②手のひらで落とさないようにつき上げます。慣れてきたら、左右の手で交互につき上げます。

③両手や両足を使って、落とさないようにつき上げたり、蹴ったりしてみましょう。

【メ　モ】

・慣れてきたら、子ども同士で２人組になって行います。どのグループが長くついていられるか競争してみましょう。

洗濯競争

【あそびで育つもの】

・操作系運動スキル（走りながら掴む）の向上・移動系運動スキル（走る）の向上

・瞬発力・敏捷性・スピード・協応性・巧ち性・集中力・空間認知能力の育成

・協力性・順番を待つ等、社会性の育成

【あそびの準備】

スーパーのレジ袋（人数分）…洗濯物に見立てます。

洗濯バサミ（人数分）

竿あるいはヒモ…洗濯バサミを取り付けておきます。

補助者（適宜）

スタートライン（1）

【あそび方】

①チーム分けをして、スタートラインにチームごとに1列に並びます。

②先頭は、スタートの合図で走り、指導者が高く投げ上げたレジ袋を取ります。

③前方の洗濯ばさみの所まで進み、洗濯物を干す要領で、レジ袋の一端を洗濯バサミにはさみ、スタート地点に戻って次の子に手でタッチします。

④アンカーが戻ってきたら終了です。

【メ　モ】

・慣れてきたら、レジ袋を２枚、時間差で投げ上げてみましょう。

・走る距離を長くしたり、中間地点に障害物（平均台やマット等）を設置することにより、運動スキルを高めましょう。

●たたんで遊ぼう

乗せたりついたり

【あそびで育つもの】

・操作系運動スキル（掌にレジ袋を乗せてバランスをとる・つく）の向上

・協応性・巧ち性・平衡性・身体認識力・空間認知能力の育成

【あそびの準備】

スーパーのレジ袋（人数分）…縦に折りたたみ、棒状にします。

【あそび方】

①棒状にしたレジ袋の底の部分を掌に立てて乗せ、バランスを取ります。誰が一番長く乗せていられるか競争です。

②袋の底の部分を一つ結び、羽根つきの要領で掌でついて遊びましょう。

③２人組で、ついて遊びましょう。

【メ　モ】

・慣れてきたら、お互いに羽根つきの要領で、うちわでついて遊びましょう。

飛行機

【あそびで育つもの】

・操作系運動スキル（投げる）の向上

・協応性・巧ち性・身体認識力・空間認知能力の育成

【あそびの準備】

スーパーのレジ袋（人数×２）…縦に折たたみ、棒状にします。

ダンボール箱（チーム数）…口広の箱を準備します。

ライン（チーム数）

【あそび方】

①飛行機に見立てて、遠くに飛ばします。どのような方法で飛ばしたら遠くに飛ぶかを皆で考えてみましょう。

②１チーム８人程度で､チーム分けをします。各自、飛行機を２本持ち、チームごとにシュート箱のライン外側に並びます。

③ラインの外から飛行機を飛ばして､シュート箱に投げ入れます。

④全部入るまで行い、どこのチームが早く入ったかを競います。

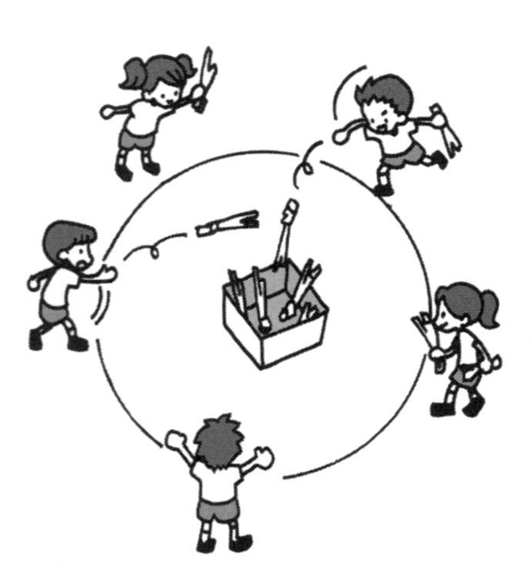

【メ　モ】

・投げるときは、ラインに入ってはいけない約束をしてから行いましょう。

シッポとり

【あそびで育つもの】

・操作系運動スキル（相手のシッポを取る）・移動系運動スキル（素早く走る）の向上

・敏捷性・協応性・スピード・身体認識力・空間認知能力の育成

【あそびの準備】

スーパーのレジ袋（人数分）…横に折たたみ、棒状にしたものをシッポに見立て、腰に挟みます。

【あそび方】

①スタートの合図でお互いのシッポを取り合います。取られても、終了の合図があるまであきらめないで取り続けます。

②終了後、取った本数を聞いていきます。一番多く取れた子が優勝です。

【メ　モ】

たくさん取れた友だちを、皆で褒めましょう。

●膨らませて遊ぼう

スーパーのレジ袋に空気を入れ、持ち手の部分をしっかり結んで、ガムテープで止め、風船（以下、スーパー風船）を作ります。空気が比較的漏れにくい中サイズのレジ袋を使用します。

はさんで遊ぼう

【あそびで育つもの】

・操作系運動スキル（足で挟み、上下させる・うちわで挟む）・非移動系運動スキル（その場で足を上げて維持する）の向上

・巧ち性・協応性・腹筋力・瞬発力・身体認識力・空間認知能力の育成

・協調性・協力性など、社会性の育成

【あそびの準備】

スーパー風船（人数分）

うちわ（チーム数×２）

コーン（チーム数）

【あそび方】

①長座姿勢で両足にスーパー風船をはさみ、落とさないように上下させます。カンガルーになって両足に挟んでジャンプしたり、背中にのせてラクダになって遊びます。ボールのような強度はないので、優しく扱うことが要求されますから、より運動スキルが高まります。

②慣れてきたら、チームに分かれて、風船挟み競争をしましょう。

スタートラインにチームごとに、２列で並びます。先頭は各自うちわを持って準備し

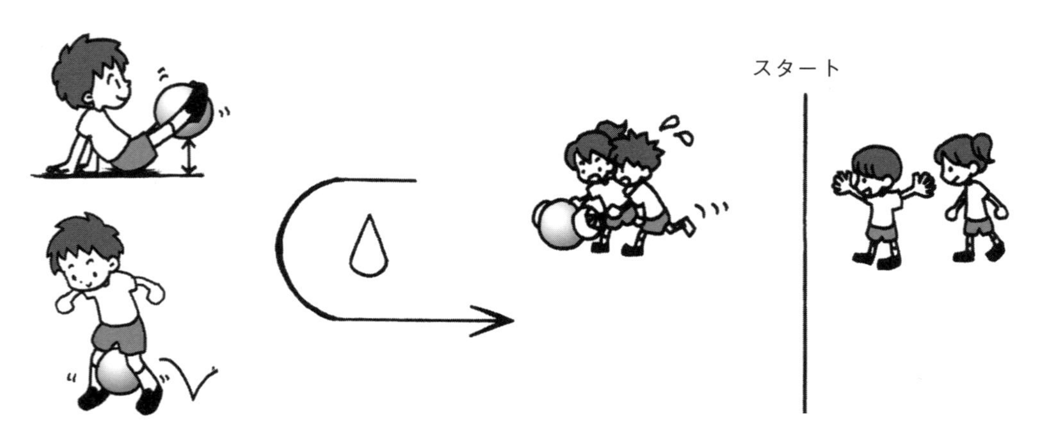

ます。スタートの合図で、うちわにスーパー風船をはさんで、２人で協力してコーンを回って戻り、次のグループにうちわとスーパー風船をバトン代わりに渡します。早くゴールしたチームが勝ちです。

【メ　モ】

・風船挟み競争で使用するスーパー風船は、空気が漏れやすいので、大袋の中にさらに空気を入れた中袋を２～３個入れて、強度のあるスーパー風船で行います。それでも競技中には空気が漏れるので、替えを用意しておきましょう。

ついて遊ぼう

【あそびで育つもの】

・操作系運動スキル（手でつく）・移動系運動スキル（目標をめがけて走る）の向上
・協応性・巧ち性・身体認識力・空間認知能力の育成

【あそびの準備】

スーパー風船（適宜）
コーン（１）
スタートライン（１）
ゴールライン（１）

【あそび方】

①スタートラインに１列に並び、先頭の子どもから１人ずつ行います。
②スタートラインから約３m先に指導者が立ち、スーパー風船を１個持ち、スタートの合図で投げます。

③スタートの合図で投げられたスーパー風船をめがけて走り、手で打ち返し、コーンを回って、落ちているスーパー風船を拾い、指導者に渡してゴールまで走ります。
④慣れてきたら、打ち返すスーパー風船の数を増やしましょう。

【メ　モ】

・導入では、風船つきの要領で、各自で自由についたり、２人でついて遊びます。
・スーパー風船を指導者が投げるタイミングは、個人差を考慮して行いましょう。
・慣れてきたら、２チームに分かれて打ち返し競争を行ってみましょう。

●レジ袋とボールを組み合わせて遊ぼう

おもしろボウリング

【あそびで育つもの】

・操作系運動スキル（的に向かってボールを転がす）の向上
・協応性・巧ち性・空間認知能力の育成
・友だちを認める・励ます・順番を待つ等の社会性の育成

【あそびの準備】

レジ袋（チーム数×２）…袋の口を開いて、補助ライン上に置きます。
ボール（チーム数×２）…子どもの注意集中を考慮し、約５人程度で１チームとします。
スタートライン（チーム数）、補助ライン（チーム数）

【あそび方】

①各自、レジ袋の口をめがけて、ボールを勢いよく転がして、入れる練習を行います。上手く入ると、レジ袋が生き物のように動きます。動きの楽しさや不思議さを味わいましょう。
②チームごとに遊ぶ区域を決めて、遊ぶ順番を決め、１人ずつ行います。
③１番目の子どもから、ボールを２個持って、スタートラインからレジ袋の口をめがけて、ボールを勢いよく転がして入れます。
④ボールが入ったら１点をつけて、順次行います。得点の多い子が勝ちとなります。繰り返して遊びます。

【メ　モ】

・慣れてきたら、レジ袋の数を増やしたり、転がす距離を長くしましょう。

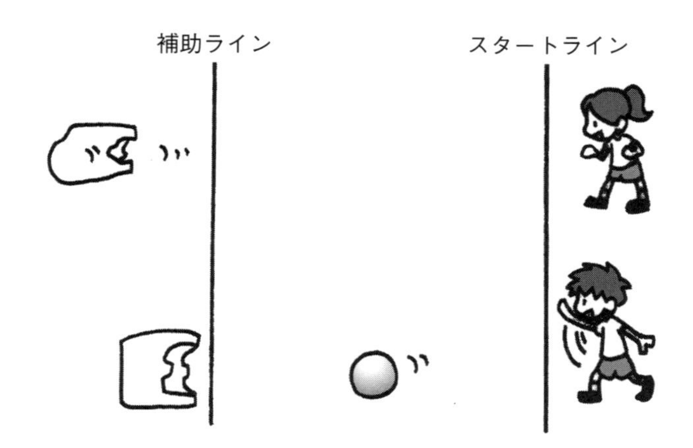

5　廃材を使った運動あそび

(1) ネットを使った運動あそび

●雪だまあそび

作り方が簡易であるため、子どもとともに作ることができるので、運動意欲を高めます。

大量に作れるので、あそびのバリエーションが広がります。また、あたってもあまり痛くないので、ダイナミックに遊べます。

—雪だまの作り方—

新聞紙（１ページ 見開きの半枚分）を軽く丸めて、ネット（りんごや柿など果物の保護ネット）に入れ、布ガムテープ（白色約５ｃｍ）でネットの上下を止めます。

雪合戦

【あそびで育つもの】

・操作系運動スキル（投げる）の向上

・瞬発力・協応性・巧ち性・敏捷性・空間認知能力の育成

【あそびの準備】

雪だま（人数×２～３）

中央ライン（１）

【あそび方】

①各自、雪だまを２個持ち、打ち上げ花火のように高く投げます。

②慣れてきたら、皆で一斉に「ドカーン」と言って、高く投げます。

③２チームに分かれて、中央ラインから出ないように、雪だまをぶつけ合います。

【メ　モ】

・雪だまぶつけは、あたるのが怖い子どももいますので、苦手な子どもは中央ラインより遠くで準備します。初めは、指導者と加減をしながら遊びましょう。

雪だまはこび

【あそびで育つもの】

・操作系運動スキル（持って走る）・移動系運動スキル（走る）の向上

・巧ち性・協応性・敏捷性・空間認知能力の育成

・協調性・協力性など、社会性の育成

【あそびの準備】

雪だま（人数×３～４）

体操帽（チーム数）

ダンボール箱（チーム数×２）…雪だまを入れる箱

スタートライン（１）

【あそび方】

①１チーム８人程度で、スタートラインにチームごとに１列縦隊で並びます。先頭は体

操帽を持って準備します。

②スタートの合図で、前方の雪だまが入っているダンボール箱めがけて走ります。

③雪だまを体操帽に運べるだけ入れて、中央のダンボール箱まで戻り、空け、体操帽を持ってスタートまで戻り、次の人と交代します。帽子がバトン代わりになります。

④雪だまの箱が空になるまで何回も行います。

⑤早く空になったチームが優勝です。

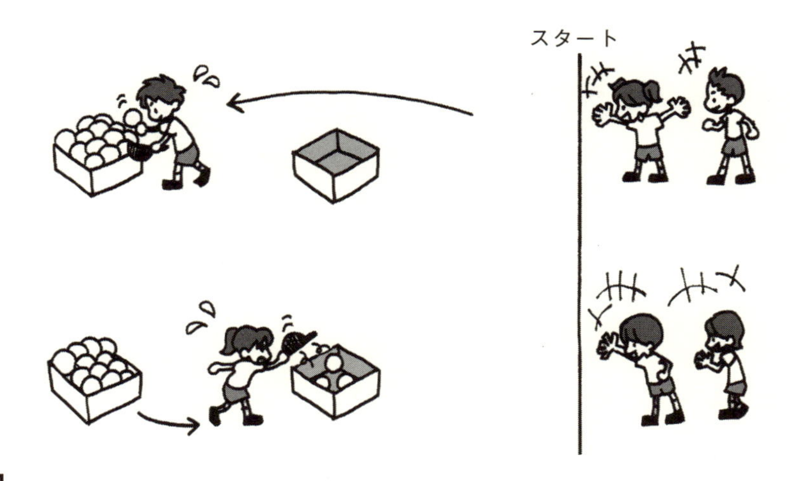

【メ　モ】

・体操帽は、片手で持つ約束をします。

・全員に順番が回ってくるように、雪だまを多めに準備します。

・途中で落とした雪だまは、補助者が元の雪だま箱に戻します。

いろいろシュート

【あそびで育つもの】

・操作系運動スキル（投げ入れる）の向上

・協応性・巧ち性・空間認知能力の育成

【あそびの準備】

雪だま（人数×２～３）

ゴールとなるもの（適宜）…底が空いているダンボール箱やダンボールにカバの絵を描き、口をくりぬいたもの等

ライン（適宜）

【あそび方】

①ゴールに雪だまをシュートさせて遊びます。

②慣れてきたら、遠くから投げ入れます。

【メ　モ】

・コーナーあそびとして、環境設営をして遊びます。

・皆で、ゴールとなるものを製作しましょう。

(2) 新聞を使った運動あそび

新聞は、折る・丸める・広げる・ちぎる等の手先を使った微細な運動から、投げる・跳ぶ・くぐる・走る等のダイナミックな運動まで、バリエーション豊かにあそびが展開できます。

●忍者の修行

忍者になりきり、様々な術を体験しながら運動あそびを進めていきます。

変身の術

【あそびで育つもの】

・操作系運動スキル（新聞紙を掲げる、突き上げる）・移動系運動スキル（ジャンプする）・平衡系運動スキル（片足バランスを保つ）の向上

・巧ち性・協応性・平衡性・瞬発力・敏捷性・身体認識力・空間認知能力の育成

【あそびの準備】

新聞紙（1人 見開き1枚）

【あそび方】

①指導者の「家の中！」のかけ声で、新聞紙の中に入ります。

②指導者の「床の下」のかけ声で、新聞紙の中でうつ伏せになります。

③指導者の「壁の中」のかけ声で、片足立ちになり、両手で新聞を掲げます。

④指導者の「変身！」のかけ声で、両手で新聞紙を突き上げながらジャンプをします。

【メ　モ】

・指導者は、子どもたちの様子を見ながらすすめます。

跳び越しの術

【あそびで育つもの】

・操作系運動スキル（新聞紙を折る）・移動系運動スキル（ジャンプする）の向上

・協応性・瞬発力・敏捷性・リズム感・空間認知能力の育成

・友だちを認める・励ます・順番を待つ等の社会性の育成

【あそびの準備】

新聞紙（１人 見開き１枚）…各自、新聞紙で山や川、橋などをイメージして自由に折り、スタートからゴール地点までに自由に散在させて置きます。山や家など、立体的に折る場合は、２～４つ折りにして、折り返しを多めに取ると立ちます。

スタート（1）

跳び箱や巧木台など、１段程度の高さ（チーム数）

【あそび方】

①子どもたちを、１チーム８人程度でチーム分けをします。

②スタートラインにチームごとに縦列で並び、指導者の合図で、先頭の子どもから新聞の山や川を飛び越えて、橋を渡りながら前方の跳び箱まで進みます。

③跳び箱でバンザイをしてから、スタート地点まで同様に戻り、次の子にタッチして交代します。

④慣れてきたら、リレー競争をしましょう。

【メ　モ】

・新聞で作る山や川の見本をいくつか用意しておきましょう。

・ジャンプで新聞上に着地すると、滑る場合があります。滑りそうな所は、あらかじめテープで数箇所を留めておきましょう。

穴くぐりの術

【あそびで育つもの】

・操作系運動スキル（新聞紙を破らないようにくぐる）の向上

・巧ち性・身体認識力・空間認知能力の育成

・友だちを認める・励ます・順番を待つ等の社会性の育成

【あそびの準備】

新聞紙（３人で１枚）…新聞紙を２つ折りにし、中央に切り口をマジックペンで描いておきます。

【あそび方】

①３人で協力して、新聞紙の切り口に沿って手で破き、穴を開けます。

②新聞紙を開き、２人で持ち、もう１人が新聞紙の穴を破らないようにくぐります。

③交代で行います。

【メ　モ】

・破いた時の補充として、新聞は多めに用意しましょう。

川渡りの術

【あそびで育つもの】

・移動系運動スキル（新聞紙上に乗って移動する）の向上

・巧ち性・協応性・平衡性・身体認識力・空間認知能力の育成

【あそびの準備】

新聞紙（見開きの半分を人数分）

【あそび方】

①新聞紙を半分に破り、２枚にします。

②破いた新聞紙に１枚ずつ片足を乗せ、すべるように歩きます。

③慣れてきたら、ジャンケン電車に展開します。２人でジャンケンをして、負けたら勝った子の後ろにまわり、肩に両手を置いて電車になります。新聞紙から足が離れないようにしましょう。

④順次ジャンケンを行い、勝ち残った子が運転手になり、好きなところに移動できます。

【メ　モ】

・勝ち残った子に、皆で拍手を送りましょう。

的当ての術

【あそびで育つもの】

・操作系運動スキル（目標物に向かって投げる）の向上

・巧ち性・協応性・平衡性・身体認識力・空間認知能力の育成

【あそびの準備】

新聞紙（見開きを人数分と、的の分として適宜）…各自、新聞紙を半分に破り、２枚にして、丸めて石つぶてを２個作ります。

テープ・竿（１）…的となる新聞紙（破れやすいように、切込みを少し入れておきます）を洗濯バサミ等でぶら下げます。

ビニール袋（チーム数）…45リットル

【あそび方】

①子どもたちを、２チームに分けます。

②スタートラインにチームごとに縦列で並び、合図で、先頭の子どもから順番に、石つ

ぶてを的に当てて、破いたり、落としたりします。

③投げ終わったら、そのまま戻り、次の子にタッチします。

④全員が終了したら、全員で石つぶてを取りに行き、くり返して遊びます。

⑤最後は各チームで、石つぶてをビニール袋（45リットル）に入れて、大きな石つぶてを作ります。

⑥スタートラインにチームごとに２人組になり、縦列で並びます。合図で、先頭のグループから大きな石つぶてを２人で持ち、力を合わせて的に当て、再び２人でスタートまで持ち帰り、次のグループに渡して遊びます。

【メ　モ】

・１方向から当てるように安全配慮をしましょう。

友だちと力を合わせるの術

【あそびで育つもの】

・移動系運動スキル（棒を持って走る）・操作系運動スキル（新聞上のボールを操る）の向上

・巧ち性・協応性・平衡性・身体認識力・空間認知能力の育成

・協調性・協力性・励ます・順番を待つ等の社会性の育成

【あそびの準備】

新聞紙（２）…見開きの半分

棒（２）…見開きの新聞紙を３枚重ねて、横巻きにし、テープで止めたもの

ボール（２）…使用済みの新聞紙をまるめて、カラーテープで止めたもの

ダンボール箱（２）…新聞ボールを入れて、新聞紙を乗せて設置します。

コーン（２）

【あそび方】

①図のように、用具を設置します。

②２チームに分け、２人組でスタートラインに並びます。

③スタートの合図で、先頭の子どもは２人で棒を持ち、ダンボール箱の所まで進みます。

④棒を置いて、２人で新聞紙の端を持ち、新聞ボールを乗せて、落とさないようにコーンを回って、棒が置いてあるところまで戻り、ダンボール箱の中に新聞ボールを入れ、新聞紙もあったように乗せて置きます。

⑤再び２人で棒を持ってスタート地点まで戻り、次の子に棒を渡します。棒をバトン代わりにしたリレー競争です。

【メ　モ】

・新聞棒にポンポンや紙テープ等で飾りをつけ、魔法の棒と称して使うと、運動意欲も高まります。

16章

体育あそびの実際
——用具を使った体育あそび

〔佐野裕子〕

用具を使った体育あそびは、幼児期に身につけるべき操作系・平衡系・移動系の基本運動スキルの向上やバランスのとれた体力育成を図る上で効果的なあそびです。また、自分のからだをコントロールする内容が多く含まれていますので、安全能力を養う上でも、日常生活の中に取り入れていきたいあそびのひとつです。技術的な面からも、できたときは満足感や達成感が得られ、心の成長にもつながるといえます。しかし、技術の習得に終始してしまうと、子どもにとっては強制されている気持ちが先行し、あそびではなくなります。「できた」「できない」ではなく、その用具を使用してどのくらい楽しくからだを動かし、遊べたかが重要です。

ここでは、ボール・フラフープ・なわを使った体育あそびを紹介します。

≪留意事項≫

・用具を扱うにあたっては、あそび始める前に、用具の持つ特性を伝えましょう。

・用具は消耗品です。徐々に劣化してきますので、毎回、点検を怠らないようにすることが大切です。

・子どもは、用具を手にすると興味本位で勝手に遊び始めてしまうことがあります。思わぬけがに結びつくため、取り扱いについての注意を行ってから用具を渡すようにします。楽しさと危険は、表裏一体であることを常に念頭に置き、安全計画を立てましょう。

・子どもは、まだ手先が不器用で、細かいコントロールは苦手です。子どもの発達特性をふまえた上で、その子どもにあった方法を探しながら、指導にあたるようにします。

1　ボールあそび

ボールコントロール能力は、あらゆる運動に共通するものがあり、運動技能の向上に役立ちます。ボールの特性を生かしたあそびを多く経験させてあげることにより、基本運動スキルの向上を図ることができ、ボールゲームも楽しむことができます。

≪指導計画時における留意事項≫

・子どもにとって、手首のスナップを利かせてボールを操作することは難しいです。初めは、力加減がわからず、予想外のところにボールが飛んでいくため、追いかけていくときに子ども同士で衝突することがあります。そのため、スペースを十分にとって行うことが大切です。
・ボールは、対象年齢や遊ぶ場所・内容に応じて、その種類を使い分けます。
・ボールの汚れや破損など、状態を確認しておきます。

≪プログラム実践における留意事項≫
・ボールの弾み具合を調節します。低年齢児や扱いに慣れていない子どもに対しては、弾みすぎないように配慮します。
・子どもは、ボールを手渡すとすぐに遊び始めてしまうことがあります。安全配慮や社会性を育むためにも、皆で遊ぶときは、全員が揃うまで待っていることを伝えてから渡しましょう。

(((持てるかな)))

【あそびで育つもの】
・非移動系運動スキル（その場で持つ）・操作系運動スキル（身体各所で持つ）
・協応性・巧ち性・筋力・身体認識能力

【あそびの準備】
ボール（適宜）

【あそび方】
からだのいろいろな部分を使って、ボールを持ったりはさんだりして、できるだけ多くのボールを持つ競争をします。

【メモ】
いろいろな大きさのボールに挑戦してみましょう。

(((ラッコ)))

【あそびで育つもの】

・操作系運動スキル（ボールを抱える）・非移動系運動スキル（その場で揺れる）

・巧ち性・腹筋力・柔軟性・身体認識力・空間認知能力

【あそびの準備】

ボール（人数分）

【あそび方】

仰向けになってボールを腹や両足にはさみ、背中をまるめ、ゆりかごのようにからだを前後に揺らします。

【メモ】

・前転の基本運動になります。

・慣れてきたら、リズミカルに続けてみましょう。

・前転や後転の準備運動にもなります。

(((クレーン)))

【あそびで育つもの】

・操作系運動スキル（足ではさんだボールを上下させる）・非移動系運動スキル（その場で足を上げて維持する）

・巧ち性・協応性・腹筋力・身体認識力・空間認知能力

【あそびの準備】

ボール（人数分）

【あそび方】

長座姿勢で両足にボールをはさみ、落とさないように上下させます。

【メモ】

・２人で向かい合って座り、真ん中にボールを置き、お互いに足にはさんでボールを上下させます。

・数人が横に並んで座り、足ではさんだボールを、足渡しで隣に送っていくあそびにも展開できます。

(((カンガルージャンプ)))

【あそびで育つもの】

・操作系運動スキル(足ではさむ)・移動系運動スキル(ジャンプする)

・巧ち性・瞬発力・リズム感・身体認識力・空間認知能力

【あそびの準備】

ボール(人数分)

【あそび方】

ボールを両足にはさみ、そのままいろいろなところにジャンプして移動します。

【メモ】

バランスを崩しやすいので注意しましょう。

(((ボールの赤ちゃん)))

【あそびで育つもの】

・操作系運動スキル(背負って持つ)・移動系運動スキル(持って歩く)

・協応性・柔軟性・身体認識力

【あそびの準備】

ボール(人数分)

【あそび方】

(1) ボールを背中におんぶして歩きます。

(2) 慣れてきたら、走ったり、スキップをしたりします。

【メモ】

・ボールの大きさや重さを変えて挑戦してみましょう。

・リレーなどに発展させてみましょう。

ボールの帽子

【あそびで育つもの】

・操作系運動スキル（頭で支える）

・協応性・身体認識力

【あそびの準備】

ボール（人数分）

【あそび方】

(1) 頭の上にボールを乗せて、落ちないようにおさえます。

(2) ボールから手を離し、拍手をします。ボールが落ちそうになったら、拍手をやめておさえます。

(3) ボールを落とさないで、何回、拍手ができるかを競います。

【メモ】

ボールの大きさを変えて挑戦してみましょう。

走ってとって

【あそびで育つもの】

・移動系運動スキル（走る）

・瞬発力・スピード・身体認識力・空間認知能力

【あそびの準備】

・ボール（人数分）…スタート地点から２～３ｍ先にボールを置きます。

・スタートライン（１）

【あそび方】

(1) スタートラインに横１列に並びます。

(2) スタートの合図で走り、ボールをとります。

(3) 慣れてきたら、しゃがむ・後ろを向く・後ろ向きでしゃがむ・うつ伏せになる・寝る等、様々なポーズからスタートします。

【メモ】

ボールを２人で１個にして、どちらが取れるか競争してみましょう。

もしも動物だったら

【あそびで育つもの】

・移動系運動スキル(這う・ジャンプをする等)

・巧ち性・柔軟性・筋力・身体認識力・空間認知能力

【あそびの準備】

ボール（人数分)

【あそび方】

(1) 様々な動物になって、前方に置かれたボールを、取りに行きます。

例：カンガルー・ウサギ → ジャンプ

カエル → 両手をついてジャンプ

クマ → 四つん這い

片足クマ(片足をけがしたクマ)→高這いで片足を上げる

赤ちゃんクマ → 這い這い

ヘビ → 腹這いで前進

(2) チームに分かれて、競争します。

【メモ】

・子どもたちに、模倣したい動物と動きを考えさせてみましょう。

・工夫した動きや、楽しい表現などを評価し、しっかりほめてあげましょう。

(((世界一周)))

【あそびで育つもの】

・操作系運動スキル（足、腰まわりを転がす）

・協応性・柔軟性・身体認識力

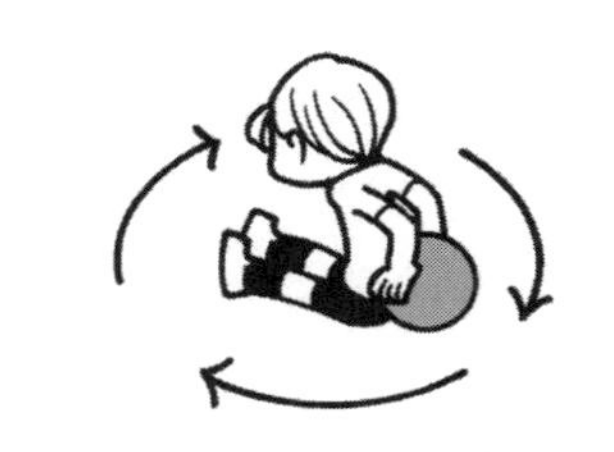

【あそびの準備】

ボール（人数分）

【あそび方】

長座姿勢になり、ボールを足、腰のまわりに転がして一周させます。

【メモ】

ボールの大きさや転がす方向、速さを変えてみましょう。

(((2人でころがしっこ)))

【あそびで育つもの】

・操作系運動スキル（転がす）

・巧ち性・協応性・空間認知能力

・協力・協調性などの社会性

【あそびの準備】

ボール（2人に1個）

【あそび方】

(1)　2人で向かい合って開脚座りをし、ボールを手や足で転がしたり取ったりします。

(2) 開脚して、足の間からボールを転がしたり取ったりします。

(3) 同様に、肘や手のひらで転がしたり取ったりします。

【メモ】

・ボールの種類や、お互いの距離を変えて遊んでみましょう。

・２人に慣れてきたら、３人や４人であそびを楽しみましょう。

ナイスキャッチ

【あそびで育つもの】

・操作系運動スキル（転がす・手・足・尻で取る）

・巧ち性・協応性・敏捷性・空間認知能力・身体認識力

・協力・協調性などの社会性

【あそびの準備】

ボール（２人に１個）

【あそび方】

(1) ２人で１組になります。

(2) １人が転がしたボールを、もう１人が両手や片足、尻、腹、頭などの様々な身体部位でキャッチします。

【メモ】

ボールの大きさや転がすスピードを変えて楽しんでみましょう。

(((ドアを開けて！)))

【あそびで育つもの】

・操作系運動スキル（転がす）

・協応性・瞬発力・巧ち性・空間認知能力

【あそびの準備】

ボール（2人に1個）

【あそび方】

(1) 2人で1組になります。1人はドアに見立てた両足を閉じ、直立して準備をします。

(2) 1人は、相手の足元をめがけて、ボールを転がします。

(3) ドア役の子は、ボールの動きに合わせて開脚し（ドアを開ける）、ジャンプして通過させます。

【メモ】

・腹や背中など、からだの各部位を使ってドアを作ります。

・慣れてきたら、グループで1列になって、長いドアを作ります。

・グループ対抗で、転がし競争に展開してみましょう。

ボールつき

【あそびで育つもの】

・操作系運動スキル（両手や片手でつく）

・協応性・リズム感・身体認識力

【あそびの準備】

ボール（人数分）

【あそび方】

(1) 膝や腰でリズミカルに調子をとりながら、両手でボールをつきます。

(2) 慣れてきたら、片手でついたり、両手で交互につきます。

【メモ】

・歩く・走る・スキップ等をしながらつくのもよいでしょう。

・幼児は、手首のスナップを利かせてボールを操作することは難しいです。初めは力加減がわからず、予想外のところにボールが飛び、取りに行った子ども同士で衝突する場合もあるので、スペースを十分にとって行いましょう。

・ボールの空気調節をし、弾み具合を確認しておきましょう。

ロケット発射！

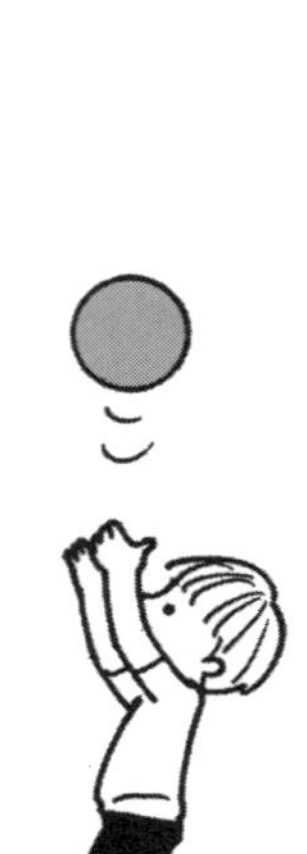

【あそびで育つもの】

・操作系運動スキル（ボールを投げ上げて取る）

・協応性・巧ち性・空間認知能力

【あそびの準備】

ボール（人数分）

【あそび方】

(1) ボールをロケットに見立てて、なるべく高く投げ上げて取ります。

(2) 慣れてきたら「5・4・3・2・1・0、発射！」のかけ声とともに、皆で一斉に行い、高さを競います。

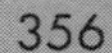

【メモ】

・予想外のところにボールが飛んでいくため、スペースを十分にとって行いましょう。

・いろいろな大きさのボールで挑戦してみましょう。

(((立って座ってキャッチ)))

【あそびで育つもの】

・操作系運動スキル（ボールを投げ上げて取る）

・協応性・巧ち性・平衡性・空間認知能力

【あそびの準備】

ボール（人数分）

【あそび方】

(1) 長座姿勢になり、自分で上へ投げたボールを立ち上がってキャッチします。

(2) 立った姿勢から、ボールを投げ上げて、座ってからキャッチします。

【メモ】

ボールを投げ上げて、手をたたいて（拍手して）取ったり、ワンバウンドさせて取ったり、いろいろなバリエーションを考えてみましょう。

2人であそぼう

【あそびで育つもの】

・操作系運動スキル(投げる・取る)

・協応性・巧ち性・瞬発力・敏捷性・空間認知能力

・協力・協調性などの社会性

【あそびの準備】

ボール(2人に1個)

【あそび方】

(1) 2人で1組になり、ボールを投げたり、取ったりします。

(2) 2人の距離を徐々に離していきます。

(3) 慣れてきたら、投げ方を変化させます。ワンバウンド、オーバースロー、アンダースロー、前屈や後屈で投げる(立位背面投げ)、足の下から投げる(股下投げ)等を試みます。

【メモ】

他のグループとぶつからないように、十分に間隔をあけます。

3人であそぼう

【あそびで育つもの】

・操作系運動スキル（投げる・取る）

・巧ち性・協応性・敏捷性・瞬発力・空間認知能力

・協力・協調性などの社会性

【あそびの準備】

ボール（３人に１個）

【あそび方】

(1) ３人で１組になり、１人の子をはさむように２人で向かい合います。

(2) 両側の２人は、真ん中の子に取られないように、ボールを投げたり取ったり、転がしたりします。

(3) 位置を交代して行います。

【メモ】

・あそびに慣れてきたら、２人で向かい合う距離を徐々に離していきます。

・真ん中の子がなかなかボールを取ることができなければ、中に１人を加えて２対２で行ってみましょう。

みんなであそぼう

【あそびで育つもの】

・操作系運動スキル(投げる・取る）・移動系の運動スキル(走る)

・協応性・巧ち性・スピード・瞬発力・空間認知能力

・協力・協調性などの社会性

【あそびの準備】

ボール（１チームに１個)

【あそび方】

(1) １チーム８～10人で、チームごとに遊びます。

(2) １チームを２グループに分け、向かい合って並びます。

(3) 先頭の子は相手にボールをパスして、急いで相手グループの最後尾に並びます。

(4) 以上を繰り返し、一巡したら全員が座ります。一番早いチームの勝ちとします。

【メモ】

ボールを落としたら、最初からやり直しというルールにしてもよいでしょう。

探検に行こう！

【あそびで育つもの】

・操作系運動スキル（投げる）・移動系運動スキル（くぐる）

・巧ち性・協応性・空間認知能力

【あそびの準備】

・ボール（人数分）

・フラフープ（赤・黄・青の３色・各１本）

・スズランテープ（赤・黄・青の３色・適宜）

・布（赤・黄・青の３色・各２m）

フラフープに同色のスズランテープと布をつけ、トンネルを作ります。

【あそび方】

(1) 子どもは、赤・黄・青のトンネルから、入ってみたいトンネルを１つ選び、ボールを投げ入れます。続いて自分もトンネルに入り、ボールを取ります。

(2) 他のトンネルにも挑戦します。

【メモ】

・フラフープやボールの大きさを変えて楽しみましょう。

・あそびに慣れてきたら、ボールを投げる位置を少しずつ離していきましょう。

・ボールを転がして入れる方法も試してみましょう。

ぐるぐるをやっつけろ！

【あそびで育つもの】

・操作系運動スキル（投げる）

・協応性・瞬発力・空間認知能力

【あそびの準備】

・ボール（人数分）

・段ボール箱（１）／渦巻きの絵（１）…ダンボール箱に、渦巻きを描いた絵を貼り、上のふたの部分を切り取って的を作ります。

・スタートライン（１）…スタートラインから１ｍ先に、的を置きます。

【あそび方】

(1) スタートラインの手前から、的「ぐるぐる」に、ボールを当てたり、中に入れたりします。

(2) 慣れてきたら、的までの距離を長くします。

【メモ】

・いろいろな種類のボールで行いましょう。

・低年齢児には、的を大きくしましょう。

蹴ってあそぼう

【あそびで育つもの】

・操作系運動スキル

・協応性・巧ち性・敏捷性・空間認知能力

【あそびの準備】

・ボール（人数分）

・ゴール（適宜）

【あそび方】

(1) ゴールに向かって、つま先や足の甲でボールを蹴って遊びます。

(2) 慣れてきたら、ゴールに向かって走りながら蹴ります。

(3) ２人組になり相手がキックしたボールを足で受け止め、蹴って相手に返し、お互いにパスしあいます。

(4) チームに分かれてサッカーあそびを行います。

【メモ】

・最初はやわらかいボールを使います。

・慣れてきたら、サッカーボールを使ってみましょう。

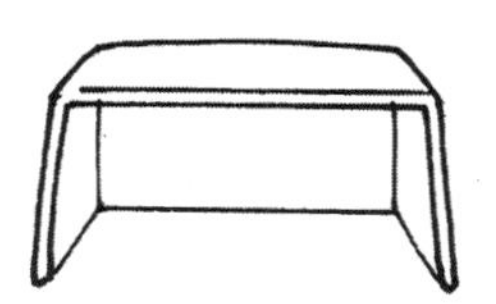

2　フラフープあそび

フラフープは、軽くて扱いやすい用具で、転がす、回す・くぐる・跳ぶ等、いろいろなあそび方ができます。大きさは、直径約15cm程度のものから、1メートル以上あるものまで様々です。また、製法も釘で止めてあるものや、はめ込み式のものがあります。フラフープの特性を活用し、様々なあそびに挑戦しながら、幼児期に身につけたい、操作系・平衡系・移動系・非移動系の運動を楽しく体験できるように計画するとよいでしょう。

【プログラム実践における留意事項】

・つなぎ目に釘が打ってあるフラフープは、釘がゆるんでいたり、抜け落ちていることもあるので、毎回確認してから使用しましょう。

・はめ込み式のフラフープは、外れることがあるので注意して下さい。

(((のりものごっこ)))

【あそびで育つもの】

・操作系運動スキル（フラフープを操る）・移動系運動スキル（フラフープを持って歩く・走る）

・巧ち性・協応性・敏捷性・筋力・集中力・身体認識力・空間認知能力

【あそびの準備】

フラフープ（人数分）

【あそび方】

フラフープを車や電車に見立てて遊びます。

(1) 自転車…フラフープを股にはさむようにして両手で持ち、走ります。

(2) 車……フラフープの中に入り、両手で持って走ります。

(3) 電車…フラフープをヒモで結んで連結し、電車に見立てます。子どもが中に入って両手で持ち、一方向に進みます。先頭の子が運転手役になり、スピードや方向を決めて移動します。運転手役は、交代しながら進めましょう。

【メモ】

掃除機をかける（両手でフラフープを持って、床をゴシゴシする）、お風呂に入る（フラフープの中に入る）、布団に入る（長座姿勢でフラフープを足から通し、上向きで寝る。フラフープを尻から頭に通して、正面に戻す）等のバリエーションを楽しみましょう。

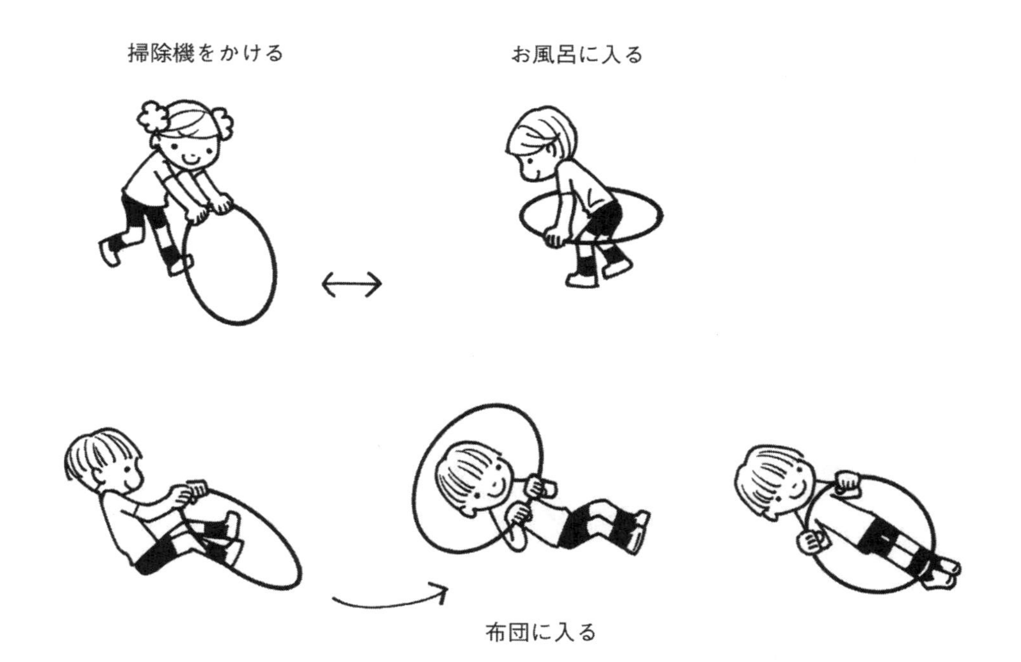

なべなべ底ぬけ

【あそびで育つもの】

・操作系運動スキル（フラフープを操る）・移動系運動スキル（回る）

・リズム感・巧ち性・柔軟性・身体認識力・空間認知能力

・協力や協調性などの社会性

【あそびの準備】

フラフープ（２人に１本）

【あそび方】

「なべなべ底ぬけ　底がぬけたらかえりましょ」のわらべうたを歌いながら行います。

(1)　２人で向かい合い、フラフープを持ちます。

(2)「なべなべ底ぬけ」と歌いながら、フラフープを左右に揺らします。

(3)「底がぬけたらかえりましょ」で、１回転して戻ります。

【メモ】

・はじめはゆっくり歌い、慣れてきたら、速く歌います。

・お互いの息を合わせて行いましょう。

フラフープと競争

【あそびで育つもの】
- 移動系運動スキル（走る）
- スピード・瞬発力・集中力・空間認知能力

【あそびの準備】
- フラフープ（人数分）
- スタートライン（1）

【あそび方】

指導者がフラフープを転がします。子どもはフラフープと競争し、フラフープを取ります。

【メモ】

フラフープが予想外の方向に転がって行く場合があります。転がす方向を一定にしたり、スペースを十分とる等して、安全配慮をしましょう。

まてまてトンネル

【あそびで育つもの】

・操作系運動スキル（フラフープを転がす）・移動系運動スキル（くぐり抜ける）

・巧ち性・スピード・集中力・身体認識力・空間認知能力

【あそびの準備】

フラフープ（人数分）

【あそび方】

(1) 指導者がフラフープを転がして、子どもがフラフープをくぐり抜けます。

(2) 慣れてきたら、子どもが自分でフラフープを転がし、追いかけて行き、くぐり抜けます。

【メモ】

スペースを十分にとって、安全を確認して遊びましょう。

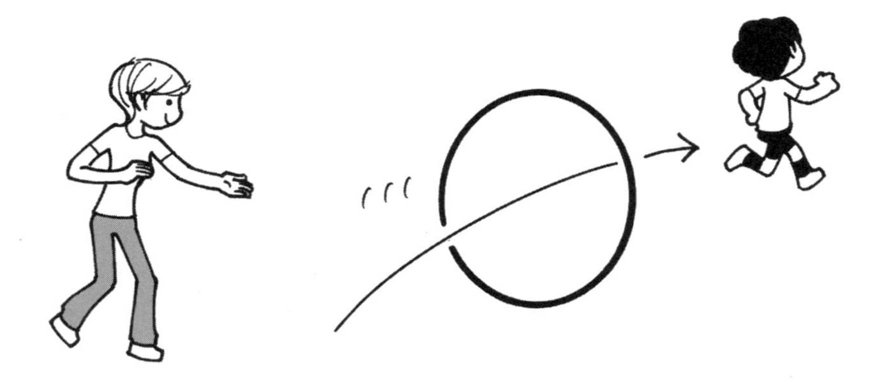

(((フープゴマ)))

【あそびで育つもの】

・操作系運動スキル（フラフープを回す）・移動系運動スキル（ジャンプする）

・協応性・瞬発力・集中力・空間認知能力

【あそびの準備】

フラフープ（人数分）

【あそび方】

(1) フラフープをコマのように回します。誰のフラフープが一番長く回っているかを競争します。

(2) 慣れてきたら、フラフープが倒れたところで、ジャンプしてフラフープの中に跳び込みます。

【メモ】

スペースを十分にとって、安全に配慮しましょう。

フープゴマ競争

【あそびで育つもの】

・移動系運動スキル（走る）

・スピード・瞬発力・集中力・空間認知能力

・協力・協調性・順番を待つ等の社会性・数の概念（戻ってきた子を数える）

【あそびの準備】

・スタートライン（1）

・フラフープ（1）

・コーン（チームに1）

【あそび方】

(1) スタートラインの手前に、チーム（1チームは8〜10人）ごとに1列になって並びます。

(2) 指導者は、スタートの合図とともに、フラフープをコマのように回します。

(3) 先頭の子は、スタートの合図で走り、前方のコーンを回って戻ってきて、次の子にタッチします。

(4) フープゴマが倒れて動かなくなったら、指導者は終了の合図をします。コーンを回れた子が多いチームの勝ちとします。

【メモ】

・スペースを十分にとり、安全に配慮します。

・コーンを回って戻ってきた子の人数を、大きな声で皆で数えましょう。

(((フラフープ回し)))

【あそびで育つもの】

・操作系運動スキル（フラフープをからだで回す）

・協応性・巧ち性・リズム感・身体認識力

【あそびの準備】

フラフープ（人数分）

【あそび方】

(1) フラフープを腰で回します。

(2) 片腕や両手腕で回します。

【メモ】

慣れてきたら、いろいろな大きさのフラフープに挑戦してみましょう。

(((フープとび)))

【あそびで育つもの】

・操作系運動スキル（フラフープを回して跳ぶ）

・巧ち性・協応性・リズム感・身体認識力

【あそびの準備】

フラフープ（人数分）

【あそび方】

フラフープを短なわ跳びのように、持って跳びます。

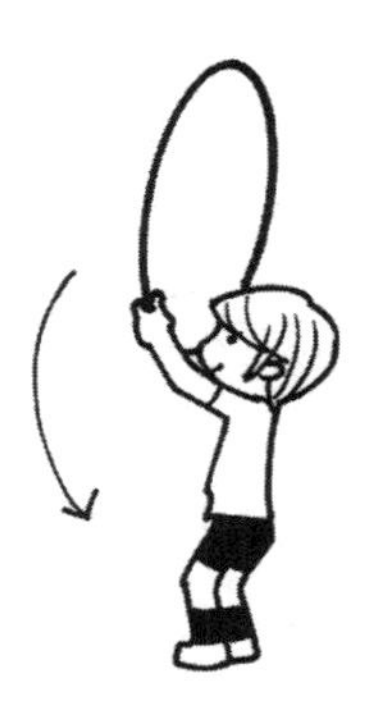

【メモ】

・前回旋ができるようになったら、後ろ回旋に挑戦してみましょう。

・前へ移動しながら（走りながら）、跳んでみましょう。

⦅⦅ 島わたり ⦆⦆

【あそびで育つもの】

・移動系運動スキル（跳ぶ・走る）

・瞬発力・リズム感・スピード・集中力・空間認知能力

・友だちを認める・励ます・順番を待つ等の社会性

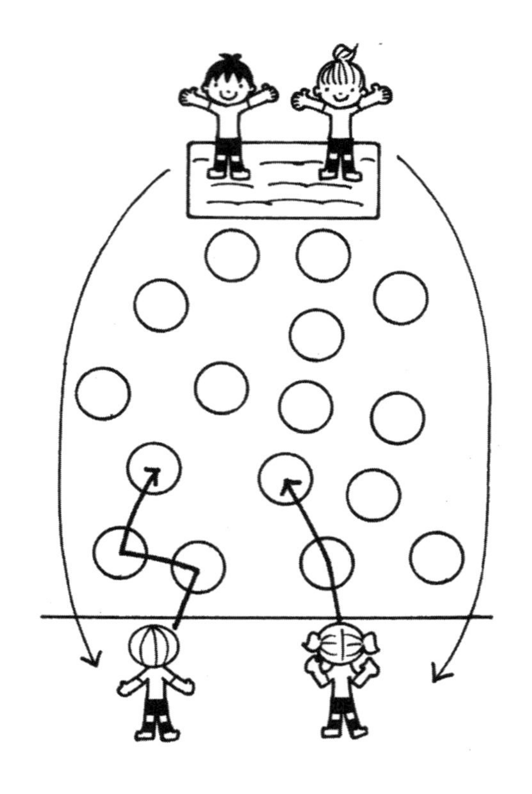

【あそびの準備】

・スタートライン（1）

・マット（1）…スタートラインから10mほど離れたところに敷きます。

・フラフープ（16〜20）…スタートラインとマットの間に、散在させます。

【あそび方】

(1) 子どもたちを、数チーム（1チームは8人程度）に分けます。

(2) スタートラインの手前に、チームごとに1列で並びます。

(3) 指導者のスタートの合図で、先頭の子どもは、フラフープの中を片足跳びや両足跳びをしながら渡っていきます。

(4) マットの上に着いたら、バンザイをして、置いてあるフラフープの外側を走って戻ります。

【メモ】

・子ども同士が衝突しないように、走者が戻ってから次のスタートの合図をして、安全配慮をします。

・チームの子がマットに着いて、バンザイをしたら、次の子がスタートをするというリレーにしても楽しいでしょう。

(((フープ通し競走)))

【あそびで育つもの】

・操作系運動スキル（くぐり抜ける）・移動系運動スキル（走る）

・巧ち性・協応性・調整力・集中力・スピード・身体認識力・空間認知能力

・友だちを認める・励ます・順番を待つ等の社会性

【あそびの準備】

・スタートライン（1）

・マット（1）

・フラフープ（赤・青・黄・白・緑の５色・適宜）…各色少なくともチーム数は準備し、スタートラインからマットの間に、自由に置きます。

【あそび方】

(1) 子どもたちを、数チーム（1チームは８人程度）に分けます。

(2) スタートラインの手前に、チームごとに１列で並びます。

(3) 指導者はスタートの合図で、色を１つ指定します。例、「よーい、赤！」と合図します。

(4) 先頭の子どもは、赤と指定されたら赤のフラフープを見つけて、頭から、からだの下を通してくぐり、フラフープを置いてマットの島まで走ります。

(5) マットに着いたら、バンザイをして、置いてあるフラフープの外側を走って戻ります。

【メモ】

走者が戻ってから、次のスタートの合図をし、子ども同士が衝突しないように安全の配慮をします。

ケンパーとびわたり

【あそびで育つもの】

・移動系運動スキル（ケンパー跳びをする・走る）

・巧ち性・リズム感・スピード・平衡性・調整力・集中力・空間認知能力

・友だちを認める・励ます・順番を待つ等の社会性

【あそびの準備】

・スタートライン（1）

・マット（1）

・フラフープ（1チームに10本）…スタートラインからマットの間に、ケンパー跳びができるように縦に並べます。

【あそび方】

(1) 子どもたちを、数チーム（1チームは8人程度）に分けます。

(2) スタートラインの手前に、チームごとに1列で並びます。

(3) 先頭の子どもは、指導者のスタートの合図とともに、ケンパー跳びをしながらフラフープを渡っていきます。

(4) マットの上に着いたら、バンザイをして、置いてあるフラフープの外側を走って戻ります。

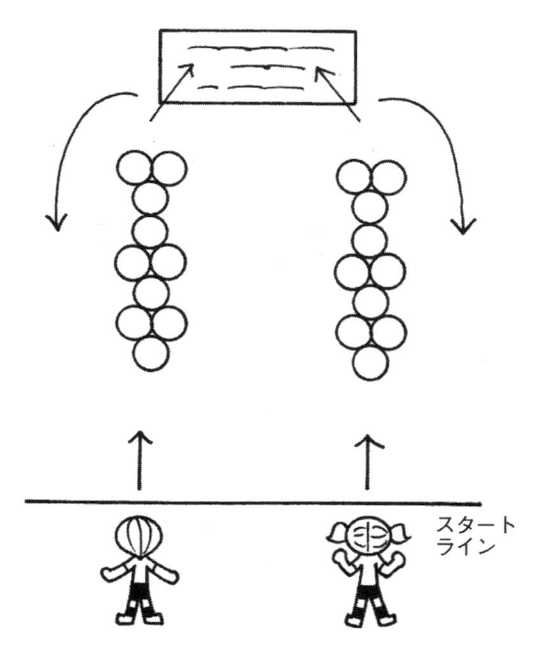

【メモ】

・片足跳びの「ケン」が難しい場合は、両足跳びの「グー」で行うように指導しましょう。

・マットの代わりにチーム数分のコーンを置き、それを回って、ケンパー跳びをして戻ってくるという折り返し競争にしても楽しいでしょう。

3　縄あそび

子どもたちと縄あそびをする時、長縄から使うでしょうか、短縄から使うでしょうか。

どちらから入っても、縄は楽しく遊べることと挑戦することでできる楽しさを味わえることを、時間がかかっても体験できるようにさせたいものです。しかし、子どもたちに短縄を渡すと、子どもから「できない」「嫌だ」「やらない」等の声を聞くことが多くあります。それは、「短縄＝一人跳び」に結びつき、やったことのない子、できなかったことの経験のある子どもがよく言います。でも、そこで終わりではなく、短縄を結んだままでも楽しく遊べることを体験させ、またほどいた後もすぐに一人跳びにもっていかず、跳ぶリズムの入ったものや腕を回すものも体験できるようにします。

(1) 長縄であそぼう

長縄というと、すぐに郵便屋さんで、大波小波になりがちです。

でも、いろいろな使い方があります。

① 一本の縄をまたいで歩く
② 一本の縄の上を踏んで前向きに歩く
③ 一本の縄の上を踏んで横向きに歩く
④ 一本の縄の上を踏んで後ろ向きに歩く
⑤ 縄をジグザグにまたいでいく
⑥ ロープウェー、モノレール

1）長縄で縄が動かないで人が移動する場合

【例 ①】長縄をヘビさんに見立てて、話を進めてみたら……。

寝ているヘビさんを起こさないように、みんなは反対側に行ってみましょう。

全員が反対側に行ったら、またヘビを起こさないで戻ってきます（基本、往復します）。

【例②】みんなが通って行ったら、ヘビさんは起きてしまい、おなかがすき何かを食べ、だんだんおなかが大きくなっていきます（お腹の幅が広くなります）。まずは、卵から……。

【例③】卵→カエル→ブタ→ウマ→ウシ→ゾウ→……など
どんどん大きいものを食べていきます。お腹の大きさも大きくなります。
※ポイント…必ず広い場所と狭い場所を作り、子ども自身が跳ぶ場所を選択できるようにします。

【例④】たくさん食べ過ぎてお腹が痛くなり、うんちをしたらすっきりして ヘビさんは木の上でお昼寝をすることになりました。みんなはその下をくぐります。
※ポイント…両サイドが中央より高くなるようにします。だんだん低くします。

【例 ⑤】食べて、寝たヘビさんは、目が覚めて運動をするために動きだしました。
　　　ヘビさんを踏まないように跳び越えていきます。

２）人が動かないで長縄が移動する場合

みんなが中央近くにばらばらに立ち、移動してきたヘビさんに引っかからないように、ヘビさんが足元を通過したら跳び、頭の上を通過したら当たらないようにします。

※ポイント…子どもが縄に引っかかると危ないので、指導者は縄の端を手に巻きつけないで軽く持つようにします。子どもが引っかかると直ぐに離します。

(((長縄を円縄にしてあそぶ)))

① 全員が縄の外側に座り、縄を左右にまわします。
② 引っ張り合いをします。
③ 引っ張りながら寝て、バンザイするとうまく中に入れますよ。

④　円縄をはさみ、外側の人と内側の人を交互になるようにして、内側の人はお互いの背中がつくように引っ張ります。

外側の人は、それを阻止します。　→　交代

(2) 短縄であそぼう

◆結んだままであそぶ

結んだままの縄を子どもに渡して、そのままで自由に利用させてください。

さて、どんな使い方をするでしょう。それをみんなに紹介していきます。

1）からだのいろいろな所に乗せて歩く…頭／胸／腰など

●女の子　リボン（頭の上）

●おばあちゃん　腰を曲げて歩く（腰に乗せる）

●おとうさん　ひげ（鼻の下に挟む）

など

2）まわす／投げる／滑らすなど

●せんぷうき

輪になっているところに手や腕を通す。
近くの人に当たらないように間隔をあける。

●投げ受け

3）縄取りゲーム

股に挟んである縄の取り合いをします。

① 取った縄は、下に落とします。
② 縄がない人は、落ちている縄を拾って股に挟みます。
③ 終わりの時に、縄を挟んでいるか、いないか。

◆ほどいてあそぶ

① 手で縄を持ち左右に揺らしてヘビにして走ります。
② 縄の片方を背中側のズボンに挟み、人に踏まれないように、他の子の縄を踏みにいきます。
③ ３人組で、縄の跳び越し。

【あそび方】

３人がそれぞれ①、②、③の番号を決めます。②の人、③の人が縄の端をそれぞれ持ち、ヘビ波をして、①の人は縄を踏まないように跳び越します。何回か行い、保育者の合図で跳ぶ人を交替します。その繰り返し。

【短縄ひとり跳びのポイント】

ひとり跳びが上手くできない子は、跳ぶと同時に縄を後ろに回したり前に回したりします。まずは、跳ぶ動作と後ろから前に縄を回す動作に分けて、①立ったまま縄を前に回す、②前に来た縄をまたぐ、を何回も繰り返し行い、感覚をつかませます。その後、またぐ動作を跳ぶ動作に変えて体験させます。

◆縄の長さの目安

縄の中央を両足で踏み、ひじを曲げて持ったとき、縄がピンと張るぐらいがひとつの目安です。ただし、ひとり跳びが初めてでうまく縄が回せない子は、それより少し短めでもよいです。

うまく回せない子は、腰、肩を利用して、縄を回してきます。自分の前に来た縄をまたぎ越します。その繰り返しを何回も行います。

※縄をやさしく回します。
回すと同時にジャンプをさせないこと。

4　なわとび

なわとびは、回ってきたなわを跳び越すタイミングが大事で、脚力だけではなく、バランス力やリズム感も必要です。なわとびが子どもにとって難しいのは、ジャンプと、なわを回すという2つの動作を、タイミングよく同時に行わなければいけないためです。このような、運動の構造が少し複雑な動きは、分割して練習すると、早くコツがつかめます。

ジャンプの練習、上手になわを跳び越す練習、なわを回す練習を分けて行いましょう。

なわとびの一番のポイントは、手首の使い方です。初めは上手になわを回すことができませんが、繰り返し練習をすると、次第にスムーズになわを回せるようになります。あとは、それらの運動を組み合わせる練習です。子どもにとっては少し難しい運動ですが、あきらめず、根気よく練習を指導してください。

≪なわの長さ≫

なわの長さは、両足でなわを踏んで、なわがたるまないようにした状態で、肘が90度くらいになる程度が良いといわれていますが、幼児の場合は、もう少し長めにしましょう。

幼児は腕を大きく回してなわを跳びますので、長い方がやりやすいです。上手になわを回せるようになってきてから、短くしていきましょう。ただ、あまりにも長すぎると跳びにくいため、様子を見て大人が調整をしてあげましょう。

◆なわを回す練習

片手になわの両端を持って、グルグル片手で回します。右手、左手と交互に行います。慣れてくれば、大きく回したり、小さく回したり、速く回したり、遅く回したり、上の方で回したり、下の方で回したり、走りながら回したりと、いろいろな回し方を練習しましょう（すべて片手で行います）。グリップのところが大きい場合は、グリップをとってなわだけを回しても良いです。

上手に回せるようになってきたら、今度は同じようになわの両端を片手で持って、ジャンプをしながら回します。タイミングに合わせて、なわを回す練習です。初めは大きくなわを回しながら、それにできるだけ合わせてジャンプするようにしましょう。タイミングが合っていなくても大丈夫です。何回も繰り返し練習しましょう。

◆前跳びにチャレンジ

実際に両手になわを持って跳びます。はじめはゆっくりなわを回して、回ってきたなわを跳び越します。ゆっくりで良いので、運動を一つひとつ確認しながら行って下さい。慣れてきたら、徐々にスピードを上げていきましょう。

最初は大きくなわを回しますので、なわが回ってきて跳び越すときに、手が下方にないと、なわが足に引っかかって跳べません。なわが大きく回っていても良いので、必ず上に上がった手を下げるという指示を出して下さい。何度も繰り返し行っているうちに運動の統合が起こり、上手になわとびができるようになります。その他の練習方法として、走りながら前跳びの練習をしたり、なわを持たずに、ジャンプに合わせて手をたたく練習をする場合もあります。上達には個人差があります。運動の構造がやや難しいですが、子どもが楽しんで練習に取り組めるよう配慮しながら、指導を続けましょう。

◆ゴム跳びあそび

２～３ｍくらいのゴムを用意して、両端を結び、輪にします。指導者は輪の中に入り、足首にゴムをかけ、少し距離をとってゴムを張らせます。子どもはゴムを跳んだり、踏んだりして遊びます。

膝下くらいにゴムを引っ掛けて、跳んだりくぐったりを繰り返して遊んでみましょう。慣れて上手にできるようになってきたら、跳んでくぐる動作を３回連続で行ってみましょう。体力テストとして行うのも良いでしょう。

ゴムを踏む

ゴムを跳び越える

17章

なわとび・なわあそび

〔北田和美〕

なわを使ったあそびというと、大人はすぐに「なわとび」と考えてしまいがちですが、それだけが、なわの遊び方ではありません。なわが１本あれば、いろいろなあそびができます。なわを使ってしかできない身体感覚を大切にしたあそびを紹介すると、子どもたちは、さらに新しいあそびを考えてくれます。子どもたちの想像力をかきたてるように、なわを使った様々なあそびをしてみましょう。

ここでは、なわを使ったいろいろな動きづくりを高めるあそびを紹介すること、そして、無理なく短なわとびができるようになるための効果的な指導法の２つに重点を置いて、提示します。子どもたちの実態や目的に即して、内容を選択し、「できる・できない」をあまり重視しないで、楽しく身体感覚を育てていけるよう、指導に役立ててください。

1　動きづくりを高めるなわあそび

用具を操作する運動は、その用具があるからできる動き、その用具があるから導かれる空間認識や身体感覚を育てることができるところに醍醐味があります。

なわを使うことでできるおもしろさをあげてみますと、なわを床に置いて道のように線が描ける。ゆらゆらとゆすると、曲線を描いてヘビのように動く。結んだり、解いたりできる。いろいろなところでいろいろな回し方ができる。結んだり、つないだりして引っ張ることができる。まっすぐピンと張ると直線になる等があげられます。

そんななわの特性から導かれる動きは、くぐったり、またいだり、跳んだり、歩いたり、走ったり、引っ張ったり等と、子どもたちに育てたい動きの要素をたくさん含んでいます。中でも、回るなわから遠心力を感じとることや、回っているなわによって作り出される空間やリズムに動きを合わせる、すなわち、なわの動きに自分の動きを合わせるというタイミングのよい動きと身体感覚を育てます。

さらに、何本もなわを組み合わせたり、他の用具を組み合わせたりすると、数え切れないほど、なわによってできるおもしろい動きや遊び方は広がっていきます。

まずは、なわに親しみ、なわの動きに慣れることから、始めましょう。

なわの道を歩く・走る

みんなで遊ぼう！　その〈1〉出会ったらジャンケンホイ！

・なわの道を進んで、反対側からスタートした子に出会ったら、ジャンケンをします。

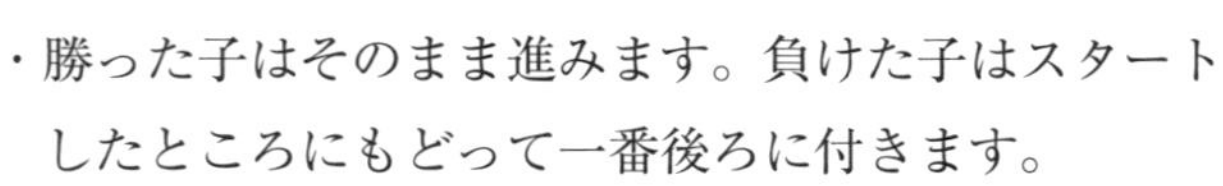

・勝った子はそのまま進みます。負けた子はスタートしたところにもどって一番後ろに付きます。
・負けたチームの次の子は、すぐにスタートして、出会ったら、またジャンケンをします。
・早く相手のスタート地点まで行き着いて、なわの端を踏んだチームが勝ちです。

とびこえたり、くぐったり

引っ張ってすすむ

追いかけよう

・２人組。１人がなわを持って走りまわります。そのなわを追いかけて走り、なわにさわったら交代します。

・３人組。２人が追いかける役になります。

跳び越えよう

なわを足で踏む

・２人組。１人がなわの端を持って、床の上にヘビのようにゆすります。１人は、動くなわを足で踏みます。
・踏んだら交代します。

なわにタッチ！

・ビヨーーーンと跳んで、サッカーのヘディングのように頭でタッチ、バレーボールのブロックのように両手でタッチ、片手でタッチ等、いろいろな動きでタッチしてみましょう。
・なわの高さを変えて、いろいろな高さに挑戦することも楽しいです。

なわ跳びこし①　両足跳び

・なわを置いて両足でジャンプします。
・両足ジャンプは、なわとびの基本です。なわの位置に注意しながら、つま先で、両足ジャンプができるまで、くり返し機会をつくりましょう。

なわ跳びこし②　ジグザグ跳び

・1本のなわを置いて、両足つま先ジャンプで左右に渡ります。
・なわを踏んでしまわないように気をつけて、ジグザグに連続して跳び越します。

なわ跳びこし③　ジグザグ向き変え跳び

・1本のなわに体の正面を向けて跳び、空中で体の向きを変えて着地します。常になわを見ながら跳びます。
・空中で方向変換しなければならないので、バランス能力を高めます。

なわ跳びこし④　グーパー跳び

・２本のなわの間をつま先ジャンプをして、足を開いたり閉じたりしながら、進みます。
・グーはつま先ジャンプ、パーはお休みをします。
・なわとびをしていくための「バランスよく、連続とびができる」能力を高めます。

高なわ跳びこし①　柵越え

・なわの片方をテーブルの脚などに結び付けて、ピンと張ります。
・高さは５cmくらいからはじめて、10cmくらいにまでします。
・かかとを上げ、つま先で跳びます。
・膝をしっかり曲げてジャンプすると、高く跳べることを教えましょう。

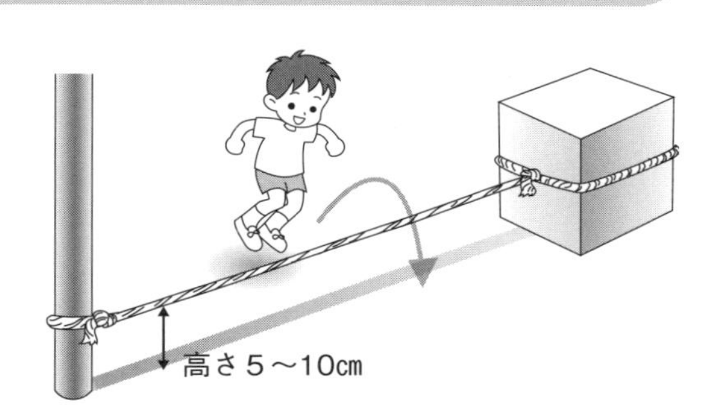

高なわ跳びこし②　小川越え

・なわを怖がるときは、ゴムひもを使って、ゴムとびにします。
・幅広のカラーゴムを使うと、見た目もカラフルで楽しく、跳んでみようという意欲が高まります。

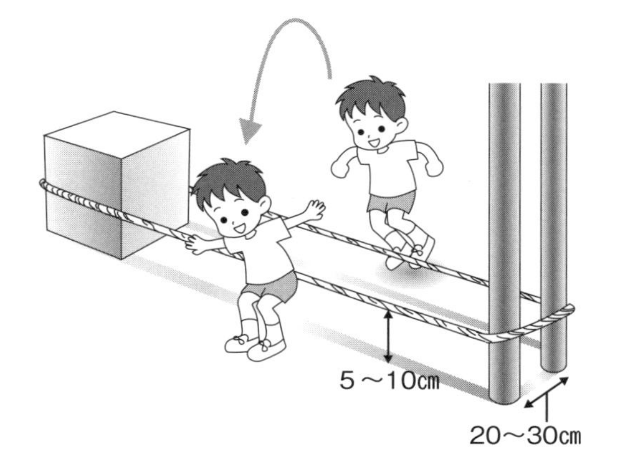

回転なわジャンプ

・はじめは床をすべらせるようにゆっくりとなわを回します。子どもは、なわが足にぶつからないようにジャンプします。これにより、動くなわを目で追いながら一瞬にしてジャンプする能力がつきます。
・慣れてきたら、だんだん早く回してみましょう。
・ジャンプするタイミングで声をかけてあげるとうまくいきます。

ひとり回転なわジャンプ

・大人に回してもらって跳ぶことになれてきたら、自分でなわを回しながら、行ってみます。
・右手でも左手でも行ってみます。

ふたり回転なわジャンプ①

・一人がなわをまわし、もう一人は足になわが当たらないようにジャンプします。
・相手に跳ばせます。

ふたり回転なわジャンプ②

・いっしょに回しながら、自分も跳んでみます。

ボール付き回転なわジャンプ

・柔らかく、当たっても痛くないタオルやボールをなわの先に結んで回します。
・なわだけよりも回転が見えやすく、重量感があって、スピードも出るので、子どもたちは大喜びします。
・レジ袋にバレーボールやドッジボール等を入れて、なわに結んでも、同じように楽しめます。

波越え

・波越えは、長なわを使った小波とびに挑戦するためのあそびです。

・長なわを横に振ったり、縦に振ったりして、より複雑で速い動きをする長なわに子どもの目を慣らし、体の反応を高めます。

① 横　波

・長なわの一方を机の脚や支柱などに結び、横に細かく動かして、横波にします。

・足のそばになわが来たら、すぐ跳ぶとよいです。

② 縦　波

・長なわを縦に細かく動かして、縦波にします。

・波が低くなったら、うまく跳べます。

みんなで遊ぼう！　その〈2〉波がきた！

・指導者２人が長なわを床にすべらせて動かし、子どもたちは一列になって足元にきたらジャンプをします。

・タイミングよく跳べるようにするには、呼吸を合わせることが大切です。跳ぶ前に声を合わせてみます。

・はじめは足元でなわを止め、跳ぶのを待ってあげる配慮も必要です。
・慣れてきたら、なわの動きを速くしたり、子どもたちの数を増やす等、難しくしてみるとさらに楽しめます。

2 短なわとびができるようになるための効果的な指導方法

(1) 短なわとびができるために必要なこと

「自分でなわを回して跳ぶ」という動きは、豊富な身体感覚を養います。とくに、バランスのよい体の使い方やタイミングのよい動きを高めます。さらに、ジャンプ力、手と足を連動して動かす協応動作、両腕を同じリズムで回転させる能力、リズム感や瞬発力も育ちます。

これらの能力がそろうのは、5歳過ぎからなので、4歳後半までは、人が回すなわに合わせてジャンプする長なわとびを中心にしていくことが適しています。指導者は、その中で短なわとびに必要な能力を自然に高めていけるよう、工夫していく必要があります。

(2) 指導のポイント

「なわを跳ぶ」には、「跳ぶこと」と「回すこと」の2つの基本的な動きがあります。一般的に、なわとび運動の指導では、「跳ぶこと」に重点がおかれています。しかし、跳ぶことより、「回すこと」に重点を置いた指導が効果的です。きれいになわが回ったら、「足の下をなわが通過するタイミング」に合わせて、ほんの少し跳べば良いのです。

自分が回しているなわと自分の体の関係に気づき、なわが回っていることでできる空間やリズム、そして遠心力も感じ取れることが必要です。自分の動きになわを合わそうとするのではなく、回っているなわに動きを合わせます。

「動いているものに、体を合わせる」という身体感覚を育てることを大切にしましょう。

(3) なわを回して、跳ぶ

① なわを回す

大人のように手首を使ってなわが回せるようになるのは、10 歳頃からです。幼児では、まだ手首の骨が完成していないから、できないのです。それまでは、肩や肘を中心に回します。

回すことが上手になるには、くり返し回して、なわの動きのリズムに体の動きを合わせられるようになることが大切です。なわを回すことは単調ですが、楽しく反復練習できるような指導の工夫ができれば、子どもたちは、なわまわしに夢中になります。

両手で同じリズムでなわを回せるようになるためには、利き手でも反対の手でも、バランスよく回せることが重要です。利き手の方が上手に回せることが多いのですが、左右のバランスがとれるように利き手ではない方で多く練習できるよう、常に配慮しましょう。

これは脳の神経回路のバランスよい発達にもつながりますので、上手に脳を鍛えるためにも、指導者は忘れてはならないことです。

なわまわしに慣れてきたら、片手で回旋させながら、ジャンプを組み合わせます。「なわが地面についたら、ジャンプする」タイミングをつかんでいけるよう、指導していきましょう。

② なわを跳ぶ

なわを連続して跳ぶには、うまく着地していることが大切です。跳ぶという動きは、「跳び上がる」と「下りる」の２つの動作から成り立っています。そのため、連続して跳ぶためには、うまく跳び下りること、すなわち、バランスよく着地することが大切になってきます。跳び下りることが、跳び上がる力を生み出すともいえるからです。

生活の中で、「跳ぶ」という動作がくり返されていると、膝を曲げ、着地の衝撃を和らげることを自然に身につけているのですが、運動不足の生活をしている子どもには、あそびの中でくり返せる環境を作っていく必要があります。

ここで紹介しているあそびや指導方法を生活の中にうまく組み込んで、このような能力をできるだけ自然に身につけていけるよう、工夫していきましょう。

なわ回しあそび

・短なわを２つ折りにして、片手に持ち、振り回して、短なわに慣れさせます。
・回すだけの動きは、単調ですが、上手になわを回せることが、なわとびが上手になるためのポイントなので、いろいろな変化に富んだ回し方で、楽しく夢中になって回せるように指導力をつける必要があります。

〈　**体のあちこちで回す①**　〉

・頭の上で、ヘリコプターのように

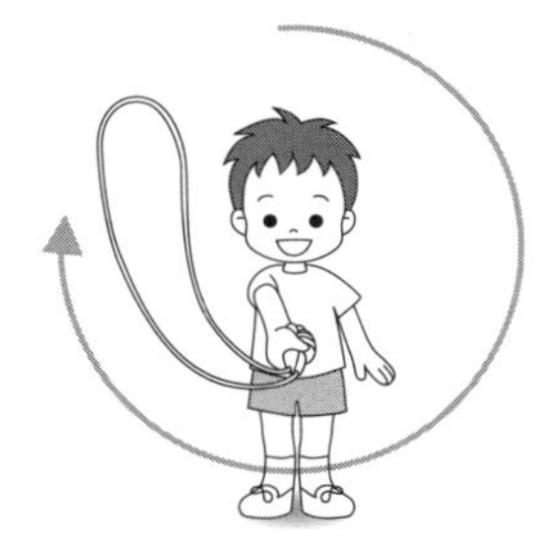

・おへその前で、プロペラのように

〈　**体のあちこちで回す②**　〉

・体の横で、右手で右側
・反対側の横で、右手で左側
・いろいろなところで回せるようになったら、続けてあちこちに移動させて回してみます。
・楽しく、リズミカルにできるように音楽に合わせて回します。

〈 **回しながら、姿勢を変える①** 〉

・回しながら、姿勢を変えてみましょう。立ったまま頭の上で回します。

・回しながら、座ります。

・そのまま、寝て回します。

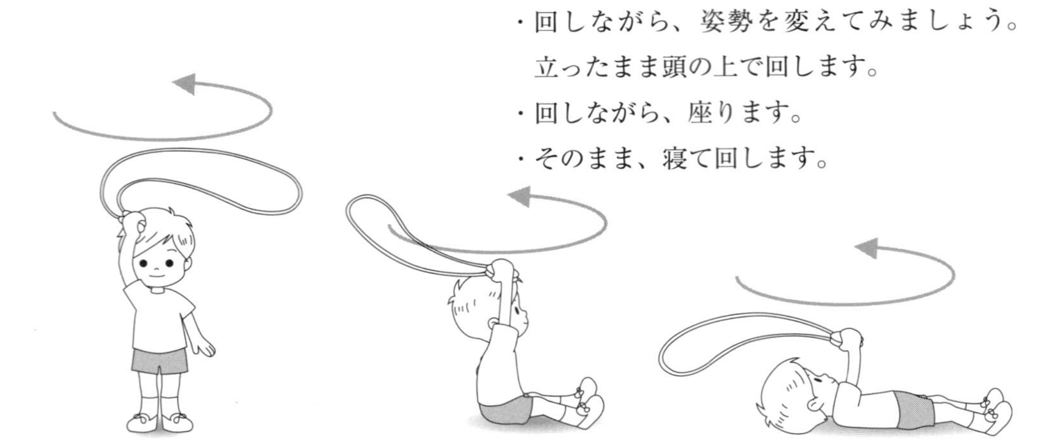

〈 **回しながら、姿勢を変える②** 〉

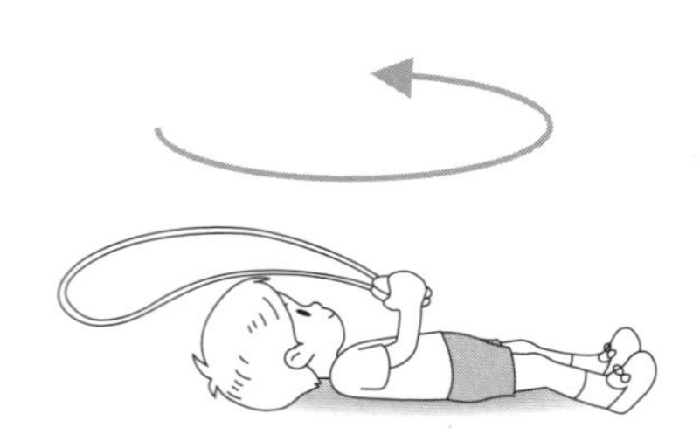

・おへその前で回します。

・もう一度、腕を伸ばして上半身を起こし、立ち上がって、もとの立っていた状態に戻ります。続けて、反対の手でも行ってみます。

・おへその上に手を近づけて回すのは、難しいですが、これが上手にできることは、遠心力を使って回せるようになったと言えます。

〈 **回しながら、体の向きを変える①** 〉

・なわを回しながら、体の向きを変えてみます。なわの回る方向を変えずに、体の右横でなわを回したまま自分が向きを変えます。

・体の向きを 90 度変えると、おへその前でなわを回すことになります。

〈 回しながら、体の向きを変える② 〉

・90 度向きを変えると、左横でなわを回していることになります。このとき、なわは後ろ回しになっています。そのなわを逆サイドにもってきて回します。
・なわは後ろ回しです。

・横を向いて、おへその前で回します。
・前に向きを変えると、なわはもと通り前回しになります。

・なわの回旋方向は変えずに、回している子が体の向きを変えることで、後ろ回しになったり、前回しになったりと、なわと回し手の関係が変化します。

遮断機あそび①　ゴー&ストップ

・なわの位置と自分の動きを認識することによって、なわに入るタイミングや跳ぶタイミングを理解するためのあそびです。
・２人の指導者でなわを持つか、もしくは、片方を高い位置に結び、１人の指導者がなわを持ちます。
・床に着くように、なわをたるませ、遮断機が下りているときは、通れません。なわが上にピンと張られて上がったときは、通れることを説明します。
・初めはゆっくりとなわの位置を上と下に移動させます。通る、通れないを判断して、進むか、止まるかの動きを自分で決めて行わせるようにします。
・慣れてきたら、少し速く判断できるよう、なわの動きを変化させます。

遮断機あそび②　ゴー&ジャンプ

・スムーズに判断できるようになったら、「なわが下にあるときは、跳び越える。上にあるときは通り抜ける」ことを判断させます。
・同じく、初めはゆっくり、少しずつ速くリズミカルになわの動きを変化させていきます。
・なわを見て動きを判断する能力がついてくると、連続して、通り抜ける・跳び越えるができるようになります。

小波とび

・初めはゆっくりなわを動かし、時には止めて、なわの動きを調節します。
・ゆっくりなわを動かしているうちに、足の下を動くなわに目がいくようになり、きちんと確認できるようになっていきます。
・なわを見て跳ぶことと、持ち手を見ながら跳ぶことにも意識を向けさせましょう。
・これを楽しむには連続とびができなければなりません。うまく跳べない子どもがいたら、先に紹介した「跳ぶ」あそびにもくり返し取り組む時間をとっていきましょう。

みんなで遊ぼう！　その〈3〉なわとび歌で遊ぶ

おおなみこなみ
[小波とび]

ぐるりと回って
[大波とび]

ねーこ（にゃんこ）の目
[なわをまたいで止める]

走って大波くぐりぬけ

・回るなわに引っかからないように走り抜けます。
・なわに入ったり出たりするタイミングを計る練習になります。
・「ヨーイ、ドン」と、走り出すタイミングで声をかけてあげましょう。

大波とび

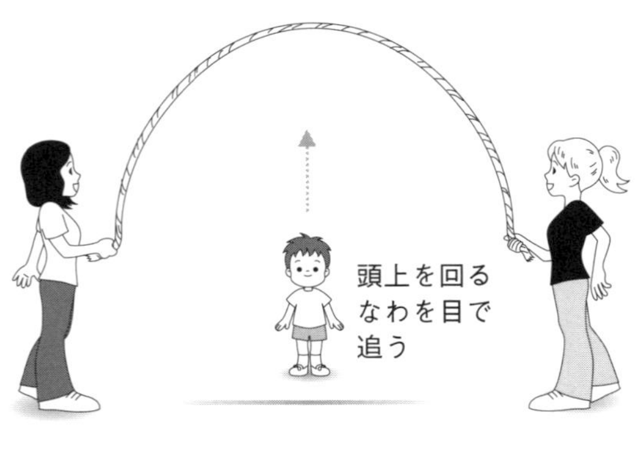

・長なわを回旋させて連続とびをします。
・最初は、なわと向き合って跳ばせ、なわの動きを見て跳ぶタイミングを教えます。
・回す人は、なわが足元に来たら、一度なわを止めて、ジャンプさせます。慣れてきたら、なわを止めずにジャンプしていけるように促します。
・スムーズにいくようになったら、なわの持ち手の方を向いて、連続とびにチャレンジさせましょう。

腕まわし大波とび

・短なわとびをはじめる第１歩となります。
・短なわとびでは、なわの動きを予測して、タイミングよくジャンプする力と、なわを自分でリズミカルに回す力が必要です。
・腕を回すタイミングを、長なわとびでイメージトレーニングさせます。
・自分でなわを回しているつもりで、同じように腕を回します。慣れてきたら、なわの中に入って腕を回し、なわが足元にきたらジャンプするようにさせます。

１回跳ぶ・短なわまわし

・自分でなわを回して跳びます。
・なわを後ろから前に回し、足元にきたら跳び越えるというイメージをもたせます。
・なわを体の後ろにおいて、前に回します。なわが後ろから前に回ってきて、足元に来たら１度止め、ポンと両足ジャンプで跳びます。
・足元にきたなわは、目でしっかり確認してから跳び越すようにさせます。

ひとり小波

・前下方からなわを自分の方に動かし、そのなわを跳びます。
・後ろから前にもどってくるなわを跳んで、これをくり返します。

走りながらなわを回して跳ぶ

・なわを前下方に投げて、そのなわをまたぐように、前に歩かせます。
・２～３歩に１回、またぐことからはじめ、１歩に１回に減らしていきます。
・慣れてきたら、走りながら行ってみます。

なわを止めずに跳び越す練習

・足もとでなわを止め、「１回跳ぶ・短なわ回し」ができたら、子ども自身が感触をつかむまで、あせらず見守ります。
・なかなかうまくいかないときは、跳ぶタイミングで声をかけてあげると効果的です。

回したらトン・トン（1回旋2跳躍）

・連続して長く跳べるようになるために、なわを1回まわすうちに、2回ジャンプする方法も教えておきましょう。

・なわが足もとにきたら跳び越し、なわを後ろに回すと同時に、もう1回跳びます。

3　知っておきたいなわに関する知識あれこれ

(1) 長なわの回し方

「たかが、なわまわし」と思っておられる方が多いのですが、なわまわしが上手であれば、跳べない子も跳ぶことができます。逆になわまわしが下手な人が回すと、跳べる子も跳べないということが起きます。長なわの楽しさが伝わるか、伝わらないかは、なわまわしにかかっているといっても過言ではありません。したがって、指導者は、回し方の練習をし、なわまわしが上手にできるようになってください。

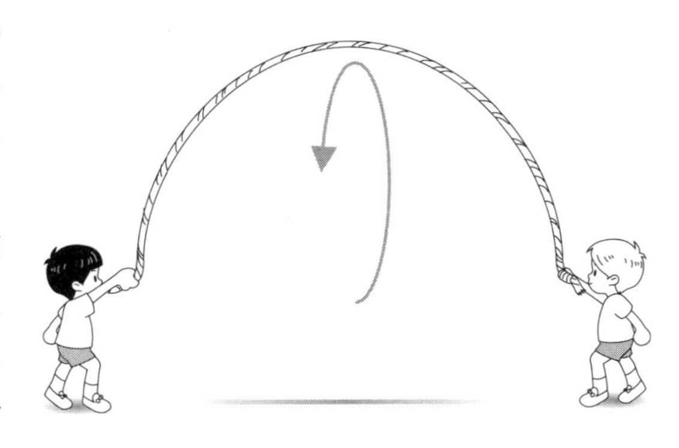

回し方は、はじめはゆっくり大きく回します。肩のつけ根から腕を大きく回し、遠心力を使って、リズミカルに回します。

片方は、固定された木や柵に結びつけ

て回すこともありますが、もう１人の回している人と呼吸を合わせることが大切です。

また、なわに伝わる張りと回転の速さが同じようになるように回したり、跳ぶ人のテンポに合わせて回してみることも、上達には欠かせないポイントです。

(2) 長なわで育つ集中力とコミュニケーション力

長なわとびは、なわを回す人やいっしょに跳ぶ友だちとも呼吸を合わせないとできないので、コミュニケーション能力や集中力を高めます。なわとびが１人で上手にできるようになったり、友だちと楽しく遊べる体験ができたりするためにも、長なわとびは大いに経験させたい集団あそびです。指導者は、上手になわまわしができるようによく練習して、夢中になって子どもたちが遊べる指導力をつけてください。

(3) なわの選び方

① あそびに応じてなわを選ぶ

なわとび用の「なわ」というと、市販の柄（持ち手）のついた「とびなわ」が、よく使われます。しかし、ここでも紹介しているように、子どもたちのあそびは、結んだり、引っ張ったり、２つに折って回したり、まとめて投げたりと様々です。いろいろなあそびを展開するには、柄は障害になることが少なくありません。あそびに応じて、なわを選びましょう。

② 長なわにも、持ち手部分に柄がついていたり、金具やコイルが使われているものがありますが、思わぬときに手が離れ、顔や目に当たることがあって危険です。なわの端に柄のない、できればカラフルな色彩で、回しやすい重さのなわを使いましょう。

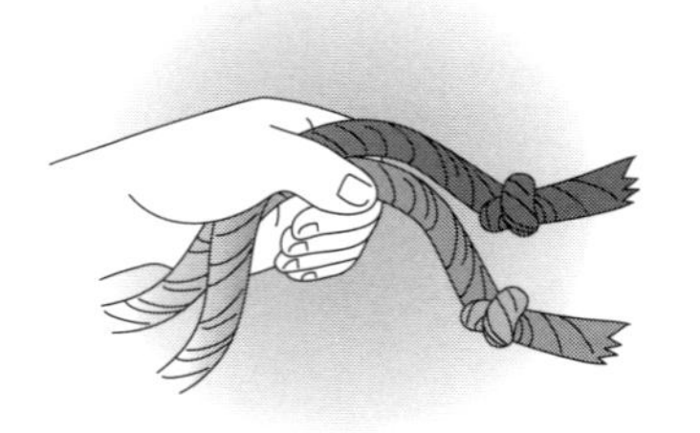

③ 短なわ用のロープの長さは、両手になわの端を持って、床に着いているなわを足で踏んで、なわの端が最も短くて腰骨の高さ、長くて脇までの高さが適切です。

一般的に、初心者は、脇に近い長めのもの、上級者は、腰骨に近いものにします。また、柄は、あまり長くなく、柄の中でロープが回りやすいものが良いでしょう。

どんなワザをするかによっても変わってきますが、ここで紹介した様々な回し方を

練習するには、腰骨と脇の中間ぐらいの長さが適切でしょう。

長すぎると、回すときに肩の上まで上げてしまいがちですが、なわまわしが上手になりません。また、長くて手に巻きつけたりすると、なわの回り方がよくなくて、これもなわが上手く回ることを妨げます。身長に合わせた「マイ（自分の）なわ」で練習することが上達への近道です。

④　短なわとびのロープ

ロープの材質は、布よりもビニール製で、芯が空洞ではなく、直径５㎜くらいのものがよいでしょう。ロープと柄（グリップ）の継ぎ目がよく回転するかを確かめて選びましょう。柄（グリップ）の中で、ロープがよく回るものが適しています。柄の長さは、あまり長くなく、軽く握って親指を立てた手から、１～２㎝長いぐらいでよいでしょう。（柄の長いとびなわは、２重跳びに適しています。）

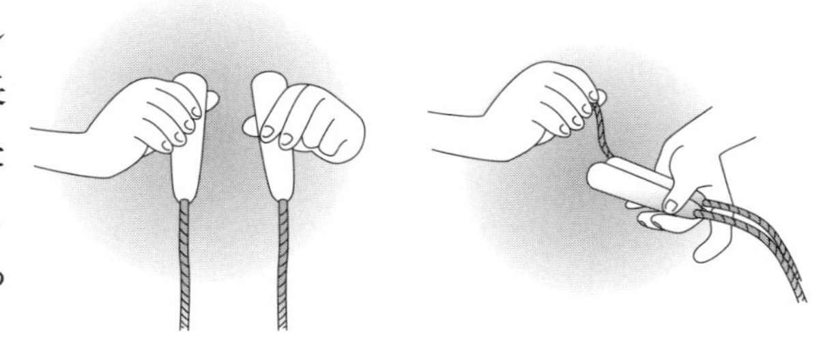

⑤　持ち方・回し方

なわの持ち方は、親指を立て、その親指を横に寝かして、肘を引きます。小指でしっかり握って、親指は軽くおくだけです。

ゴルフのグリップでも、柔道で相手の襟をとるときも同じように小指に力を入れてしっかり握ることは、「握るという動き」に共通した大切なポイントです。

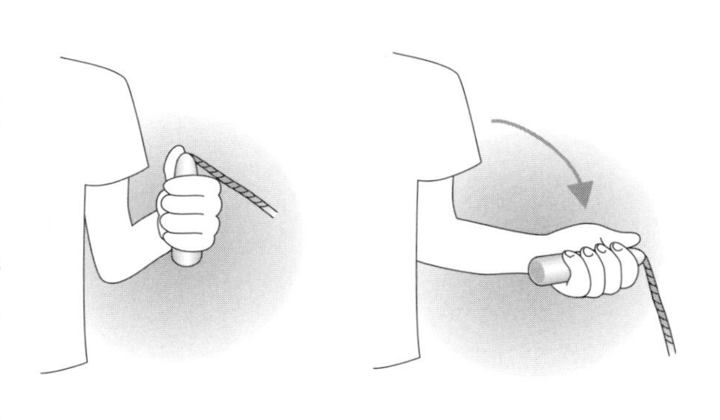

回し方は、手首を回すのではなく、背筋を伸ばして肘をしっかり後ろに引いて機関車のように動かすのがポイントです。

⑥　子どもは、回しているうちにうまくなる！

回すことの楽しさを伝えるには、コツを教えることから入らないでください。子どもたちは、とにかく回しているうちに上手になっていきます。

⑦ 安全のために

なわとびをするとき、コンクリートのような固い面の上で跳ぶと足首にかかる負担が大きく、特に成長期の子どもたちにとっては、よいとはいえません。最もクッション性が高いのは、土の上で、続いて板の床がよいでしょう。靴下をはいて、クッション性の高い靴を履くことが大切であることも教えてください。

[文献]

1）松延　博：子どもの遊び・スポーツ百科　プレイ編，大修館書店，1980.

2）学校体育研究同志会：たのしい体育シリーズ―なわとび・民舞―，ベースボールマガジン社，1988.

3）全国保育問題研究協議会編：子どもの身体をつくる食・運動，新読書社，1997.

4）柳澤秋孝：からだ力がつく運動あそび，主婦の友社，2003.

5）コーダイ芸術教育研究所：いきいき幼児体育―からだも心も豊かに育つ―，明治図書，2003.

6）榎本繁男・岡野　進・和中信男：誰でもできる楽しいなわとび，大修館書店，2005.

7）北田和美：DVDなわ回しはすべての基本―短なわ編―，MK3プロジェクト，2007.

8）北田和美：DVDなわ回しはすべての基本―長なわ編―，MK3プロジェクト，2007.

18章

ラケット・ボールを使った体育あそび

〔原田健次・森　博史〕

用具を使った体育あそびは、幼児期に身につけるべき操作系・平衡系・移動系の基本運動スキルの向上やバランスのとれた体力育成を図る上で効果的なあそびです。また、自分の体をコントロールする内容が多く含まれていますので、安全能力を養う上でも、日常生活の中に取り入れていきたいあそびの１つです。技術的な面からも、できたときは満足感や達成感が得られ、心の成長にもつながるといえます。

留意事項

・子どもに対する説明は長すぎるとあきてしまうので、子どもの様子を観察しながら、話と運動をバランス良く行うとよいでしょう。
・子どもが夢中になって楽しめるよう、あそびの中に「ゲーム性」を取り入れてみましょう。
・子どもは上手くできないのが当たり前と考え、できたことをほめるようにし、やる気を引き出しましょう。根気よく楽しい指導で、盛り上げることが大切です。
・子どもに用具を使用させるときは、安全な使い方を説明し、理解させてからにしましょう。
・用具の点検は常に行うことが大切です。
・あそびに入る前と終わった後にあいさつをすること、準備や片づけを手伝うこと、用具を大切にすること等、子どもたちの将来を考えた指導を心がけましょう。

ボールひろい

【あそびで育つもの】
・操作系運動スキル（用具でボールを維持する）・移動系運動スキル（用具を持って歩く）の向上
・平衡性・協応性・調整力・集中力・判断力の育成

【あそびの準備】
スポンジボール（50）
ラケット（４～６）
カゴ（４～６）

【あそび方】

①カゴを、円を描くようにほぼ均等な間隔で数ヶ所に置き、中央部にスポンジボール50個程を散乱させます。

②カゴのところにラケットを持って立ちます。

③指導者の合図でボールひろいを始め、ラケットのフェイス（面）にスポンジボールを乗せて帰り、自分のカゴに入れます。

④以上をくり返し、散乱しているスポンジボールが全部なくなったら、自分のカゴの所に帰り、ラケットを置きます。

⑤指導者の音頭で、数えながら１つずつ中央部に投げ返し、一番多い子を勝ちとします。

【メモ】

・ラケットの持ち方は自由です。

・カゴの数とスポンジボールの数は、子どもの人数や実施場所の状況に応じて変えましょう。

・子ども同士が衝突する危険性があるので、スペースを十分にとって、安全に配慮しましょう。

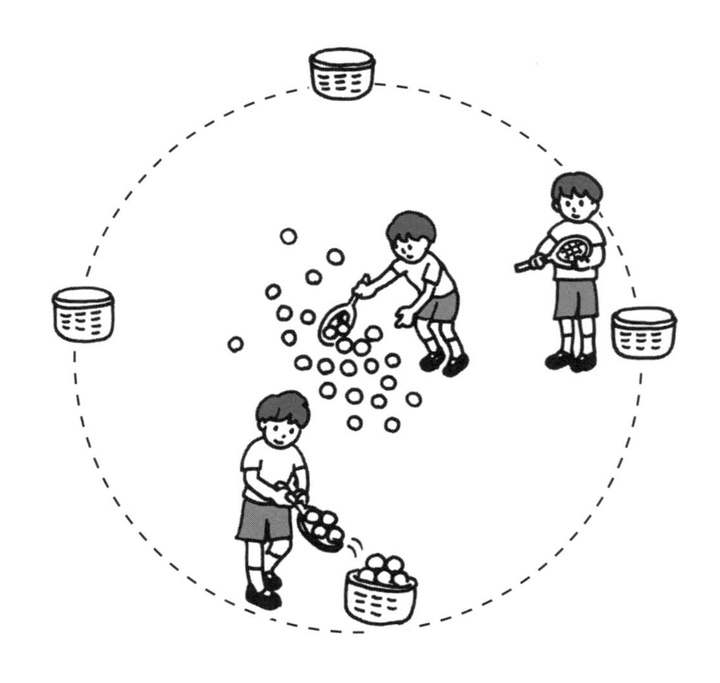

ボールはこび

【あそびで育つもの】

・操作系運動スキル（用具でボールを維持する）・移動系運動スキル（用具を持って歩く）の向上

・平衡性・協応性・調整力・集中力・判断力の育成

【あそびの準備】

スポンジボール（20）

ラケット（4～6）

【あそび方】

①10人～12人で1チームになり、2つに分かれ、10m程離れ、向かい合って並びます。

②先頭の子はラケットのフェイス（面）にスポンジボールを乗せ、スタートラインに立ちます。

③指導者の合図でスタートし、向かい合っている子のところまで運び終えたら、ラケットとスポンジボールを渡し、最後尾に並びます。

④以上をくり返し、一巡したら全員が座り、一番はやいチームを勝ちとします。

【メモ】

・ラケットは、グリップの部分を握るようにします。

・最初は両手で握り、慣れてきたら片手で握り、行ってみましょう。

・向かい合う距離を徐々に離していったり、フェイス（面）に乗せるスポンジボールの数を増やして行ってみましょう。

・子どもの人数や実施場所の状況でチーム編成を変えましょう。

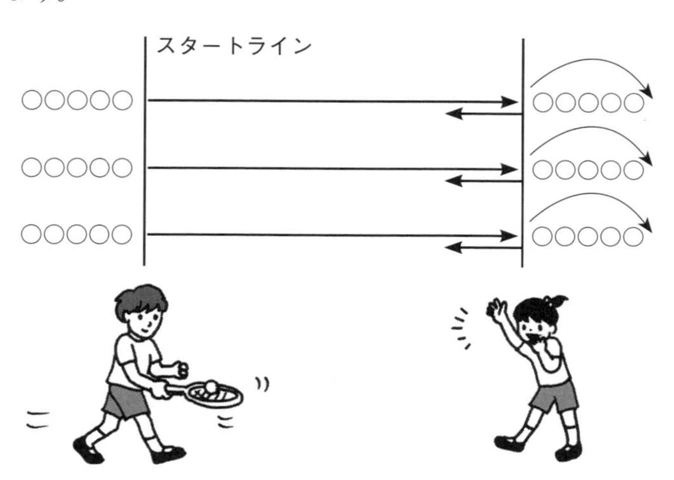

ボールあつめ

【あそびで育つもの】

・操作系運動スキル（用具でボールをころがす）・移動系運動スキル（ボールをころがしながら歩く）の向上

・協応性・敏捷性・調整力・集中力・判断力の育成

【あそびの準備】

スポンジボール（50）

ラケット（4～6）

カラーリング（4～6）

【あそび方】

①カラーリングを、円を描くようにほぼ均等な間隔で数ヶ所に置き、中央部にスポンジボール50個程を散乱させます。

②カラーリングのところにラケットを持って立ちます。

③指導者の合図でボールあつめを始め、ラケットでスポンジボールをころがしながら帰り、自分のカラーリング内に入れます。

④以上をくり返し、散乱しているスポンジボールが全部なくなったら、自分のカラーリングの所に帰り、ラケットを置きます。

⑤指導者の音頭で、数えながら1つずつ中央部に投げ返し、一番多い人を勝ちとします。

【メモ】

・ラケットはグリップの部分を握るようにします。

・最初は両手で握り、慣れてきたら片手で握り、行ってみましょう。

・カラーリングの数とスポンジボールの数は、子どもの人数や実施場所の状況に応じて変えましょう。

・子ども同士が衝突する危険性があるので、スペースを十分にとって、安全に配慮しましょう。

ボールころがし

【あそびで育つもの】

・操作系運動スキル（用具でボールをころがす）・移動系運動スキル（ボールをころがしながら歩く）の向上

・巧ち性・平衡性・協応性・調整力・集中力・判断力の育成

【あそびの準備】

スポンジボール（4～6）

ラケット（4～6）

カラーコーン（4～6）

【あそび方】

①スタートラインの後ろに、チームごとに1列になって並びます。

②先頭の子は、スタートライン上にスポンジボールを置き、ラケットを持って立ちます。

③指導者の合図でスタートし、ラケットでスポンジボールをころがしながらカラーコーンを回ってもどり、次の子に引き継ぎ、最後尾に並びます。

④以上をくり返し、一巡したら全員が座り、一番はやいチームの勝ちとします。

【メモ】

・ラケットはグリップの部分を握るようにします。

・最初は両手で握り、慣れてきたら、片手で握り行ってみましょう。

・子どもの人数や実施場所の状況でチーム編成を変えましょう。

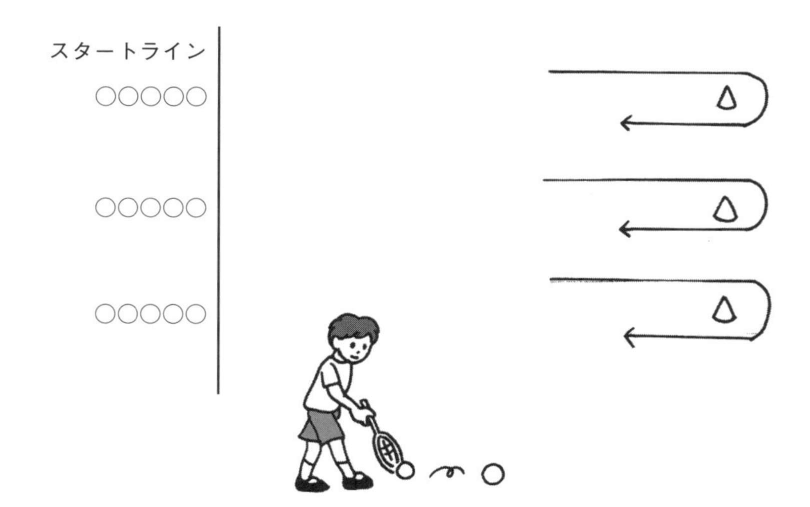

ボールころがし競争

【あそびで育つもの】

・操作系運動スキル（ラケットでボールをころがす）の向上

・巧ち性・平衡性・協応性・調整力・集中力・空間認知能力の育成

【あそびの準備】

スポンジボール（20）

ラケット（２～４）

カラーコーン（２～４）

【あそび方】

①ライン上にスポンジボールを置き、ラケットを使って（振って)、できるだけ遠くへころがします。

②一番遠くにころがっていった場所へカラーコーンを置き、スポンジボールはひろって帰ります。

③順番に行い、一番遠くにころんだ場所にカラーコーンを移動させていき、一番遠い子を勝ちとします（前の子より近い場合は、スポンジボールだけひろって帰ります)。

【メモ】

・ラケットはグリップの部分を握るようにします。

・最初は両手で握り、慣れてきたら片手で握り、行ってみましょう。

・慣れてきたら、ライン上にスポンジボールを５つ程並べ連続で行わせると、子どもの好奇心がわいて楽しく遊べます。

・子どもの人数が多い場合、十分なスペースがあれば、実施場所を増やしましょう。

・ラケットを振るので、危険性が増します。まわりの人に当たったり、手から離れたりする可能性があるので、安全に配慮しましょう。

シュート競争

【あそびで育つもの】

・操作系運動スキル（ラケットでボールをころがす）の向上

・巧ち性・平衡性・協応性・調整力・集中力・空間認知能力の育成

【あそびの準備】

スポンジボール（20）

ラケット（２～４）

カラーコーン（２～８）

【あそび方】

①カラーコーンを２ｍの間隔で横に並べ、ゲートをつくります。

②ゲートの中心から２ｍ間隔でつけた印の上にスポンジボールを置き、ラケットでゲートをめがけて、ころがしてシュートします。

③ゲートに近いスポンジボールから順番にシュートし、合計点数（15点満点）が多い子を勝ちとします。

④終わったら、ラケットを次の子に渡し、スポンジボールをひろって帰り、印の上に置きます。

【メモ】

・ラケットは、グリップの部分を握るようにします。

・最初は両手で握り、慣れてきたら片手で握り、行ってみましょう。

・子どもの人数が多い場合、十分なスペースがあれば、実施場所を増やしましょう。

・ラケットを振るので、危険性が増します。まわりの人に当たったり、手から離れたりする可能性があるので、安全に配慮しましょう。

ボールつき

【あそびで育つもの】

・操作系運動スキル（ラケットでボールをつく）の向上

・協応性・巧ち性・調整力・集中力・空間認知能力の育成

【あそびの準備】

スローモーボール（6～8）

スポンジボール（6～8）

ラケット（6～8）

【あそび方】

①最初に、ラケットのフェイス（面）で上の方向につく練習をします。

②下の方向に（地面）につく練習をします。

③どちらも連続してつけるようにします。

④慣れてきたら、競争に展開して、一番長くつけた子を勝ちとします。

【メモ】

・ラケットはグリップの部分を握るようにします。

・最初は両手で握り、慣れてきたら片手で握り、行ってみましょう。

・スローモーボールで慣れた後、スポンジボールで行ってみましょう。

・ラケットのフェイス（面）の真ん中にでつき、方向や高さができるだけ一定になるようにしましょう。

・子どもの間のスペースを十分にとって、安全に配慮しましょう。

バウンドボールうち

【あそびで育つもの】

・操作系運動スキル（ラケットでボールをうつ）の向上

・巧ち性・平衡性・協応性・調整力・集中力・判断力・空間認知能力の育成

【あそびの準備】

スローモーボール（２～８）　スポンジボール（10 ～ 40）

ラケット（１～４）　カラーコーン（10 ～ 20）

【あそび方】

①ラケットを持った子の近くに指導者は立ち、打ちやすいところへスポンジボールを落とし、バウンドさせます。

②バウンドし、上がって再び下がり始めたところを打ち、前方に飛ばします。

③打ち終わったら、ラケットを次の子に渡し、ボールをひろって帰ります。

【メモ】

・ラケットはグリップの部分を握り、ラケットを後方に引いておきます。

・最初は両手で握り、慣れてきたら片手で握り行ってみましょう。

・スローモーボールで慣れた後、スポンジボールで行ってみましょう。

・指導者は、子どもが打つタイミングを取りやすいようにかけ声をかけます。
（例えば、イチ・ニー・サン：サンで打てるように）

・１m間隔でコーンを置き、飛んだ距離がわかるようにすると、好奇心がわいて楽しく遊べます。

・子どもの人数が多い場合、スペースがあれば、実施場所を増やしましょう。

・ラケットを振るので、危険性が増します。まわりの人に当たったり、手から離れたりする可能性があるので、安全に配慮しましょう。

点とリテニス

【あそびで育つもの】

・操作系運動スキル（ラケットでボールを打つ）の向上

・協応性・巧ち性・平衡性・調整力・集中力・判断力・空間認知能力の育成

【あそびの準備】

スポンジボール（5～20）

ラケット（1～4）

ネット（1～4）

【あそび方】

①ネットを設置し、奥に縦10m、横５mのコートを作り、２m間隔で１点～５点のエリアに分けます。（ネット手前、コート外は０点）

②ネット手前２mの決められた場所から、指導者がバウンドさせたスポンジボールをラケットで５回連続して打ち、落下したエリアの得点合計が高い子を勝ちとします。

【メモ】

・ラケットはグリップの部分を握り、ラケットを後方に引いておきます。

・指導者は、子どもが打つタイミングを取りやすいように、かけ声をかけます。（例えば、イチ・ニー・サン：サンで打てるように）

・子どもの人数が多い場合、スペースがあれば、実施場所を増やしましょう。また、チームに分かれて競争してもよいでしょう。

・ラケットを振るので、危険性が増します。まわりの人に当たったり、手から離れたりする可能性があるので、安全に配慮しましょう。

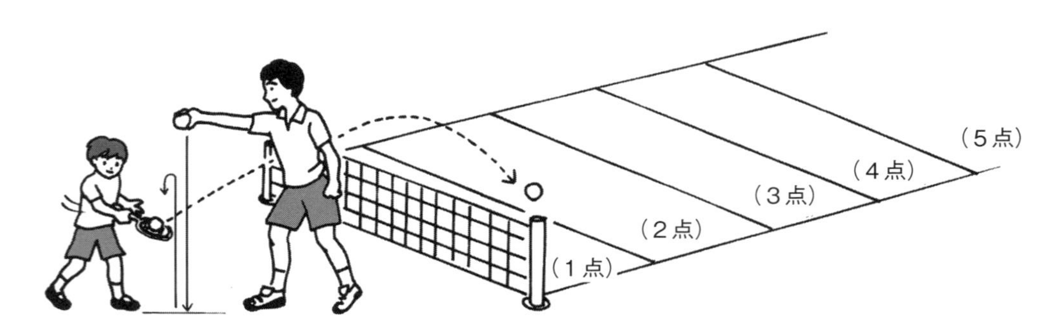

（原田健次・森　博史）

19章

ティーボールあそび

〔前橋　明・片岡正幸〕

1　ティーボールあそびとは

ボールとコーンがあったら、どのようなあそびができるでしょう。ボールをコーンの上に乗せて、固定されたボールを、手やバットで打ってみましょう。野球やソフトボールみたいですね。

今、小学校では、ティーボールというスポーツが正課体育に登場し、人気になっています。ティーの上にボールを乗せて、そのボールをバットで打って、ソフトボールや野球のように運動します。

このティーボールへ結びつく、幼児期のティーボールごっこ（あそび）は、子どもたちの身体の調整機能を高め、体力を向上させ、さらには、創造性や協調性を育むことができる魅力的な運動あそびです。

ここでは、健康づくりに役立つティーボールあそびを紹介し、それらのあそびで育つもの、準備物、あそび方、配慮事項（年齢や発達による展開上・安全上の留意点や工夫）をとりあげて紹介していきます。

ティーボールあそびでは、子どもたちがティーボールあそびをすることを好きになったり、その中で展開されるいろいろな種類の運動（打つ、とる、投げる、走る等）に、喜んで取り組もうとする意欲のある子を育てたいものです。そして、思いっきり身体を動かす喜びや運動後の爽快感のわかる子ども、感動できる子どもがたくさん育っていくことを願っています。

2　ティーボールあそびの内容

ゲートくぐり

【あそびを通して育つもの】

協応性、筋力、操作系運動スキル、空間認知能力、集中力

【準備するもの】

コーンまたはバッティングティー（1）

ソフトバレーボール（1）

プラスチックバット（1）

ゲート（3）…2つのコーンにゴムをつけたもの

バッティングサークル（1）…スタート地点として直径2mの円を描き、コーンとソフトバレーボール、プラスチックバットを置きます。

【あそび方】

①みんなでジャンケンをして、ボールを打つ順番を決めます。

②1番目の子は、スタート地点のバッティングサークル内に入り、ゲートの中をねらって、バットでボールを打ちます。

③ボールが止まった位置にコーンとバットを運び、その場から次のゲートをねらって、ボールを再度打ちます。ゲートの下を通らなかったら、通るまで、同じゲートに挑戦します。

④何回で、3つすべてのゲートを通すことができるかを競います。

⑤1人の子が終わったら、次の子です。順番に全員が行い、回数の最も少ない子の勝ちです。

【メ　モ】

・ゲートの大きさを変えたり、数を増やしたりして挑戦してみましょう。

・障害物を置いたり、ゲートに通す順番を決めてみるのも楽しいでしょう。

・数人でチームを作って、交互に打ち、チーム対抗戦にしてもおもしろいでしょう。

ティーボールボウリング

【あそびを通して育つもの】

協応性、巧緻性、空間認知能力、操作系運動スキル

【準備するもの】

コーンまたはバッティングティー（1）

バット（1）…OFFICIAL Teeball 75cm

ドッジボール（1）

空ペットボトル（10）…大型

【あそび方】

①空のペットボトル10本を、ボウリングのピンに見立てて並べます。

②コーンの上のボールを打って、ペットボトルを倒します。

③倒した本数が自分の得点となります。

④1番多く得点した子の勝ちです。

【メ　モ】

・難しいときは、ボールやペットボトルを大きいものにしたり、手で打ったり、距離を近くにしたりして調節してみましょう。

・チーム対抗にして、チームのみんなで倒した本数の合計で勝敗を競ってもよいでしょう。

ティーボールダッシュ

【あそびを通して育つもの】

協応性、瞬発力、敏捷性、集中力、空間認知能力、移動系運動スキル

【準備するもの】

コーンまたはバッティングティー（1）

プラスチックバット（1）

ドッジボール（1）

バッティングサークル（1）…直径2m

スタートライン（1）

【あそび方】

①ジャンケンでバッターを1人決め、バッターはバッティングサークルの中に入り、バットを持ちます。

②他の子は、全員、スタートラインの手前に並びます。

③バッターは、バットで、コーンの上に乗っているボールを前方に打ちます。同時に、他の子は全員、走ってボールを取りに行きます。

④バッターは、バットをサークルの中に置いて、みんなといっしょにボールを追いかけます。

⑤ボールをとった子が、次のバッターになり、ボールを打つところから繰り返して遊びます。

【メ　モ】

・バッターが打つときに、友だちにバットを当てないよう、他の子どもはバッティングサークル内に入らないようにしましょう。

・安全上、打ったバットは投げないように、サークルの中に置くようにさせましょう。

ヒット・キャッチ

【あそびを通して育つもの】

協応性、瞬発力、操作系運動スキル、移動系運動スキル、空間認知能力

【準備するもの】

スタートライン（1）

バッティングサークル（2）…この中にコーンとバットを置いておきます。

コーン（2）

バット（2）

ボール（2）…ソフトバレーボール

陣地（2）

【あそび方】

①1チーム数名で、AとBの2チームをつくり、スタートラインの手前に、チームごとに1列に並びます。

②合図があったら、1番先頭の子はボールを持って、バッティングサークルまで走ります。

③コーンの上にボールを乗せ、次の友だちに向けて、バットでボールを打ちます。

④ボールを打った子は、バットを地面に置き、バッティングサークル横の陣地内に入り

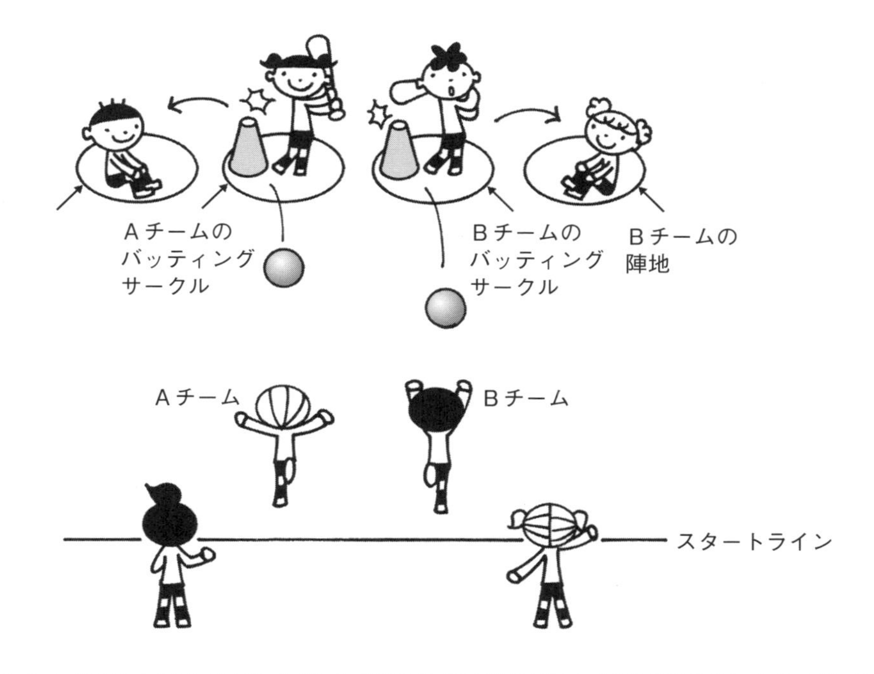

ます。スタートラインで待っている次の子は、ボールが打たれると、スタートラインを踏み出して、打たれたボールを捕りに行きます。

⑤ボールを捕ったら、その場からバッティングサークルを目指して走り、これまでと同じようにコーンの上にボールを乗せ、バットを持って、ボールを次の友だちに向けて打ちます。

⑥同様にして、チーム対抗のリレーをします。最後の子がボールを受けた後に、走ってバッティングサークルまで行き、ボールをコーンの上に乗せると終わりです。

【メ　モ】

・上達したら、1チームの人数を増やすか、距離を長くして、挑戦してみましょう。

・チーム対抗の場合は、安全上、チーム間の間隔をしっかりあけておくことが大切です。

ティーボールラン

【あそびを通して育つもの】

協応性、瞬発力、敏捷性、移動系運動スキル、空間認知能力

【準備するもの】

バッティングサークル（1）…直径2m、中にコーンを置きます。

コーン（2）…1つをバッティングティーに、もう1つを折り返し地点に目印として置きます。

バット（1）

ソフトバレーボール（1）

ゴールライン（1）

【あそび方】

①みんなでジャンケンをし、1番勝ちがバッターに、2番勝ちが審判になります。他の子は、全員、ひろがって守備につきます。

②バッターは、バッティングサークルの中から、バットでコーン上のボールをできるだけ遠くに打ちます。打ったら、バットをバッティングサークル内に置いてから、コーンをまわってゴールライン目指して走ります。

③守っている子は、ボールを捕りに行き、捕ったら、ボールを持ってゴールラインを目指して走ります。

④バッターとボールを受けた子の、どちらがはやくゴールインするかを競います。

⑤このとき、審判はゴールラインの端に立ち、どちらがはやくゴールインしたかをジャッジします。勝った方が、次の審判となります。

⑥審判は、新しいバッターとなり、ゲームを再開します。

【メ　モ】

・バッターの方が常に早くもどってゴールインできる場合は、折り返し地点までの距離を少しずつ長くしていきましょう。

・いろいろな大きさのやわらかいボールに変えて楽しんでみましょう。

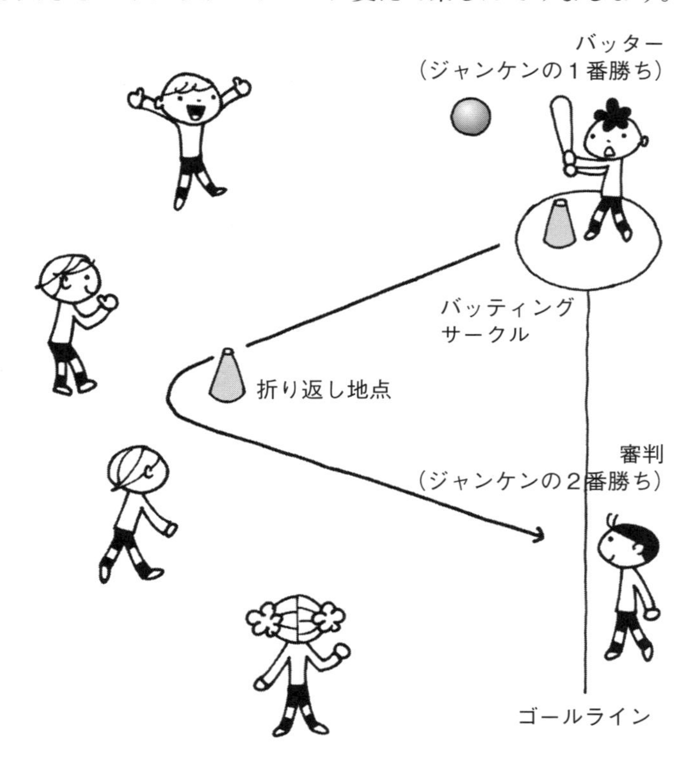

サークルラン

【あそびを通して育つもの】

協応性、瞬発力、操作系運動スキル、移動系運動スキル、空間認知能力

【準備するもの】

バッティングサークル（1）…直径２m

コーンまたはバッティングティー（1）

ソフトバレーボール（1）
プラスチックバット（1）
円コート（1）…直径15～20mの円

【あそび方】

①同数になるように2チームに分かれ、攻撃と守備、バッターの順番をジャンケンで決めておきます。

②攻撃チームの最初のバッターは、バッティングサークルの中に入り、他の子はベンチで打順を待ちます。守備チームは、円コートの外に分かれて立ちます。

③バッターは、ボールをできるだけ遠くに打ち、バットをバッティングサークル内に置いて、円上を反時計まわりに走ります。守備の子は、ボールを捕りに行き、捕ったらボールを両手で持ち上げて、「ストップ！（とまれ)」と言います。この合図で、バッターは、その場で止まります。

④次のバッターが打ったら、前のバッターもその場から円に沿って走ります。1周してバッティングサークル内に入ったら、1得点とします。

⑤攻撃チームの子が、全員1回ずつボールを打ったら、守備と攻撃を交代します。

⑥得点の多いチームの勝ちです。

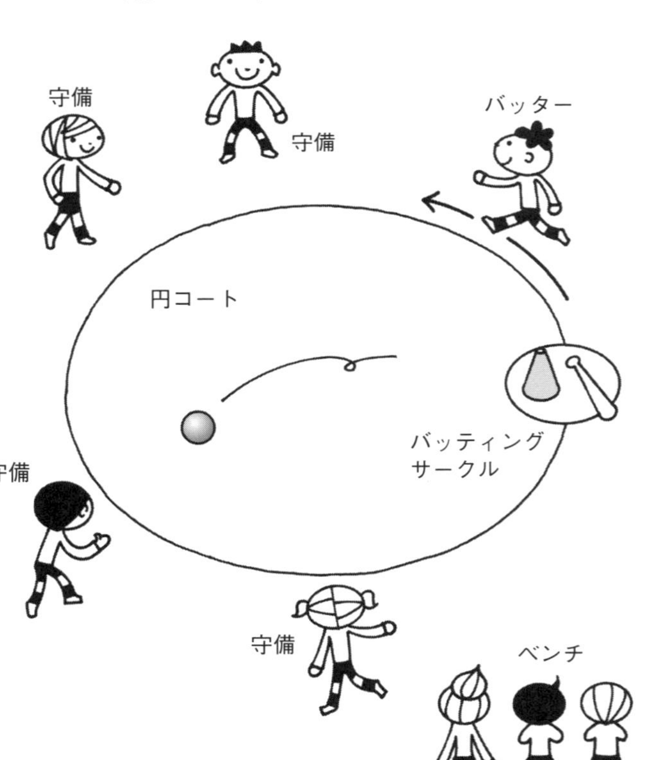

【メ　モ】

・あそびに慣れたら、円の大きさを大きくしたり、対戦数を増やして遊んでみましょう。
・時計まわりに走ることも行い、動きに偏りをもたせないようにしましょう。

タッチアップ

【あそびを通して育つもの】

協応性、瞬発力、敏捷性、スピード感、操作系運動スキル、移動系運動スキル、空間認知能力

【準備するもの】

バッティングサークル（1）

ベース（2）…一塁と二塁ベースを、バッティングサークルから、それぞれ10m程離れたところに置きます。

コーン（1）…バッティングサークルの中に置きます。

ソフトバレーボール（1）

バット（1）

ファウルライン（2）

【あそび方】

①同数になるように、2チームを作ります。チームの代表が出てジャンケンをし、先攻と後攻を決めます。

②後攻のチームは、全員守備につきます。

③先攻のチームは、打順を決め、1番はバッティングサークル内に入り、2番は一塁ベースの上に位置します。3番以降は、一塁ベースの近くで待機します。

④1番は、コーン上のボールを思い切り遠くに打ちます。打ったら、その場で応援します。ファウルラインの外へ出したら、やり直します。

⑤1番の子どもがバッターとしてボールを打ったら、2番の子どもは一塁ベースをスタートして、二塁に向かって走ります。二塁ベースの上に足をつけたら、バッティングサークルの中に向かって走ります。

⑥守備の子は、打たれたボールを捕るやいなや、そのボールをもって、バッティングサークル内に走り込みます。この場合、ボールをもって走るだけでなく、ボールを投げたり、パスしたりして、バッティングサークルまで運ぶことができます。

⑦バッティングサークル内に攻撃チームが早くもどったら、1点が入ります。守備チームの方が早かったら、攻撃チームの得点は0点です。

⑧1番にボールを打った子は、順番に並んで走者として、待機します。走った2番目の子が、次のバッター、3番の子が一塁上の走者となり、それぞれ役割をローテー

ションします。

⑨攻撃チームのメンバー全員が打ち終えたら、攻守を交代します。メンバー全員が打ち終えたときの合計得点を競います。

【メ　モ】

・上達したら、３つベースを用意して、一塁から二塁、そして三塁を回ってバッティングサークルへという、四角コートにしてもよいでしょう。

・スタートを二塁ベースからにしてもよいです。

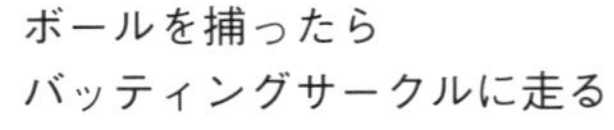

ボールコレクター

【あそびを通して育つもの】

協応性、瞬発力、敏捷性、スピード感、操作系運動スキル、移動系運動スキル、空間認知能力

【準備するもの】

バッティングサークル（1）

一塁サークル（1）…バッティングサークルとラインで結び、ファウルラインとします。

コーン（1）…バッティングサークルの中に置きます。

ソフトバレーボール（チームの人数分）

バット（1）

ファウルライン（2）

【あそび方】

①みんなで、同数になるように、２チームを作ります。

②チームの代表が出てジャンケンをし、先攻と後攻を決めます。

③後攻のチームは、全員守備につきます。

④先攻のチームは、打順を決め、一番から順に、バッティングサークルに入り、コーン上のボールを思い切り遠くに打ちます。打ったら、バットを置き、一塁サークルに向かって走り、一塁サークルの中のボールを１個もって、バッティングサークルにもどります。

⑤守備の子は、打たれたボールを捕ります。ボールを捕ったら、そのボールを持って、バッティングサークルに走り込みます。

⑥攻撃チームが早くもどったら、１点が入ります。守備チームが早かったら、攻撃チームの得点は０点です。

⑦攻撃チームのメンバー全員が打ち終えたら、攻守を交代します。攻撃チームとなって、メンバー全員が打ち終えたときの合計得点を競います。

【メ　モ】

・子どもたちがルールを理解し、あそびに慣れてきたら、１回戦だけでなく、数回戦行うと楽しいでしょう。

・守備チームは、ボールを捕った子がボールを持って走るだけでなく、ボールをパスし

てバッティングサークルまで運んでもよいでしょう。

・バッターがボールを持ってバッティングサークルにもどってきたら、サークル内にボールを置いて、もう一度、一塁サークル内のボール（１個）を取りに行くというルールにしてもよいでしょう。その場合、守備者よりも早くバッティングサークル内に持ち帰ったボールの個数を得点とします。

・バッティングサークルと一塁サークルの折り返しだけでなく、二塁サークルを設けて、その二塁サークル内に両足を踏み入れてから、バッティングサークルにもどるというバリエーションも楽しんでみましょう。

・ボールの大きさや重さ、コートの広さ、バッティングサークルと一塁サークル間の距離は、子どもたちの運動能力のレベルに応じて変えてください。

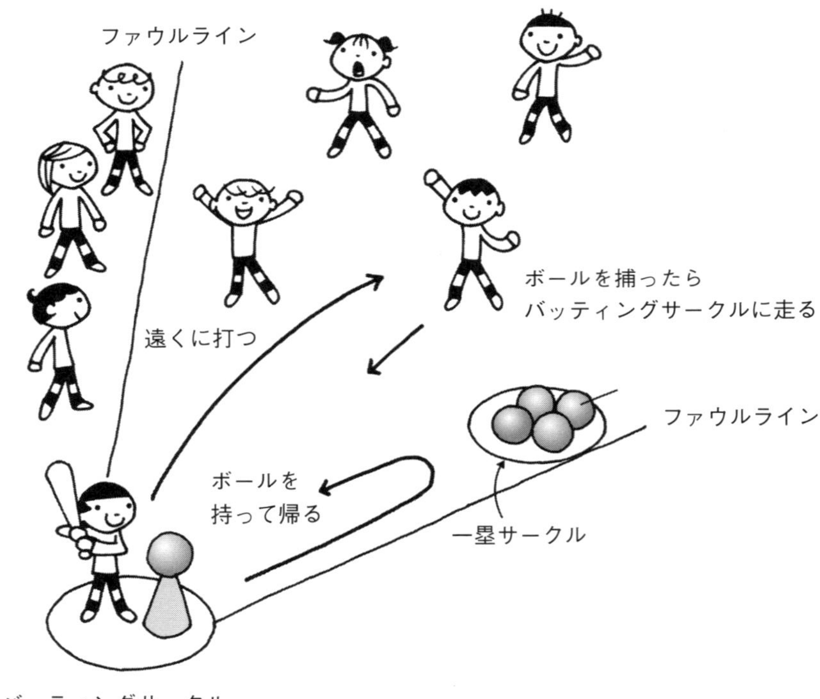

ネットキャッチ

【あそびを通して育つもの】

協応性、敏捷性、スピード感、操作系運動スキル、空間認知能力

【準備するもの】

コーンまたはバッティングティー（1）

バッティングサークル（1）…直径2ｍ

プラスチックバット（1）

ビーチボール（1）

ネット（1）

【あそび方】

①みんなでジャンケンをして、勝った子から、順番にバッターになります。

②バッターはサークルの中に入り、フライを打ちます。（3回打つことができます。）

③他の子は、4人で1つのネットを持って、飛んできたビーチボールをネットで受けます。

④バッターは、3回打ったら、次の子に交代します。

⑤これを繰り返して遊びます。バッターは、上手にフライを打ち、4人の子は協力して、ボールを上手にネットで受けることが目的です。

【メ　モ】

・上手になったら、バッター１人とネットを持つ子４人がチームとなり、複数チームを作って何球うまく連続して捕球できるかを競ってもよいでしょう。この場合、捕球のためのスタートラインを決めておくとよいでしょう。

・ビーチボールの他に、ソフトバレーボールを使ったり、４人で持つネットを、２人で持って行ったりして、バリエーションを楽しんで下さい。

3　障がい児のためのティーボールあそび

なかよしボール

【あそびを通して育つもの】

筋力、瞬発力、協応性、空間認知能力、操作系運動スキル［打つ・捕る・車輪を回す（車椅子利用児）・車椅子を押したり止めたりする（車椅子介助者）］、移動系運動スキル（走る）

【準備するもの】

バッティングサークル（２）…直径２m

ファウルライン（2）

コーン（３）…２個をバッティングサークル内のバッティングティー用に、１個を折り返し地点用に使います。折り返し地点用のコーンは、ファウルライン近くに置きます。

プラスチックバット（２）

ソフトバレーボール（２）

【あそび方】

①みんなで２チームを作ります。車椅子の子どもには、補助者（介助者）が１人つきます。

②チームの代表がジャンケンをし、攻守を決めます。

③攻撃チームは、打順を決め、２人ずつバッティングサークル内へ入っていきます。車椅子利用の子どもは、補助者といっしょに入ります。補助なしで動くことのできる子どもは、１人で挑戦してみましょう。

④２人が声をかけ合って同時にコーン上のボールをできるだけ遠くに打ちます。打ったら、車椅子を走らせて折り返し用コーンを回り、自分が入っていたバッティングサークル内にもどってきます。守備チームの子どもは、ボールを捕球したら、ボールを持っ

てバッティングサークル内を目指して走ります。２つのサークルの中に、１人ずつ入るようにします。どちらのサークルに入っても、かまいません。

⑤打者が、守備の子どもよりも早くバッティングサークル内にもどったら、１点獲得です。守備の子どもの方が早かったら、攻撃チームは得点できません。

⑥攻撃側のメンバー全員が打ち終わったら、攻守を交代します。得点の多いチームの勝ちとします。

【メ　モ】

・車椅子利用の子どもと健常児が半数ずつで参加している場合は、攻撃の際に、バッティングサークルにそれぞれ１人ずつ入って打撃をしますが、その攻撃後には２人が

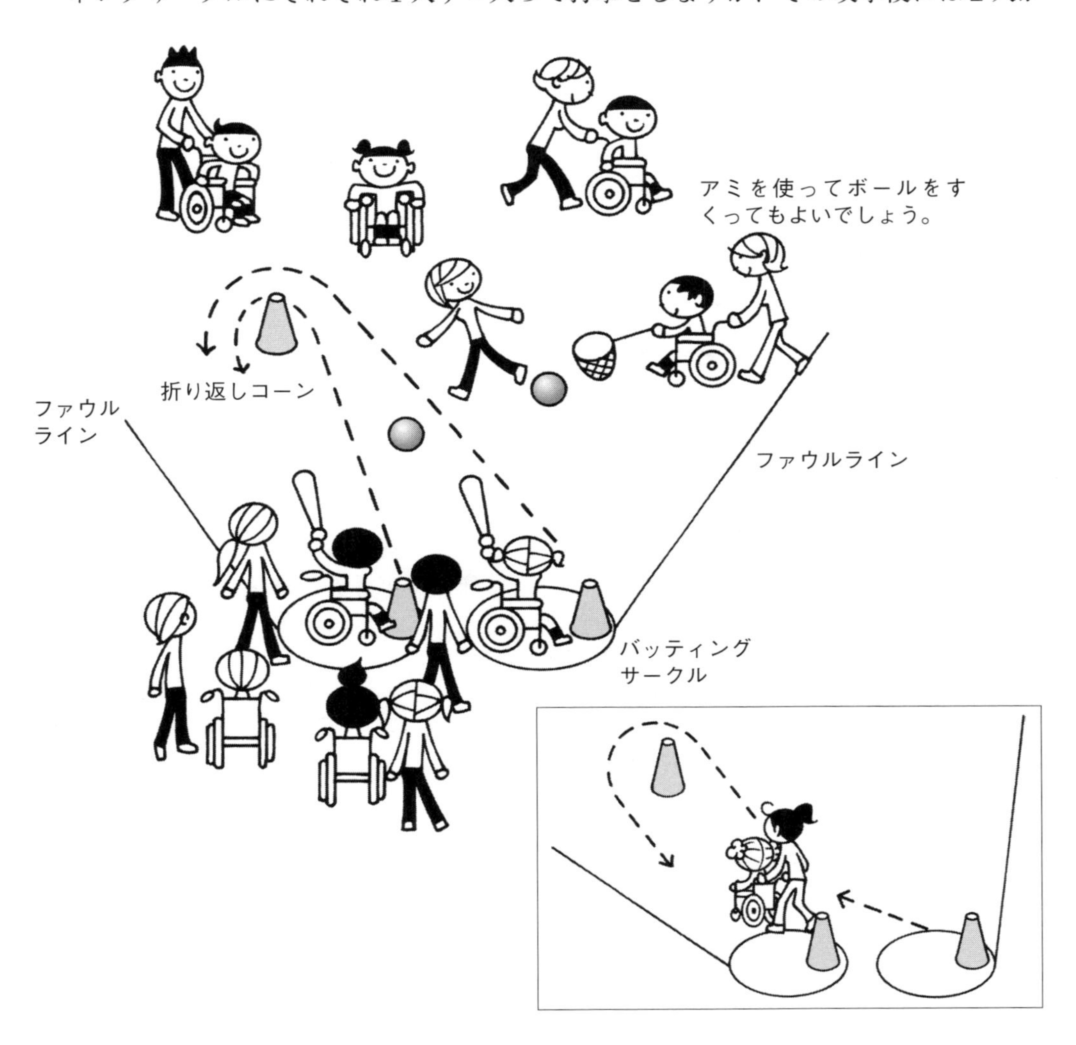

協力し合って移動するようにします。例えば、健常児が、車椅子利用児の車椅子を押して、いっしょに移動します。ただし、もどってきたら、それぞれのバッティングサークル内に分かれて入ることにします。

・アミを使ってボールをすくってもよいでしょう。

・折り返し用のコーンは、打者の能力に応じて、距離や方向を工夫して位置を決めてもよいでしょう。

めざせ！　ゴールサークル

【あそびを通して育つもの】

協応性、筋力、瞬発力、敏捷性、操作性運動スキル（打つ･捕る）、移動系運動スキル（走る）、空間認知能力

【準備するもの】

バッティングサークル（1）…直径２m

コーン（1）、ソフトバレーボール（1）、プラスチックバット（1）

ファウルライン（2）… バッティングサークルから扇を描くように２本のラインを引きます。

ゴールサーク（1）… 直径４mの円を、打ったボールの落下地点付近に描いておきます。そして、ゴールサークルから、２つのファウルラインを結ぶ線を描き、ゴールサークルラインとします。

【あそび方】

①１チーム３名以上で構成し、２チームを作ります。車椅子利用者には、補助者をつけてもよいこととします。そして、ジャンケンで攻守を決めます。

②攻撃チームのバッターは､扇形コート内で､できるだけ遠くへボールを打ちます。ファウルライン内でゴールサークルラインを越えないような短い打球はやり直しとします。ゴロで越すのもよいでしょう。打ったら､ゴールサークルへ向かって移動します。

③守備チームは、打たれたボールを車椅子に当てれば捕球したこととし、その後、補助者がボールを拾ってボールを持たせてあげ、いっしょにゴールサークルに向かって移動します。

④バッターがゴールサークルへ早く到着したら、攻撃チームに１点が入ります。守備チームの方が早ければ、０点です。全員が打ってからの合計をチームの得点とします。

⑤先攻チームのメンバー全員が打ったら、攻守を交代します。

⑥チームの得点の多い方の勝ちとします。

【メ　モ】

・上達したら、柔らかいボールの種類で、ボールの大きさを変えたり、ゴールサークルまでの距離を変えたりして、バリエーションを楽しんでください。

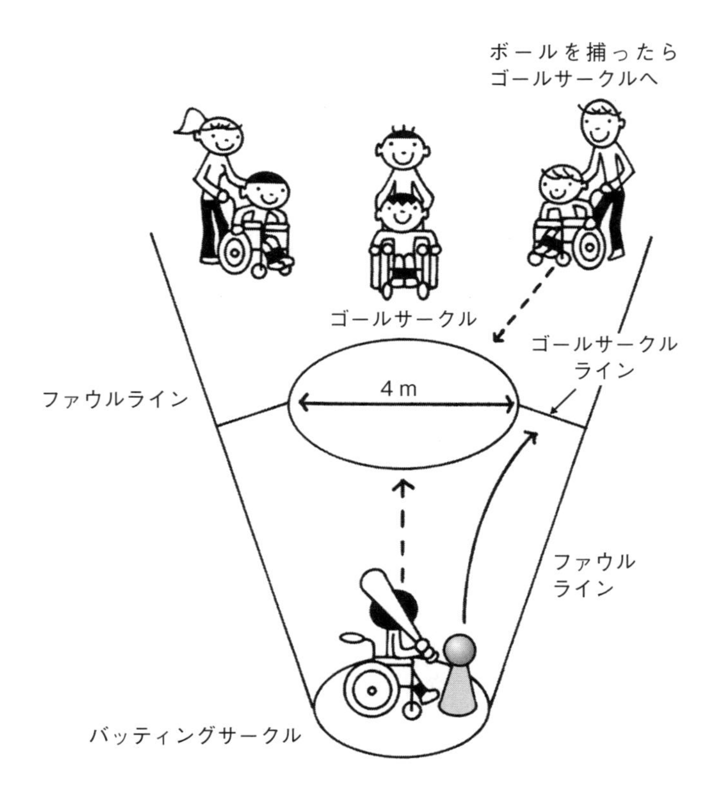

サークルコース

【あそびを通して育つもの】

協応性、瞬発力、筋力、操作性運動スキル（打つ・捕る）、移動系運動スキル（走る）、空間認知能力

【準備するもの】

バッティングサークル（1）…直径2ｍ

コーン（1）、ソフトバレーボール（1）

プラスチックバット（1）

ゴールサークル（1）…直径4ｍの円を、バッティングサークルの隣に描いておきます。

サークルコース（1）…バッティングサークルを起点にして円を描き、ゴールサークルまで結びます。

ファウルライン（2）

【あそび方】

①1チーム5名以上（うち車椅子利用者3名以上。車椅子利用者と補助者のペアで参加してもよい）で2チームを作ります。

②チームの代表が出てジャンケンをし、攻守を決めます。

③攻撃チームは順番を決め、バッティングサークルから、できるだけ遠くにボールを打ちます。打ったら、サークルの外をまわって、ゴールサークルへ向かって走ります。車椅子利用児がバッターの場合は、補助者もいっしょに並走します。

④守備側は、ボールを捕りに行きます。車椅子利用者が捕球する場合は、車椅子にボールが当たったら、補助者がボールを拾って車椅子利用児に手渡し、車椅子利用児といっしょにゴールサークルを目指します。

⑤ボールを打った攻撃側とボールを捕った守備側のどちらが早くゴールサークル内に入るかを競争します。守備側が早ければ、攻撃側は0点とします。

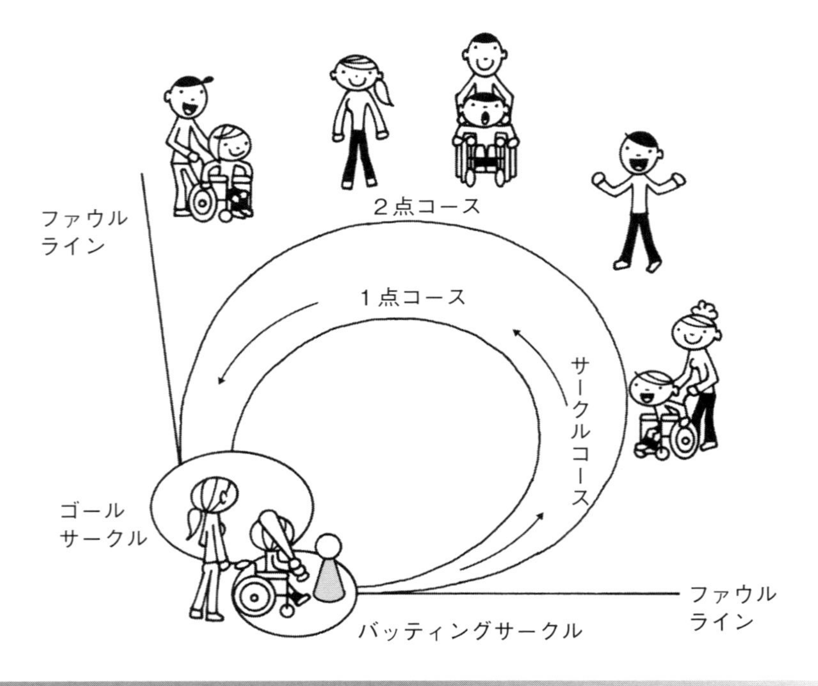

⑥チームの全員がボールを打ったら、得点を合計し、攻守を交代します。１回の合計得点の多いチームの勝ちです。

【メ　モ】

・１点のサークルコースの外に２点コースを描きます。打った段階で、バッターはコースを選んで得点を競います。１点コースをまわってゴールインしたら１点、２点コースをまわってゴールインしたら２点とします。

・１回だけの攻防でなく、数回行った合計得点を競ってもよいでしょう。

・打球がファウルラインの外側に出たら、やり直します。３回まで打ってファウルラインの内側に入らなければ、次のバッターと交替するというルールを設けてもよいでしょう。

４　親子のティーボールあそび

ストレートティーボールあそび

【あそびを通して育つもの】

協応性、瞬発力、敏捷性、操作系運動スキル、移動系運動スキル、空間認知能力

【準備するもの】

コーン（２）…バッティングティー用・折り返し地点用

プラスチックバット（１）

ソフトバレーボール（１）

バッティングサークル（１）…直径２ｍ

ボール渡しサークル（１）…直径２ｍ

※以上が親子１組用。対抗したいチーム数分を用意する。３チームの対抗戦の場合は、３セット準備する。

【あそび方】

①親子が１組となり、子どもはバッティングサークル内に、親は折り返し用コーンの手前で守備につきます。

②子どもは、全員、自分の親に向かってボールを打ちます。

③親は、わが子が打ったボールを捕球して、自分のコース上の折り返しコーンを回って、ボール渡しサークル内へ向かいます。

④子どもは、ボールを打ったら、バットをバッティングサークル内に置いて、ボール渡しサークルへ走っていきます。

⑤子どもは、親が捕球したボールを、ボール渡しサークル内でもらってから、バッティングサークルの中に急いでもどります。

⑥早くボールを持ってもどった組の勝ちです。

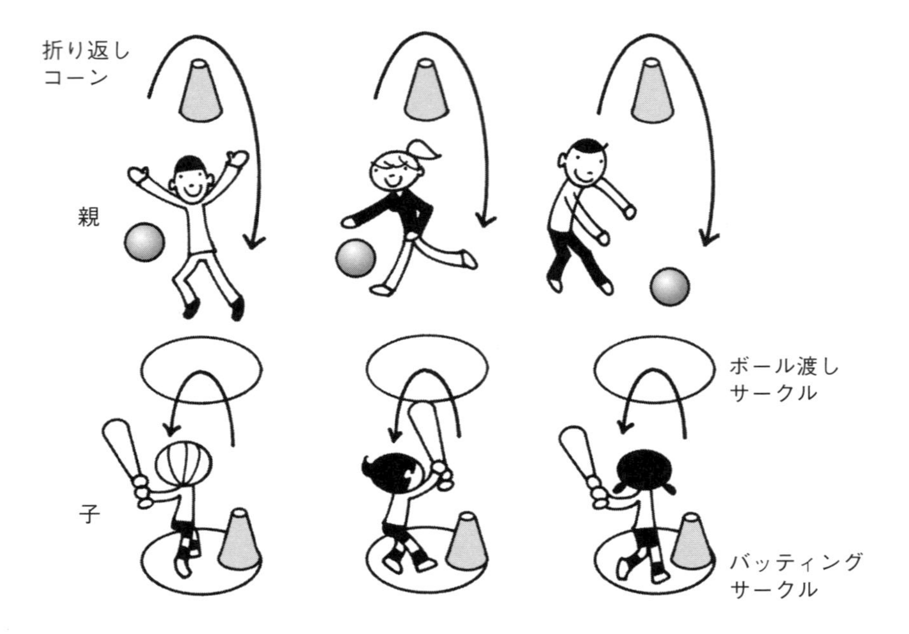

【メ　モ】

・２チーム以上のチーム対抗リレーにすると、あそびが盛り上がるでしょう。

・子どもがボールを真っすぐ打てるよう、親が声をかけたり、手を振ったりして、目印になってあげるとよいでしょう。

・安全のため、チーム間の間隔を十分に空けておきましょう。

エプロンキャッチ競争

【あそびを通して育つもの】

協応性、瞬発力、敏捷性、筋力、操作系運動スキル、移動系運動スキル、空間認知能力

【準備するもの】

バット（2）

コーン（2）
ドッジボール（2）
バッティングサークル（2）
折り返しサークル（2）
エプロン（2）

【あそび方】

①両親と子の３人で１チームとし、２チーム作ります。
②チームごとに、子どもはバッティングサークルの中に入り、お父さんとお母さんは折り返しサークルの中に入ります。そして、お母さんは、エプロンをします。
③子どもは、バットでコーン上のボールを打ちます。ねらいは、自分のチームの折り返しサークル付近です。ボールを打った後は、折り返しサークルに向かって走ります。
④ボールが打たれたら、お母さんはボールを捕りにいきます。身に着けたエプロンの下の部分を両手で持って広げて、ボールを受けたり、すくい捕ったりします。
⑤お母さんは、ボールをエプロンで捕ったら、ボールを持って、折り返しサークルまで急いでもどります。
⑥子どもとお母さんが、折り返しサークルに到着したら、お父さんは子どもをおんぶし、お母さんは子どもにボールを渡します。
⑦お父さんは、ボールを持った子どもをおんぶしたまま、バッティングサークル（ゴール）へ向かって走ります。
⑧早くゴールインしたチームの勝ちです。

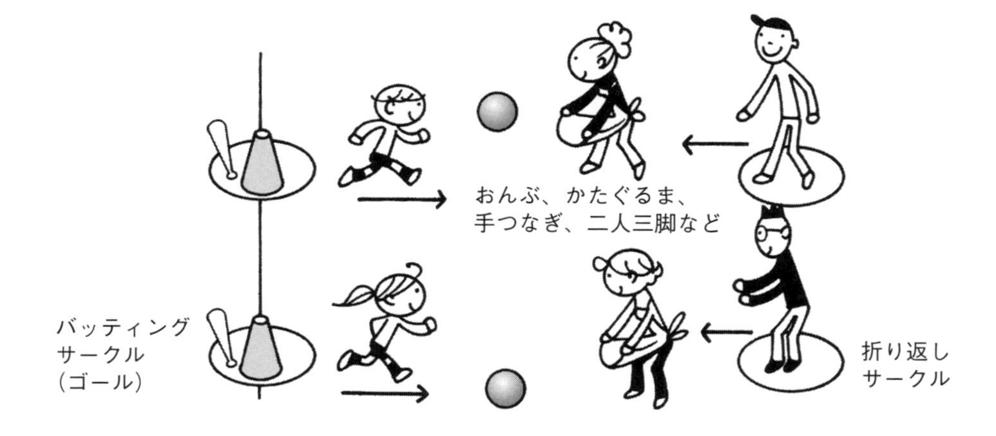

【メ　モ】

・各家族で、ゴールインするまで何秒かかるか、挑戦するのを楽しみましょう。時間を短縮できるかな？
・お父さんとお母さんの役割を交代して楽しんでみましょう。
・おんぶの代わりに、肩車もしてみましょう。
・多くの家族で、対抗リレーにすると、もっと盛り上がります。
・エプロンの張りを利用してボールを飛ばす「エプロン飛ばし」で、お父さんにボールをパスしてもよいでしょう。

ドリブルバック

【あそびを通して育つもの】

協応性、瞬発力、敏捷性、操作系運動スキル、移動系運動スキル、空間認知能力、身体認識力

【準備するもの】

バッティングサークル（２）…直径２m
プラスチックバット（２）
ドッジボール（２）…２色
コーン（２）

【あそび方】

①親子ペアで集まり、AとBの２チームに分かれます。このとき、チームごとにチームのボールを決めます。
②チームごとにバッターペアと守備ペアを決めます。
③各チームのバッターペアの子どもは、相手チームのボールを持ってバッティングサークルに入り、審判の合図で一斉にコーン上に乗せたボールを思い切り遠くに打ちます。
④守備ペアは、相手チームが打った自分のチームのボールを、手をつないで取りにいきます。
⑤ボールは足で受け取り、そのまま足でドリブルをして、自分のチームのバッティングサークル内まで運びます。早くボールをバッティングサークル内にもどしたチームの勝ちです。

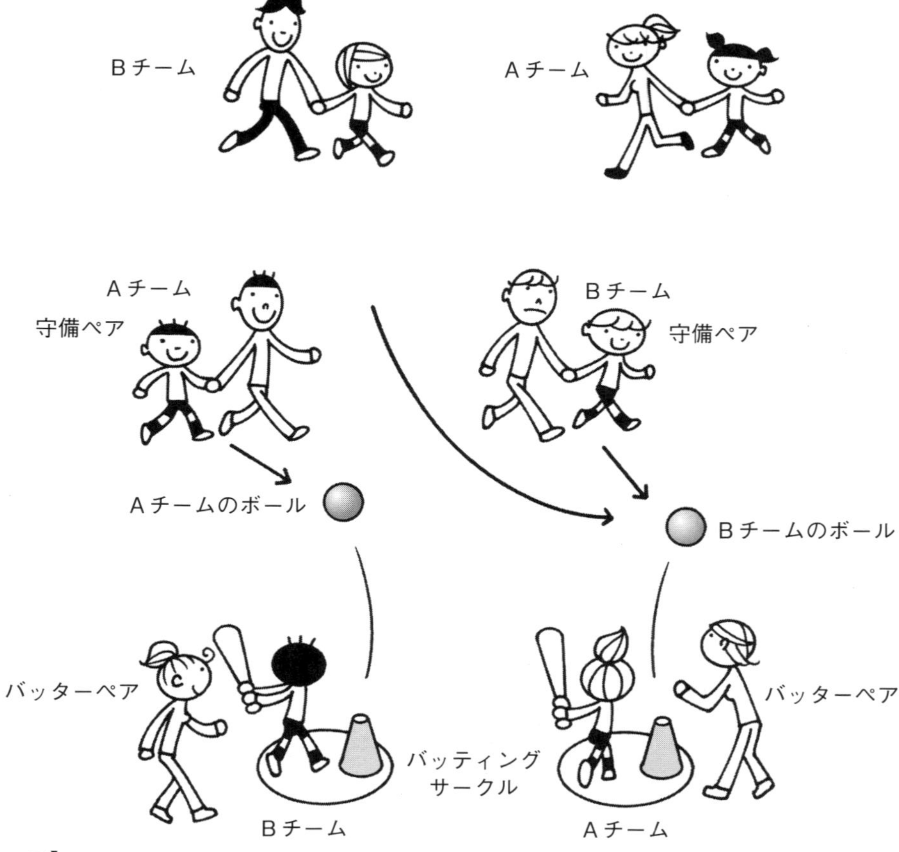

【メ　モ】

・あそびに慣れたら、親もバッティングをしてみましょう。

・上達したら、守備チームはボールをドリブルで運ぶだけでなく、仲間同士でパスをしながらゴールしてもよいでしょう。

おんぶでゴール

【あそびを通して育つもの】

協応性、筋力、瞬発力、敏捷性、操作系運動スキル、移動系運動スキル、空間認知能力

【準備するもの】

コーン（1）

バット（1）

ソフトバレーボール（1）
バッティングサークル（1）…直径2m
センターサークル（1）…直径3m
円形コート（1）…バッティングサークルを円周上に描きます。

【あそび方】

①親子でペアとなって、4～5組からなるチームを2チーム作ります。各チームから代表の子どもが出てきてジャンケンをし、攻守を決めます。

②攻撃側は、1番バッターの子どもがバッティングサークルの中に入ります。そのとき、1番バッターの親は、バッティングサークルの外で待ちます。守備側は、円形ラインの外側で、親子ペアができるだけ近づいて守りにつきます。

③バッターは、コーン上のボールをバットで思い切り遠くに打ちます。打った子どもは、円形ラインの外を右側から走り、打った子どもの親は、円形ラインの外を、子どもと逆方向の左側から走ります。

④守備側のチームは、打たれたボールを子どもがキャッチしにいきます。キャッチした

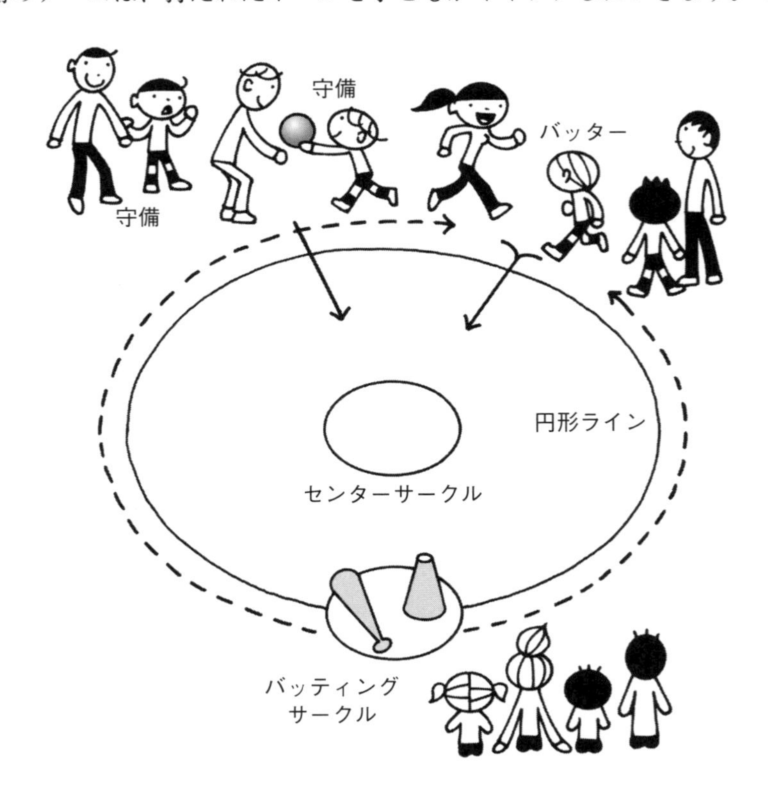

ら、ボールを親に渡します。親は、子どもをおんぶしてボールを持ち、センターサークルに向かって走ります。そのとき、ボールを落としたら、拾ってやり直しをします。

⑤円形ラインの外を走っている打った子どもと親は、２人が出会ったらタッチをし、その場所から、親は子どもをおんぶしてセンターサークルに向かって走ります。

⑥攻撃側の親子が早くセンターサークルに入れば１点。守備側の親子が早ければ、攻撃側は０点とします。

⑦攻撃の親子ペアが、全員打ち終わったら、守備チームと交代します。３回を目安にして、得点の高いチームの勝ちとします。

【メ　モ】

・慣れてきたら、円形ラインから三角ベースに変更してもよいでしょう。

・円形ラインの外を走る親子は、守備側の人とぶつからないように気をつけましょう。

おんぶでチャンプ！

【あそびを通して育つもの】

協応性、瞬発力、敏捷性、筋力、操作系運動スキル、移動系運動スキル、空間認知能力

【準備するもの】

三角コート（１）

コーン（３）…バッティングティー用・一塁用・二塁用

プラスチックバット（１）

ソフトバレーボール（１）

バッティングサークル（１）…直径２ｍ

内野サークル（１）…直径２ｍを三角コートの中央部に描いておきます。

【あそび方】

①親子が１組となり、各組から子どもが出てきてジャンケンをし、打順を決めます。

②ジャンケンに負けた子どもの組は、全員、三角コートより外側の外野の守備につきます。

③ジャンケンで一番勝ちの子どもの組から順に、バッティングサークルへ行き、コーン上のボールをできるだけ遠くに打ちます。このとき、親は、バッティングサークルの後ろにつきます。

④子どもがボールを打つと同時に、親は二塁コーンを回って一塁コーンに向かいます。

ボールを打った子どもは、バットをバッティングサークル内に置いて一塁コーンを目指して走ります。一塁コーンを回ったら、二塁コーンを目指して走り、親と出会ったら、親におんぶをしてもらいます。

⑤守備の子どもは、打たれたボールを捕ったらボールを持ち、親と手をつないで三角コート内の内野サークルに向かって走ります。内野サークルに入ったら、親におんぶをしてもらいます。

⑥早くおんぶをしてもらった方の勝ちで、チャンピオンとなります。

⑦攻撃側が勝てば、もう一度、攻撃できます。負けたら、守備につき、次はジャンケンで２番勝ちの組がバッティングサークルに行き、ボールを打ってあそびを続けます。

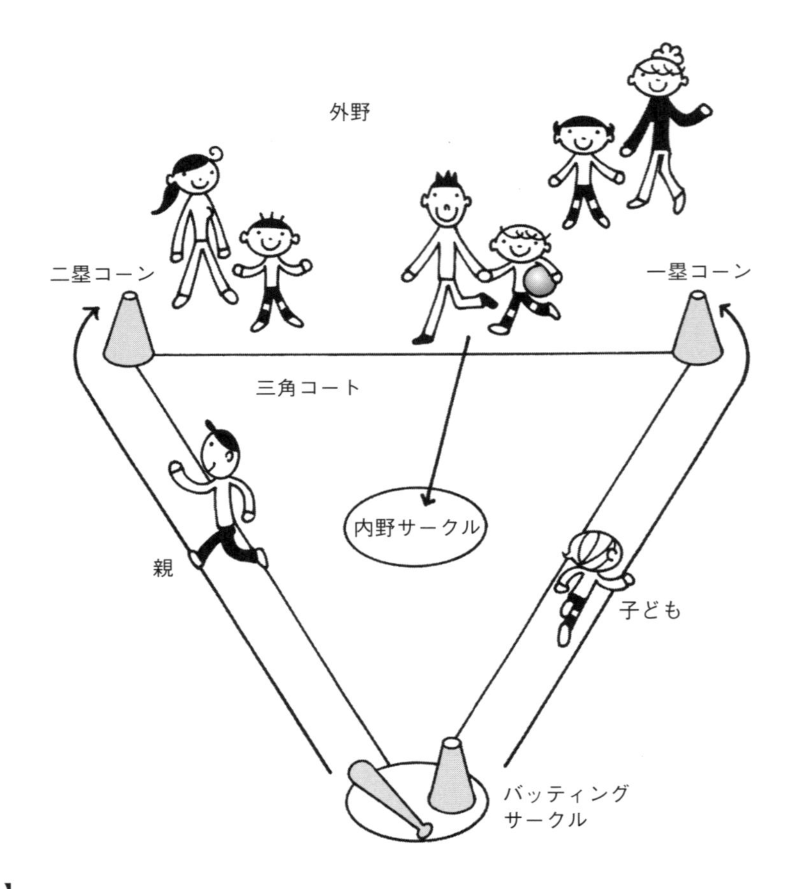

【メ　モ】

・１回勝てば、１点得点できるようにして、各組で得点を競ってみましょう。

・２チームに分けたチーム対抗にすると、あそびが盛り上がるでしょう。

・攻撃側が簡単に勝つようであれば、三角コートを大きくして、攻撃チームの走る距離を長くしてみましょう。

（前橋　明）

5　保育現場でのティーボールあそびの実際

(1) 幼児へのティーボールあそびの指導のポイント

幼児へのティーボールあそびの指導は、簡単な内容で、誰もができる運動内容の導入から始めていき、徐々に発展的な運動を行うことが良いでしょう。個人差はあるものの、回を重ねるうちに技術が向上し、できることが増えていきます。試合では、ボールが飛んでこなかったり、打順を待つことで、運動量が少なくなるときもみられます。しかし、仲間の姿を見て応援することや、友だちのプレーを見ていっしょに喜ぶこと等、仲間を意識していくことの大切さに気づくようになります。運動量は、自分で打ったボールを捕りにいくことや、ベースランニングをすることで確保し、また、努めてボールを打つ回数や、ボールに触る回数を意識的に増やすことで、補うことができます。

(2) 幼児への指導６つのポイント

①すべきことの指示をするだけでなく、子どもたちに選択肢やヒント、質問を投げかけて、考える機会を与える。

②運動技能の向上のためには、幼児でも理解できる言葉を用いて指導する。

③平易な課題から、発展的な課題へ高めていき、成功体験を通して、子どもたちに自信をもたせていく。

④人と関わる能力や、社会性を育むためには、子どもたちの様子や表情を観察して、適切なタイミングで誉める・叱る・応援する等の言葉がけをする。

⑤幼児の集中できる時間は短いため、できるだけ多くの運動を行い、「次に何をするのだろう」という期待感を常にもたせる。

⑥毎回、子どもたちの健康と安全に配慮して、ケガのないように、指導を行う。

(3) プログラムの内容

1）ウォーミングアップ

写真19-1　ランニング

写真19-2　体操

写真19-3　ストレッチ

写真19-4　ダッシュ

2）守備

写真19-5　キャッチボール

写真19-6　遠投1

写真19-7　遠投2

写真19-8　ボールキャッチ1

写真19-9　ボールキャッチ2

写真19-10　ボールキャッチ3

3）バッティング

写真19-11　バッティング練習1

写真19-12　バッティング練習2

4）ボールコレクターの試合

写真19-13　試合1

写真19-14　試合2

写真19-15　試合3

写真19-16　試合4

5）室内での活動

写真19-17　室内１

写真19-18　室内２

(4) プログラムの作成と内容

幼児ティーボールあそびのプログラムにあたっては、まず、ティーボールあそびを構成する運動要素を分析し、次に、それぞれの要素を育成するための最終目標を決めます。そして、多くの幼児ができる運動から始めて、徐々に難易度を上げ、最後に目標に到達できるように、プログラムを作成します。

ティーボールあそびの構成要素は、次の５つです。

① 打つ
② 走る
③ 捕る
④ 投げる
⑤ ティーボールあそび実践（試合）

①～⑤の順に指導実践を行う際、最初に打つことを実施するのは、打つことが幼児にとって、最も興味をもち、楽しい動きだからです。最初に楽しい動作から始め、最後に難しい運動へと進めます。

①「打つ」は、ボールを前に飛ばすことを目標とし、最初は、バレーボールサイズの柔らかい大きいボールを使用します。幼児が、少しでも打ちやすいことと、打ったときの爽快感を味わわせるためです。

②「走る」は、ベースに走りこむことを目標に、最初は、カラーコーン間をダッシュします。慣れてきたら、カラーコーンをベースに変えることによって、ベースに走りこむことが、容易になります。また、スキップ・サイドステップ・両足ジャンプ等の動作を取り入れ、脚力の向上を図ります。

③「捕る」は、打ったボールを手で捕れることを目標として、最初は、バレーボールサ

イズの柔らかい大きいボールを用いて、投げ上げたり、地面についたりしたボールを胸やお腹を使わず、手で捕れるよう指導します。そうすることにより、小さいボールの手での捕球へと発展させることができます。

④「投げる」は、ボールを投げるときの軸足となる足で、バランスよく立てるように、片足立ちを行って、バランス感覚を身につけさせます。そのことによって、ボール投げをした際の足の動きが、スムーズにできます。次に、ボール投げを行うことで、肩・肘・手首・指先などの使い方が、身につくようになります。

（片岡正幸）

20章

体育あそびの実際
——移動遊具を使った体育あそび

〔池谷仁志・永井伸人・廣瀬　団〕

1　マットあそび

《指導のポイント》

①　接点（どこに、どこが触れているのかを確認します。）

②　重心（どこに重心があるのか、どこに重心を移動させるのかを確認します。）

③　運動の方向性（どの方向に進みたいのかを確認します。）

④　視線の重要性（運動する際にどこを見るのか、視線をどこに移していくのかを確認します。）

1）マット運動（あそび）で育つもの

筋力、巧緻性、柔軟性、平衡性、身体認識力、空間認知能力、回転感覚、移動系運動スキル

2）マットの特性

・柔らかさ（感触）

転がったり、這ったりする際の衝撃を緩和します。

触る・踏む・乗る・潜る・叩く・押す

・持ち手（みみ）があり、運びやすく工夫されています。

持ち運ぶ際に使うことを子どもたちに伝えます。

・用具の特性を生かしてスキルを獲得します。

現代の幼児に不足している支持感覚、回転感覚、逆さ感覚の運動経験を補うために活用できます。

這う・膝立ち歩き・正座ジャンプ・四足歩行・転がる・カエル跳び

3）衛生面の配慮

ひきずりながら運んだり、室内外兼用にしたりせず、使用後は湿気の少ない場所に保管する配慮をしましょう。

4）横転（おいも転がり、えんぴつ転がり）

・仰向けから横に転がります。

・うつ伏せから横に転がります。

・２人で向かい合い両手を繋いで横に転がります。

・一人が仰向け、一人がうつ伏せになり、両手を繋いで横に転がります。

5）前転（でんぐり返り）

・安定した姿勢から重心を崩していくことで回転運動に繋げます。

・両足を肩幅程度に広げて立ち、両手を広げる。前方に向けた視線を広げた足の間から後方に移していき、かかとを上げて前方に回転していきます。

6）後転

マットに腰掛けた姿勢（体育座り）から後ろに倒れながら、両足を後方に蹴りだします。両手は、肘を持ち上げ親指が耳に向くように準備して後方に倒れ、マットについた手の上を尻が乗り越えたら、両手で後方へ押します。

(((クマさん歩き)))

【あそびで育つもの】

移動系運動スキル、腕支持感覚、筋力（腕・肩・腹筋・背筋・首など）、巧緻性、空間認知能力

【あそびの準備】

マットまたはフロアー

【あそび方】

(1) 腹を下にして、両手両足（四肢）でからだを支え、尻を上げた姿勢で（高ばい）前へ歩いたり、後ろへ歩いたりします。

(2) 歩くことに慣れてきたら、くねくねと蛇行したり、Uターンをしたり、いろいろな障害物を避けたりします。また、坂道をつくって上がったり下りたり、跳び箱の１段目を障害物として乗り越えたりします。

(3) 更に慣れてきたら、スピードを上げていきます。

(4)「よーい、ドン」の合図で、みんなで競争するのもよいでしょう。

【メモ】

・前へ歩くときは、手の四本指（人差し指・薬指・中指・小指）が動きに則して、常に進行方向を向くようにします。

・繰り返すことによって、足で走る動作と同様に、「手の付け根 → 手のひら全体 → 指先で押し出す」動作と、肘の動き（衝撃の吸収・反発）が連動してスムーズになります。

・動きに則したスムーズな動きを獲得することは、マット運動の技術向上にも役立ち、転倒や不測の事態においても、ケガの回避や安全に関わることとしてとても大切です。

・クマさん歩きでの目線の使い方（どこを見るか）や、お尻の高さを上下に変えたことによるからだの変化（重心）を理解することは、からだに無理なく自然に転がる前転に繋がります。

(((クモさん歩き)))

【あそびで育つもの】

移動系運動スキル、腕支持感覚、筋力（腕の裏側・肩・背筋・尻・太もも裏側など）、巧緻性、空間認知能力

【あそびの準備】

マットおよびフロアー

【あそび方】

(1) しゃがんだ姿勢から手を後ろについて、腰を浮かせた姿勢で前へ歩いたり後ろへ歩いたりします。

(2) 歩くことに慣れてきたら、くねくねと蛇行したり、Uターンをしたり、いろいろな障害物を避けたりします。また、坂道をつくって上がったり下りたりします。

(3) 更に慣れてきたら、スピードを上げていきます。

(4)「よーい、ドン」の合図で、みんなで競争するのもよいでしょう。

【メモ】

・手足の使い方が理解できるまでは、ゆっくり歩きます。

・慣れてきたら、腰を高く上げて歩くことによって、より筋力が強くなります。

・上肢（腕）や下肢（脚）がいくら強くても、体幹がしっかりしていなければ、体は思うようにコントロールできません。前面の刺激が中心のクマさん歩きと背面が中心のクモさん歩きをセットにすると良いでしょう。

ゆりかご（ゆりかごから立ち上がる）

【あそびで育つもの】

平衡系運動スキル、巧緻性、筋力、身体認識力、空間認知能力

【あそびの準備】

マット

【あそび方】

(1) 体育座り（三角座り）から背中を丸めたまま後方へ転がり、反動を利用して体育座りへ戻ります。

(2) 慣れるまではゆっくりと行い、前後へゆれる動きを理解します。

(3) ゆりかごに慣れてきたら、そのまま立ち上がって気をつけの姿勢になります。

(4) 立ち上がるためには、床についている足（接点）の上に体の関節が重なることが大切です。

(5) ゆりかごから立ち上がるときは、転がった姿勢から前へ運動しているので、足が床についた時は、まだ体は足の後ろにあります。したがって、ただ上へ立ち上がるといったイメージではなく、意識して頭を足よりも前へ出します。

(6) 頭が前へ出ることによって、しゃがんだ姿勢での足（接点）の上に体（重心）が重なり、上への運動（立ち上がる）がかないます。

【メモ】

・幼い子どもは幼児体型で、頭が大きく重心が頭よりにあるため、背中を丸めた姿勢が保てないことがあります。その場合は膝を抱えて転がるとよいでしょう。

だるまさんまわり

【あそびで育つもの】

巧緻性、平衡性、筋力、身体認識力、空間認知能力

【あそびの準備】

マットおよびフロアー

【あそび方】

(1) お尻をついて座り、足の裏を合わせます。

(2) 合わせた足が離れないように両手で足を束ねて持ちます。

(3) そのまま横へ揺れはじめ、脚の側面から体の側面、肩口へと順に倒れ背中をつき、反対側の肩口から脚の側面へと転がり元の姿勢に戻ります。

【メモ】

・ゆりかごのような前後動だけでなく、横への移動、回転感覚も大切にしましょう。

・横に倒れてから背中をついた時に、タイミングを合わせて行きたい方向を見ると運動の方向が明確になり、横への運動が継続しやすくなります。

背倒立（スカイツリー）

【あそびで育つもの】

非移動系運動スキル、逆さ感覚、筋力、身体認識力、空間認知能力

【あそびの準備】

マットおよびフロアー

【あそび方】

(1) 仰向けに寝た姿勢から両足を高く上げ、腰を手で支えながら逆さまの姿勢を保ちます。

(2) 両足を高く上げることに十分慣れたら、腰を支えていた手を外し、腕全体でマット（フロアー）を押さえつけながら、足を上げた逆さ姿勢を保ちます。

(3) 腕全体でマットを押さえつけた背倒立に十分慣れたら、腕を曲げ、肘で床を押さえつけながら、足を上げた逆さ姿勢を保ちます。

【メモ】

・筋力の弱い幼児には、倒立のように腕で逆さまの姿勢を保つのは困難です。背倒立は寝た姿勢から両足を上へあげるため、幼児でも逆さ姿勢を保ちやすく、逆さ感覚の獲得に大変有効です。

・両足を高く上げることは大切ですが、まずは、足が曲がっていても逆さ（頭が下で足が上）の姿勢を保ち、逆さ感覚の獲得が大切です。

・逆さ姿勢を保つには、マット（フロアー）に接している背中（接点）に対して、上にあげた足がどの位置にあるか（重心）が大切になります。例えば、足を高く上げられなくて膝が曲がるようであれば、顔（目線）の上に膝が位置し、足を高く上げられるようであれば、顔（目線）の上に足となります。

＊「肘でマットを押さえつける」ことは「肘を後ろへ引く」ということですので、肘で押さえつけながら、足（腰）をより高く上げる動作（肘は下へ・足（腰）は上へ）は、鉄棒の逆上がりに求められる動作と同じです。

足首もって大きなパー

【あそびで育つもの】

平衡系運動スキル、非移動系運動スキル、筋力、柔軟性、身体認識力

【あそびの準備】

マットおよびフロアー

【あそび方】

(1) 体育座りで足首を持ちます。

(2) 足首を持ったまま脚を大きく開き、バランスを整えながら倒れないように姿勢を保ちます。

(3) 慣れてきたら、体育座りの状態で足を浮かせて足首を持ちます。足を浮かせたまま脚を開いたり閉じたりします。

(4) 脚を開いた姿勢を保ちながらバンザイをして、そのまま手足をキープするのも良いでしょう。

【メモ】

・体育座りから勢いよく脚を開くと、後ろへ倒れて頭を打つことがあるので、はじめはゆっくり行います。

・バランスをより良く保つには、前から見ても脚がV字、横から見ても脚と上半身がV字になると良いでしょう。

(池谷仁志・永井伸人)

2　跳び箱あそび

1）跳び箱運動（あそび）で育つもの

移動系運動スキル、筋力、瞬発力、巧緻性、柔軟性、身体認識力、空間認知能力

2）用具の特性を知る。

・分解ができる。

・高さの調節ができる。

・上部に布が貼ってある為に触れたときに痛みを感じず、危険が少ない。

3）用具の特性を生かしてスキルを獲得

・トンネルくぐり

・登り降り

・跳び乗り・跳び降り

・跳び越し

・またぎ越し

開脚跳び（馬跳び）

跳び箱の後方に立ち、両手を跳び箱の最前部に並べてつきます。その際指を曲げて跳び箱にかけます。

①でおでこを前方に突き出します。②で腰を後ろに引き、③で足を開脚しながら前方に跳び越します。

マットを利用してのカエル跳びやベンチを利用しての跳び降りなどを行いながら、体重、重心の移動を感じていきましょう。

（池谷仁志）

3　平均台あそび

1）平均台運動（あそび）で育つもの

平衡系運動スキル、移動系運動スキル、筋力、巧緻性、平衡性、身体認識力、空間認知能力

2）平均台の特性と安全配慮

・長さ3m程度、高さ30cm程度、幅10cm程度。最近は広いものもあります。木製のものが多く使用されています。

・平均台の周りには、もし転落した場合を想定し、目的に応じて、平均台の周りにマットを置きます。

・平均台は木製の物が多いので日光の強い場所や雨風があたる場所に保管すると劣化し、木のささくれや腐食が起き事故の原因になります。

・平均台は長いので、運ぶ際には周囲の子どもや壁などにぶつけないよう注意が必要です。

○動的平衡性を育むあそび

・おしり渡り（またぎ歩き）
・モノレール（おなかつけ渡り）
・横向き渡り（カニ歩き）
・すり足渡り
・直進渡り（一本橋）
・障害物渡り
・くるりんターン
・くまさん渡り

○静的平衡性を育むあそび

・片足バランス
・立つ　しゃがむ
・長座位
・ポーズ（猫、スズメ、カニ）

○その他のあそび

・またぐ
・ハードル（片足踏切）

・跳び越し

・くぐる　這う

○平均台を使ったゲームあそび

・平均台高鬼

・陣取りじゃんけん

平均台を渡ってみよう

【あそびで育つもの】

平衡系運動スキル、移動系運動スキル、筋力、平衡性、巧緻性

【あそびの準備】

平均台、マット

【あそび方】

① はじめは平均台に慣れるよう地面から低い位置で、平均台にまたがりお尻で進んだり、お腹をつけて進んだりしてあそびます。

② 平均台の高さに慣れてきたら、上に立ち、横歩きで進んだり、直進したりします。

③ 徐々に難易度を上げ、障害物を置いたり、方向転換したりなど、渡り方に工夫します。

おしり渡り

横向き渡り　　すり足渡り

直進渡り（一本橋）

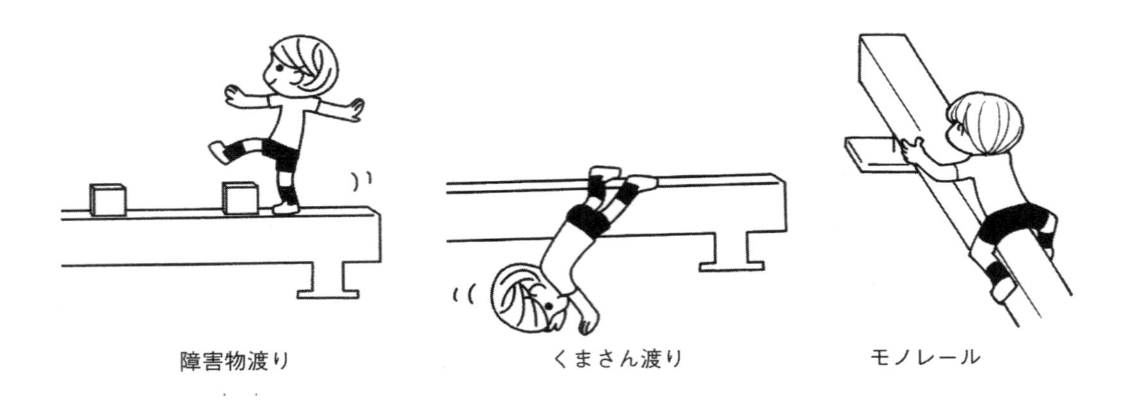

障害物渡り　　くまさん渡り　　モノレール

平均台に乗ってポーズしてみよう

【あそびで育つもの】

平衡系運動スキル、筋力、平衡性

【あそびの準備】

平均台、マット

【あそび方】

① はじめは平均台に両足がつく、バランスがとりやすいポーズから行います。

② 平均台から落ちないようになってきたら、片足バランスや他のポーズにも挑戦してみます。

③ ３人程度で、だれが長くポーズできるか競争に発展してもよいでしょう。

しゃがむ　片足バランス　　長座位

平均台をくぐってみよう

【あそびで育つもの】

移動系運動スキル、筋力、平衡性、柔軟性、身体認識力、空間認知能力

【あそびの準備】

平均台

【あそび方】

① 平均台の下をくぐってみます。

② 仰向けになってくぐってみます。

③ 平均台の上にマットをかぶせて、くぐる環境に変化を加えてもよいでしょう。

平均台をまたいだり、跳んだりしてみよう

【あそびで育つもの】

移動系運動スキル、筋力、巧緻性、瞬発力、敏捷性、腕支持感覚

【あそびの準備】

平均台、マット

【あそび方】

① 平均台を横向きに置き、またいで進みます。

② 慣れてきたら、手を使わないでまたぎます。徐々にまたぐスピードを上げて片足ずつ跳び越えます。

③ また、両手を平均台について横跳び越しで跳び越えてもよいでしょう。

平均台を使ったゲームあそび

【あそびで育つもの】

平衡系運動スキル、移動系運動スキル、筋力

【あそびの準備】

平均台、マット

【あそび方】

(1) 陣取りじゃんけん

① ２つのチームに分かれ、平均台の両端に分かれて並びます。

② はじめの合図で、一番前の子が平均台を渡り出会ったところでじゃんけんをします。

③ 勝ったら平均台を端まで渡り１点が入ります。負けたらその場で平均台を降ります。あいこだった場合は２人ともその場で平均台を降ります。

④ 最後に得点が多いチームの勝ちです。

(((島鬼ごっこ)))

【あそびで育つもの】

平衡系運動スキル、移動系運動スキル、身体認識力、空間認知能力

【あそびの準備】

平均台（状況によって跳び箱も使用）

【あそび方】

① 平均台を島に見立てて、鬼ごっこを行います。

② 鬼は床（フロアー）、その他の子は平均台の上に乗った状態から始めます。

③ 平均台に乗っている子は、鬼に捕まらないように、他の平均台へ行ったり来たり、移動を繰り返します。

④ 鬼が子を捕まえられるのは、子が床へ降りているときだけで、平均台に乗っているときは捕まえることができません。

⑤ 鬼に捕まった子は、鬼と交代（１人鬼型）したり、鬼に加わって（増やし鬼型）他の子を捕まえたりします。

【メモ】

・鬼に捕まらないように急いで移動し、細い平均台に乗って止まる「動と静」を組み合わせることは、より高いバランス（平衡性）能力を獲得することができます。

・幼児にとって平均台は高く細いものであるため、状況に応じて、平均台を２本並べて広く使います。また、跳び箱を平均台に見立てて適度な高さで使用するのも良いでしょう。

（廣瀬　団・永井伸人）

21章

からだづくり運動・マット運動

〔永井伸人〕

子どもは、楽しいことが大好きです。楽しむことを前面に出しながら、わかりやすいワンポイントアドバイスを心がけ、成功例・失敗例を示し、子どもが具体的なイメージをもてるようにすることが大切です。

そのためにも、導入の段階で歌を用いたり、テンポの良いリズムで、心もからだも弾むような導入を心がけ、「指導者自身も、みんなといっしょで楽しい」と、子どもに伝えることが必要です。そうすることによって一体感が生まれ、楽しさの中にもより集中力が増し、指導者の一言がよりスムーズに吸収されることでしょう。

1　手首をほぐそう

マット運動系では、手で体を支えることが多いので、手首をしっかりほぐしましょう。また、ちょっとしたキーワードを用いて集中させましょう。

【方法】

(1) 手首をブラブラ。右手がグー・左手がパー。「せーの」で、それぞれの手を出します。（写真１・写真２）

(2) 右手・左手（グー・チョキ・パー）を変えながら、繰り返し行います。

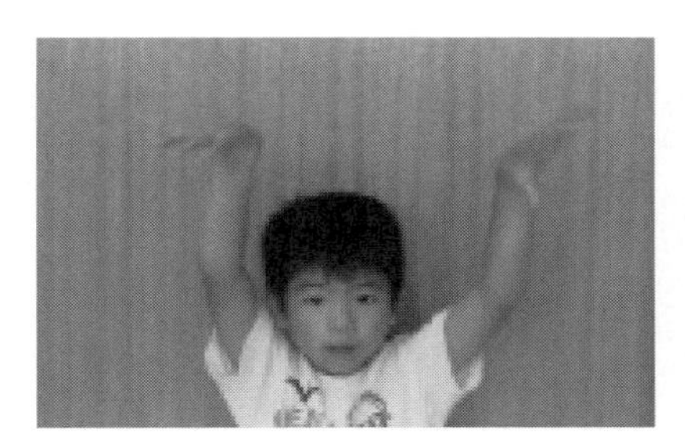

写真 1

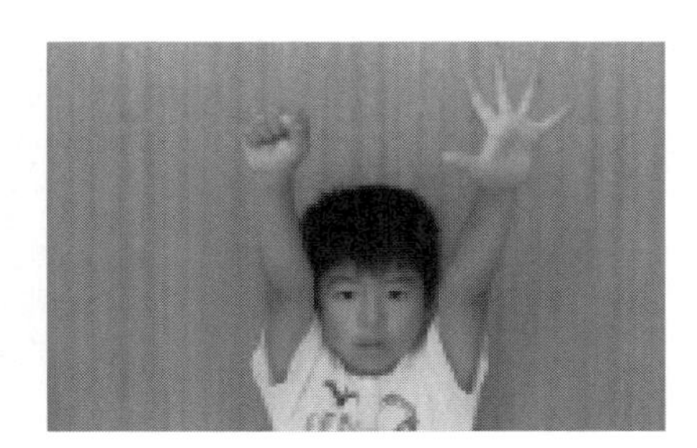

写真 2

2　手と足いっしょにグー・チョキ・パー（グー・チョキ・パー、メリーさん）

「メリーさんのひつじ」の歌に合わせて、手と足をいっしょに動かします。

【方法】

(1) 手と足をいっしょに、「グー・チョキ・パー・チョキ　／　パー・チョキ・パー・チョキ／グー・チョキ・パー・チョキ　／　グー・チョキ・パー」と、はじめはゆっくり行います。＊（　／　　／　間はワンフレーズ）

(2) 慣れてきたら、次第に速く行います。

3　ダルマさんまわり

横への移動、回転感覚もつけましょう。

【方法】

(1) 座って足の裏を合わせます（写真１）。

(2) 両手で足が離れないように、一つに持ちます（写真１）。

(3) 横にグラグラと揺れはじめ、そのまま横に倒れるように、脚・背中・反対の脚の順で転がりながら、もとの姿勢に戻ります（写真２～写真８）。

【留意点】

・横へ倒れるときは、ゆっくりと。

・一つに持った足を引き寄せます。

・背中がついたら、背骨を中心（軸）に「こっちへ行くんだ」と進行方向を強く見ます（写真9・写真10）。

写真1　写真2　写真3　写真4　写真5　写真6　写真7　写真8

写真 9

写真 10

写真 11

写真 12

4　足首もって大きなパー

バランス、柔軟性、筋力が求められます。

【方法】

(1) 体操すわりで足首を持ちます（写真１）。

(2) 足首を持ったまま、大きく脚を開きます（写真２）。

(3) 倒れないように、姿勢を保ちます。

(4) もとの体操すわりに戻ります（写真３）。

(5) できる子は、脚を開いたときに両手をバンザイし、そのまま手足をキープします（写真６）。

(6) 慣れてきたら、体操すわりのときも、足を床につかないで繰り返し行ってみます（写真４～写真６）。

【留意点】

・ゆっくりとバランスをとりながら脚を開きます（写真７）。

・頭と目線を引き上げると、背中が伸びて安定します（写真８）。

写真１　写真２

写真３　写真４

写真５　写真６

写真７　写真８

5　手をついて足の抜き差し

背中の柔軟性（圧縮）を求めます。

【方法】

(1) 長座ですわり、両手を床につきます（写真１）。

(2) 手を床から離さないで前にある足を後ろへ、後ろへ行ったら前へと、抜き差しを繰り返します（写真２～写真５）。

写真１

写真２

写真３

写真４

写真５

6　マット運動系　初めの一歩はクマさん歩き（高這い）

全身を使った運動という表現はよく聞かれますが、その全身とはどう捉えたらよいのでしょうか？　走ることによって筋力を使い、血液の循環が促進され、心肺機能も高められます。これも確かに全身運動です。しかし、体を頭・上肢・体幹・下肢の各部位としての捉え方はどうでしょうか？

クマさん歩きをすることによって、動きに即した手のつき方や、手首・肘の使い方、また、立位と四肢をついての移動感覚の違いを理解することは、身体認識・空間認知の面からも大切であると同時に、転倒時のケガの回避、安全面からも大切です。

四肢を使うことにより、腕・脚だけでなく、肩・体幹も強くなります。

写真１

写真２

７　支える

マット運動の中で「支える」ことは多くの場面で求められますが、単に手をつくということではありません。動きに即して、調節（コントロール）できるようにしましょう。

【方法】

(1) 指を大きく開いて、手全体をつきます（写真１）。

(2) 手の親指から小指まで、すべての指を使って（手全体を面として）支えます（写真２）。

【留意点】

・動きに即して「面で」（写真２）支える、「点で」（写真３）支える、「指先（外輪）で」（写真４）支える、の違いを実感しましょう。

・前へ進むのであれば、足の歩行同様、手の付け根（足のかかとに該当）から指先へと、重心は移動します。

・静止してバランスを保つのであれば、指先（外輪）で踏ん張ります。

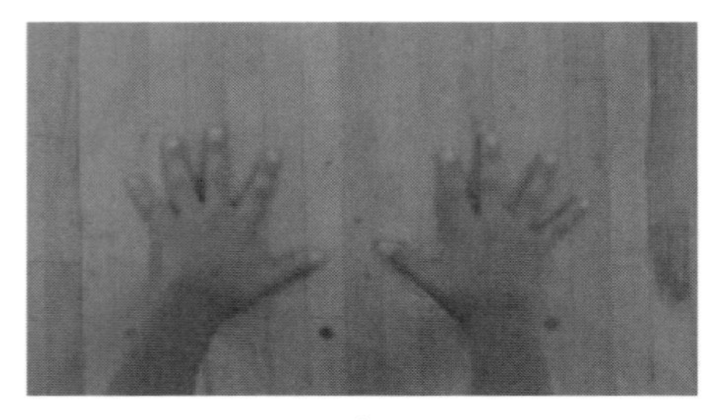

写真１

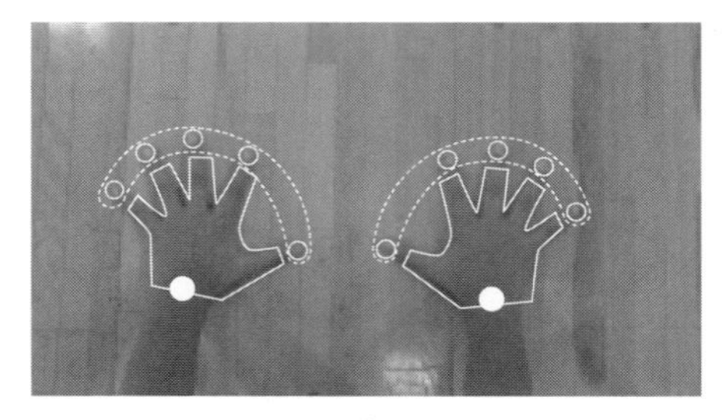

写真２

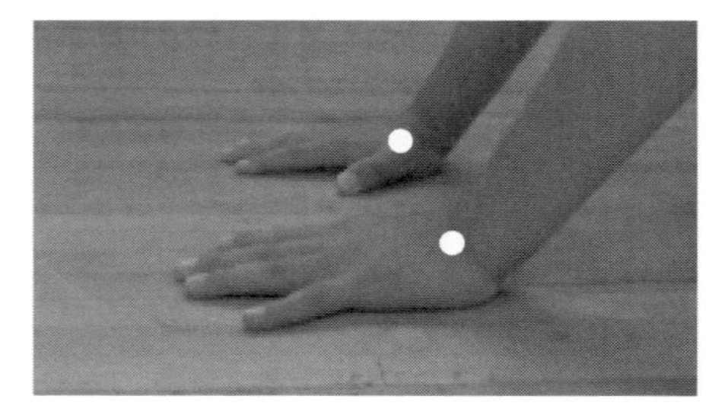

写真３

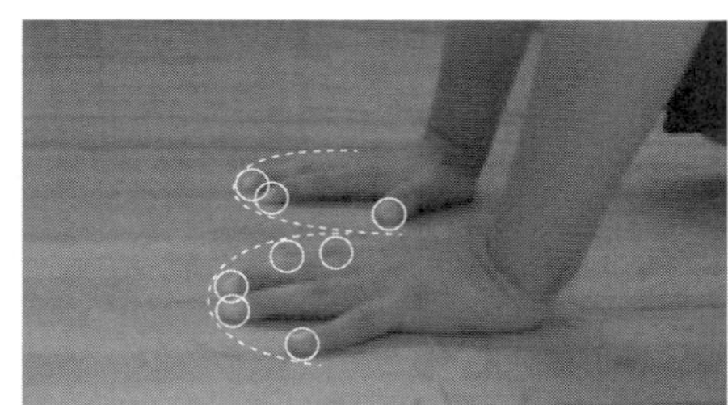

写真４

8　カエルの逆立ち

カエルの姿勢から足を浮かせ、手で体を支えます。

【方法】

《 カエルの姿勢 》

(1) 手を肩幅くらいについて、カエルの姿勢をとります（写真１）。

(2) 指は、前を向き大きく開いてつきます（写真１）。

(3) 脚は、膝を曲げて大きく開きます（写真１）。

【留意点】

・横から見て三角定規になるようにします（写真２）。

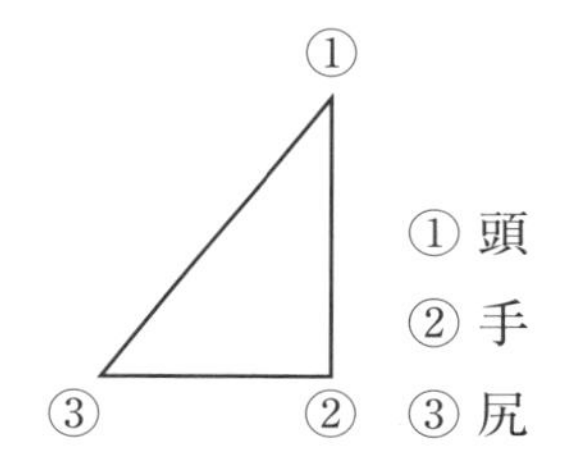

写真１

写真２

《 逆立ち 》

(1) 頭①をゆっくり前へ出していきます。目線も前へ（写真３）。

(2) 腕は突っ張らないで、体重の移動に合わせて肘を曲げます（写真３）。

(3) 頭①が前へ出るにしたがって、手②の指先に体重を感じて支えます（写真４）。

(4) 肘の上に膝が乗り、手②だけでバランスの取れるポイントが見つかります（写真５）。

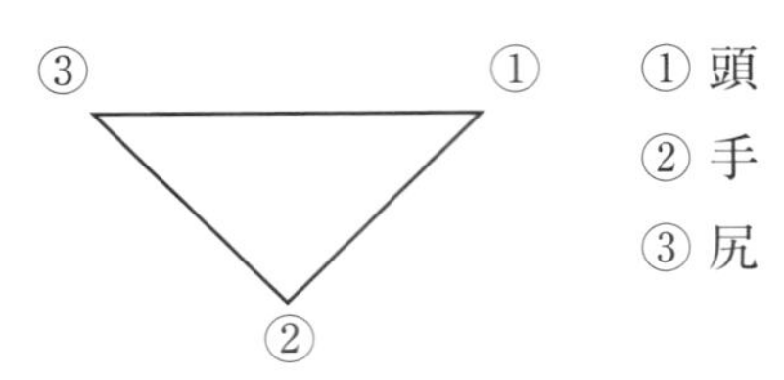

手②だけでバランスが取れます（接点と重心）。

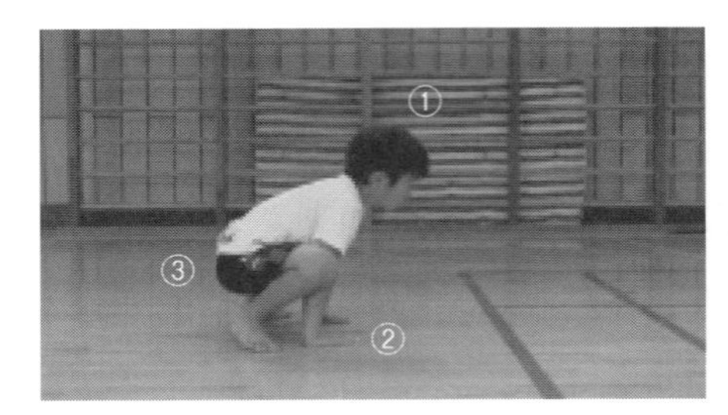

写真３

写真４

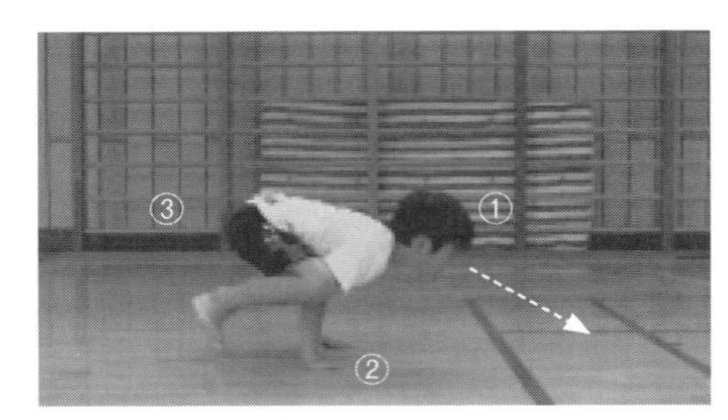

写真５

【ポイント】

・頭①を前へ出す時は、顎を突き出すように目線は前方を見ます。そうすると、背中が伸びて三角定規が保てます（写真６）。

・頭①を前へ出す時に、目線がお腹の方へ入ると背中が丸くなり、三角定規が崩れます。前へ転がりそうになって怖い思いをしたり、頭を床にぶつけたりします（写真７）。

・頭①が前へ出るにしたがって、体重（重心）は前へ移動します。指先に体重（重心）を感じて踏ん張ります（写真８）。

＊電車やバスに乗っている時、揺れたら転ばないように足の指は頑張るでしょ！　その逆さまと思ってね！

＊目線（顎）の使い方によって、人は「丸まる」、「反る」が決定されます（写真９・写真10）。

（自然体で立ち、オヘソを見ようとすると、背中は「丸まる」でしょ！　逆に、目線を上げて天井後方を見ると、背中は「反る」でしょ！　オヘソを見たまま「反る」、天井を見たまま「丸まる」って、できないでしょ。）

写真６　写真７　写真８

写真９　写真10

９　前転（前まわり）

腕支持、逆さ・回転感覚をつけましょう。前転（前まわり）は、「手→頭→背中→腰→足→立つ」という一連の動作を回転しながら行うものですが、まずは頭の上を腰（尻）が乗り越える感覚が大切です。その後、大きな前転（前まわり）へと発展させます。子どもは長い時間待つのが苦手で、集中力も途切れやすいので、状況によっては、マットを横に使いましょう。マットを横に使うことにより、一度に複数人が行え、待ち時間も短くなります。また、適度な移動距離をイメージしやすくなります。

前転（前まわり）の特徴

前転（前まわり）は、回転軸の後ろが重い状態でスタートします。脚で「おもり（尻）」を押し上げ、頭を乗り越えれば簡単です。

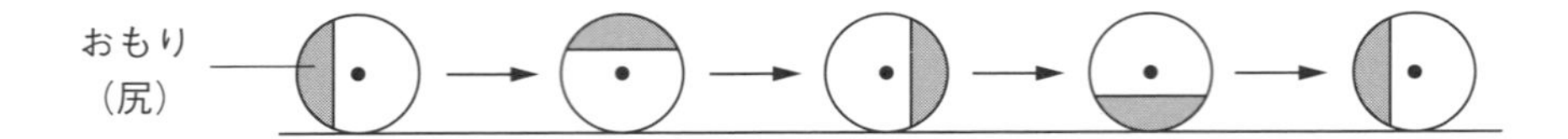

【方法】

(1) 気をつけの姿勢から膝を曲げて、手を肩幅くらいにつきます。このとき、目線はマットを見て、手の指は前を向けます（写真１・写真２）。

(2) 尻を上げる（タマゴを立てたイメージ）と同時に、目線をマットから足元へと移動します（写真３）。

(3) さらに尻を上げると同時に、目線をお腹の方へ巻きこみます（写真４）。
（自然の動きに身をまかせていれば、立てたタマゴが転がるように前転となります。）

(4) 頭（後頭部）→ 背中 → 腰、と順についたら、足を尻に引き寄せて、手・頭を前に出すように立ちます（写真４～写真７）。

【留意点】

・小さくなろう、丸くなろう、と思い過ぎると転がりません。（床にボールを置いただけでは転がらないでしょ。）

・床に置いたボールは、前へ押してあげれば、前へ移動しながら結果として「まわった」となります。「小さく」「丸く」よりも、進行方向である前へ転がるイメージが大切です。

・回転後、マットについた足（接点）よりも、頭（重心）を前へ出すと立ちやすくなります。

写真１

写真２

写真３

写真４

写真５

写真６

写真７

＊前へ転がるイメージも、勘違いすると大変です。

例：タマゴを横に置いた状態で手を放しても転がらないでしょ。

タマゴを縦に置いた状態で手を放したら、「コロン」って転がるでしょ！

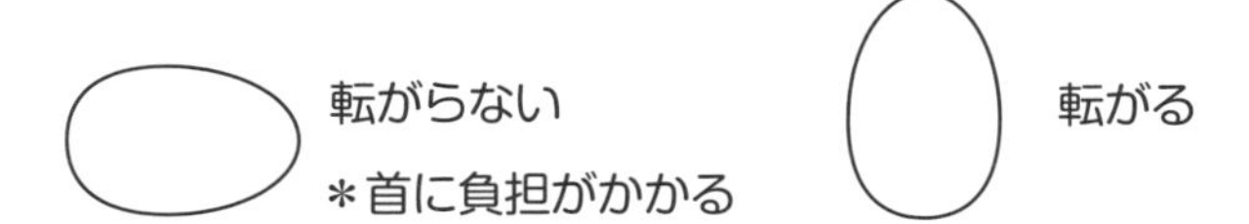

【補助】

・前転（前まわり）がうまくできない子どもの補助は、単に「小さく」「丸く」なっている子どもを押すのではなく、回転軸を中心に「頭を巻き込む、尻が頭を乗り越える」補助を心がけます。

・首が弱い子どもや前転（前まわり）を理解していない子どもには、片手は「後頭部から首」、もう一方は「お腹」を支えて、頭の上を尻が乗り越えるように前へ送り出す補助をします。お腹を支えることによって、首への負担が軽減されます（写真８～写真13）。

写真 8　写真 9　写真 10　写真 11　写真 12　写真 13

10　手なし前転

前転の発展形として、手を使わない前転があります。

【方法】

(1) 軽く足を開き、膝を曲げてしゃがみます（写真１・写真２）。

(2) 尻を上げます。（タマゴを立てたイメージ）　目線は平行に開いた足と足を２点として、前方（三角形の頂点）を見ます。目線がお腹の方へ入ると、今にも転がりそうで不安定になります（写真３）。

(3) さらに尻を上げながら、目線をつま先からお腹へと巻き込みます（写真４～写真６）。

(4) まわり終わって立つときは、手・頭を前へ、足は尻の近くに引き寄せます（写真７・写真８）。

写真１　写真２

写真３　写真４

写真５　写真６

写真７　写真８

【留意点】

・尻を上げたとき、目線はつま先とつま先の前方で三角形の頂点を見ます。その時、「かかと」が少し浮き、「つま先」寄りで立っていることを実感します（写真９・写真10）。

・尻を上げたとき、目線を前へ向けることにより、目線で「つっかえ棒」をしている状態になります（写真11）。

・目線をお腹の方へ巻き込むことにより、目線の「つっかえ棒」が無くなり、体（タマゴ）は転がります（写真11・写真12）。

写真９

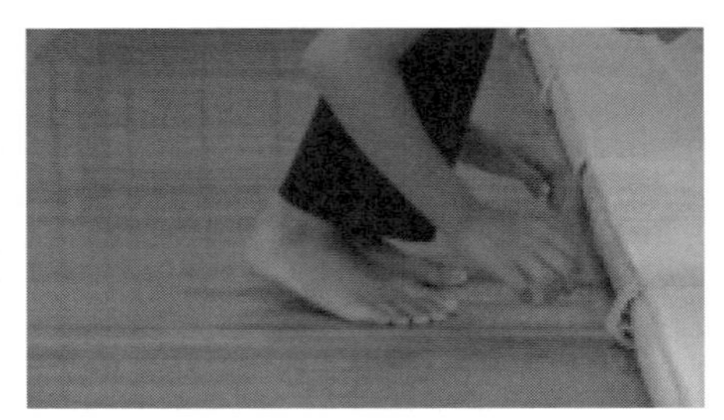

写真10

写真11

写真12

＊手なし前転ができたら、友だちと手をつないで行ってみましょう。手なし前転ができれば、何人と手をつないで行っても大丈夫です。みんなでできたら楽しいですよ。タイミングを合わせて、立つときは「頭は前」ですよ（写真13～写真21）。

写真 13

写真 14

写真 15

写真 16

写真 17

写真 18

写真 19

写真 20

写真 21

11　後転（後ろまわり）

逆さ、後ろへの回転感覚をつけましょう。後転（後ろまわり）は、「腰 → 背中 → 頭」と後方へ回転する運動ですが、回転しながら尻（おもり）が頭の上を乗り越える感覚が大切です。

後転（後ろまわり）の特徴

後転（後ろまわり）は、回転軸の前が重い状態でスタートします。始めの「ころがり」は簡単ですが、回転しながら「おもり（尻）」を引き上げ頭を乗り越えるのが大変です。

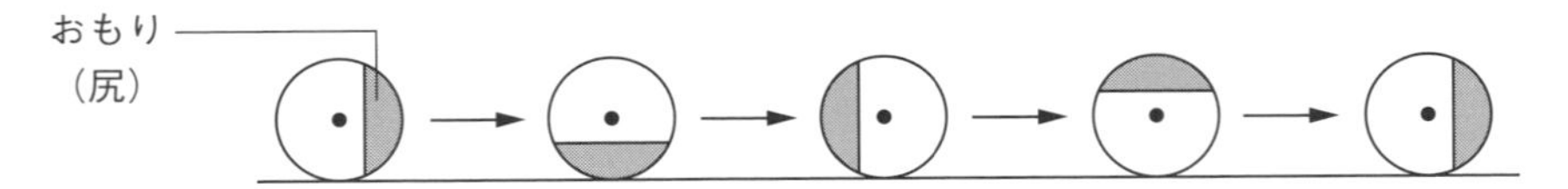

【方法】

(1) マットに尻をついて座ります（写真１）。

(2) 目線は軽くお腹を見るように顎を引き、手は耳の横に置きます（写真２）。

(3) 後ろへ転がり、手のひらをマットにつきます。そのまま足は頭の上を乗り越えてまわります（写真３～写真５）。

写真 1

写真 2

写真 3

写真 4

写真 5

【留意点】

・「小さく」「丸く」というイメージは良いのですが、脇をしめてはダメです。肘を上げ、後頭部よりも手が後ろへ出るようにします（写真６）。

・手が頭よりも後ろへ出ていると、転がった時に頭より先に手がマットに触れられ、しっかり支えられます（写真７・写真８）。

・手が頭よりも後ろへ出ていないと、頭・首だけで体を支えて苦しかったり、痛かったり、後方への回転が困難になります（写真９・写真 10）。

・後ろへ転がり手をマットについたら、そのまま足は頭の上を通り越し、マットの外を蹴飛ばすように遠く後方へ（写真 11）。尻が頭を乗り越えられます。（行きたい方向へ進むから、結果として「まわる」んだよ！）

・頭の上を尻が乗り越えたら、手も行きたい方向（後方）へしっかりと押します（写真12）。

・終わりは目線を上げて前を向きます。下を向いていると不安定です。目線を上げると、足の上に重心がしっかり乗って安定します（写真 13 〜写真 15）。

写真６

写真７

写真８

写真９

写真 10
写真 11
写真 12
写真 13
写真 14
写真 15

12　マットまたぎ越し（側転）―マットを横に使う―

腕支持での横への移動感覚、マットについた手の上を乗り越えていく感覚が大切です。

【方法】

(1) マットの横に前向きで足を前後に開いて立ちます（写真１）。

(2) 前へ踏み出しながら、マットに手をつきます（写真２）。

(3) マットには手しかつかないで、脚を大きくパーに開いてまたぎ越したり、跳び越したりします（写真３）。

【留意点】

・マットにつく手は、動きに即して片手ずつつきます。最初から両手をついてしまうと、体がねじれて踏み切りにくく、大きく脚が開けなくなります。

・前へ踏み出した足は、進行方向を向いていること（写真２）が大切です。

・マットに手をついた瞬間は、手よりも体（重心）は後ろにあるので、大きく前へ踏み出して、手（接点）の上を体（重心）が乗り越えるように、足を大きく前へ放り出すことが大切です（写真３）。

・慣れてきて運動が大きくなれば、自然と脚は運動の方向に即して、手の上を通過するようになります。それが側転です（写真５～写真 10）。

写真１

写真２

写真３

写真４

写真５

写真６

写真 7

写真 8

写真 9

写真 10

側転の特徴

・両手両足の4点で順に支えながら前方へ回転するので、手と足は同じ使い方をします。マットについた手も、運動の方向に即してしっかり押します。

・マットについた手・足（接点）よりも、肩・股関節（重心）が前（進行方向）へ行くことが大切です（写真 15・写真 21・写真 24）。

＊歩く動作でも、前足（接点）をついた瞬間は、腰（重心）は後ろにありますが、後ろ足に押されて前足を乗り越えたことによって、後ろ足が前へ移動します。前足を追って後ろ足を前へ移動させても、足より腰が後ろにあっては前へ進めません。

写真 11

写真 12

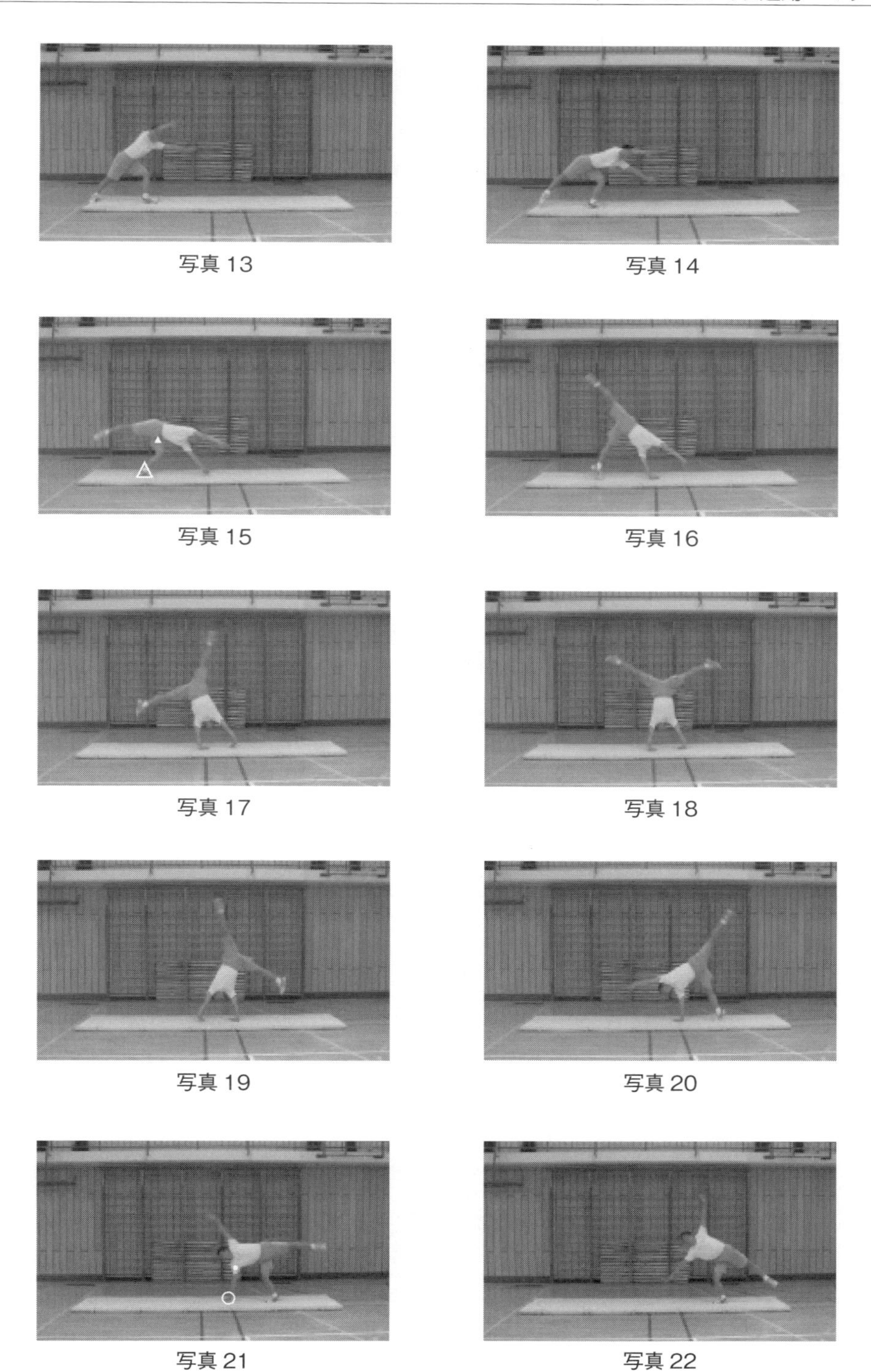

写真 13

写真 14

写真 15

写真 16

写真 17

写真 18

写真 19

写真 20

写真 21

写真 22

写真 23

写真 24

写真 25

13　カエル跳び越し ― マットを横に使う ―

腕支持での前への移動感覚、マットについた手の上を乗り越えていく感覚が大切です。

【方法】

(1) カエルの姿勢をよく理解します（写真１）。

(2) マットの前に立ち、手を反対側のマットの縁に掛けます（写真２）。

(3) マットに手をついたまま、頭をマットの前へ突き出すように跳び越し、カエルの姿勢になります（写真３～写真５）。

＊慣れてきたら、跳び箱を使っても良いでしょう（写真６～写真９）。

写真 1

写真 2

写真３

写真４

写真５

【留意点】

・マットの縁に手を掛け、体（重心）の前後移動感覚を理解させます（写真２～写真４）。

・前へ踏み込むと同時に、頭を前へ出すように手を押します（写真５）。頭が前へ出れば、接点である手の上を重心が乗り越えたことになります。

・マットの縁に手を掛けないで行うと、跳び越したときに自分の腕に体が乗ってしまい、腕を痛めることがあるので、注意してください。

・目線が中（お腹の方）へ入ると、背中が丸くなって転がりやすくなります。頭から前のめりになり、怖い思いをしたり、顔をぶつけてしまうことがあります（写真 10 ～写真 13）。

・目線が上へ引き上げられると、背筋はその分だけ伸びて重心は高くなります。

・慣れてきたら、目線を引き上げながら腕で突き放し、高い姿勢で立ってみましょう（写真 14 ～写真 16）。

写真６

写真７

写真８

写真９

写真 10

写真 11

写真 12

写真 13

写真 14

写真 15

写真 16

14　平均台での逆上がり

平均台の下に入り、足を巻き上げて逆上がりをします。頭上後方への感覚が大切です。

【方法】

(1) 平均台の下に、上を向いて横（顔が出るくらい）になります（写真１）。

(2) 平均台に手（指）を逆手で掛けます（写真１）。

(3) マットの後転のように、頭の上を足を通り越させ、遠く後方へやります（写真２・写真３）。

(4) 足が遠く後方へ巻き上がることによって、お腹が平均台に引っかかり、安定します（写真４）。

(5) 足を下ろし（回転）ながら、頭を起こします（写真５・写真６）。

写真 1

写真 2

写真 3

写真 4

写真 5

写真 6

【留意点】

・足を巻き上げたときに頭が上がらないように後転のイメージで行います。

・頭が上がる（前へ出る）ということは、前まわりの運動になります。頭が「前まわり」、足が「後ろまわり」、これでは回転になりません（写真７～写真11）。

・鉄棒での逆上がりは、鉄棒を中心に、足は「頭の上・後方」へ、頭は「下」へとなります。足と頭が追いかけっこのように、同じ方向へ動くから回転するのです。

・肘は、折り曲げて引き寄せるのではなく、脇を締めるようにし、足を遠く後方へ巻き上げます。

写真７

写真８

写真９

写真10

写真11

22章

器械運動あそび

〔 梶谷信之 〕

本章では、器械運動あそびとして以下の4つを取り上げました。

1　マット運動あそび

2　跳び箱運動あそび

3　鉄棒運動あそび

4　トランポリン（ミニトランポリン）運動あそび

器械運動あそびは、日常生活とはかけ離れた運動が多いために、普段の生活場面では使用しない身体動作が多く含まれています。それらの動作は、日常ではあまり必要のないもののように感じられていますが、いろいろな日常生活における動作や各種スポーツ実施のための潜在的な身体能力として、必要とされるものが数多く含まれています。

器械運動あそびを経験することにより、様々な身体的能力や精神的発達に大きく影響を及ぼすことができ、そのことによって、各種スポーツのスムーズな取り組みはもちろんのこと、スポーツ以外の日常生活においても、より良い状況が作っていけるものと考えられます。

本章では、補助方法を中心に、援助の仕方についても述べていますので、参考としていただければ幸いです。

1　マット運動あそび

【特性】

マットは、家庭にある布団のように柔らかくクッション性があり、運動の衝撃を和らげる補助遊具として使われています。地面や床では、十分にできない運動をマットの上では安心して安全に行うことができます。

マット運動あそびは、マット上で赤ちゃんのようにハイハイなどの模倣あそびをしたり、転がったりと、多種多様な運動を身につけることにより、柔軟性・瞬発力・巧緻性・筋力などを基にした調整力を養うことができます。また、マットを友だちと運んだり、あそびの順番を守ったりすることで、社会的態度（協調性）が養われていきます。

【指導上の留意点】

●マットの出し入れは、当番や係を決めて安全に運ぶことを守らせます。

●マットの耳（マットを持つためのひも）は、足を引っかけたりするので、マットの下に入れておきます。また、マットとマットの間は隙間があきやすいので、あそびが終わった子や順番を待っている子が直すことに決めておきましょう。

●マットと床との段差があるので、マットの端で遊ばないようにさせます。

●あそびの順番を待っている子には、並んで座って待つようにさせます。

【発達段階に応じた活動】

1歳児：歩く、ハイハイをする、寝ころがる

2歳児：おいもころころ、模倣あそび

3歳児：２人組でおいもころころ、模倣あそび、ゆりかご、前ころがり

4歳児：ゆりかご、前まわり

5歳児：ゆりかご、前まわり、後ろまわり、側転

前まわりの段階的練習と補助

*転がる

・転がる運動は、マットあそびの基本。

・おいもさんころころ、２人組でおいもさんころころ（回転運動をするため）や、模倣あそびのお馬さん歩き、くも歩き、カエルさん（体を支持するため）等の動きを、マットの上で行う。

*ゆりかご

・背中を丸くして前後の回転に慣れる。

・後ろにころがったとき、お尻を高く上げ、膝を顔の上までもってくる。

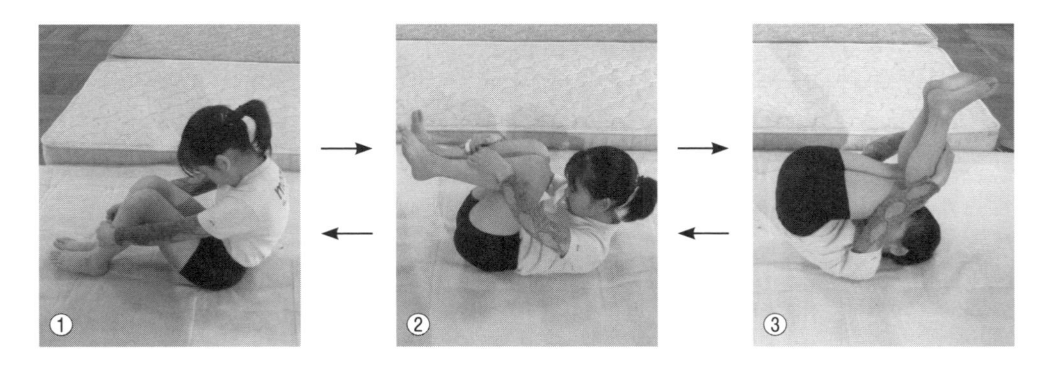

＊スムーズでないゆりかご

・足が顔の上まで上がらない。回転することが難しいので、補助でお尻を上げることを覚える。

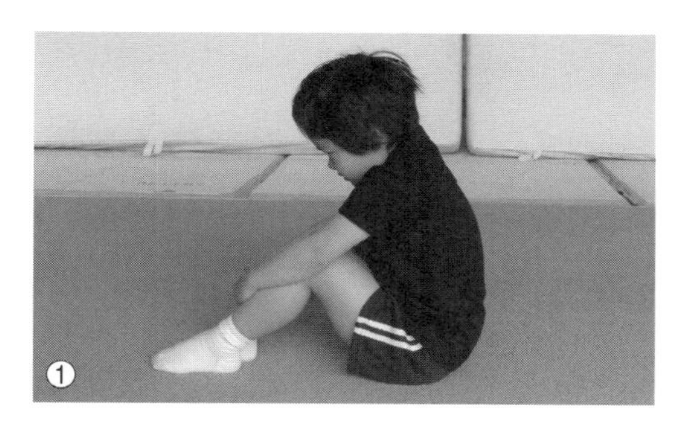

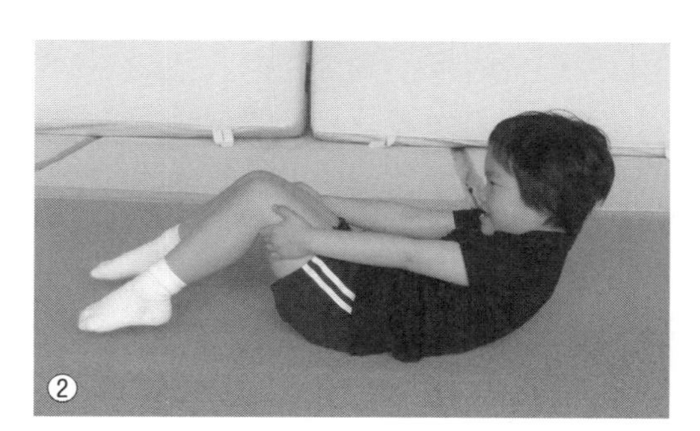

＊補助者といっしょにゆりかご

・背中が丸くできない子には、補助者が頭を押さえておへそを見るようにさせて、背中を丸くする。
・足を持ち、後方に半回転するよう補助をする。

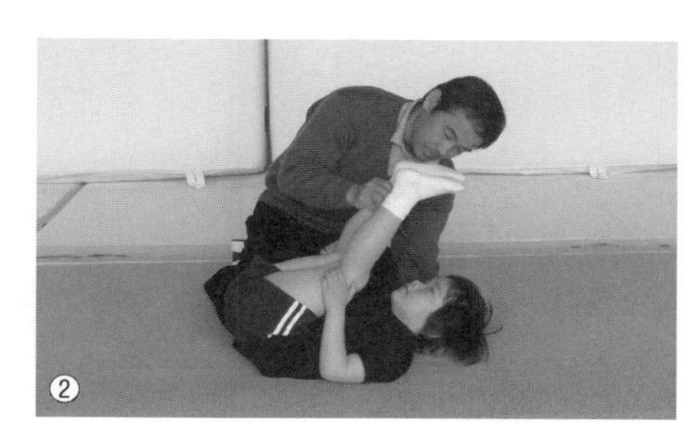

＊手押し車からの前転

・膝と腰の伸びた手押し車から持ち上げてもらって前まわりをする。

・高い位置からの前まわり。

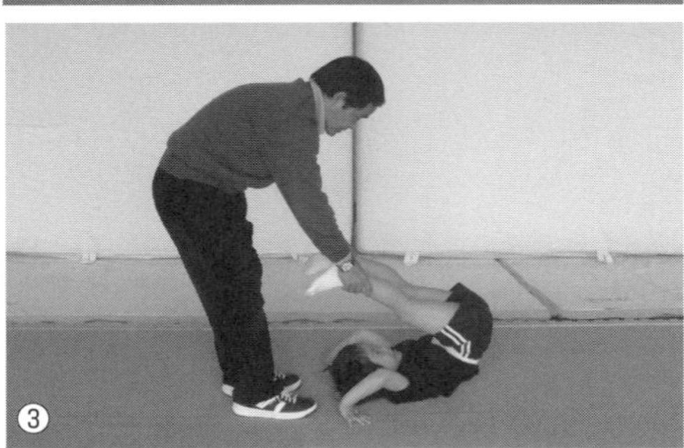

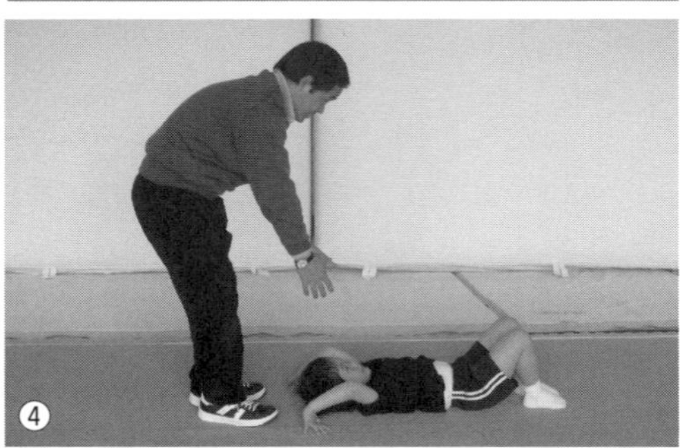

＊踏み切り板を利用して前転

・高い所からの前まわり、体を両手で支えながら回る。

・頭の大きい幼児にとって高い所からの前まわりは、頭が内に入りやすい。頭が内に入らないと回転もしにくくなる。

〈幼児によく見られるスムースでない例〉

・両手支持をしたとき、頭が内に入らず、頭の上の部分がついてしまい、まわりにくい。

＊坂道を転がる

・踏み切り板を使って高い所から坂をころがるように前まわりをする。お尻を高く上げたまま前にたおれる。
・上体がおきにくい子どもには、坂を利用すると、自然に上体がおきてくる。

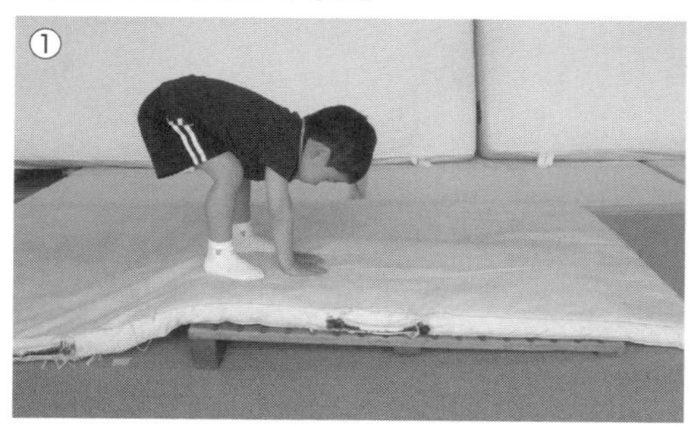

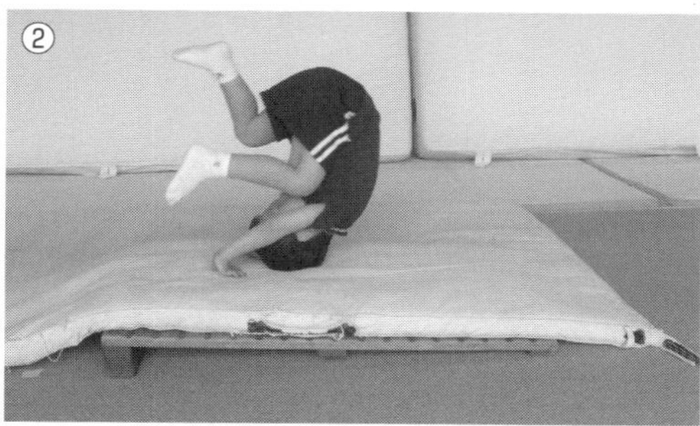

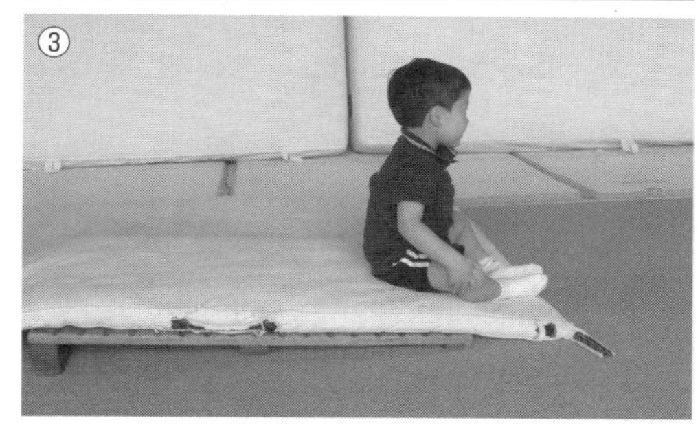

＊スムーズな前まわり

・おへそを見ながら後頭部をついて回転する。
・背中を丸めて回転し、前の手を出すようにして上体をおこす。

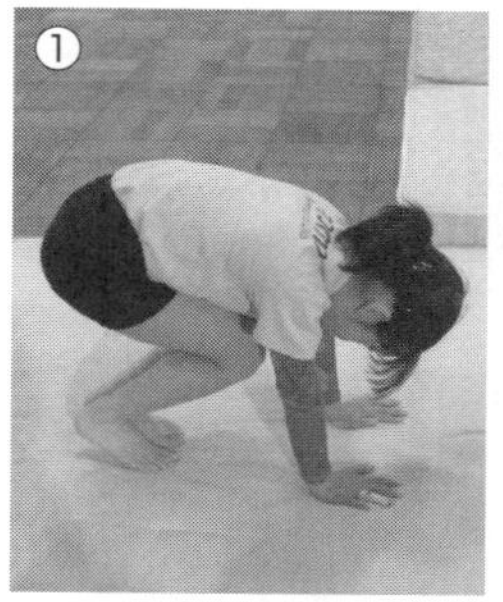

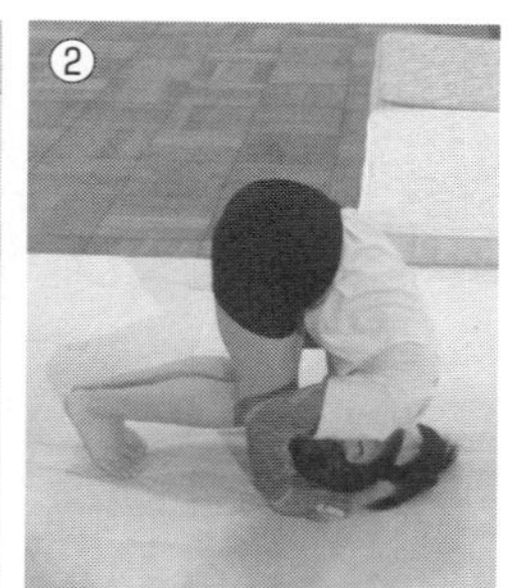

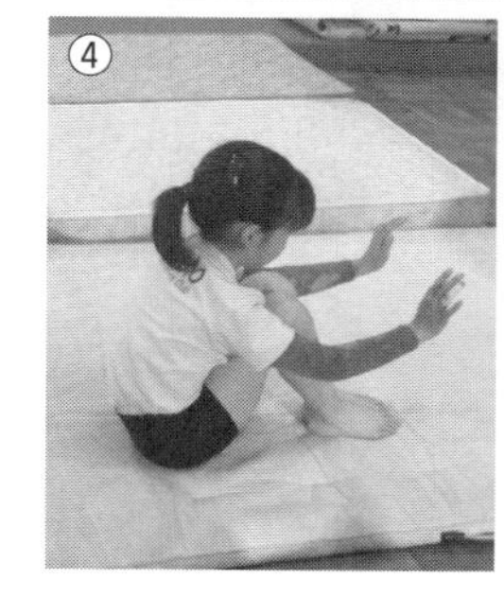

＊カエルとびからの前まわり（前まわりの応用）

・前へ、手、足の順につきながらジャンプする。
　続けて手をつき、前まわりをする。

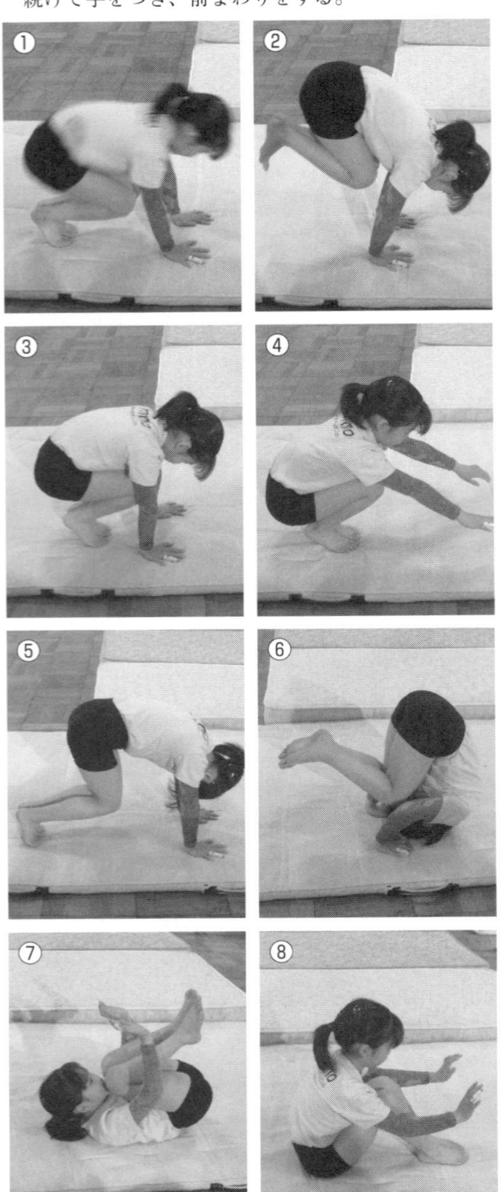

＊前まわりの補助（1）（開始時における3種類の補助の仕方）

①左手は後頭部に置き、内に入るように押す。右手はおなかに置き、前方へ回転するようおなかを押し上げる。

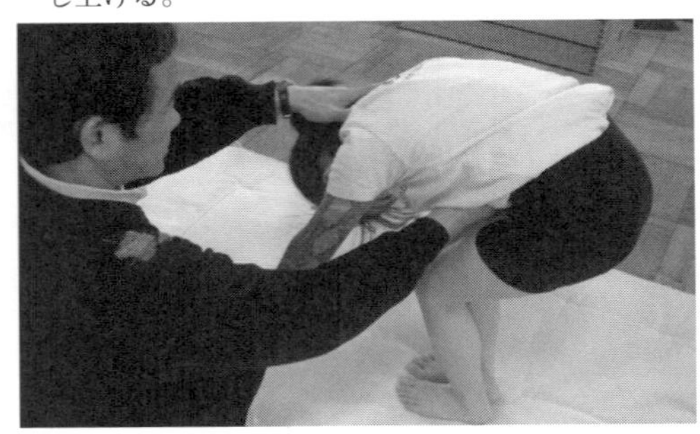

②左手は後頭部に置き、内に入るように押す。右手は太ももをもち前方へ回転するよう太ももを押し上げる。

③左手は後頭部、右手は足首を持ってまわす。

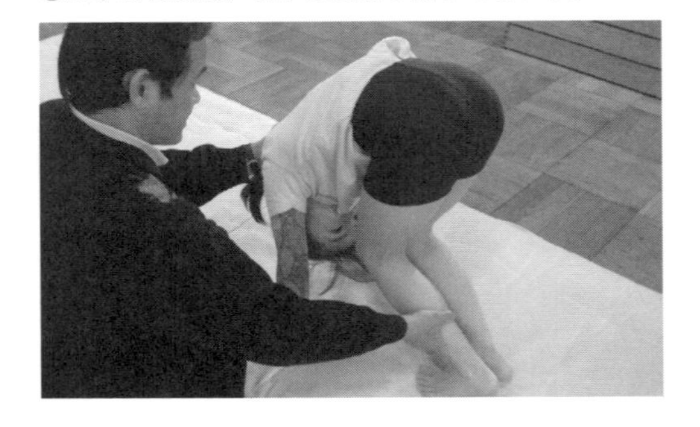

＊前まわりの補助（2）（後半の補助の仕方）

・①～③の助補の例は子どもの能力、補助者のやりやすい方法で挑戦してみる。
・①～③の前半の補助のあと、後半は手を持ちかえて、上体をおこすための補助をする。

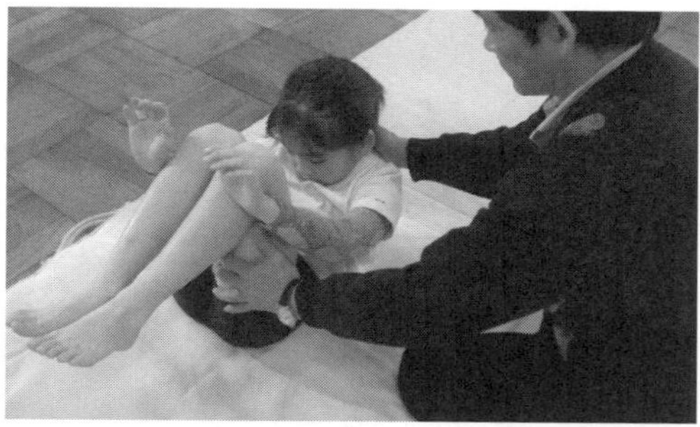

＊前まわりの補助（3）（一連の補助）

①

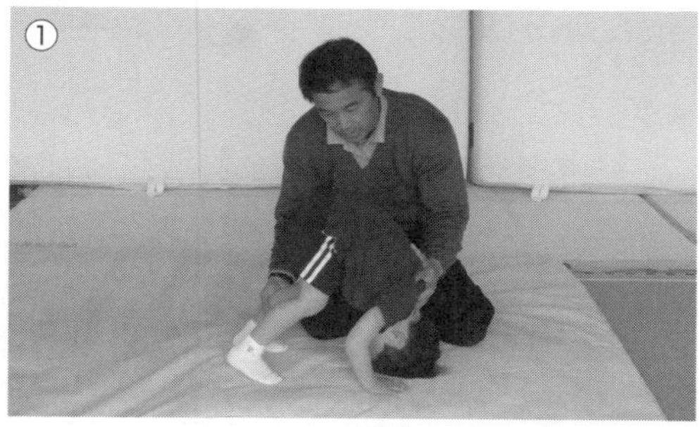

②

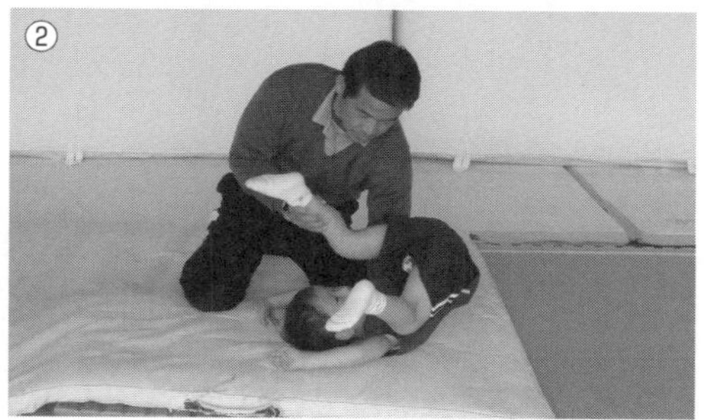

③

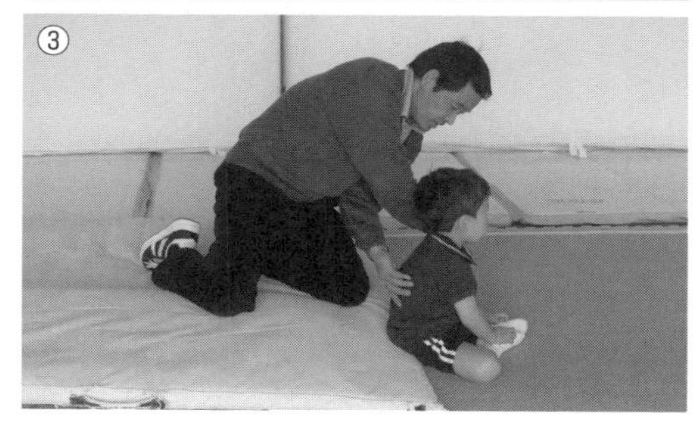

後ろまわりの段階的練習と補助

後ろまわりは、体格、首がしっかりしてから挑戦しよう。

＊ゆりかご

・前まわりと同じように、後ろにころがる。ころがったときに肘を曲げ、耳の横でマットに着手する。しっかりマットを押すために、手を正しくつく。

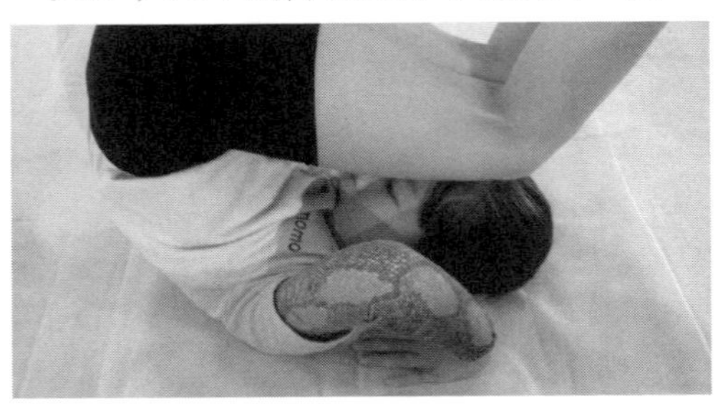

〈誤った手のつき方〉

・手のひらが逆方向に向いている。

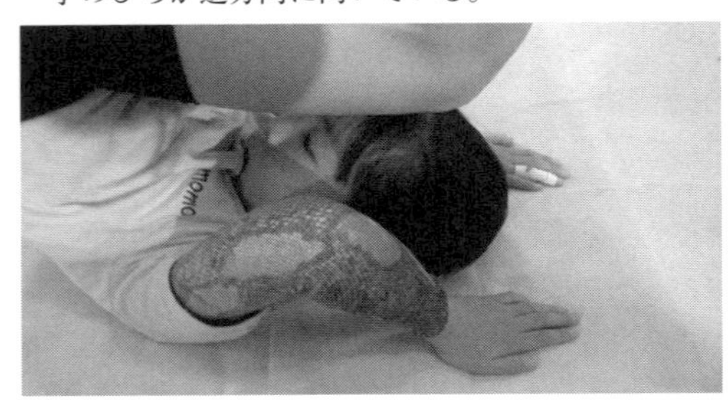

＊手の押しの練習

・肘を曲げさせ手首を曲げ、手のひらを後方へ向ける。

・補助者は手のひらを上から押さえ、マットの着手の準備をさせる。背中は丸くする。

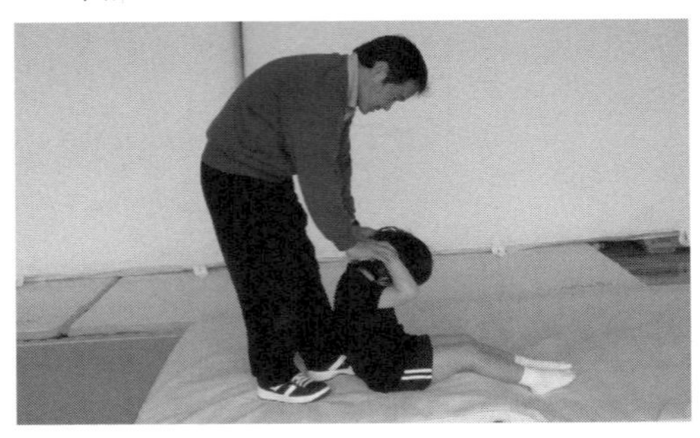

・正しく手を押すためには、補助者は耳の横で手をまっすぐ上に伸ばすようにさせる。ななめ前はダメ。

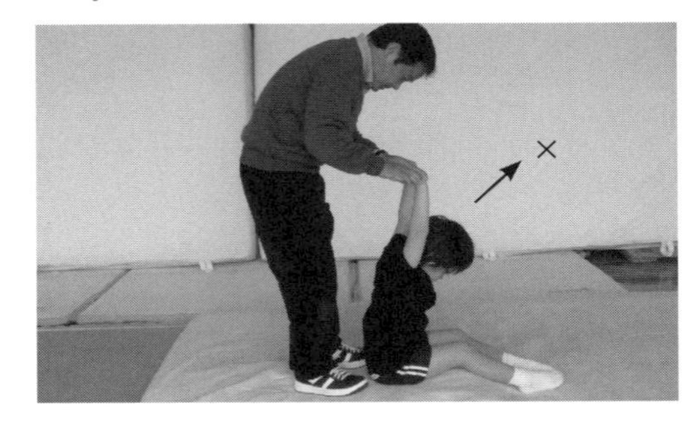

＊踏み切り板を使って後ろまわり

・高さを利用して後ろまわりをする。

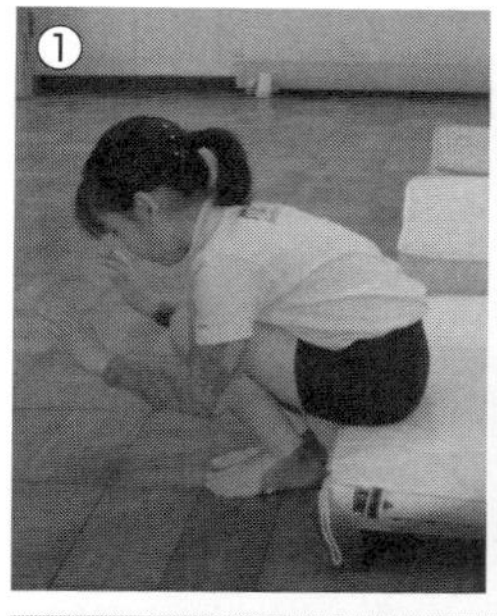

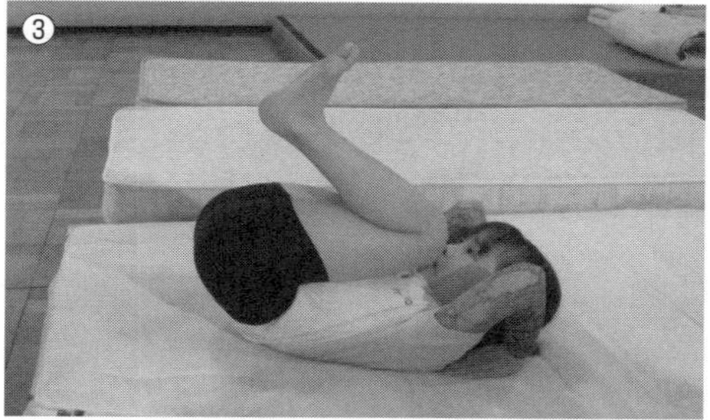

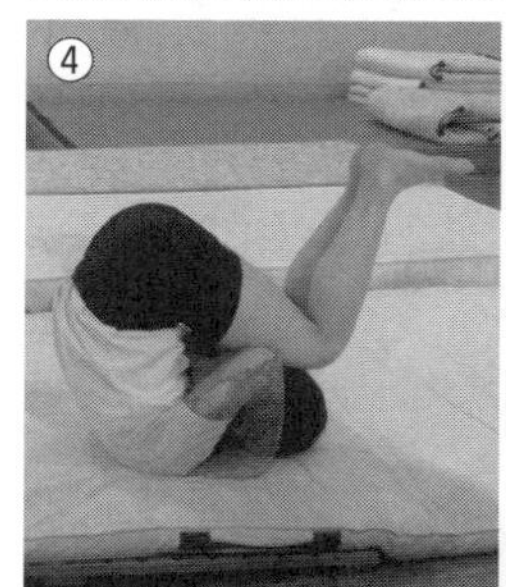

＊うまく回れない例

・回転に入るとき、体が開いてしまうとうまく後ろに回れない。

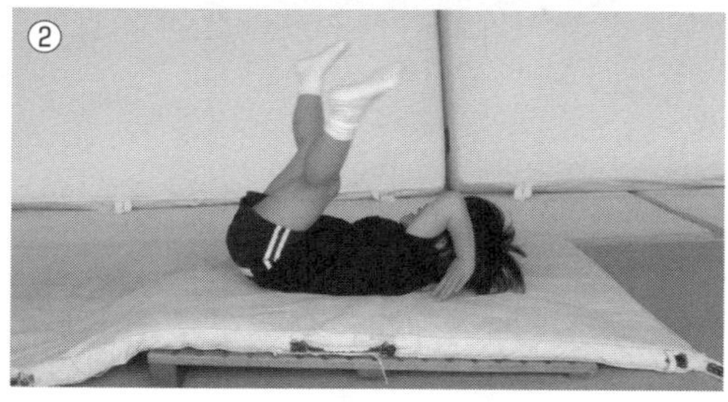

＊後ろまわり

・背中を丸くし、顔はおへそを見るようにして頭を内へ入れ、耳の横で肘を曲げ、着手の準備をする。回転に入るとき、足で床をけり、膝を顔の前へ持っていき、後ろへまわる。マットに着手した手で押し上げ、上体をおこす。

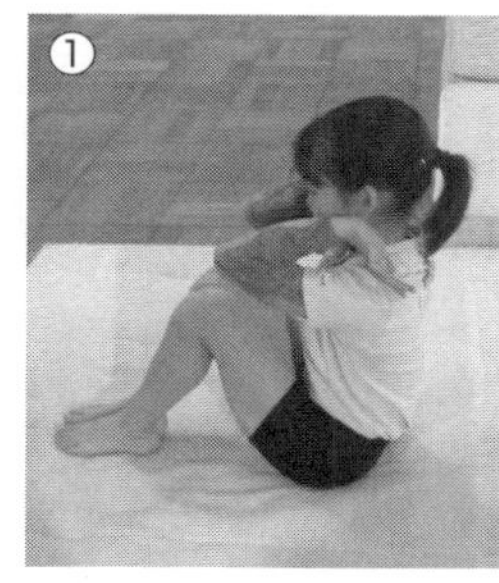

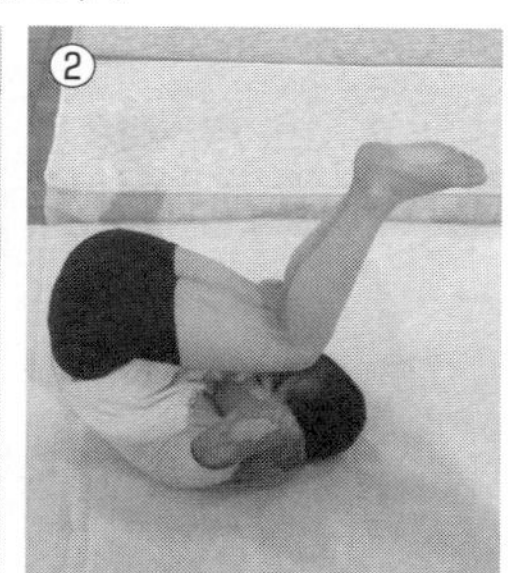

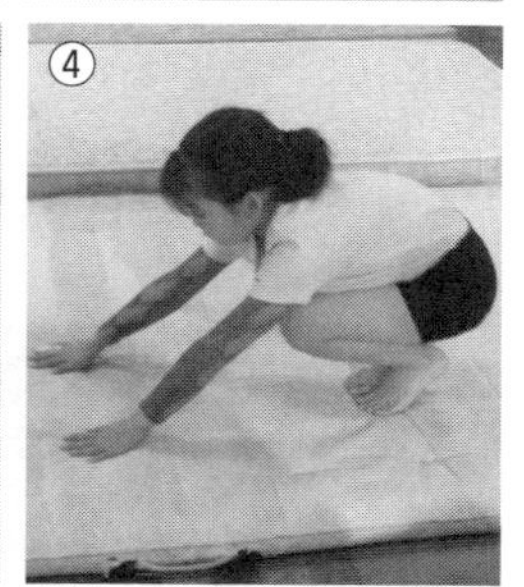

＊後ろまわり補助

・片方の手を頭のところに置き、片方の手は足を持つ。足を持った手で回転をさせる。回転に入ったとき、手を腰のところに持ちかえて、首を痛めないように上体を引きあげて起こす。

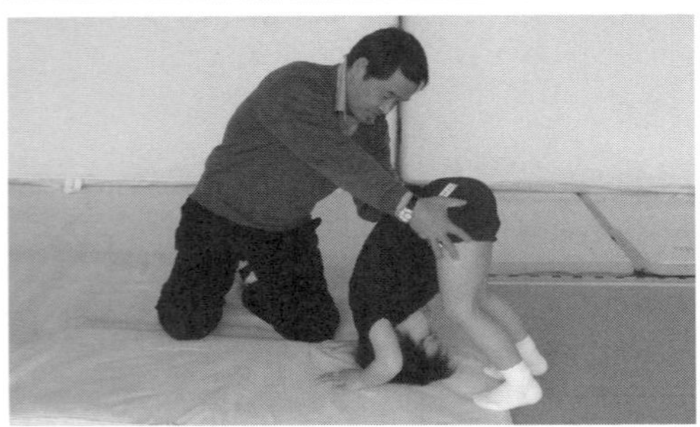

側転の段階的練習と補助

＊とび箱を使った川とび

・とび箱を使って横移動をさせる。
・とび箱の横に立ち、両手をとび箱につき、体を支えて、とび箱の反対側へ体を移動させる。
・支持することを覚えさせる。
・両足とびで行う。

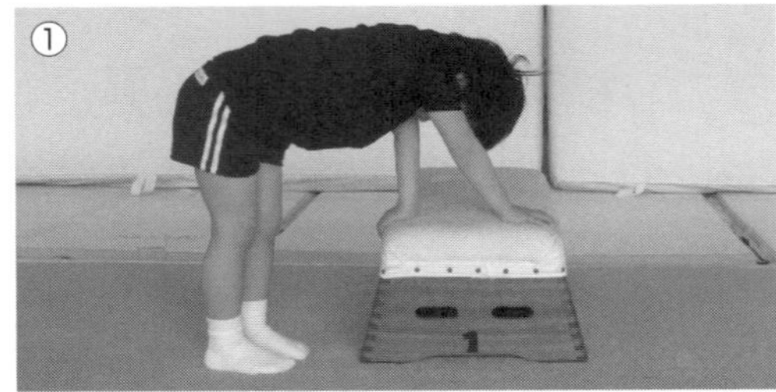
①

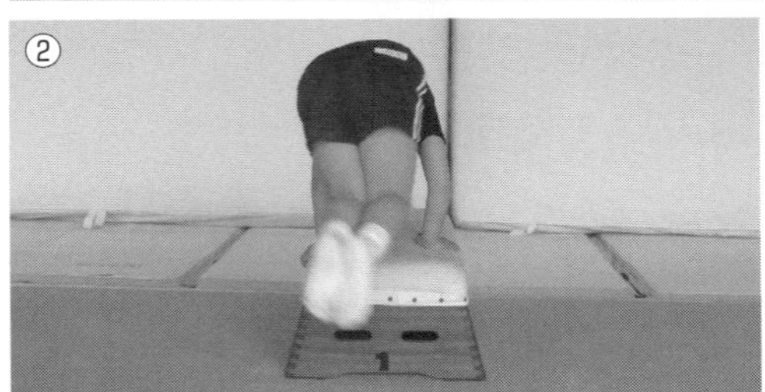
②

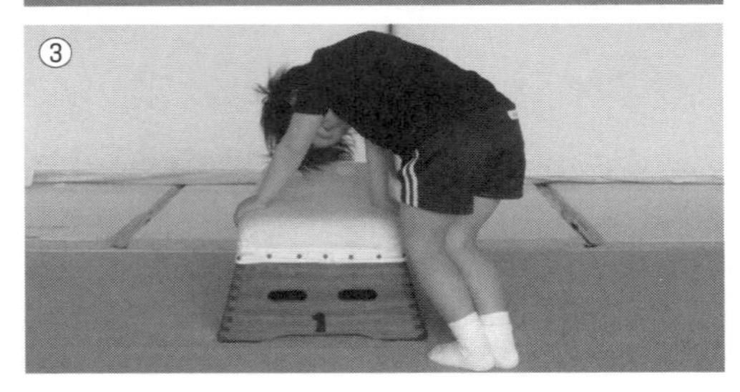
③

＊とび箱を使った側転

・両足とびに慣れて、体が大きく回るようになったら、片足げりで行ってみる。

・慣れてきたら、足を振り上げて体を大きく回すようにする。

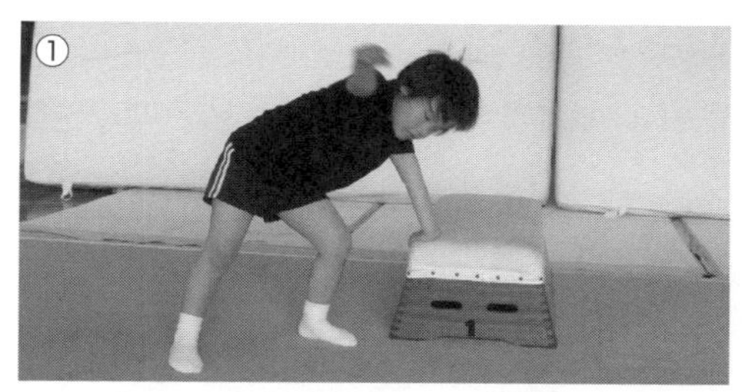

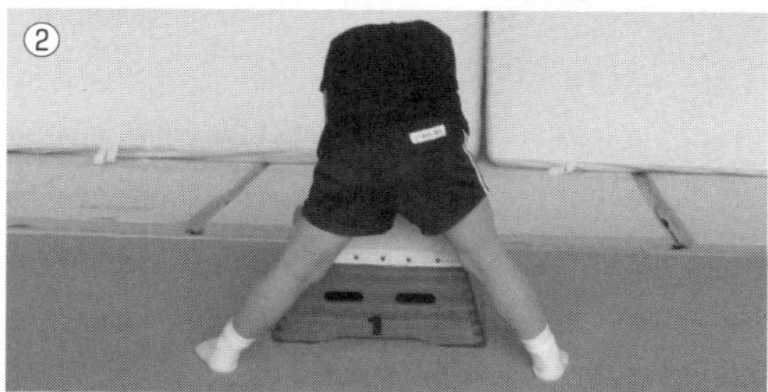

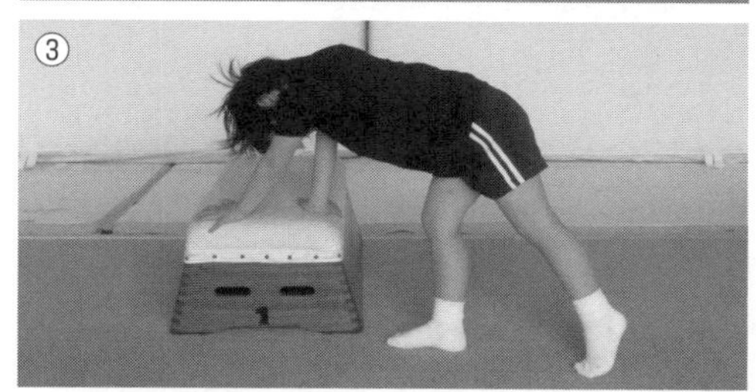

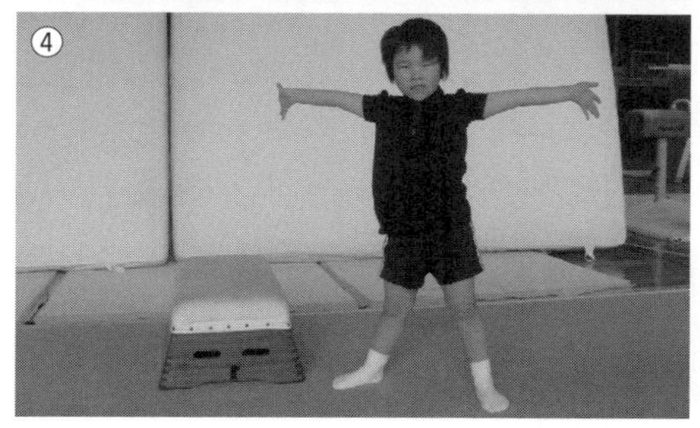

＊フラフープを使って側転

・マットの上にフラフープを置く。足、手をつく印をつける。右ききの子は右方向から、左ききの子は左方向から行う。

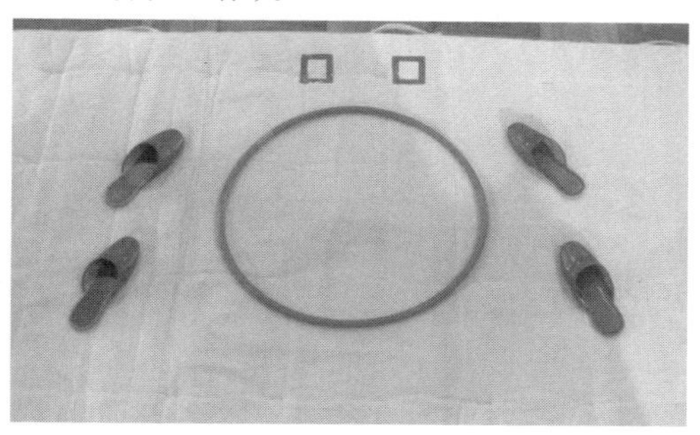

・足の印の上に立ち、手の印の方へ着手すると同時に足を振り上げ、反対側の足の印のところへ片足をおきにいく。片手を押し離すときに、もう一本の足を印のところへおきにいき、もう一本の手を押し離す。慣れてきたら、足を大きく振り上げる。手で体をしっかり支持する。

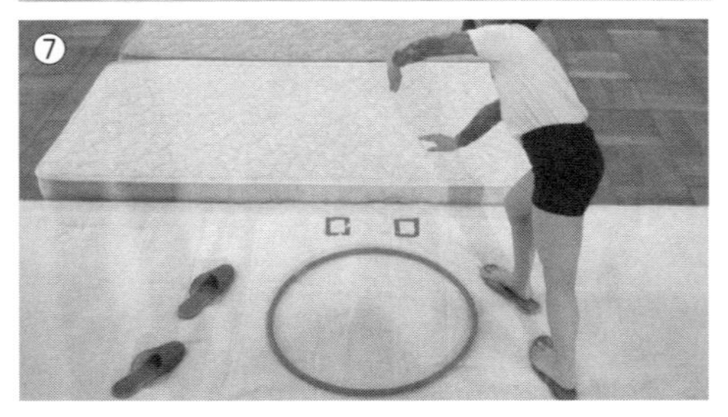

＊側転

・大の字のポーズをとり、片足を前に出し、手を上から振り下ろす。前に出した足と同じ側の手を手前に着く。両手で体を支えながら回転を行う。マットに着いた手と同じ側の足から先に着地をする。もう片方の足を着地させ、最初のポーズをとる。

＊側転の補助

・補助者は側転をする子の後ろ側、進む方向の前に立つ。片方の手は腰、回転が始まるとともにもう一方の片方の手は反対側の腰を持つ。両方の腰を持って体を回して、おきあがるときに持ちあげ、上体をおこす。子どもが立ち、安定するまで手を離さないようにする。

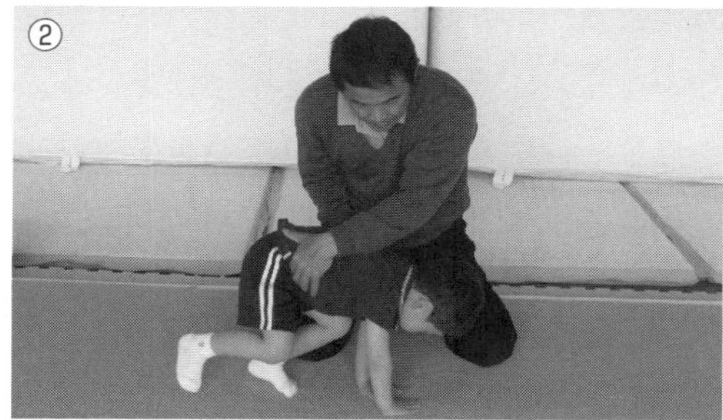

2　跳び箱運動あそび

【特性】

跳び箱は、開脚とびをする用具の一つとして捉えがちですが、幼児の発達段階や能力などに応じて、跳び箱を山に見たてて登ったり、分解して並べてまたいだり、トンネルに見たてていろいろなあそびをすることができます。

ここでは、開脚とびの段階的あそびを紹介します。助走から踏み切り板を蹴って跳び箱に着手と同時に足を開きとびこし着地をするという一連の動作を行います。この動作をいきなり実施することは難しく、自由に挑戦していると悪い癖がつき、上手に跳べなかったり、危険な跳び方をしてしまったりします。また、跳び箱の高さが怖くて跳べなかったりするので、助走から踏み切り板をどのように踏み切るか、手の着き方、足をどのように開いて跳び越すか等を段階的にあそびながら学んでいきます。そして、一連の動作を行うことにより、走力や跳躍力の基となる瞬発力・巧緻性・敏捷性などが養われていきます。また、跳べないものに挑戦することにより、勇気・決断力・集中力などの精神的要素も養われていきます。

【指導上の留意点】

●踏み切り板・跳び箱・マット等、準備するものが多いので当番を決め、順序良く並べることを覚えさせましょう。

●跳び箱とマットとの間に隙間が開きやすいので、跳んだ子が直すように決めておきましょう。

●跳び箱の各段の継ぎ目がしっかりはまっているかを点検しておきましょう。

●あそびの順番を待っている子は、並んで座って待つようにします。

●指導者は跳び箱のそばに立ち、いつでも補助ができる体勢をとっておきます。特に、怖がる子には、台を低くしたり、しっかりとした補助をするようにしましょう。

【発達段階に応じた活動】

１歳児：跳び箱を分解してまたいで遊ぶ。跳び箱の１段目を裏返しにして、お風呂に見たてて遊ぶ。

２歳児：跳び箱を分解してまたいだり跳び越えたりする。台を立ててトンネルに、跳び箱の１段目を裏返しにしてお風呂に見たてて遊ぶ。

３歳児：跳び箱（３段くらい）を山に見たてて登り、ジャンプして着地する。（高さに慣れさせる）

床でカエルとびをする。（着手の練習）

４歳児：フラフープを使ってジャンプの練習をする。（両足で踏み切り板を踏む練習）

助走からジャンプして跳び箱（１段）の上に跳び乗り、その後、ジャンプして跳び下り着地をする。（助走から踏み切りジャンプと着地の練習）

５歳児：園庭に埋まっているタイヤで馬とびをする。（着手と足の開きの練習）

友だち同士で馬とびをする。跳び箱で開脚とびをする。

開脚とびの段階的練習と補助

＊台の上から跳ぶ

・高さに慣れる。

＊丸太を使って跳ぶ

・脚を開いて台を跳びこす。

＊タイヤを使って跳ぶ

・開脚とびを連続して跳ぶ。

＊馬とび

・友だちと馬とびをする。
・能力に応じて馬の高さを調節することが必要。

＊フラフープを使ってジャンプ

・フラフープを４つ、等間隔で並べる。
・助走をし、フープの中で両足を揃えてジャンプ～助走をし、フープの中で両足ジャンプをくり返す。
・フープあそびで、両足で跳ぶことを覚える。

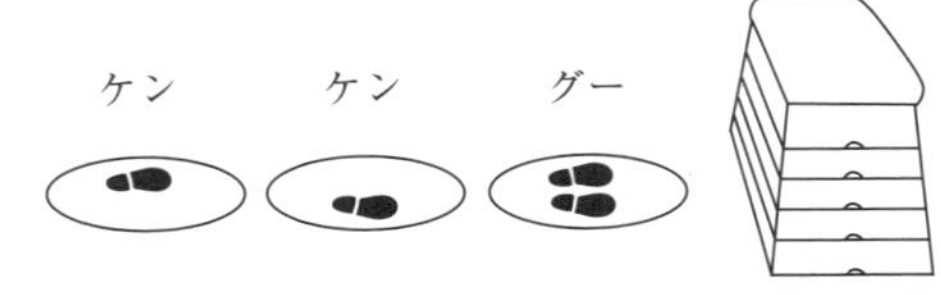

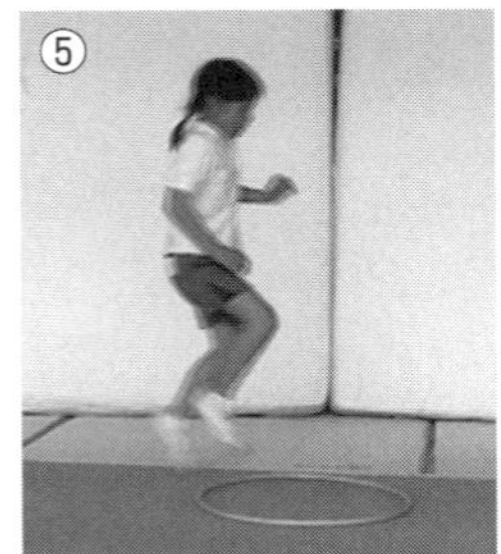

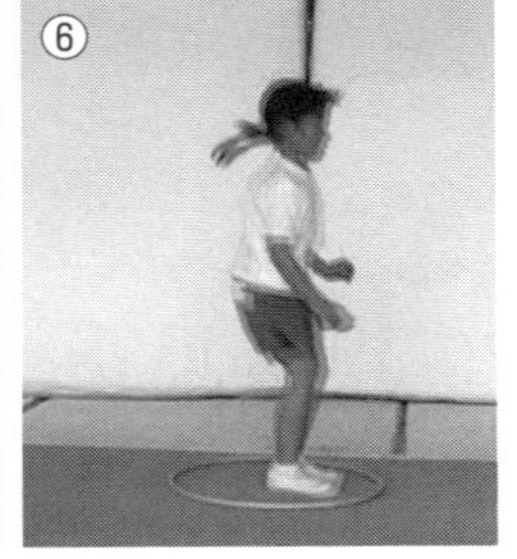

＊カエル跳びのり～跳びおり

・助走から両足踏み切りをし、手を跳び箱の上につき、両足を跳び箱の上にのせる。跳び箱の上からジャンプをして、両足着地をする。

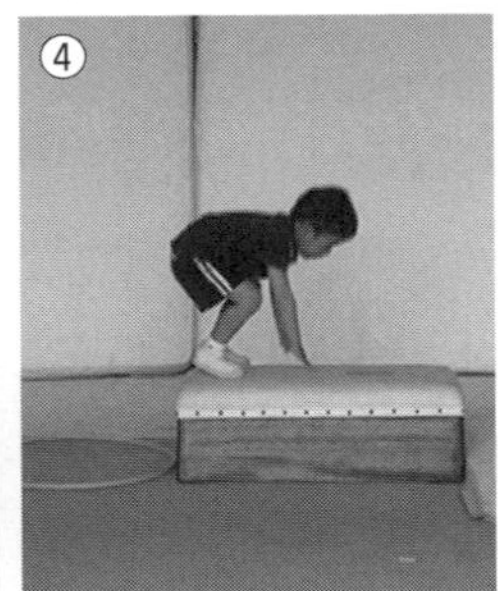

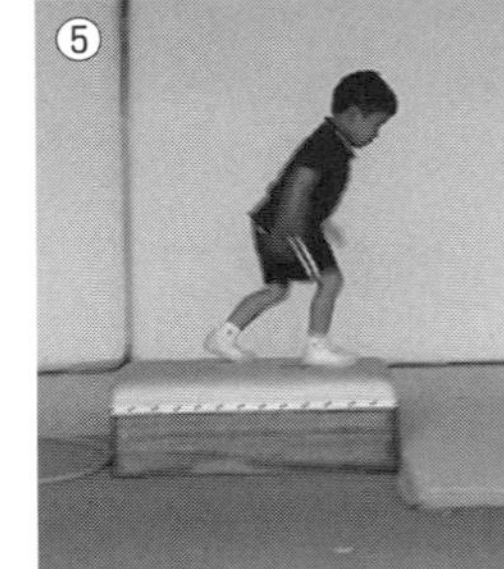

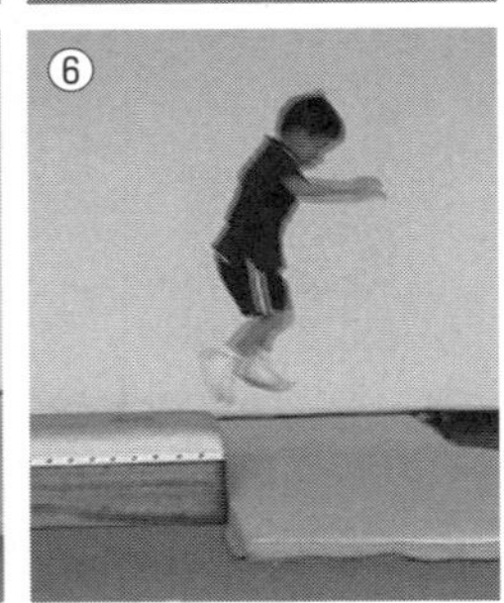

＊馬とび

・両足で踏み切ることが理解できるようになったら、フラフープを踏み切り板にかえましょう。助走～両足踏み切り～手を着き足を開いて跳び箱の上にすわる。
・足を開いて跳ぶことを理解させる。
・跳び箱をとびこすために、手で跳び箱を押しながら、前へ進む。
・手で跳び箱を押すことを理解させる。

・跳び箱の上にのって開脚ジャンプをする。

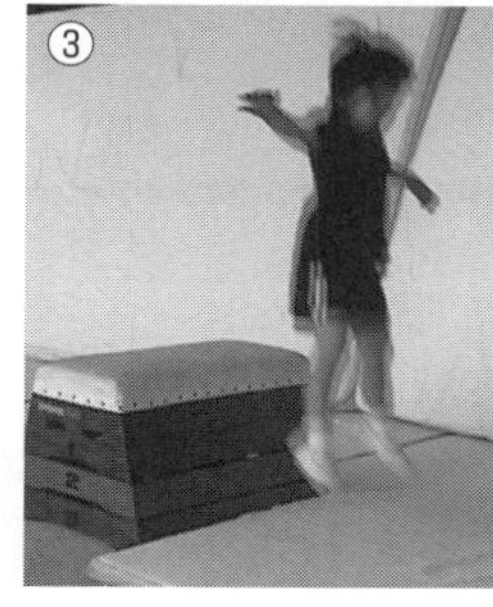
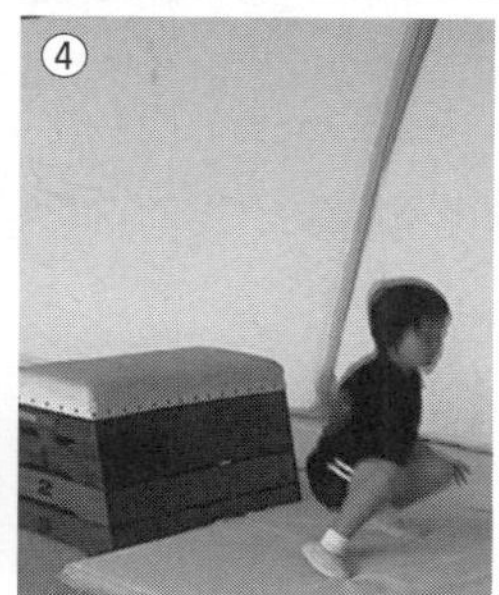

＊開脚とび

・助走の最後の一歩を大きく踏み込み、両足で踏み切る。両手を着いて足を開き、手で跳び箱を押すようにとびこす。そして、両足で着地をする。

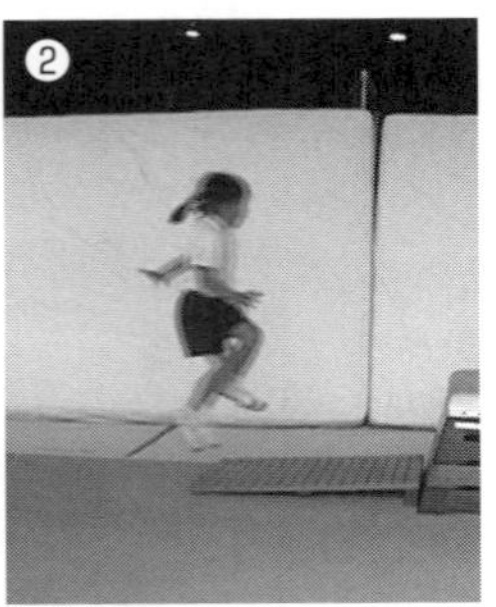

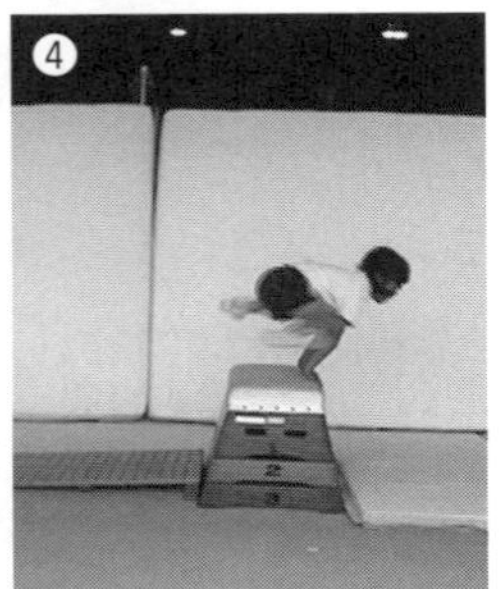

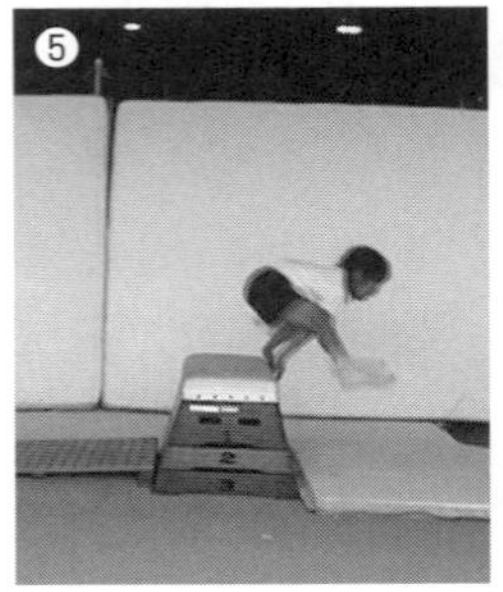

＊いろいろな補助の仕方

①上腕とおなかを持ち、とびこさせる。

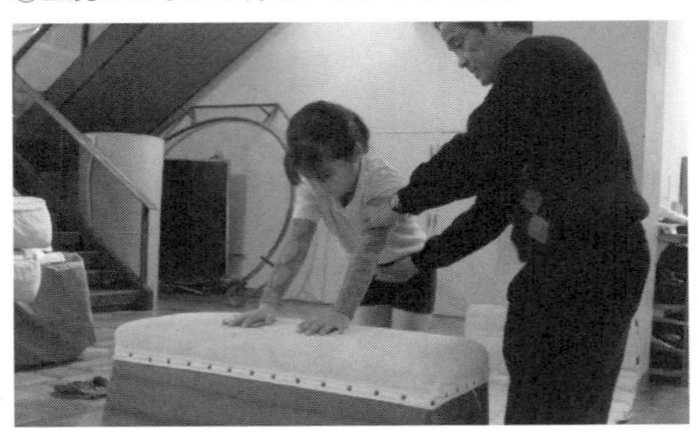

②まず上腕を持つ。足が開きお尻があがってきたときにお尻をもち、とびこすようにさせる。

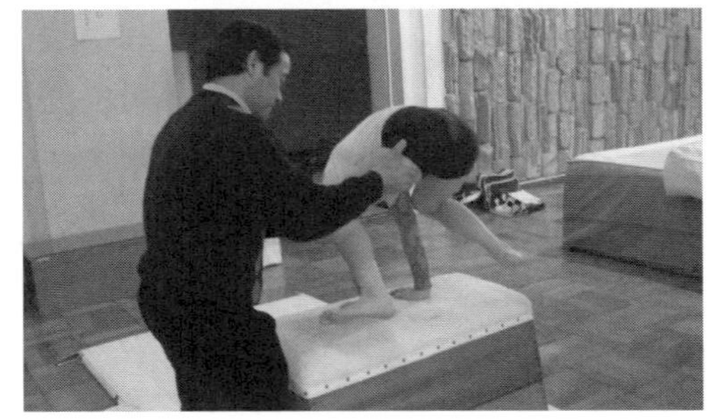

③一人でとぶ。前へ落ちそうで怖い子には、補助者が前へ立って安心感をもたせる。落ちてきた子を、肩や胸をつかんで補助をする。

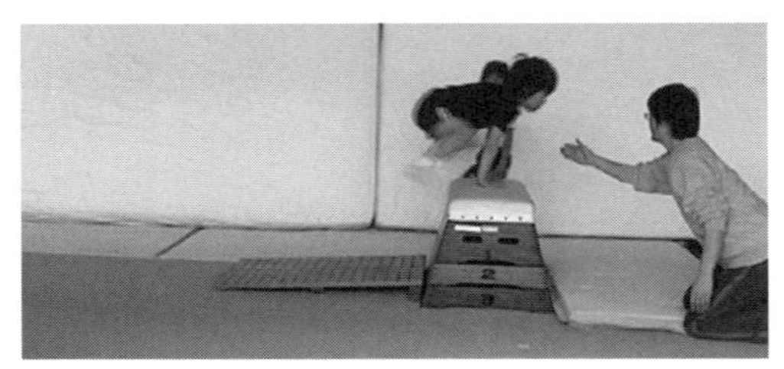

＊手のつき方

・手のひら全体をつく。**（良いつき方）**

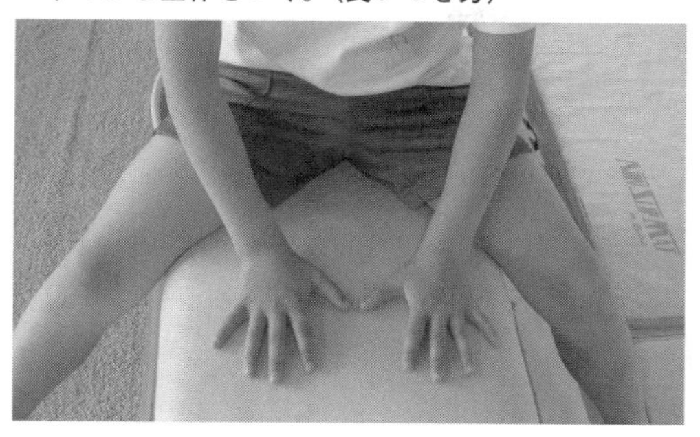

・跳び箱の横にはつかない。**（悪いつき方）**

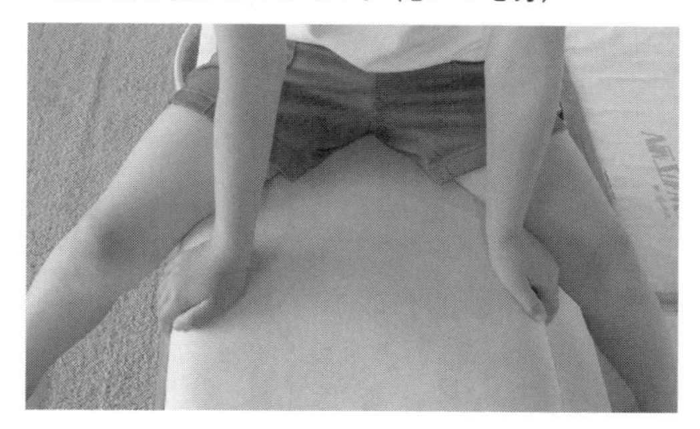

・ケガをしやすいので、手首を立ててつかない。
（悪いつき方）

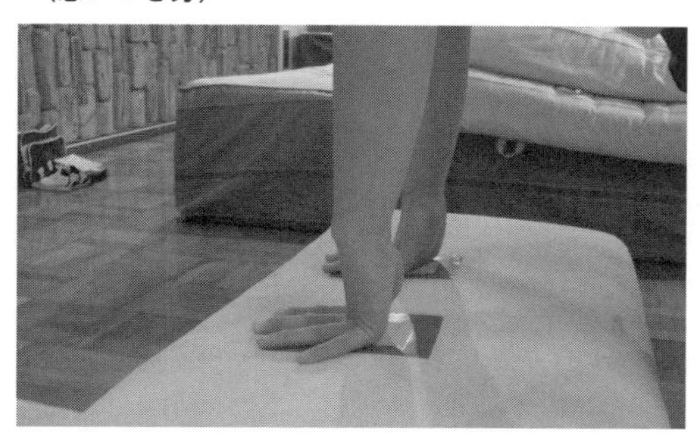

＊ブロックを使った開脚とびの段階練習

・前にたおれても怖くないので、思い切って跳べる。初めは、柔らかいスポンジマットでも良い。

①屈膝開脚立ち

②伸膝開脚立ち

③開脚座（横に開く）

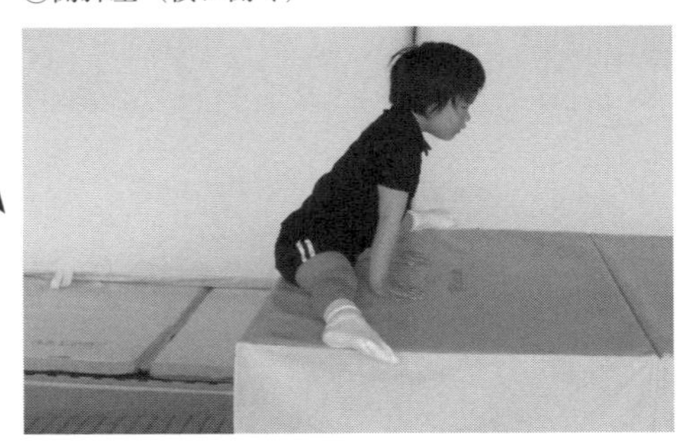

④開脚座（横から斜め前まで、脚を回旋させる）

3　鉄棒運動あそび

【特性】

鉄棒は、基本的にぶら下がって遊ぶ道具であり、雲梯や太鼓橋、ジャングルジム、登り棒などが鉄棒の基礎運動となるので、それらをしっかりと遊んでおくことが重要です。

鉄棒運動あそびは、通常の足を支点とした運動と違って、手・腕を支点として運動を行うので、他の種目とは違った筋力・瞬発力・巧緻性・平衡性などが養われていきます。また、高所での運動のために落下という恐怖との戦いに挑戦することになり、勇気・決断力・集中力などの精神的要素も養われていきます。

【指導上の留意点】

●鉄棒の下にはマットを敷いたり（屋内）、芝生などの草を敷いたり（屋外）することが望ましいでしょう。

●鉄棒は、それぞれの身長にあったものを選ぶようにさせましょう。

●逆上がり、前まわり、後ろまわり等の回転を伴う運動の場合は、一人ずつ行うようにさせましょう。

●あそびの順番を待っている子には、行っている子の邪魔になったり、行っている子に蹴られないように並んで待つようにさせます。

●指導者は鉄棒のそばに立ち、いつでも補助ができる体勢をとっておきます。特に、怖がる子には補助台を使ったり、しっかりとした補助をするようにしましょう。

【発達段階に応じた活動】

1歳児：ぶらさがり

2歳児：ぶらさがり歩き、ぶたの丸焼き

3歳児：ぶたの丸焼きジャンケン、膝かけ懸垂（コウモリ）、足抜きまわり

4歳児：腕立て懸垂（つばめ）

5歳児：逆上がり

＊鉄棒の握り方

・順手

・逆手

・片逆手

※鉄棒あそびにはいろいろな握り方があります。動き（技術）に応じて握り方が変わるので、指導者は安全に気をつけて指導することが必要です。

＊腕立て懸垂（つばめ）

・順手で鉄棒を握って両脚を伸ばし胸を張り、体を反るようにバランスをとりながら支持をする。（つばめが木に止まっているようにする）

※鉄棒の上に上がれない子どもには、鉄棒の下に台を置き、高さを調整するとよいでしょう。また、補助者がそばに立ち、肩や腕などをもって安心感をもたせるとよいでしょう。

＊いろいろなぶらさがり方

・鉄棒を握ってぶらさがる。

・鉄棒を握ってぶらさがりゆれてみる。
・前に障害物を置き、足が触れるようにして大きくゆらしてみる。

＊ぶたの丸焼き

・両手両足支持の逆さ懸垂姿勢。

・片手を離してみる。

・２人組でジャンケンをする。

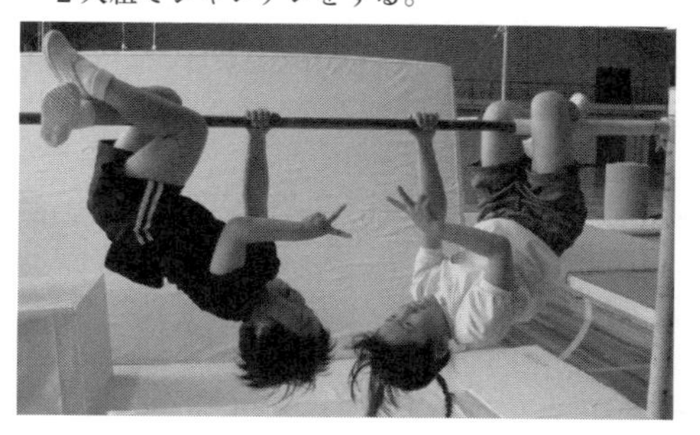

＊両膝かけ逆さ懸垂

・手と足の位置をかえてみる。

＊足抜きまわり

・両手の間に片脚を鉄棒にかけ両手でぶらさがり、もう一方の脚といっしょに両脚をそろえて、体を後方に回転させて着地する。

＊前まわり降り

・腕立て懸垂から上体を前に倒し、ゆっくりと前に回って着地をする。
・回っている途中に、手を離さないようにしよう。

＊前まわり降りの補助

・補助者が腕を持つことで、前へ落ちる恐怖心や高さ等への恐怖心がなくなる。もう一方の手で脚を持つことで、速く回ることがなくなる。

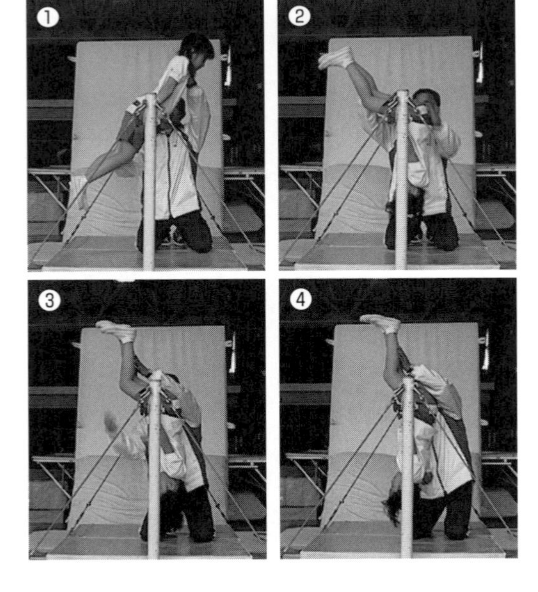

逆上がりの段階的練習と補助

＊補助者といっしょに逆上がり

・補助者は、逆上がりをする子の手が途中で離れないようにするために、子どもの手の上から握る。子どもは補助者のおなかをかけあがり、逆さになったとき、補助者のおなかで子どものお尻を押し上げると、鉄棒の上に子どものおなかがのり、腹支持懸垂姿勢になるので、補助で上体をおこすようにする。

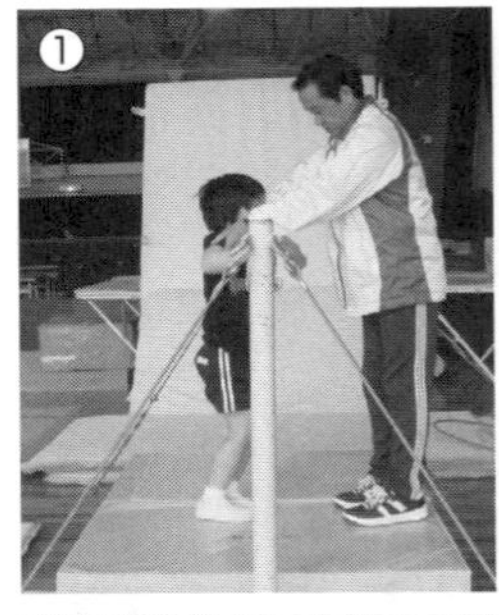

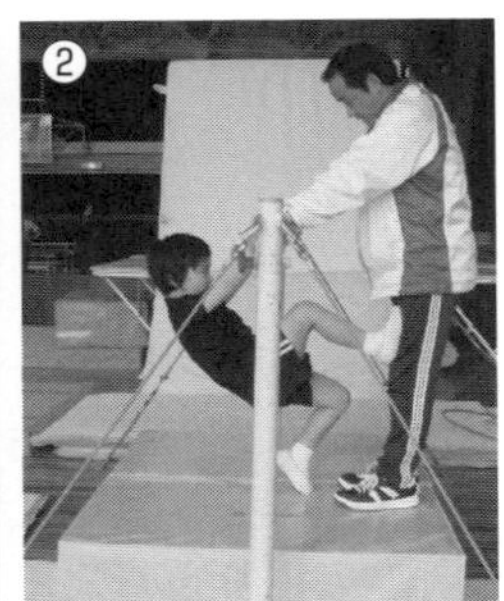

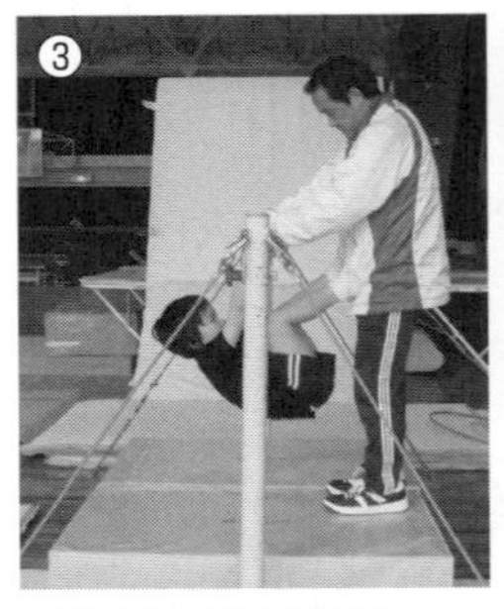

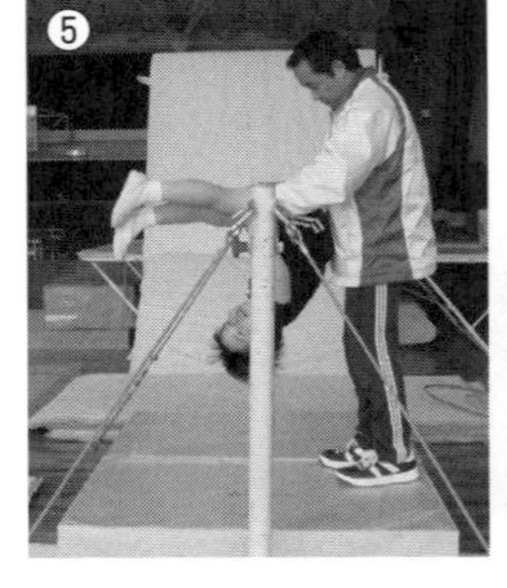

※補助者の手の押さえ方

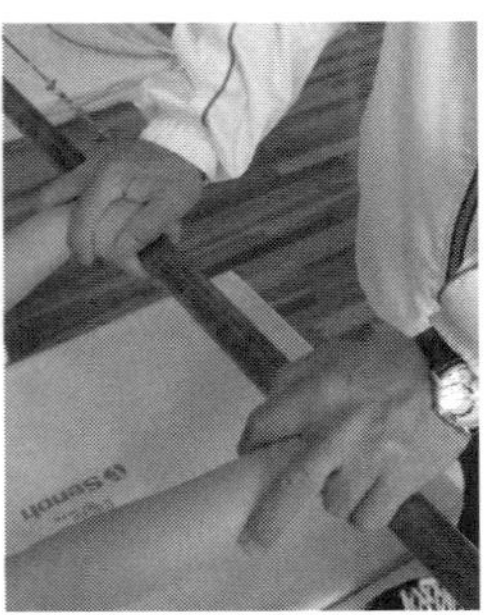

＊踏み切り板を利用して逆上がり

・跳び箱の踏み切り板を使用する。子どもの能力に応じて、角度の調整を行って挑戦させてみよう。

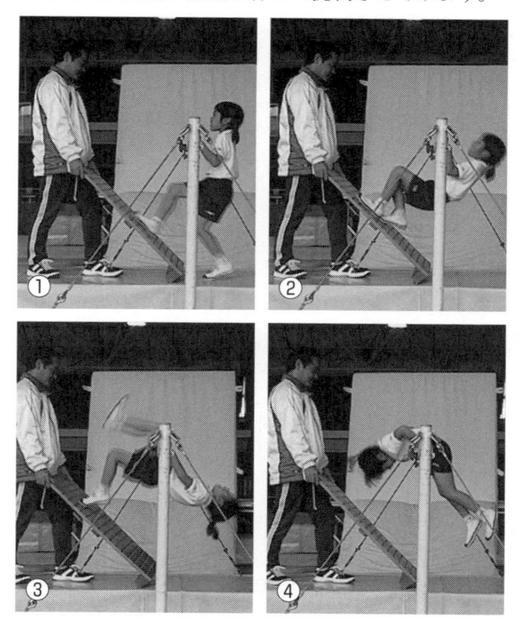

＊逆上がりの補助用具を使って逆上がり

・いきおいをつけてかけのぼる。

＊補助方法

・背とお尻を持つ。

・お尻を持ち上げ、鉄棒に近づける。

・上体をおこすことが難しいので、腕をつかんで上体をおこす。そのとき、足を押さえてあげるとおきやすい。

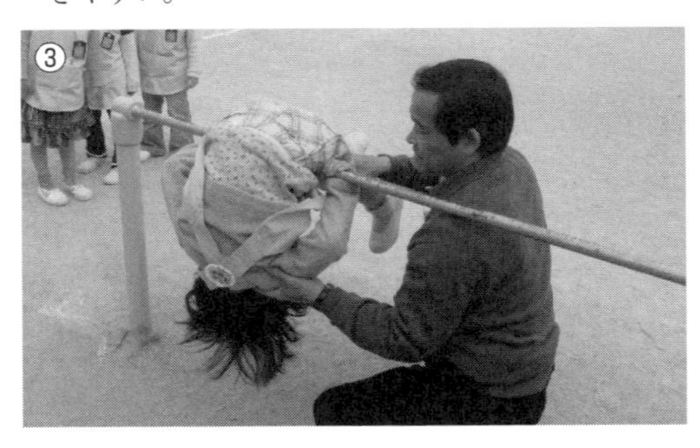

・すぐに降りようとすると、アゴを打つことがあるので、気をつけて補助する。

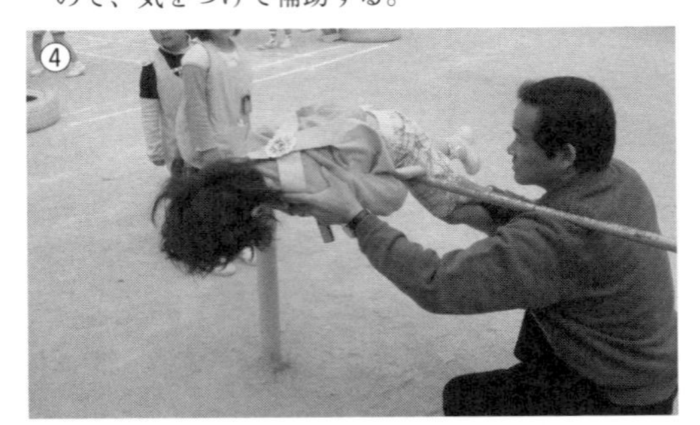

・腕と足を持ってつばめの姿勢にさせる。

＊うまくできない例（1）

・腕が伸びていて鉄棒から体が遠く離れているので、お尻が上がらない。

※上記の２つの例からみると、基本運動が十分に行われていないことが原因である。
登り棒、雲梯、ジャングルジム等の動きを十分に行うことが必要である。

＊うまくできない例（2）

・足のける位置が遠い。

・腕を曲げて鉄棒を引っぱっているが、頭が後ろに反っていることで、体も反っていることが問題。

＊「逆上がり感覚鉄棒」（ショウワスポーツ製）を使った練習

・手を持つ位置よりお腹をのせる位置の方が低くなっているため、お腹を鉄棒にのせやすいので、逆上がりがしやすくなっている。
・普通のまっすぐな鉄棒で逆上がりをしたときに、ひざが鉄棒に当たる子は、この鉄棒を使うと効果が大きい。

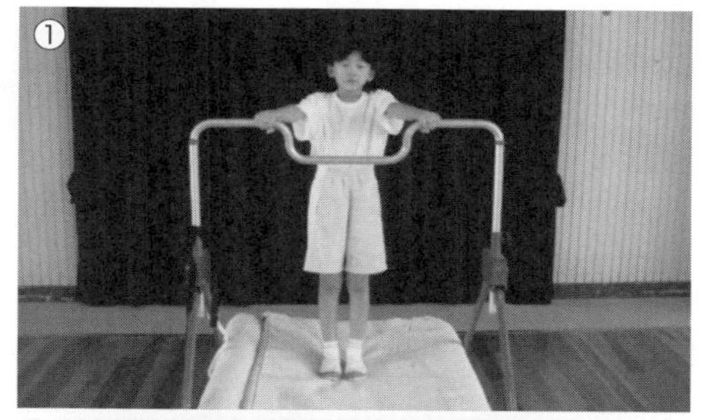

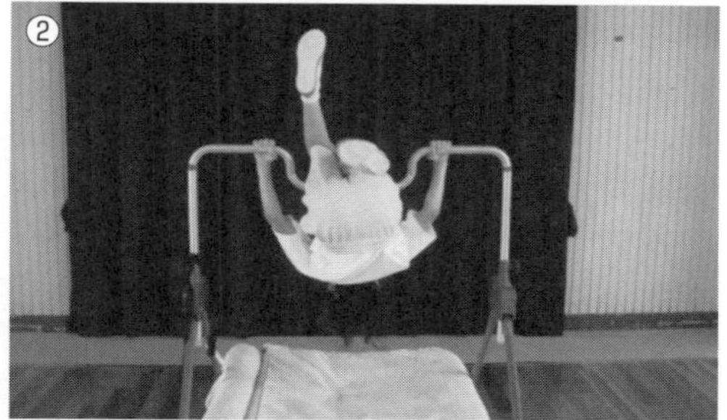

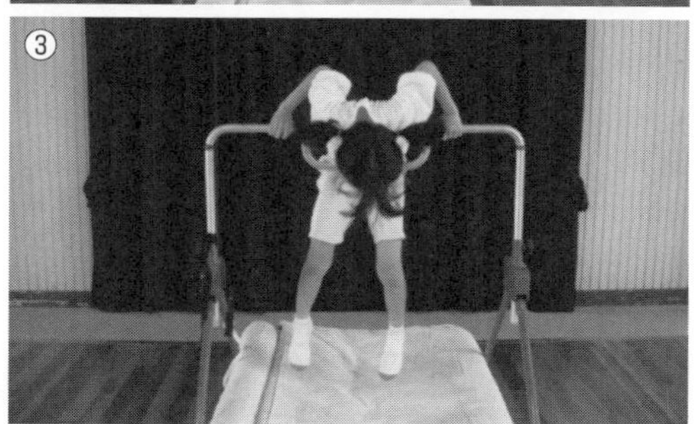

＊もう少しで逆上がりができる子に身近な洋服を使って挑戦

・洋服を利用することで鉄棒に体が近くなり、肘も曲がり逆さの姿勢になったとき、鉄棒から体が遠くならない。逆上がりの理想の運動の流れとなる。

＊１人で逆上がり

・腕を曲げ脚を前後に開き、２歩程走り、足で地面をけると同時に足を振り上げる。肘で鉄棒を引っぱることで体が鉄棒に近づいてお尻が上がり、体が回転する。背、頭の順で、上体をおこして懸垂姿勢になる。

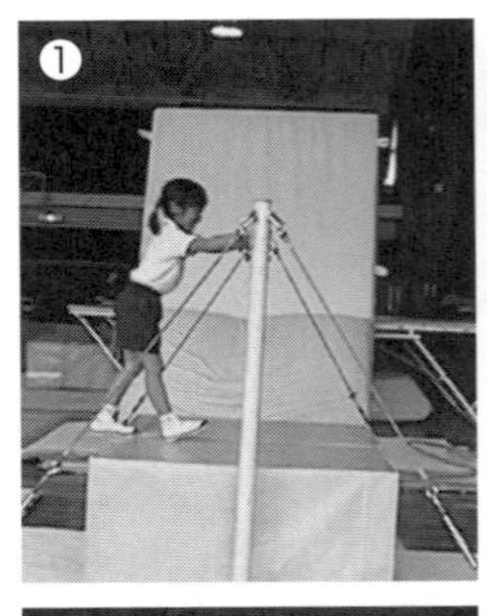

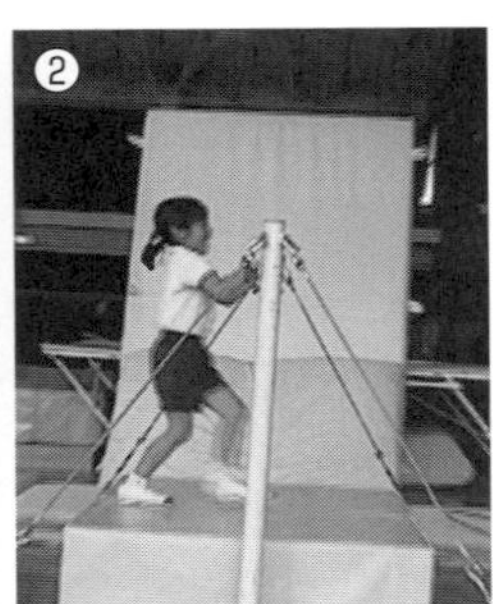

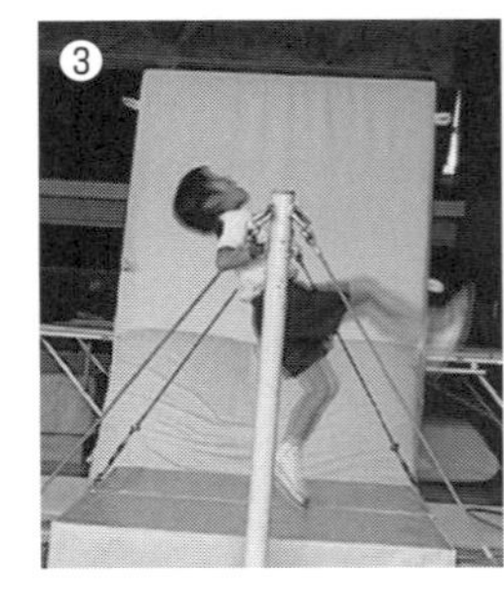

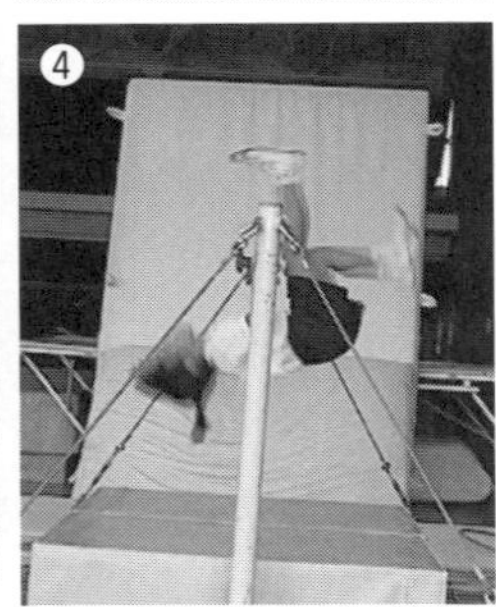

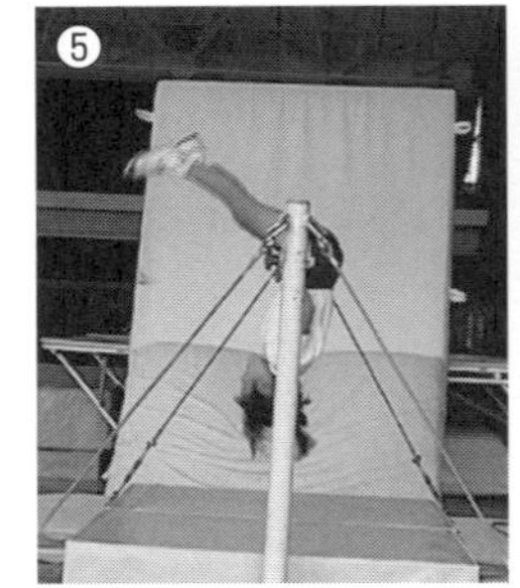

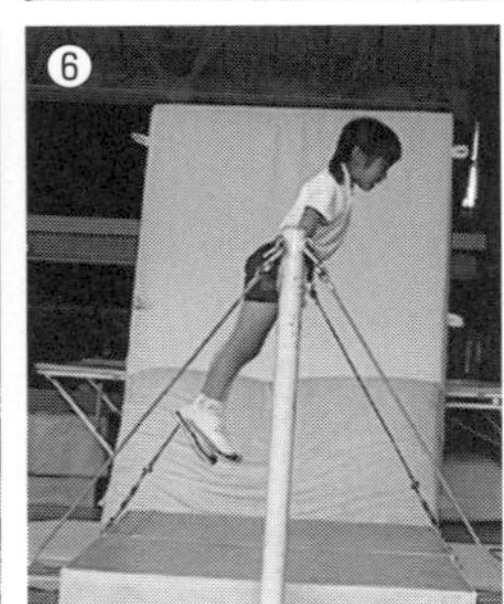

4　トランポリン（ミニトランポリン）運動あそび

【特性】

トランポリンやミニトランポリンは、設置されているところが少ないと思われますが、もし設置されている場合は是非とも活用していただきたいものです。

トランポリン（風船トランポリン）は、遊園地などの施設にはよく設置されており、子どもたちが好んで遊ぶ種目でもあります。跳びはねて空中に高くジャンプする感覚は、通常の地面では味わえない感覚です。前後左右に跳びながらジャンプに慣れることにより、平衡感覚が自然に養われていきます。また、園庭を駆け回るのと同じくらいの筋力や全身持久力を養うことにもなります。

【指導上の留意点】

●トランポリンの組み立ては危険なので、園児ではなく指導者が行うようにしましょう。
●トランポリンのまわりには、セイフティーマット（柔らかく分厚いマット）を置くようにしましょう。
●トランポリンの四方には、指導者が立って補助できる体勢をとりましょう。
●順番を待っている子は、トランポリンのまわりに並んで立って待つようにします。
●ミニトランポリンでは、前方にセイフティーマットを置き、そこに着地するようにしましょう。

【発達段階に応じた活動】

１歳児：歩く、ハイハイをする、寝ころがる
２歳児：歩く、手つなぎジャンプ
３歳児：手つなぎジャンプ（直立）、１人でジャンプ
４歳児：１人でジャンプ、手つなぎジャンプ（正座、長座、あぐら、四つんばい）
５歳児：１人でジャンプ（正座、長座、あぐら、四つんばい）

＊歩く

・歩いて慣れよう。

＊手つなぎジャンプ

・先生や友だちといっしょに。

＊立位ジャンプ

・正面を見てジャンプする。
・下を見ると前にとんでいくので注意。
・跳び上がるときに腕を前から上に回すと、高くとべる。

＊正座ジャンプ

①腕を曲げておくと力が入りやすい。

②前を見たまま膝を曲げる。

③腰を伸ばした状態で正座する。

〔正座時の良い姿勢〕
・腰がまっすぐになっている。

〔正座時の良くない姿勢〕
・腰が曲がり、お尻がかかとについている。

〔練習方法〕
練習①手をつないで正座の状態で連続ジャンプ

練習②セイフティーマットの上で、立位からジャンプして正座姿勢になる。

＊長座ジャンプ

①手をお尻の横にかまえておくと、座ったときに手がつきやすい。

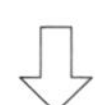

②膝を伸ばして正面を見、手はお尻の横につく。（手のひらは前向きにつく）

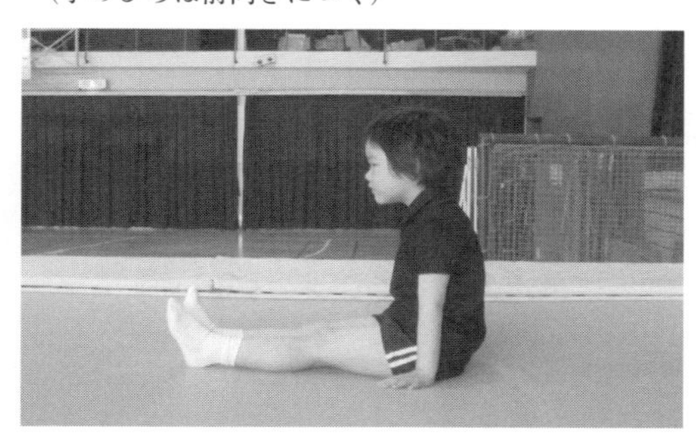

③手を押して立ち上がる。

〔長座時の良い姿勢〕
・かかととお尻が同時に着くと、上手にジャンプできる。

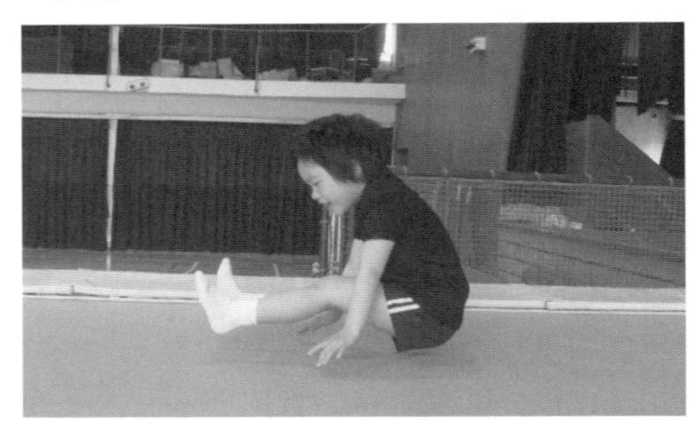

〔長座時の良くない姿勢〕
・かかとがお尻より先に着くと、後ろに倒れる。

〔練習方法〕
練習①手をつないで長座の状態でジャンプ連続

練習②セイフティーマットの上で立位からジャンプして長座姿勢になる。（かかととお尻を同時に着くようにする）

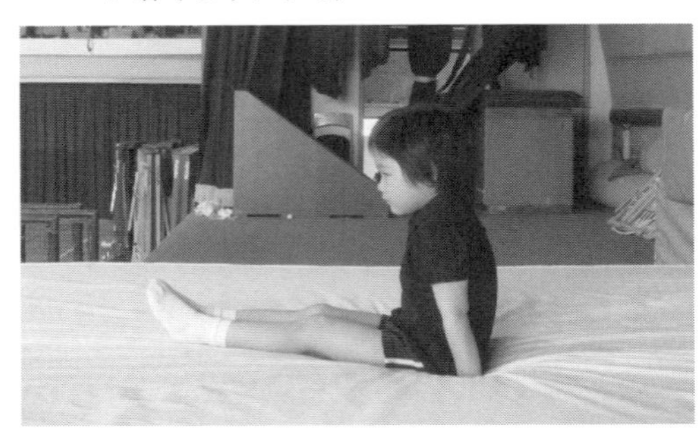

＊あぐらジャンプ

①ジャンプしたら、すぐにあぐらの姿勢をつくる。

②正面を見て、手は膝の上におく。

③手で膝を押して立ち上がる。

〔あぐら時の良い姿勢〕
・足を組み、お尻を着いて、手は膝の上におく。

〔あぐら時の良くない姿勢〕
・上体が前に倒れると、前につんのめる。

〔練習方法〕
練習①手をつないであぐらの状態で連続ジャンプ

練習②セイフティーマットの上で立位からジャンプしてあぐら姿勢になる。

＊四つん這いジャンプ

・手のひらと足うらでジャンプ

〔練習方法〕

・セイフティーマットの上で、四つん這いでジャンプをする。

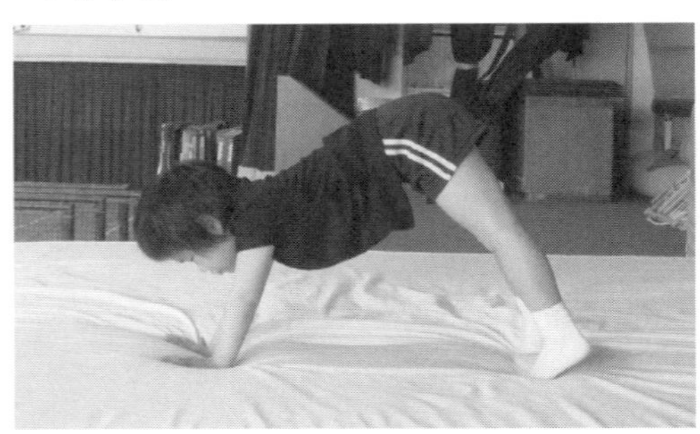

〔補助あり練習〕

①お腹と腰を持つ。

⇩

②手で持ったまま、上下にジャンプをさせる。

〔膝をついた四つん這いジャンプ〕

・膝をついた四つん這いジャンプ補助をして感覚を身につけさせる。

〔正座ジャンプ→四つん這いジャンプ〕

・手をついた正座姿勢から練習して、四つん這いに近づける方法もある。

＊ミニトランポリンを使ったジャンプ

・トランポリン上で連続ジャンプをするのが基本。
・体を伸ばしたジャンプで前にとび出し着地する。

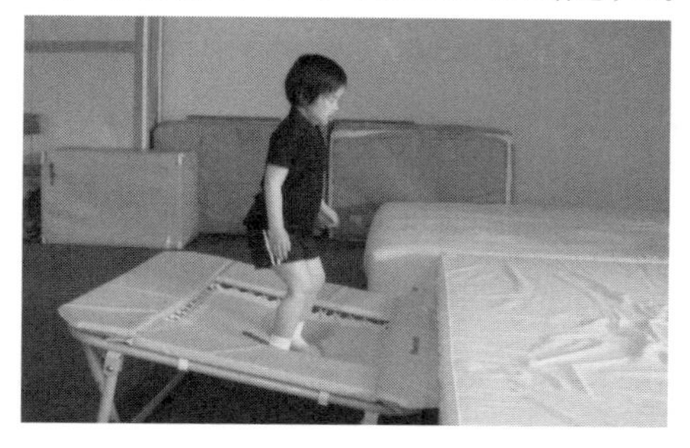

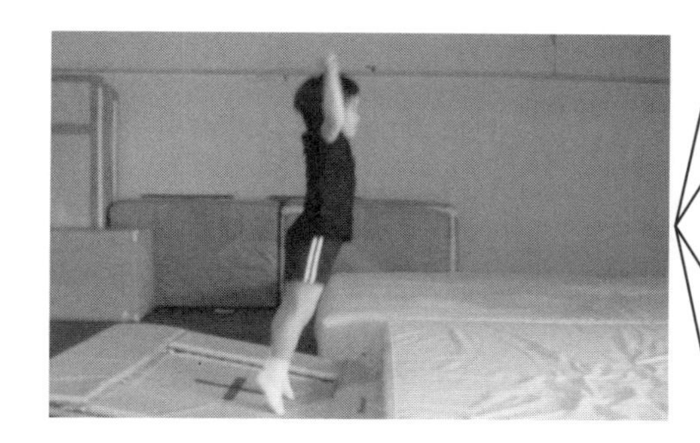

①垂直ジャンプ

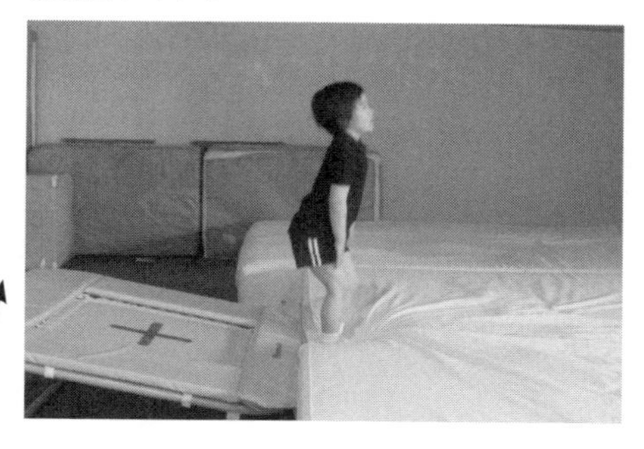

②膝を曲げたジャンプ

③開脚ジャンプ

④半ひねりジャンプ

23章

体育あそびの指導・環境設営の事例

〔佐野裕子〕

1　コーナーあそび

コーナーあそびとは、一定区域内の小区画に設営されたあそび場のことです。コーナーあそびの設営にあたっては、子どもたちが自分で好きなあそびを選び、自由に各コーナーをまわり、楽しい運動あそびの体験がもてるようにします。各コーナーでは、幼児期に身につけるべき、操作系・平衡系・移動系・非移動系の運動を、楽しく体験できるように計画してみましょう（表23-1）。

表23-1　コーナーあそびのモデル

タイプ	養う運動スキル	コーナーあそびの種類
1	操作系 運動スキル	ボウリング・的当て・輪投げ・玉入れ・風船つき・フラフープ回し・なわとび・うちわでテニス等、操る技能が入ったあそび
2	平衡系 運動スキル	平均台あそび・はしご渡り・フラミンゴ（片足）競争・でんぐり返ってジャンケン勝負など、姿勢を保つ技能が入ったあそび
3	移動系 運動スキル	トンネルくぐり・跳び箱山登り・ジグザグレース・電車ごっこ等、ある場所から他の場所へ動く技能が入ったあそび
4	非移動系 運動スキル	鉄棒あそび・タイヤぶらんこ等、その場での運動技能が入ったあそび

≪指導計画時における留意事項≫

・遊具を製作するにあたっては、安全性が高く、丈夫な素材を使用します。

・落下の危険性がある場所やつまずく恐れのある場所には、マットを敷いたり、クッション等でカバーをします。

・数種類のコーナーを同じ区域内に設置する際は、あそびの内容を十分に考慮したうえで、他のコーナーを邪魔しないように全体を配置します。

・難易度が高いあそびは順番待ちが予想されるので、難易度を下げたあそびも併設します。

・がんばりカードやワッペン等であそびへの動機づけを行います。ただし、あそびの邪魔にならないように配慮します。

≪プログラム実践における留意事項≫

・安全に遊べるように、用具・器具の安全点検を常に行います。

・各コーナーには、補助者が必ずついて、活動の補助や言葉がけ、安全指導を行います。

・あそびの開始時や終了時、移動時など、子ども同士が衝突しないように配慮しましょう。

・遊具の使用にあたっては、事故を防ぐためにも正しい使い方を指導します。

・一人ひとりを認めながらあたたかく見守り、ほめたり励ましたりしましょう。

(((ビッグなボウリング)))

【あそびで育つもの】

・操作系運動スキル（転がす）

・協応性・筋力・空間認知能力

【あそびの準備】

・ビッグボール（１）…直径50cm程度。

・ピン（３～６）…適当な大きさのピンが用意できない場合には、ペットボトルで代用します。

・スタートライン（３）…１ｍおきに３本引きます。

・得点表（１）…ピンを倒した数と名前が書き込める表。

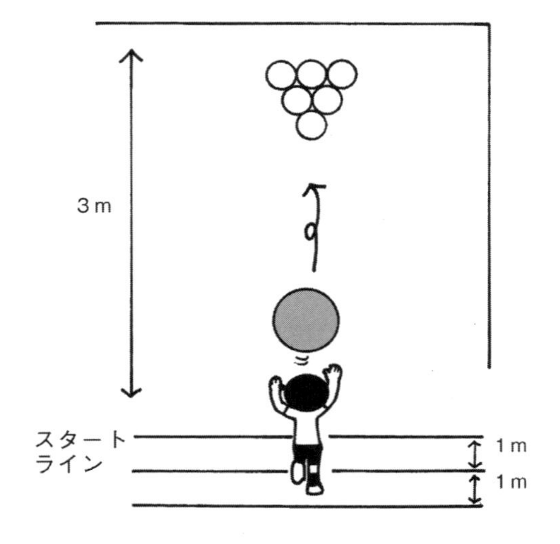

【あそび方】

(1) 子どもが自分でスタートラインを選び、ピンをめがけてビッグボールを転がします。

(2) 補助者は、倒れたピンの数と子どもの名前を得点表に書きます。

(3) 終了した子どもは、倒したピンを立ててから次のコーナーに移動します。

【メモ】

他のあそびの邪魔をしないように、壁面をうまく利用して設営します。

もぐらトンネル

【あそびで育つもの】

・移動系運動スキル（這う・くぐる）

・巧ち性・柔軟性・筋力・空間認知能力

【あそびの準備】

ダンボール箱（適宜）…子どもがくぐり抜けられるように、ダンボール箱を筒状にしてつなぎ合わせ、適当にくねらせてトンネルを作ります。天井や側面を一部開け、カラービニールやセロハンを張り、明かり取りにします。

【あそび方】

入り口から出口に向かって這って移動します。

【メモ】

・使用前にトンネルの安全点検を行います。

・大勢の子どもが一斉に入ると危険なので、順番を守って入るように指導します。

・「もぐらトンネル」の曲をかけ、活動意欲を引き出します。

※「もぐらトンネル」のうた…CD「お母さんといっしょ　シアワセ」／NHKエンタープライズ

忍法橋わたりの術

【あそびで育つもの】

・平衡系運動スキル（台上をまたいで渡る・くぐって渡る）

・平衡性・巧ち性・柔軟性・調整力・身体認識力・空間認知能力

【あそびの準備】

・平均台（適宜）…平均台を合わせて、コースを作ります。

・マット（適宜）…平均台の下に敷きます。

・フラフープ（１）／スズランテープ青（適宜）…フープにスズランテープを貼りつけて滝に見立て、平均台の途中に立てて持ちます。

・新聞紙／灰色の折り紙…新聞紙を丸めて、上からを灰色の折り紙を貼り、石に見立てて平均台の上に取りつけます。

・バンダナ（人数分）

【あそび方】

(1) 子どもは、バンダナを頭部にかぶって結び、忍者になりきってスタートの準備をします。

(2) コースに沿って、石わたりの術で台上の障害物をまたいだり、滝くぐりの術で、水（スズランテープ）をかき分けてフラフープをくぐったりしながら進みます。

【メモ】

・始める前に、実際に平均台上を渡って、平均台の安定感を確認しておきます。

・前の子どもがフラフープくぐりを終えたら、次の子が出発するようにし、台上で混雑しないようにします。

・友だちを追い越したり、押したりしてはいけないことを約束します。

・慣れてきたら、平均台に傾斜をつけたり、這って移動したり等、設営や進み方を変化させます。

2　組み合わせあそび

組み合わせあそびとは、遊具を組み合わせたり、あそびを組み合わせたりして、一つのまとまりのあるあそびの場を構成したあそびを指し、そこでのあそびを通し、基礎的な運動スキルをさらに高めたり、広げたりすることができるようにします（表23-2）。そして、子どものあそびへの興味や関心を引き出し、子ども自身が進んで遊びたくなるような環境設営を心がけます。

≪指導計画における留意事項≫

・子どもの興味や関心を引き、意欲をもって取り組めるように、楽しいアイテムを用意したり、人気キャラクターの絵や花の絵・風船などで飾りつけを工夫し、活動意欲を高めます。

・移動コースや待機場所に目印となるものを置いたり、スズランテープでコースを区切るなどして、子ども同士が衝突しないように配慮します。あそびの開始や終了時、移動時にも注意をはらいます。

≪プログラム実践における留意事項≫

・見本を行う際は、動きのイメージが明確になるような説明とオーバーアクションで、明るく元気に行います。

・待機している子どもが、スタートラインから出ないように注意し、並ぶことや順番待ちができるように指導します。

・あそび方や用具の正しい使用法を、丁寧にきちんと説明します。

・使用する用具・遊具は、破損がないか、正しく設営されているか等、点検を行って安全を確認します。

・あそびに慣れてきたら、難易度を上げたり、遊具の設営を変化させましょう。

表23-2　組み合わせあそびのモデル

タイプ	組み合わせの種類	組み合わせあそび
1	遊具とあそび場	フラフープと輪投げあそび（フラフープをくぐって、電車ごっこで走り、フラフープの輪投げを行う）／平均台と的当て（台上を渡り、ボールを的に当てる）／短なわとコーン（短なわ跳びとジグザグ走）
2	遊具と道具	長なわと滑り台（長なわをくぐって、滑り台を滑り降りる）／鉄棒とボール（鉄棒にぶらさがって、足でボールを移動）
3	あそび場とあそび場	トンネルと高い山（ダンボール箱のトンネルをくぐり抜け、跳び箱の山を登って降りる）／新聞パンチと玉入れ（新聞紙の壁をパンチして破き、それを丸めたボールで玉入れを行う）

(((忍者の修行)))

『忍法橋わたりの術』（p.548参照）と、『的当て』のコーナーあそびを組み合わせて、『忍者の修行』あそびを設営します。

【あそびで育つもの】

・平衡系運動スキル（台上を渡る）・操作系運動スキル（投げる）

・平衡性・巧ち性・柔軟性・協応性・調整力・身体認識力・空間認知能力

【あそびの準備】

・『忍法橋わたりの術』で準備した用具

・テニスボール（適宜）…ボール入れの中に入れておきます。

・ボール入れ（1）…カゴやダンボール箱

・的の絵（1）／布（1）／鉄棒（1）…約4ｍの長さの布に、的になる絵を貼り、室内用の鉄棒にかけます。布は、カラービニール袋（40リットル）を貼り合わせても代用できます。

・仕切り（適宜）…ダンボール箱でも代用できます。

・マット（適宜）…平均台から跳び降りる際の着地地点に敷きます。

【あそび方】

(1)『忍法橋渡りの術』で平均台を渡り終えたら、マットの上へ跳び降ります。

(2) テニスボールを持ち、前方の的に向かって投げます。

【メモ】

・布を的にすることによって、投げたボールの衝撃を吸収し、周囲への散乱を防ぎます。また、簡単にボールの補充ができるようになります。

・慣れてきたら、的の位置を高くして、ジャンプをしながら投げてみましょう。

(((トンネルぬけて)))

『もぐらトンネル』（p.547参照）のコーナーあそびと、山登りを組み合わせて設営します。

【あそびで育つもの】
- ・移動系運動スキル（這う・走る）
- ・巧ち性・柔軟性・筋力・調整力・空間認知能力

【あそびの準備】
- ・『もぐらトンネル』で準備したトンネル
- ・跳び箱（４～６）…横向きに設営します。
- ・ロイター板（１）
- ・マット（適宜）…ロングマットや普通サイズのマット、ロール状にしたマット（ヒモや長縄で崩れないよう縛る）等を、跳び箱とうまく組み合わせて山を作ります。

【あそび方】
(1) トンネルの出口まで、這って進みます。
(2) トンネルから出て跳び箱の山へ走り、登って降ります。

【メモ】
- ・マットがずれていないかを、随時、確認します。
- ・マットの耳は、マットの下に入れ込みます。
- ・慣れてきたら、跳び箱を高くします。

3　障害物あそび

障害物あそびとは、スタートとゴールを設け、その間の走路をさまたげるように障害物を配置し、それらの障害物で作られた課題を克服してゴールに到達するあそびです。障害物に挑戦する勇気、障害物を乗り越えたときの達成感、ゴールできたときの喜びと充実感など、スタートからゴールまでの間に繰り広げられる子どもの心の動きを、身体の動きの体験と合わせて大切にしたいものです。

コーナーあそびや組み合わせあそびを基本とし、対象年齢に合わせて障害物の難易度を工夫して、子どもが無理なく楽しめるように構成しましょう。

競　争　：競争心を適度に刺激することは、活動に対する意欲を高めることにつながり、その教育的効果も期待されます。負けて悔しい気持ちも、指導者が共感してあげることによって、乗り越えていける力となります。明るく対応しながら、子どもの「次はがんばろう」という気持ちを引き出してあげたいものです。

≪指導計画における留意事項≫

・音響は、子どもの活動意欲を高めることにもつながるので、なじみのある曲やテンポのよい曲をＢＧＭとして使用しましょう。
・単純な障害物あそびでも、ジャンケンやくじ等のゲーム性をもたせることにより、集中力を発揮させ、意欲的に取り組むことができます。
・順番待ちを長くすると飽きてしまうので、チームの人数は、対象年齢を考慮して設定します。あそびの内容にもよりますが、４～５歳児では８人程度をめやすとするとよいでしょう。
・あそびの開始時や終了時、移動時などに、子ども同士が衝突しないように、待機場所に目印となるものを置いたり、スズランテープでコースを区切るなどします。

≪プログラム実践における留意事項≫

・見本を行う際は、動きのイメージが明確になるような説明とオーバーアクションで、明るく元気に示します。終了後は、待機場所までどのようなコースを通っていくのかを、実際に行って見せましょう。

・子どもの待機場所には、補助者がつき、順番を確認させます。
・使用する用具は、随時点検を行います。

ドアが閉まるまで

【あそびで育つもの】
・移動系運動スキル（走る・くぐり抜ける）
・敏捷性・スピード・調整力・巧ち性・判断力・空間認知能力

【あそびの準備】
・スタートライン（1）
・大布（約5m×4m、1）…指導者1人と補助者3人の計4人で持ちます。
・コーン（適宜）…チーム数分

【あそび方】
(1) 1チーム8人程度に分かれ、チームごとにスタートラインの手前に1列に並びます。
(2) 指導者のスタートの合図で、大布を持ち上げます。
(3) 各チームの先頭の子どもは、大布の下をくぐり、コーンを回って、再度大布の下をくぐって戻り、次の子どもにタッチします。第2走者以降は、大布が完全に降りるま

で同様にリレーをします。

(4) 大布が床に降りてしまったら、指導者はストップの合図をして、一時あそびを中止します。

(5) 走者は、大布の合図があったら、その場で止まります。指導者のスタートの合図で再度大布が上がったら、あそびを続けます。

(6) 終了した子どもは、座って待機します。

(7) 早く完走できたチームの勝ちとします。

(((くじでGO！)))

【あそびで育つもの】

・移動系運動スキル(這う・くぐる・ジグザグ走やケンパー跳びをする・登る・跳び降りる)・平衡系運動スキル(台上を渡る・前転する)

・巧ち性・平衡性・瞬発力・敏捷性・柔軟性・スピード・調整力・判断力・身体認識力・空間認知能力

【あそびの準備】

・スタートライン(1)

・ゴールライン(1)

・トンネル(1)／フープ(9)…赤コースの障害物

・跳び箱(1)／マット(2)／ロイター板(1)…黄コースの障害物

・平均台(1)／マット(2)／コーン(4)…青コースの障害物

・赤、青、黄色の折り紙(各色混合で人数分)／箱(1)…箱に折り紙を4等分に折って入れ、くじを作っておきます。

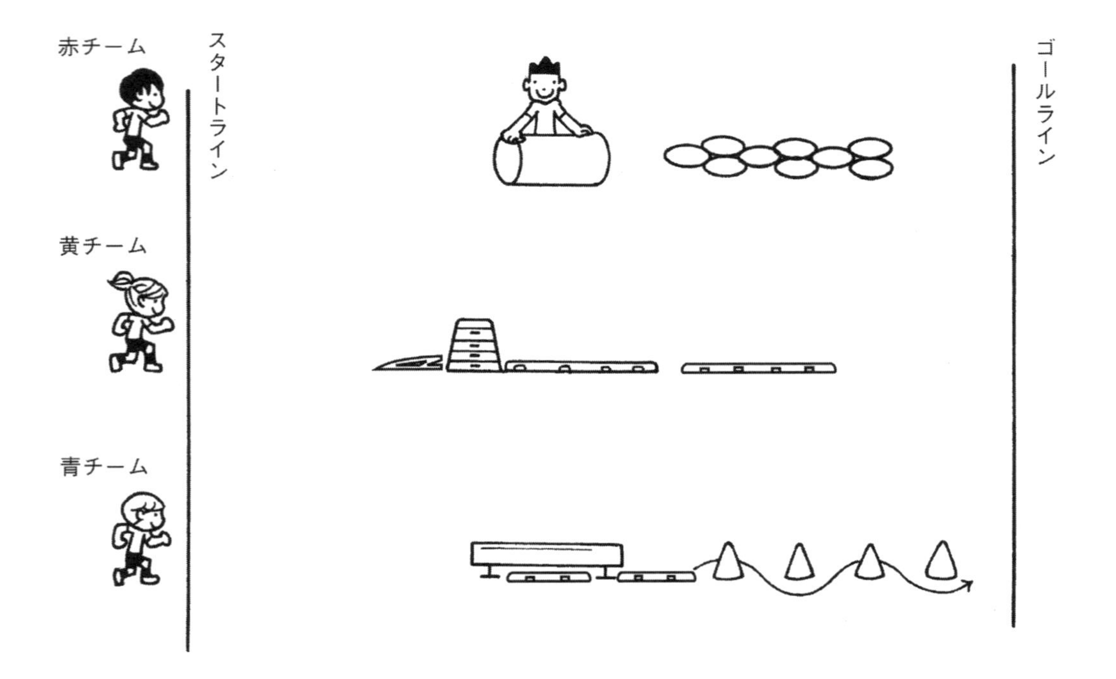

【あそび方】

(1) 全員でくじを引きます。

(2) 引いたくじの色別にチームを作り、チームごとにスタートラインの手前に縦に一列で並びます。

(3) スタートの合図で、引いた色と同じコースの運動課題を行い、ゴールします。

【メモ】

・くじ引き前に、子どもたちに各コースの運動課題を確認させ、全員が理解できてから開始します。

・慣れてきたら、リレーで競争します。

4　サーキットあそび

サーキットあそびは、発着場所が同じ自動車レース「サーキット」から名前をとったあそび[1]です。スタートからゴールまでの間に、様々な運動課題をバランスよく設定します。巡回式のサーキットあそびでは、様々な運動体験が持てるので、苦手な運動でも無理なく自然に経験できます。対象年齢を考慮して、さまざまな運動スキルが発揮できるように計画してみましょう。

≪指導計画における留意事項≫

・プログラムの流れは、運動課題の簡単なものから徐々に難易度を上げていくように計画しますが、途中で簡単なものを入れることによって息抜きもできます。とくに運動の苦手な子どもにとっては、興味を持続させることにつながるので、難易度は必要に応じて変化させましょう。
・子どもの興味や関心を引くように、楽しいアイテムを用意したり、人気キャラクターや花の絵・風船などで飾りつける等の工夫も大切です。
・子どもがわかるように、矢印の案内（事前に、矢印の見方を教えておく）や仕切り等でコース順路を明確にしておきます。
・指導者は事前にコースを一巡し、安全確認を行います。１人ではなく、指導者や補助者全員が経験することにより、多角的に安全配慮ができます。
・各コーナーには、ガムテープや保護用クッション等を携帯した補助者を配置し、用具の損耗に応じて即補修できるように準備しておきます。

≪プログラム実践における留意事項≫

・見本を行う際は、動きのイメージが明確になるような説明とオーバーアクションで明るく元気に示します。
・あそび方や用具の正しい使用法などを、丁寧に説明しておきましょう。
・難易度の高いあそびについては、順番待ちの時間が長くならないように、難易度を下げたあそびも併設します。
・繰り返し行うことにより多様な動きに慣れ、ダイナミックにあそびに取り組むことができるようになり、創意工夫もみられるようになるので、個々のペースで回れるように配慮しましょう。
・競争ではないので、一つひとつ丁寧に行うように指導しましょう。

がらがらどんサーキット

絵本『三びきのやぎのがらがらどん』の世界を楽しめるように、工夫して設営しましょう。

【あそびで育つもの】
・移動系運動スキル（走る）・平衡系運動スキル（台上を渡る）・操作系運動スキル（なわ跳びをする・フラフープをくぐる・ボールを蹴る）
・平衡性・巧ち性・協応性・敏捷性・瞬発力・柔軟性・スピード・調整力・判断力・身体認識力・空間認知能力

【あそびの準備】
・フラフープ（適宜）
・短なわ（適宜）
・サッカーボール（適宜）…ボール入れに入れておきます。
・サッカーゴール（1）
・平均台（2）
・マット（2）
・スタートライン兼ゴールライン（1）

【あそび方】
(1) 大ヤギ・中ヤギ・チビヤギの中から、自分の好きなヤギを決めます。
(2) チビヤギから、走ってスタートします。
(3) 置かれているフラフープを持って、頭から身体に通します。2つのフラフープ通しができたら、なわ跳びコーナーへ移動します。
(4) 短なわを跳びます。
(5) サッカーボールをキックし、ゴールめがけてシュートします。

(6) 平均台の一本橋を渡り、トロル役の指導者とジャンケンをして、勝ったら進み、負けたら１つ前の課題にもどり、それを再度クリアしてから、もう一度挑戦します。

【メモ】

・事前に、絵本『三びきのやぎのがらがらどん』の読み聞かせを行い、お話の楽しさを味わわせた上で、サーキットあそびに展開します。
・１周回ったら、２周、３周と挑戦してみましょう。

親子サーキット

【あそびで育つもの】

・移動系運動スキル（走る・這う）・平衡系運動スキル（台上を渡る）・操作系運動スキル（フラフープを持って運転のまねをする）

・協応性・敏捷性・平衡性・柔軟性・判断力・身体認識力・空間認知能力

【あそびの準備】

・フラフープ（適宜）

・平均台（２）

・コーン（12）

・トンネル（２）

・そり（４）…芝滑り用のそり

・スタートライン兼ゴールライン（１）

【あそび方】

(1) スタート地点にあるフラフープを車に見立て、子どもが前で運転のまねをし、親が後ろについて、コーンをジグザグに走ります。

(2) そりのところでフラフープを置き、子どもはそりに乗って親に引っぱってもらい、コーンをまわって戻ります。室内で行う場合は、そりの下に毛布や厚手の布を敷き、布ごと引っ張ります。床の損傷を防ぎ、スピードも出ます。

(3) フラフープを電車に見立て、そりの邪魔にならないように、平均台まで進みます。

(4) 子どもは平均台を渡り、トンネルをくぐります。親は、平均台とトンネルには立ち入らず、フラフープを持って子どもの補助をしながらゴールまで進みます。

おもしろサーキット

【あそびで育つもの】

・移動系運動スキル（這う・くぐり抜ける・走る・登って降りる・ケンパー跳びをする・ジャンプをする・ジグザグ走をする）・平衡系運動スキル（台上を渡る・前転する）・操作系運動スキル（ボールを投げる・つく）

・巧ち性・柔軟性・平衡性・協応性・リズム感・瞬発力・敏捷性・スピード・調整力・判断力・身体認識力・空間認知能力

【あそびの準備】

・ダンボール箱（適宜）…『もぐらトンネル』（p.547参照）を「トンネルくぐり」用に設営します。

・跳び箱（適宜）／マット（適宜）…跳び箱にマットをかけて、「山登り」の山を作ります。

・マット（２）…「前転」用。

・ボール（適宜）／ピン（適宜）／スタートライン（３）…『ビッグなボウリング』（p.546参照）をもとに、「ボウリング」を設営します。

・平均台（適宜）／マット（適宜）…平均台を合わせて、「平均台わたり」のコースを設営します。

・ボール（５）…「ボールつき」（ボールを10回つく）用。

・フラフープ（適宜）…「ケンパー跳び」ができるように並べます。

・的の絵（１）／布（１）／鉄棒（１）／テニスボール（適宜）…『忍者の修行』（p.550参照）をもとに、「的当て」を設営します。

・ハードル（１）

・コーン（４）…「ジグザグ走」ができるように縦に並べます。

・ダンボール箱（適宜）／新聞紙（適宜）…ダンボール箱で枠囲いを作り、新聞紙をちぎって中に入れ、「新聞プール」を作ります。

・スタートライン兼ゴールライン（１）

・仕切り（適宜）

【あそび方】

(1) 子どもはスタートラインの手前に並びます。

(2) トンネルくぐり、山登り、前転、ボウリング、平均台わたり、ボールつき、ケンパ

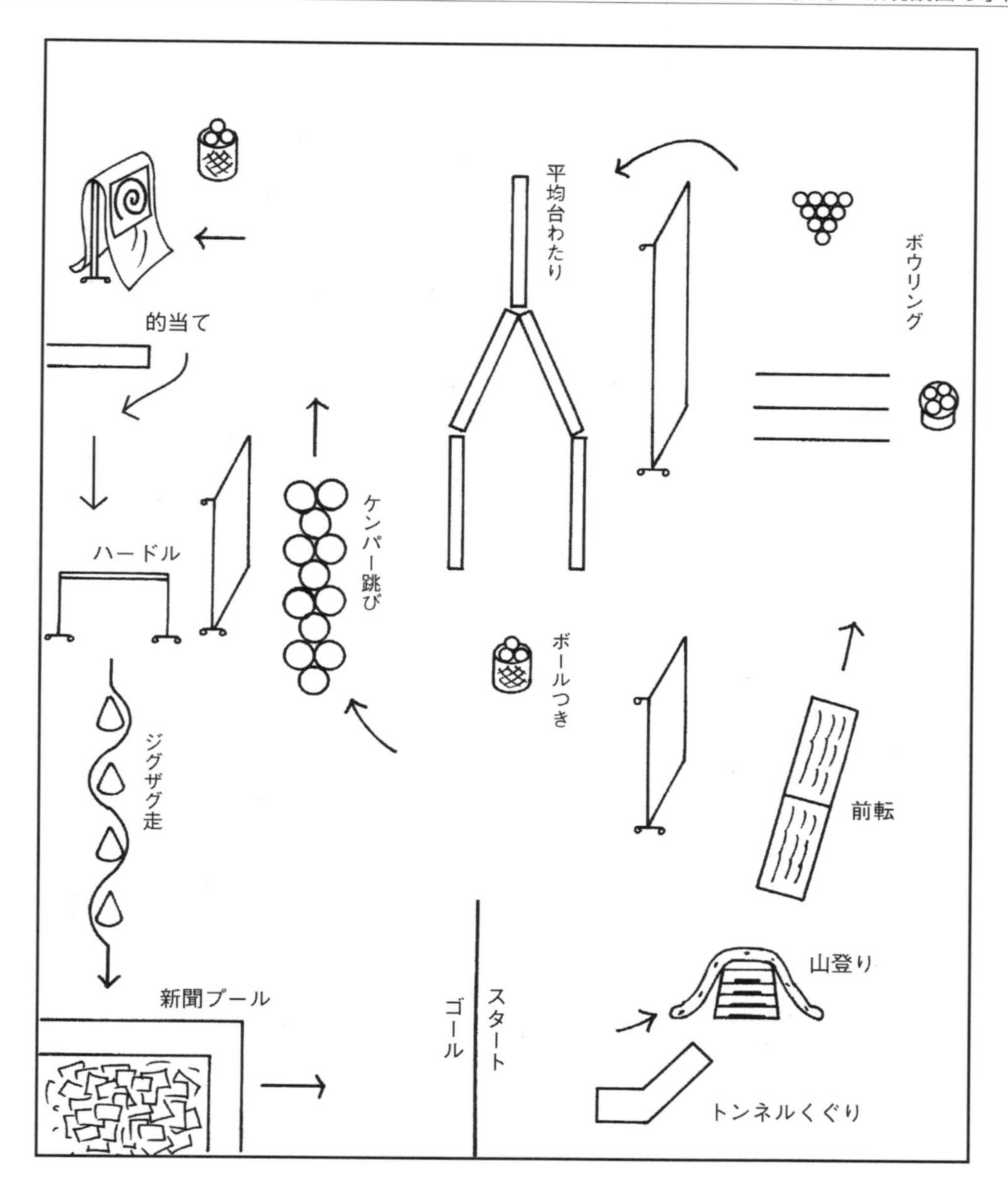
平均台わたり
ボウリング
的当て
ケンパー跳び
ハードル
ボールつき
ジグザグ走
前転
山登り
新聞プール
スタート
ゴール
トンネルくぐり

一跳び、的当て、ハードル、ジグザグ走、新聞プールと進んで、ゴールします。

(3) 1周回ったら、次は2周目に挑戦します。

【メモ】

・広いスペースに設営します。

・各コーナーには補助者がつき、遊具や用具の状態を随時確認し、安全配慮を行います。また、あそびの指導や補助を行います。

・人数が多い場合は、子どもたちを数グループに分け、グループごとに異なる地点からスタートさせます。その際、はちまきや帽子の色などで、メンバーがわかるようにしましょう。

［文　献］

1）前橋　明：0～5歳児の運動遊び指導百科，ひかりのくに，pp. 222-239，2004.

24 章

季節感のある運動あそび

〔越智正篤〕

1　春のあそび

花鬼ごっこ（4月・5月頃）

【あそびを通して育つもの】

平衡系運動スキル

敏捷性、巧緻性、平衡性

【準備するもの】

なし

【あそび方】

①子どもたちは、ぶつからないように広がり立って自分の好きな表現で花になります。

②先生が蝶になり、「ちょうちょ」の歌を歌いながら飛んでいる真似をして、咲いている花（子ども）の所に行き、頭や手を撫でていきます。
初めは、全員を撫でるようにします。

③次に、蜂も「ブーーン」と言って飛んでくることを伝えます。蜂は、花にとっては大切な友だちですが、今日の蜂は悪い蜂で、毒をもっていて 咲いている花を刺して、枯らしてしまうことを伝えます。

④その蜂に刺されないためには、花を閉じてしゃがむことを伝えます。

⑤初め先生は蝶になって歌いながら飛び回り，花の頭や手を撫でていきます。時々、「ブーーン」と言って蜂に変身して刺す真似をします。（実際には刺しません。それだけで十分楽しめます。）子どもたちは、刺されないように素早くしゃがみます。

⑥次に、蝶の役を男の子、女の子と交代で行います。

【メ　モ】

＊初め子どもたちから出てきたいろいろな花の表現を認めていきます。

＊「ちょうちょ」の歌を歌うとき、「ちょう」の所を時々大きな声にしてみてください。反応がおもしろいですよ。

＊２歳からできますが、泣く子どももいます。その時は、横で見ていてもよいことにします。

＊４・５月に、部屋の中で簡単に遊べます。

①子どもたちが立った状態で好きな花の表現をします。先生が蝶になり、子どもたちが表現している花に止まり蜜を吸う真似をして頭を撫でます。

②しばらくして『ブ〜〜ン』という羽の音を、先生が口で言ってハチに変身します。その時、花の子どもたちはハチに刺されないように花を閉じてしゃがみます（実際には花を刺しませんが）。この繰り返しをします。

春、花がいっぱい咲いているよね。みんなも花になれるかなあと投げかけてみてください。いろいろな表現を見せてくれますよ。（立った花、しゃがんだ花、胸の前で咲いた花、手を大きく開いた花など。）一人ひとりを認めると、子どもたちはいろいろ考えて、表現することや考えることが楽しくなります。

2　夏のあそび

波鬼ごっこ（8月・9月頃）

【あそびを通して育つもの】

移動系運動スキル

敏捷性、巧緻性、瞬発力、平衡性

【準備するもの】

安全地帯としてわかるためのライン（1）

【あそび方】

①子どもたちは、海岸線をイメージした所に、ぶつからないように広がり、座って遊んでいる真似をします。

②初め先生が鬼の波になります。小さい波（ザブザブザブー前進…シュワシュワシュワー後進…）と大きな波（ザブザブ前進ザッブーーン追いかける）の真似をして、大きな波の時だけ子どもたちを追いかけ、安全地帯までにタッチをして捕まえます。波は、５回目から６回目の内に大きい波を入れます。

③子どもたちは、大きい波が来たら、ぶつからないように安全地帯のラインを波よりも速く通過すると捕まりませんが、それまでにタッチされたら、捕まります。逃げた子はチャンピオンです。

④捕まった子は、波になり、手をつなぎ、転ばないように小さい波をします。大きい波のときは、「ザッブーーン」で手を離し、追いかけて捕まえに行きます。そのくり返しを行います。

【メ　モ】

＊子どもたちの前後左右の間を取るようにします。

＊スタートの位置は、子どもの能力に合わせて、それぞれに任せます。
（走る距離が短くてもOK、だんだん長くなるように声をかけます。）

＊転んだり、靴がぬげたりしても、そのまま逃げるようにします。（大ケガは別）

＊子どもたちで波をしたときは、大きい波を何回目にするかを相談するようにします。

＊運動会のかけっこの走り抜けにつながります。

子どもたちの性格がでますよ。（勇気があるか、怖がりか等）

3　秋のあそび

お芋掘り　個人戦（10月・11月頃）

【あそびを通して育つもの】

移動系運動スキル

筋力、協応性、瞬発力、持久力

【準備するもの】

お芋を置くためのマット（1）

【あそび方】

①子どもたちと、芋掘りの話をした後に、子どもたちが芋になり、床にうつ伏せに寝ます。

②先生が芋を掘りに行く人になります。芋の子どもの体をさわりながら、掘る真似をして、その後、子どもの足を持って後ろに引っ張ります。

③子どもたちは、手や腕、体を使って後ろに引っ張られて抜けないように頑張ります。動いてしまい、抜かれたらマット（お皿）の上に座って待ちます。

④先生は子どもの様子を見て、適当な時に止めます。その後、先生は抜いた芋を食べる真似をして、くすぐります。

【メ　モ】

＊先生は子どもたちの力を考えて、初めからは抜かないようにします。２回目ぐらいからは、抜ける子どもを抜いていきます。３回ぐらい行います。抜かれた子は、マットへ行き応援します。

＊４回目以降、抜かれた子どもは、他の芋を抜きに行きます。芋を抜くときは、１人、または２人で抜くように伝えます。抜きに行くことで、子どもたちは、いろいろなことを発見し、考えるようになります。

お芋掘り　団体戦（10月・11月頃）

【あそびを通して育つもの】

移動系運動スキル

筋力、協応性、瞬発力、持久力

【準備するもの】

目安になるライン（チームの数）

【あそび方】

①個人戦を行ってから、１チーム７名以上になる場合は３チーム以上にわかれて、チー

ム対抗戦を行います。

②はじめに、各チームから代表１名が芋を掘りに行く人になります。その他の子は芋になり、ラインの所に足がくるようにうつ伏せに寝ます。(頭の所がラインを通過したら抜かれたことになります。) 芋の子どもの体をさわりながら掘る真似をして、その後、子どもの足を持って後ろに引っ張ります。

③合図で各チーム代表が抜きに行きます。抜かれた子は、チームが勝つために他の芋を抜きに行きます。１本の芋に２人までなら抜きに行くことができます。終了の合図のときに、抜かれた芋の少ないチームが勝ちになります。

【メ　モ】

＊チームが勝つために誰を抜いてもよいことにします。同じチームの子どもを抜いていても、先生はだまって見ています。子どもたちはいろいろ考えますよ。

＊抜かれた子どもは、他の芋を抜きに行きます。芋を抜くときは、１人、または２人で抜きます。

４　冬のあそび

お正月あそび　こままわし（１月頃）

【あそびを通して育つもの】

移動系運動スキル

筋力、協応性、敏捷性、巧緻性、平衡性、柔軟性

【準備するもの】　こま

【あそび方】

①子どもたちの前で、こままわしを見せます。その後、子どもたちは自分の好きな表現でこまになります。

②先生が子どもたち全体にひもをまく真似をして、「いち、にーの、さーーん」でこまを投げる真似をします。子どもたちは立って回ります（図１）。ストップの合図で止まり、ふらつかないように頑張ります。

③次は、お尻で回ります。

・手をついて勢いをつけて回ります（図２）。

・足をのばして回ります（図３）。

・手と足を床につけずに、ツイストをするように回ります（図４）。

④うつ伏せに寝て（図５）、おへそだけがつくように、背中側で、手で足を持ちます。先生は、手を使ってそのこまを回します。

【メ　モ】

＊子どもたちのこまの表現を認めていきます。

＊お尻で回ると、ウエスト、足の筋肉を使いますよ。

図１　図２　図３　図４　図５

お正月あそび　はねつき①（1月頃）

【あそびを通して育つもの】

移動系運動スキル

筋力、協応性、敏捷性、巧緻性

【準備するもの】

はご板、はね、目安になるライン（2）

【あそび方】

①子どもたちの前で、はねつきを見せます。

②子どもたちがはねの真似をして、先生がはねをつく人になります。

子どもは、両サイドにいる先生の所へ飛んだ真似をして走って行きます。

先生ははねをつくとき、必ず、子ども同士がぶつからないようにするために、「せーのーでー、カーン」と言って、つく真似をします。

③先生は、目安の線の所を左右に移動して、子どもたちがそこにくるまで待ちます。

④先生の「空振り」の言葉を聞いたら、落ちた真似をして、止まるか倒れたら終わります。

お正月あそび　はねつき②（1月頃）

【あそびを通して育つもの】

移動系運動スキル

筋力、協応性、敏捷性、巧緻性

【準備するもの】

はご板、はね、サイドライン（2）

【あそび方】

①はねつき①のあそびの後に行います。

②先生がはねの役になり、子どもがはねをつく人になります。

子どもは2チームに別れ、両サイドのラインにわかれます。

③子どもはラインから出ないように、そのチーム全員で先生の体をさわり、「せーーのーーで、カーーン」に合わせて押します。先生は、相手チームのラインの中に入る

ように飛んで行きます。

④子どもたちは、自分たちのチームのラインより先生（はね）が中に入らないようにみんなで力を合わせて止めて、みんなで先生（はね）を打ち返します。それをくり返します。

⑤先生は、子どもたちのすきを見て、どちらかのラインを越え、中に入ります。入られたチームの負けになります。

5　卒園・進級前のあそび

狼と７匹の子やぎ鬼ごっこ（2月・3月頃）

【あそびを通して育つもの】

移動系・操作系運動スキル

敏捷性、巧緻性、瞬発力、平衡性、判断力、決断力、勇気

【準備するもの】

赤いコーン（1）、違う色のコーン（5～7）

【あそび方】

①運動場の中央付近に赤いコーン１本と他のコーンを利用して直径２メートル前後の円を作ります。そこが狼のお腹になります。子どもの人数で、大きさは少し変わります。

②初め、先生がお母さんやぎ、子どもたちが子やぎになり、絵本のように、親やぎが子

やぎに注意をして家を出かけていきます。

③その後、別の先生が狼となり、子やぎのいる前に立ち、絵本のようにやりとりをしていき、声、手の色を変えていきます。そして、ドアが開いたら鬼ごっこのスタートです。

④狼が子やぎを捕まえに行き（タッチする）、捕まった子やぎは、狼のお腹に入ります。

⑤お母さんやぎ（先生）が赤いコーンを倒したら、倒れている所から中にいるやぎが逃げることができます。赤いコーンが立ったら、出ることはできなくなります。そのくり返しで、全員が捕まれば狼の勝ちとなります。

【次の段階として】

⑥１回目は、お母さんやぎ（先生）が食べられたら、食べられていない子やぎが赤いコーンを倒しに行きます。その後は、お母さんが食べられていなくても子やぎが倒しに行

けるようにします。

【メ　モ】

＊子どもたちを追いかけるとき、円になっていますので、子ども同士がぶつからないように、狼役の先生が方向転換をするときには、子どもがぶつからないように注意して動きます。

＊お腹の中のやぎたちが逃げてよいとき、出口の場所をしっかり確認します（赤いコーンが倒れたとき、倒れた所から）。

＊３歳のときから毎年やり続けると、５歳児の３学期頃には、狼役の先生と対決できる子どもたちに成長します（泣いていた子が、仲間を助けたりします）。

子どもたちの性格がでます。判断力、勇気、自分の能力、決断力、クラスのまとまりがあるか、恐がりか等がしっかりと見えてきます。

先生も大変ですが、奥が深い鬼ごっこです。やり続けるといろいろ見えてきますよ。

25章

年間の運動あそびのススメ

〔前橋　明〕

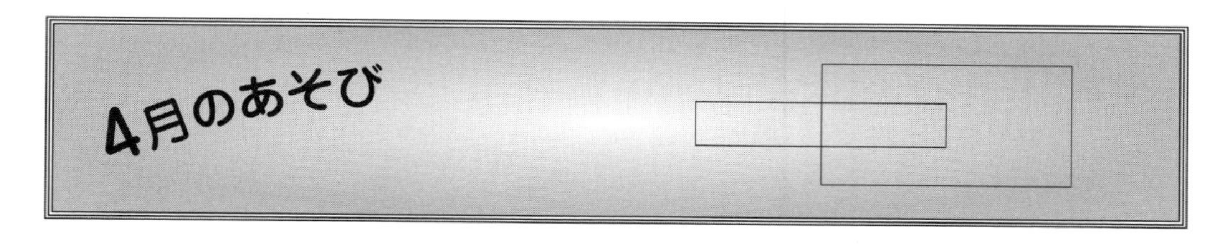

年度初めの保育園や幼稚園、地域のスポーツ教室での子どもたちの状態は、新しい環境や新しい仲間に対する不安と緊張から、親から離れられなかったり、遊んでいても友だちとのつながりやかかわりが生まれにくかったり、少なかったりする時期である。そこで、指導者と子ども一人ひとりとの結びつきをとくに強め、お互いの信頼関係を築くところからスタートしたいものである。

まず、新年度の未知の環境、変化した新しい環境での不安感を解消させるために、「友だちといっしょに活動する場は楽しいところで、先生には何でも話せる」という状況を作らなくてはならない。そのためにも、何よりも、指導者といっしょに十分遊んだという満足感をもつことのできるあそびが有効である。

例えば、先生を追いかけて遊んでみてはどうだろうか。

(((追いかけっこ)))

【あそびで育つもの】

敏捷性、スピード、持久力、脚筋力、空間認知能力、危険回避能力、判断力、集中力

【あそび方】

① みんなでいっしょに先生をつかまえるよう、追いかける。先生をつかまえたいという気持ち（目標）をもって遊ぶことで、子どもたちの気持ちの一致を期待することができ、緊張感や不安感を取り除くことができる。

② 先生が子どもたちを追いかける。つかまえられる人を、指導者から子どもたちに替えていくことで、結びつきを「指導者と子ども」から、「子ども同士」に発展させていく。

③ 子どもたちの中で、追う者と逃げる者の役割を決めて、追いかけっこを行う。

④ あそびに慣れたら、「ため鬼」、「増やし鬼」、「助け鬼」等、タイプの異なる鬼あそびに挑戦してみる。

【メモ】

・ハチマキやタオルを腰につけ、「しっぽとり」をしてみよう。最初は、指導者がしっぽをつけて逃げるようにする。そして、あそびに慣れたら、子どもたちにしっぽをつけてもらい、指導者が追いかける。少しずつ、鬼の仲間を増やしたり、ルールを決めて、ゲームとしての展開をしてみよう。

・３・４歳児には、急な方向転換が難しいので、注意しよう。

追いかけっこ

●新聞紙を使ったあそび

４月は、新しい友だちとの出会いもあって、何かと新鮮で、うきうきするものである。そこで、運動あそびとしても、身近にある新聞紙をちょっと工夫すると、いろいろなあそびができることを紹介して、子どもたちにもっと楽しんでもらいたい。それらのあそびは、部屋の中だけでなく、戸外に出てもダイナミックに展開できるので、きっと友だちの輪も大きく広がっていくことであろう。

新聞紙は、軽くて小さい子にも持ち運びやすく、ちぎって遊んだり、丸めて投げて遊んだり、いろいろと楽しめるすばらしい教材である。

ここでは、新聞ランナー、新聞のりジャンケン、風船はこび、新聞紙くぐり、新聞ジャンプのあそびを紹介しよう。

新聞ランナー

【あそびで育つもの】

瞬発力、走力、空間認知能力

【あそびの準備】

新聞紙（１枚）

【あそび方】

① 新聞紙を胸の前で横に広げる。

② 新聞紙を落とさないように、バンザイをして走る。この際、手を使ってはいけない。ゆっくり走っていては新聞紙がずり落ちてしまうので、落ちないように工夫して走ってみよう。

新聞ランナー

【メモ】

・子どもの年齢や体力に応じて走る距離を伸ばしていくとよい。

・新聞紙をバトン代わりにしてリレーを楽しむこともできる。

新聞のりジャンケン

【あそびで育つもの】

平衡性、筋力、身体認識力

【あそびの準備】

新聞紙（２枚）

【あそび方】

① 新聞紙の上に乗り、ジャンケンをする。

② 負けた子は、新聞紙を半分におる。

③ 繰り返しジャンケンをして、負けた子が新聞紙を次々におっていく。

新聞のりジャンケン

④ 新聞紙が小さくなって、その上に乗ることができなくなったら負けである。

【メモ】

・２人１組で横に並んだり、おんぶしたりして遊んでみると、より楽しめるだろう。

風船はこび

【あそびで育つもの】

協応性、操作系運動スキル（物のバランスを取る能力）、集中力

【あそびの準備】

風船（1）、新聞紙（1枚）

【あそび方】

① 新聞紙を開いて、その上に風船をのせる。

② 風船を新聞紙から落とさないように運ぶ。

風船はこび

【メモ】

・2人1組になって、協力して風船を落とさないように運んでみよう。

・新聞紙の代わりに、ベニヤ板やタオル等でも行うことができる。

新聞くぐり

【あそびで育つもの】

巧緻性、空間認知力

【あそびの準備】

新聞紙（1枚）

【あそびの展開】

① 新聞紙に大きな穴をあける。

② 新聞紙の両端をふたりで持つ。

③ くぐる子は、穴を破かないようにくぐる。

④ 慣れてきたら、新聞紙を床から少しずつ離していく。

新聞くぐり

【メモ】

・穴を小さくしてくぐってみる。

・新聞紙を床と平行にして、くぐったりまたいだり、両足跳びで出たり入ったりしてみよう。

新聞ジャンプ

【あそびで育つもの】

瞬発力、平衡性、リズム感

【あそびの準備】

新聞紙（1枚）

【あそび方】

①　2人1組になる。

②　1人は、新聞紙をずらし、あとの1人は新聞紙の上に乗りながらジャンプして、新聞紙から落ちないように前進する。

新聞ジャンプ

【メモ】

・新聞紙は少しずつ、ずらすようにしよう。

・目的地点を決め、そのまわりを回ってもどってきて遊んでみよう。

・何組かでリレー形式にして競争しても、おもしろい。

5月のあそび

●マットあそび

5月は、新年度の新たなスタートとして始まった不安やとまどいが、どうにか落ち着きを見せ始める時期であるとともに、子どもたちの活動へのうごめきが活発になる時期でもある。

その活動へのうごめきは、子どもたちのあそびの中に見つけることが多くなるだろう。それも、友だちの存在を意識し始め、人と関わり合いながら活動して楽しみ、同時に反省もし、自己の成長へと肉づけしていく。あそびも、少し緊張感のあるものを求める時期である。そういったことから、この時期には、子どもたちが健全なあそびの経験をしっかり積み重ねて育っていくよう、応援したいものである。

(((いもころがり)))

【あそびで育つもの】

回転感覚、調整力、柔軟性、腹筋力

【あそびの準備】

マット

【あそび方】

① いもが転がるように、横に転がっていく。

② 両手を頭の上で合わせたり、体側につけたりして転がる。

③ 早く回ったり、ゆっくり回ったりする。

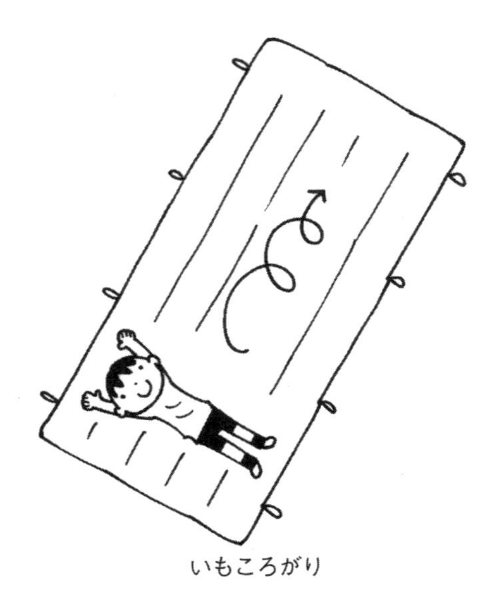

いもころがり

【メモ】

・「いもさん、ゴロゴロ」と、動きに合わせて言葉かけをしながら関わるとよい。

・マットを平らにしておくだけでなく、傾斜をつけたり、マットの下に物を入れて凹凸にすると、力が必要になったり、方向を維持しようとバランスやからだのコントロール能力がより高まっていく。

・右ころがりと左ころがりを行う。

・できるだけスムーズに連続して何回も行ってみよう。

・２人で手をつないで、いっしょに転がってみよう。

おきあがりこぼし

【あそびで育つもの】

回転感覚、調整力、柔軟性、平衡性、腹筋力

【あそびの準備】

マット

【あそび方】

① 体育すわり（三角すわり）をする。

② その姿勢から、後ろにころがり、もどる反動を利用して立ち上がる。

おきあがりこぼし

【メモ】

・最初は、後ろに転がるだけでもよい。

・寝転んだ状態からもどるときに手を広げ、足を伸ばすともどりやすくなる。

・慣れてきたら、膝を抱えたままもどってみよう。

忍者の前まわり

【あそびで育つもの】

回転感覚、調整力、柔軟性、平衡性、腹筋力

【あそびの準備】

マット

【あそび方】

① しゃがんで、両手を前につく。

② その両手に体重を移しながら、あごを引き、背中を丸くして前に回る。

③ 慣れたら、忍者のように、音を立てずに、そっと足をそろえて、まっすぐに回るように意識させる。

忍者の前まわり

【メモ】

・最初はマットで坂道や段差を作り、低い方に手をつくと回りやすい。

・後頭部、肩、背、腰の順につくように、回らせる。

・起きあがる前は、膝を曲げて両手をすばやく両膝へやり、膝を抱きかかえるようにする。

・起きあがるときは、頭を早く起こすようにさせるとよい。

・１回目の回転の終わりに、両手を前につかせ、あごを引かせて連続させる（連続前転）。

・後転や腕立て側転に挑戦して、忍者ごっこをしてみよう。

(((とびあがり前まわり)))

【あそびで育つもの】

瞬発力、平衡性、巧緻性、腹筋力、回転感覚、空間認知能力

【あそびの準備】

とび箱、マット、踏切板

【あそび方】

① 走って踏切板を踏み切り、とび箱の上に跳び上がる。

② マットの上に跳び降り、両足で着地する。

③ 着地した後、前方に手をつき、マット上で前転をする。

【メモ】

・あわてさせずに、１つずつの動きを獲得させるとよい。

・慣れてから、動作が止まらないように、リズミカルに跳ばせる。

・起きあがる前は、両手で膝を抱きかかえるようにさせ、頭を早く起こして立ち上がるとよい。

・跳びおりのときに、前に遠く跳び降りさせたり、あるいは、高く跳び上がったり、目的地点（フープ）の中に着地をさせたりする。

・とび箱の上から、ひねりおりをして後ろ向きで着地、そして、後ろまわりに挑戦してみよう。

・高さが５～６段程度の高いとび箱の上にマットをかぶせて、その山を登らせてから、滑り降り・前まわりと、連続させてみよう。

とびあがり前まわり

足かけとび箱まわりで世界一周

【あそびで育つもの】

腹筋力、背筋力、巧緻性、持久力

【あそびの準備】

とび箱

【あそび方】

① とび箱の上に、両足を乗せる。

② 両腕で移動しながら、とび箱のまわりを回る。

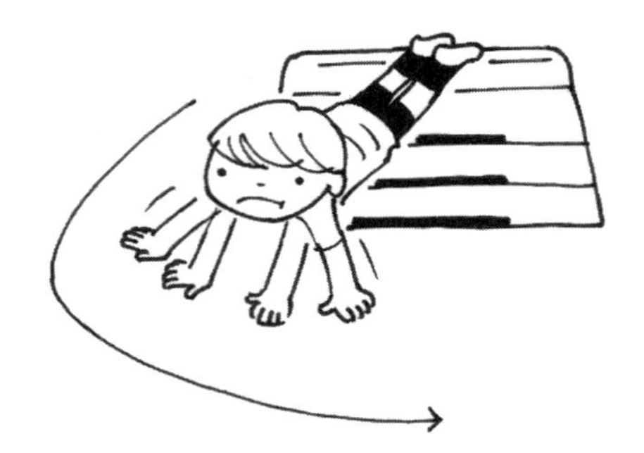

足かけとび箱前まわりで世界一周

【メモ】

・まず1段から、行おう。
慣れたら、少しずつ箱を増やして、高くしてみよう。

・上達したら、もう1周できるか挑戦してもよいが、無理はしないこと。

・とび箱だけでなく、丸めたマットや平均台をつないで、それらに足をかけて移動してみよう。

・とび箱を両手ではさむようにもって、両足をそろえて跳び越してみよう。(側転への展開)

平均台サーカス

【あそびで育つもの】

平衡性、巧緻性、筋力、空間認知能力、身体認識力

【あそびの準備】

平均台

【あそび方】

①　平均台に上がり、バランスをとる。

②　その場で足を軽くあげ、片足立ちになる。

③　足を後ろに高くあげたり、支えている足を変えたり、片足を一歩前に出してしゃがんで膝を台につけたりする。

平均台サーカス

【メモ】

・まず低い平均台を使ってみる。慣れたら、少しずつ高い平均台に挑戦しよう。

・上手になったら、歩いて進み、平均台の真ん中付近で、片足立ちやしゃがんだりしてみよう。

・平均台の端から端まで、ヒール・トゥ・ファッション（前に送る足のかかとが、もう一方の足のつま先にくっつく方法）で歩き、端まできたら、ターン（方向転換）をしてもどろう。

・２台の平均台上を、２人連手で前歩きをして、端まできたらポーズ、そして、後ろ歩きをしてもどる。

・スロープのついた平均台上を、横歩きや前歩き、後ろ歩きで歩いてみよう。安全のため、平均台の下には、マットを敷いておくとよい。

6月のあそび

●お散歩あそび

6月は、子どもたちの生活のペースが大体確立されて、新たな生活への経験の拡大がなされるときである。指導者の方も、気分的に落ち着くときで、子どもの経験や活動の発展にしっかり取り組むことのできる時期である。そのような時期に、子どもの意欲に結びつき、目標に向かって楽しく活動でき、さらに友だちと行動を共にする貴重なあそびの1つとして、「お散歩あそび」がある。

6月のさわやかな戸外の空気と心地よい風に触れ、子どもたちの皮膚や五感の機能を鍛え、さらに歩くということで体内の血液循環をよくして新陳代謝を活発にできる。とくに、戸外あそび経験の少なくなった現代っ子にとって、外に出て地域の様々な自然に親しみ、四季の探索に関心を寄せていくあそびや地域のいろいろな人びとと出会えるような活動は、健やかな心身の発達に極めて有効である。

【あそびで育つもの】

筋力、持久力、脚筋力、集団での行動力（並んで歩く力）、探求心、自然の不思議さや驚き・発見の喜び・発想力などの豊かな感性、「見る・聞く・嗅ぐ・感じる」等の五感を働かせる力、自然に関する知識、持ち帰ったものを大切にしようとする心、空間認知能力、交通安全に関する知識と危険回避能力、判断力、挨拶をする習慣（子どもが地域を知ることと、地域の人にも園や子どもたちを知ってもらうことができる）

【あそびの準備】

① 指導者の持ち物として、リュック（両手が使えるように）の中に、ビニール袋、笛、旗、救急用品、ちり紙、タオル、ぬれタオル、子どもの下着、携帯電話、カメラ（記録用）、図鑑などを用意する。

② 計画した活動内容が可能かどうかを確認するとともに、安全性への配慮のため、目的地やそれまでの道順の下調べをする。（目的地例：公園や野原、神社やお寺、招待

を受けた個人の畑や庭など。安全な道として、交通量が少なく、横断しなくてすむ道を選ぶ。)

③　事前の活動として、春から夏へと変化していく植物や昆虫に対して興味がもてるような話をしたり、絵本や図鑑などを見せたりしておく。

お散歩あそび

【あそび方】

①　友だちと手をつないで２人組になり、並んで歩く。友だちと会話を弾ませながら歩くだけでなく、標識や信号についての交通ルールを学習したり、地域の人に会ったら挨拶をしたりする。

②　散歩の道中で、虫を見つけたり、草花をつんだりする。花の色や形、葉の色づき等の自然の変化や小動物を注意深く観察して、新たな発見や気づきをもつこととなる。

③　目的地に着いたら、鬼ごっこやかけっこ、影ふみ、ゲーム、階段のぼり等の運動あそびや、石集め、草花つみ、虫取り等の自然とのかかわりあそびを行う。この場合、安全面に対する注意や行動範囲、集合場所などを約束し、自由時間を設けるのもよい。

④　見つけた草花や虫を図鑑で探したり、飼育したりして、自然物への興味・関心の芽生えや自然に関する知識を得ていく。このことで、友だちや親との会話が増えるきっかけとなるだろう。

【メモ】

・散歩の途中や公園などで見つけた草花や石を持ち帰って、表現あそびや造形あそびを展開する。それらを利用しての「マップづくり」をしても楽しい。

・地域に主体的に関わり、楽しい経験を通して自然を大切にしていこうとする気持ちを育むことができるような地域探検をする。未知のスポットに行き、そこを調べるあそびに発展させる。

・列になって歩くときは、指導者は、先頭と後方に分かれて、ともに、子どもの列全体を見渡せる位置につくように心がける。また、安全のために車が通過するときは止まったり、道の端に寄ったりする習慣を身につけさせる。

・お散歩あそびで見つけた草花や虫、集めた石などについて、子どもの「これ、なに？」「どうして？」等という疑問に対しては、指導者がすぐに答えるのではなく、みんなで図鑑や事典で調べ、いっしょに考えていく機会をもつようにする。子どもの疑問や発見、思いに、指導者は寄り添い、共感したりいっしょに考えたりすることが大切である。そのためにも、指導者自身も努めて自然に目を向け、自然にふれて感動する機会をもつことが必要である。

・あそびが終わったら、手洗いやうがいを習慣づけておくとよい。

●身体表現あそび

春から夏にかけては、自然が大きく躍動しはじめる。子どもたちも、動物も、暖かい戸外に出てどんどん動き始める。その中で、子どもたちは、これまでに見ているものや観察してきた動物や植物など、命あるもの、動くものに強い関心を示してくる時期である。

そこで、子どもたちが、今までに見て観察してきた動物や自然の動きの特徴をとらえて、自分なりに表現して、あそびを行う。以下に、身体表現あそびをいくつか紹介しよう。

(((動物に変身！)))

【あそびで育つもの】

巧緻性、リズム感、模倣能力、集中力、創造性

【あそびの準備】

棒、タンバリン、曲

【あそび方】

① 指導者が魔法使いになり、魔法の棒を振って呪文をとなえる。「呪文をとなえてタンバリンをたたくと、みんな、私が言った動物に変身してしまいます。」と伝える。

② 子どもたちは、曲に合わせて歩きはじめる。

③ 曲の途中で、「カエルに変身！」と言って、タンバリンを２回速くたたくと、子どもたちは、カエルになって動き回る。

④　子どもたちの様子を見計らって、「魔法がとけてきた。みんな、もと通りになったよ。」と伝える。

⑤　再び曲に合わせて歩き、動物の名前を変えて、繰り返して行う。

【メモ】

・動きを表現できなくて困っているような子どもには、「カエルは泳ぐこともできるんだよ！」、「カメは、頭をつつかれると、隠れちゃうよね。」等と、動きのヒントを与えてみよう。

・少し速めの曲を用意し、「ロボットに変身！」と言って、機械の模倣にも挑戦させてみよう。

・「あれ、故障しちゃった。ロボットのネジが速くまわっちゃうよ。」とか、「電池がきれそう、力がなくなってきた。」等と、動きに変化を加える投げかけをし、あそびを発展させていくとよい。

・ほかにも、うさぎ（両足とび）やキリン（つま先歩き）、ライオン（四足歩き）、ペンギン（かかと歩き）、クマ（四つん這い）、つる（片足立ち）等に変身してみよう。

動物に変身！

見えない糸

【あそびで育つもの】

調整力、創造性、身体認識力、集中力

【あそびの準備】

ヒモ（1）、イス（1）

【あそび方】

見えない糸

① 指導者は、ポケットからヒモを出し、身近にあるもの（例えば、イスの脚）にヒモを結んで、ゆっくり引っぱる。

② ヒモを思い切り強く引いて、イスが倒れる状態を見せる。

③ 「今日は、みんなには見えない不思議な糸をもってきました。」と言って、糸をポケットからそっと出す真似をする。

④ 「先生の足に結んでみようかな。」と言って、結ぶ真似をし、糸を引っぱると、足がもち上がるように動く表現をし、足の上がる高さをいろいろ変えて、何度か行ってみる。このように、指導者が自分の手や指などに、糸を結んで引っぱったり、また、動かす方向を変えたり、糸をはなしたりして、動きを子どもに注視させる。

⑤ 今度は、子ども一人ひとりの手首に、糸を結ぶ真似をしていく。

⑥ 結び終えたら、糸を持って、子どもたちの場所から下がって立つ。

⑦ そこで、「みんなの手についた糸を引っぱるぞ！」と言って、全部の糸を引く真似をする。

⑧ 子どもたちは、指導者の動きに合わせて、それぞれの動きを行うと、より楽しめる。

【メモ】

・「○○君の糸を引っぱるよ。」と言って、１人ずつ選んで順番に行う方法も、みんなの学習につながり、有効である。それぞれの子どもが表現した動きの良さを紹介し、しっかりほめてあげるとよい。

ミラーマン！

【あそびで育つもの】

模倣能力、集中力、巧緻性

【あそびの準備】

姿見

【あそび方】

ミラーマン！

① 指導者は、姿見を用意しておく。
② 子どもたちは、鏡の前で身体を動かしたり、顔を動かしたりして映し、映った鏡の自分がどのようになるかを見る。
③ 指導者と子どもたちが向かい合い、指導者は、適当な速さでいろいろな動きを行う。
④ 子どもたちは、鏡になって真似をする。
⑤ あそびに慣れたら、子どもにもリーダーをさせ、みんなで真似をして遊ぼう。

【メモ】

・指導者は、動きをはっきりと示すようにすることが大切である。
・バリエーションとしては、２人組になり、鏡と映す方の役割を決め、指導者の合図によって、映す方がポーズをとったら、鏡になった子は真似をするあそびに発展させよう。

まるを作ろう

【あそびで育つもの】

身体認識力、巧緻性、リズム感、協調性

【あそびの準備】

丸いもの……部屋の中に置いておく。

【あそび方】

① 「みんな、丸いものに、どんなものがある？」と問いかける。指導者は、子どもの反応をみて、部屋の中の丸いものを探してみる。

② 子どもたちを数グループに分けて、各グループごとに、身体を使って丸を作るという課題を与える。

丸を作ろう

③ 指導者は、個々が作っている丸を手でなぞって示していく。

④ 同じ要領で、２つの丸をつくってみよう。

⑤ 作る丸の数を徐々に増やしていき、たくさん作ってみよう。

【メモ】

・丸は、つながっていて、身体と身体がくっついていないときは、丸を作ったことにならないと知らせよう。

もし、ここがフライパンだったら！

【あそびで育つもの】

創造力、調整力、筋力、リズム感、空間認知能力

【あそびの準備】

フライパン

【あそび方】

① 「もし、今、座っているところがとても熱かったら、どうなる？普通には、歩けないね。」「あっちっち！」と言って、指導者が表現をして見せる。

② 「今、みんながいる所は、フライパンの中です。」「あ！火がついて熱くなってきたよ！」と言って、子どもたちをあそびに誘う。このとき、フライパンを見せてもよい。

③ 子どもたちは、熱いことをイメージして歩く。

もし、ここがフライパンだったら！

【メモ】

・バリエーションとして、ごつごつ石の上、どろんこの中、べたべたくっつく所（ゴキブリとり、ハエとり紙）、台風の中、氷の上など、いろいろな場面を設定して歩いてみよう。

・歩くだけでなく、這ったり、走ったりしてみよう。また、いろいろな動物になって、それぞれの場面で歩いてみても楽しいだろう。

7月のあそび

●プール あそび

7月に入ると気温が高くなり、子どもたちは水を十分に使ったあそびを大変好む。今までの水あそびの経験を通して、水にどのくらい親しんでいるかを、個々に把握し、プールの中で思い切り体を動かして遊ぶ活動意欲を十分に満たしてやりながら、プールあそびの楽しさを知らせていくことが大切である。プールあそびの内容は、ふだん陸上で行っているあそびやゲームを取り入れるとよい。

また、水あそび・水泳に、一定の指導パターンがあるわけではないが、恐怖心をもたせないで、あそびから泳ぎの基本を習得させるためには、次のような方法が有効である。

①水に慣れさせる。②顔を水につける。③水中で安全に立つ。④沈んだり、浮いたりする。⑤浮いて手足を動かし、泳ぎへ発展させる。

(((水慣れあそび)))

【あそびで育つもの】

水への慣れと親しみ体験、安全に遊ぶ方法の学習、感覚機能の亢進。

プールの中では、水の感触を楽しみ、水の性質（浮力、抵抗力や推進力）を発見し、また、友だちと関わって遊ぶことで、いろいろな水の親しみ方や遊び方を得て、さらなる工夫や興味を一層深めることができる。

【あそびの準備】

・プールは、毎日、掃除をし、水は早めに入れて、日光で温めておく。

・プール内外の安全確認をする。皮膚を傷つける物やゴミは、除去しておく。

・シャワーや足洗いの場、消毒槽、救急用品、遊具（浮くもの：ビーチボール、ピンポン玉）

【あそび方】

① 水に入り、からだを徐々に水につける。そして、水への親しみをもつために、水の中で、動物（犬・ワニ・カニ・ウサギ）の真似っこあそびをする。

② ビーチボール送りやピンポン玉吹きも楽しいあそびである。

③ 水の中を歩いたり、しゃがんだりする。みんなで手をつないで輪になったり、前の子どもの肩に手をかけて電車ごっこをしたり、2人1組でトンネルや橋を作り、トンネルくぐりや橋渡りもできる。

水慣れあそび

【メモ】

・水中でワニ歩きや輪くぐり、手つなぎ遊戯や日頃、行っている伝承あそび（はないちもんめ、かごめかごめ）、手つなぎ鬼、水のかけ合いっこ等をして遊ぶ。

・導入の段階では、水中での移動やあそびを通して、水に対する恐怖心を取り除き、水に慣れさせる。ふだん陸上で行っているあそびやゲームを取り入れ、顔に水がかかったり、水中でころんでも平気でいられるように、水に慣れさせるとよい。

・集団あそびを取り入れる場合は、安全に関するルールを徹底しておく必要がある。

顔つけあそび

【あそびで育つもの】

水慣れと顔つけのための勇気、自信、呼吸法。

顔を水につけることを怖がる子どももいるが、がんばってできるようになると、自信をもち、自分で努力しようとする。

【準備】

遊具（沈むもの：石）

【あそび方】

① 顔を水につけて遊ぶ。徐々に顔を水面につけたり、水中で目を開け、息を吐けるようにしていく。

② 低いトンネルくぐりをしたり、プールの底に石を置いて水中石拾いをして遊ぶ。

【メモ】

・呼吸法の基礎として、まず、あご、そして、口まで水につけさせ、「ブクブクー」と息を吐かせる。次に、鼻やおでこ、顔全体を水につけて息を吐かせ、最後に顔を上げてまとめて「パッ」と吐かせる。

・目を開けて「ブクブク・パッ」ができるようになれば、かなりの上達である。ポイントは、吸わせるのではなくて、１度にまとめて「パッ」と息を吐かせることである。

・シャワーの水を浴びながら、ジャンケンあそびをしたり、うたを歌ったりしても楽しいだろう。

・顔を水中から上げたときは、顔や目を手でこすらないで、２・３回強くまばたきをするように指導するとよい。

顔つけあそび

水中立ちあそび

【あそびで育つもの】

水中で安全に遊ぶ方法の学習、水中で身体を横にする・浮く・立つという水中動作スキルの向上、平衡性

【あそび方】

① 子どもの両手を持って引きながら、後方に下がり、止まったところで、子どもに膝を曲げさせ、からだを起こして立たせる。

② 慣れたら、自分で伏し浮き立ちあそびをする。

水中立ちあそび

【メモ】

・子どもに、できるだけ、からだを低くさせて、肩まで水につけて水面をすべるように行わせるとよい。水中で安全に立つことができるようになることがポイントである。

・子どもたちが強い恐怖心をもつのは、足が水底から離れ、からだが不安定な状態になるからである。水中で、どんな状態になろうとも、安全に立てることを学ばせ、安心感をもたせよう。そのために、伏し浮きから立つことと、仰向け姿勢から立つことを練習させておきたいものである。

(((沈んだり、浮いたりあそび)))

【あそびで育つもの】

浮く・沈むという泳ぎの基本動作スキルの向上、平衡性

【あそび方】

① からだを沈めて、水中ジャンケンや水中数あて、フープを立ててのフープくぐり（潜り）をする。

② からだを浮かせてのクラゲ浮きや丸太浮きをする。

③ 潜水をしながら、トンネルくぐりや指導者の股くぐりに挑戦してみる。

沈んだり、浮いたりあそび

【メモ】

・沈むことは、浮くことにつながる。水中に全身を沈めて力を抜けば、身体は浮き、全身に力を入れすぎると浮きにくくなる。

・指導者は、常に子どもの活動が見渡せ、いざというときに、いつでも手が差し伸べられる場所に位置し、子ども一人ひとりの行動に目が届くようにする。

・手足を伸ばした伏し浮きの姿勢で丸太のようになり、両手をつないだ友だち（３組以上）の手の上に乗り、前方に送ってもらう。（丸太運び）

水泳への発展

【あそびで育つもの】

浮いて進むという泳ぎの経験拡大と泳力の向上、平衡性、筋力

【準備】

ビート板

【あそび方】

① 顔を水面に伏せて目を開き、力を抜いて、胸や手足を伸ばして、水に浮く。（伏し浮き）

水泳への発展

② 手を持ってもらったり、ビート板を持ったりしてバタ足をする。

③ プールの壁を蹴って、バタ足や手で水をかいて進む。そして、いろいろな泳ぎを経験する。要は、浮いて手足を動かし、泳法へと発展させる。

【メモ】

・早く泳げるように、あせって指導すると、かえって恐怖心を大きくする。

・個々の子どもが意欲的に取り組む姿を大切にし、時間を十分かけて、水の中でしっかり遊ばせてみよう。

8月のあそび

夏場の水あそびやプールあそびに、子どもたちは楽しさいっぱいの毎日である。さて、この8月には、といを利用して水が流れて川になり、滝になり、それが海へと流れていくパノラマ的水あそび「といあそび」を紹介する。

先生の方も、「水が流れてきたよ」「船が滝の中を落ちていくよ」等と、解説を加えながら、あそびに参加していただくと、年少児の状況の読み取りや、期待やスリル感を味わう手助けになるであろう。といがつながり、水が流れたときの感動と喜びを与え、満足感が感じられるように配慮してあげよう。

(((といあそび)))

【あそびで育つもの】

・水や砂、泥の感触を味わい、感覚機能を向上させる。

・水を流すために、上流・下流について知り、といの高さを工夫する知的能力や空間認知能力、判断力を向上させる。

・「といをどのように組み合わせたら、水がうまく流れるか」を、子ども自らの豊かなアイデアを試みさせてもらえる「あそびの場」を設けていくことが大切である。あそびの実体験を通して得た感動は、子どもの内面の成長には欠かせない。そこから、自ら考え、学ぶ姿勢が育くまれていくのである。

・筋力、巧緻性

【あそび方】

① 水着に着替えて、帽子をかぶって園庭に集まる。

② といを運ぶ。といを友だちに当てないように気をつける。

③ といの下に土台を置いて、といをつなぐ。

④ 指導者といっしょに水を流す。

⑤ 小船や遊具、手づくりおもちゃ、葉っぱ（笹舟）を流して遊ぶ。自分たちで作った

船を流してみる。

⑥　ビニールプールでジョロやバケツ、水鉄砲を使って、プールあそびをする（ビニールプールあそび）。

⑦　砂場では、ダムや山、池、川を作る（砂場あそび）。

⑧　こぼれた水で、その水をせき止めてダムや池を作ったり、どろだんごを作ったりする（こぼれ水あそび・どろんこあそび）。

【メモ】

・たくさん水が流れたり、こぼれたりすることで、イラストで示すいろいろなあそびができることを知らせ、先生もいっしょに遊ぶとよい。

といあそび

●身近にあるものを使ったあそび

夏は、缶ジュースを飲んだり、果物の缶詰を開けて、冷たいデザートを食べたりする機会が多くなる。おいしいものを飲んだり、食べたりした後の空き缶もいっぱいになるであろう。ゴミ箱に捨てる前に、これらの廃物や身近にあるものを利用して、楽しいあそびを考えてみよう。お金を使わずに、あそびが工夫できて、さらに友だちと楽しい交流がもてると、それはすばらしいことである。

そこで、子どもたちの身近にあるものや廃物を利用して考えたあそびを、紹介してみたい。空き缶や醤油の容器、大型ペットボトル、エプロン、新聞紙、タオル等を使った運動あそびを紹介してみよう。

(((缶のせバランス)))

【あそびで育つもの】

筋力、巧緻性、物体のバランスをとる操作系運動スキル、身体認識力、集中力

【あそびの準備】

空き缶（1）…水できれいに洗っておく。

【あそび方】

① 頭の上に乗せて、空き缶のバランスをとって遊ぶ。

② 誰が、一番長い時間、バランスをとることができるかを競い合う。

缶のせバランス

【メモ】

・手の甲や背中、足の甲、股（もも）の上などにも、空き缶を乗せてみる。慣れたら、落とさないように歩いてみよう。

・ほかに、身体のどんな所に空き缶を乗せることができるかを考えて遊んでみよう。

・２本の空き缶を、別々の身体の部分に乗せて歩いてみよう。

空き缶キャッチボール

【あそびで育つもの】

協応性、操作系運動スキル、空間認知能力、集中力

【あそびの準備】

ピンポン球、または、ペットボトルのふた（1）

空き缶（2）…果物の缶詰のふたをすべて取り除き、危なくないように、ペンチで切れ目を押さえつけて、その上をビニールテープで覆っておく。

【あそび方】

① 空き缶の中へ、ピンポン球を入れる。

② 空き缶を手で持ち、缶を動かすことによって、缶の中のピンポン球をパートナーに向かって投げだす。

③ パートナーは、飛んできたピンポン球を缶でキャッチする。

④ 缶に入ったままのピンポン玉を、うまく投げだす。

⑤ こうして、2人で向かい合って、ピンポン球のキャッチボールをしていく。缶に入ったときの音を、楽しんでみよう。

【メモ】

・ピンポン球を受ける缶の代わりに、プラスチックのコップや紙コップ、おわん、醤油のプラスチック容器（底を切ったもの）等でキャッチするのも、おもしろい音がでて楽しいだろう。

空き缶キャッチボール

輪投げあそび

【あそびで育つもの】

協応性、操作系運動スキル、集中力、空間認知能力

【あそびの準備】

空き缶(4)…缶をガムテープでつないで、1つの円柱にし、一番底の空き缶には砂を入れて、安定するようにしておく。

輪(5)…新聞紙を棒状にした後、ひねって強くし、さらに、その両端を結びつけてガムテープで止め、輪にする。

ガムテープ (1)

輪投げあそび

【あそび方】

① 空き缶の的へ向かって、輪投げをする。

② 上手に輪がかかれば、1点として、得点を競い合う。

③ 1人が5回投げて競争し、最高得点の子どもの優勝とする。

【メモ】

・缶を手に持ち、投げられた輪を受けて遊ぶ。

・上手になったら、的までの距離を少しずつ離していく。

エプロンキャッチ

【あそびで育つもの】

巧緻性、瞬発力、敏捷性、リズム感、タイミングのとり方、空間認知能力

【あそびの準備】

エプロン（2）

ボール（1）…ソフトテニスボール、または、新聞紙を丸め、ガムテープでとめた新聞ボール

【あそび方】

① エプロンの端（2カ所）を持って、たるませてから、引っ張り、ボールを飛ばす。

② もう1人の子どもは、向かい合って、飛んできたボールを、エプロンを広げて受け取る。

③ 2人でキャッチボールをして遊ぶ。

【メモ】

・エプロンをたるませてから引っ張って、ボールを飛ばすところが魅力である。

・誰が一番遠くへ飛ばすことができるかを競ってみるのも良い。

・3人以上で輪になって、送り合うと楽しいだろう。

エプロンキャッチ

タオルのハサミ引き

タオルのハサミ引き

【あそびで育つもの】

筋力、調整力、平衡性、身体認識力

【あそびの準備】

タオル（1）

【あそび方】

① 2人で向かい合って立ち、タオルの両端をお互いの膝と膝とではさむ。

② 「よーい・ドン」の合図で、引っ張り合う。タオルを放したり、足が動いたり、転んだりしたら負けである。

【メモ】

・膝ではさむかわりに、手首同士、顎・胸同士、脇同士といった、身体のいろいろな部位ではさんで引っ張り合ってみよう。

音追いかけ

音追いかけ

【あそびで育つもの】

平衡感覚、空間認知能力、集中力

【あそびの準備】

タオル(1)…目隠し用アイマスクでも可

鈴・ベル(1)…音の鳴るもの

【あそび方】

① 1人が目隠しをし、もう1人が音を鳴らして動く。

② 目隠しをした子は、耳を働かせて、音をたよりについていく。

③ 一定の時間が過ぎたら、役割を交代して遊ぶ。

【メモ】

・音の鳴るものとして、空き缶の中に小石を入れてカラカラ鳴らしたり、フライパンや空き缶などをスプーンでたたきながら移動してもよいだろう。

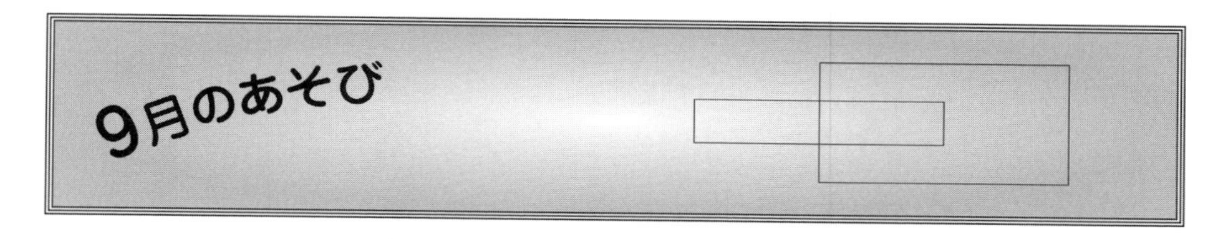

9月のあそび

●ふれあいあそび

子どもの成長過程の初期には、最も身近にいる保護者とのふれあいが、心身の発達上、一番大切であるが、近年の子どもたちの生活の様子をみると、親と子のふれあいの機会や時間が非常に少なくなってきている。

しかし、夏が終わると、保育園や幼稚園の行事も、運動会や遠足をはじめとして、子ども同士だけでなく、その保護者や家族との交流の機会も増えてくるので、是非とも、その機会に、みんなで仲良く、ふれあいあそびを行ってみては、どうだろうか。9月では、親子の場合を例にあげて、ふれあいあそびを紹介してみよう。

【あそびで育つもの】

巧緻性や平衡性などの調整力、筋力、空間認知能力、回転感覚や逆さ感覚の向上。
親と子のコミュニケーションづくりと情緒の解放、感動体験

【あそび方】

① 高い高い：子どもを持ち上げることで、子どもは喜び、喜ぶことで楽しく感じ、また、やりたいという気持ちを起こさせる。

② スーパーマン：親は、子どもの胸とももに手をやり、飛行機のように子どもを持ち上げ、飛んだ状態にする。子どもには両手を前に伸ばすようにさせ、「スーパーマンだ」と言って、いっしょに大きく動きまわると楽しい。子どもを上下させると、子どもは一層喜ぶ。

③ ロボット歩き：親の足の甲の上に、子どもが乗り、親子がいっしょに動く。子どもには、親の足から落ちないように気をつけさせる。親は、子どもの後ろから手を握り、「ビ、ビ、ビ」と言いながら、前方へロボットのように移動したり、時には、横方向や後ろ方向へも移動する。親が大股で動くと、

高い高い

スーパーマン

ロボット歩き

ネコ車

子どもは、「キャー、キャー！」と言い、笑顔を見せる。とくに、大人の長い足が開いていくと、子どもも「股がさけるよ！」と言いながら、頑張って開こうとする。

④　ネコ車：子どもは両手を床につけ、足を持ってもらい、前に進む。これは、子どもにとって、腹筋や背筋、腕力を使うダイナミックな運動となる。前に進むだけでなく、後ずさりもする。歩きづらそうにしている子には、持っている足の高さを低くすると、少し歩きやすくなる。

⑤　足跳びまわり・両脚くぐり：親は座位で両足を開き、子どもがその足の上を跳び越える。両足踏み切りで、ピョン、ピョンと跳び越えていく。できたら、片足とびや横とび、後ろとび等、いろいろな跳び方に挑戦させる。次に、親は、両足をそろえてV字になる。両手は床について、子どもの方は、V字になった親の両足の下をくぐりぬける。

足跳びまわり

両脚くぐり

⑥　グー・パー跳び：親は座って両足をくっつけ、長座の姿勢になる。子どもは、親の足をまたいで立つ。次に、親は両足を開き、子どもは跳んで両足を閉じる。この動作を、お互いに当たらないよう、声をかけ合いながら、くり返し続ける。２人の呼吸とリズムのとり方がポイントで、上達したら、２人は同じ方向を向いて行ってみるとよい。

⑦　お馬さん：親が両手・両膝をついた状態で馬になり、子どもは親の腰の上にまたがって乗る。親が這うスピードを変えると、子どもは、楽しそうにしながらも、落ちな

いように必死に親の背中にしがみつく。

⑧　丸太倒し：「お母さんと力試しをしてみよう！」と誘いかける。親には、仰向けに寝てもらい、両足を大木がそびえ立つように床面に対し垂直に立て、両手は床面につけて、足が倒れないように支える。子どもは、その大木（親の両足）を倒すようにする。

⑨　お尻乗り：うつ伏せになった親のお尻の上に子どもは乗る。子どもは、お尻の上に乗った状態でバランスをとり、安定したら、右まわりにまわったり、左まわりにまわったりする。

【メモ】

①　メリーゴーランド（スーパーマンの変化）：子どもを抱っこした状態から、片手を腰にあて、もう一方の手で背中を支え、両脇で子どもの両足をしっかりと挟んで、メリーゴーランドのようにクルクルまわる。上下させたり、まわる方向も変えてみるとよい。

②　逆さロボット（ロボット歩きの変化）：子どもが逆さになり、親の足の甲に、子どもの手を乗せる。子ども自身では倒立ができないので、親は、子どもの両足首を持ち、引き上げた状態で、ロボットのように歩く。

③ 跳び越しくぐり（足跳びまわりの変化）：子どもは、座っている親の足の上を跳び越え、浮かせた体（尻）の下をくぐり抜ける。

④ カニさん（お馬さんの変化）：親は、仰向けの状態から両手両足を床につけ、四つ足状態になる。子どもは、親のお腹の上にまたがって乗る。そして、親はカニのように横方向へ動き、時々、子どもを乗せたお腹を上下させ、子どもを揺らす。

⑤ お尻乗り片足バランス（お尻乗りの変化）：お尻乗りの状態から、「かかしさんになってみよう！」と言って、子どもに片足立ちをさせる。

⑥ まわりの人や物に当たらないかを確認して、十分な空間を確保して始めるとよい。

⑦ 導入は、子どもの喜ぶ動きやできる動きから始めると、子どもの興味のもち方が違ってくる。子どもを持ち上げるときは、子どもが怖がらない程度の高さに加減する。また、子どもに年齢を尋ね、年齢の数だけ持ち上げると、数の概念の理解にも役立つ。

⑧ 恐がる子どもに対しては、両手で子どもの身体をしっかりと支えたり、抱っこをして安心感を与えていくとよい。

⑨ 子どもに動きを見せるときは、わかりやすく、大きく、元気に表現することが大切である。そうすると、子どもの方に、やってみようという意欲がでてくる。

⑩ 笑顔で活動して楽しい雰囲気を作り、子どもに「楽しさ」を感じさせることが大切である。また、お父さんやお母さんも、いっしょになって、心から楽しんで活動して、活動のおもしろさや楽しさを共感することが大切である。

⑪ お父さんの身体の大きさや力強さを、子どもに感じさせることも大切である。子どもは、お父さんの力の強さや頼もしさを実感し、一層信頼して関わってくるようになる。でも、力の加減もしなくてはならないだろう。

⑫ 課題を難しくして、適度な緊張感をもたせることは、動きに対して集中させたり、新鮮さをもたせる点で有効である。

⑬ 子どもがわからないところは、具体的に身体を動かしたり、触ったりして教えると、動きが理解しやすいだろう。

⑭ 楽しい雰囲気を作るために、音楽を利用してみよう。

⑮ 動きや役割の交代できるものは、親子で交代して行ってみよう。

●ティーボールあそび

(((ティーボールダッシュ)))

【あそびで育つもの】

瞬発力、敏捷性、走力、空間認知能力、集中力

【あそびの準備】

コーン(1)…バッティングティー、プラスチックバット(1)、ドッジボール(1)、バッティングサークル(1)…直径2m、ライン(1)

【あそび方】

① ジャンケンで鬼を1人決め、鬼はバッティングサークルの中に入り、バットを持つ。

② 他の子は、全員、ライン上に並ぶ。鬼は、バットで、コーンの上に乗っているボールを前方に打つ。同時に、他の子は全員、走ってボールを取りに行く。鬼は、バットをサークルの中に置いて、みんなといっしょにボールを追いかける。

③ ボールをとった子が、次の鬼になり、ボールを打つところから繰り返して遊ぶ。

④ あそびに慣れたら、ボールをとった子は、大きな声で「止まれ！」と言い、他の子は全員その場で止まって動かないようにする。

⑤ ボールを取った子は、新しい鬼となり、色の名前（例えば「あか！」）を大きな声で言う。止まっている子は、指示された色を探してあそび場（運動場・園庭）内を移動し、その色にくっつく。

⑥ 鬼は、移動している子が色につく前につかまえる。

【メモ】

・鬼が打つときに、友だちにバットを当てないよう、他の子どもはバッティングサークル内に入らないようにしよう。

・安全上、打ったバットは投げないように、サークルの中に置くようにさせよう。

ティーボールおっかけリレー

【あそびで育つもの】

筋力、協応性、走力、敏捷性、操作系運動スキル

【あそびの準備】

コーン(3)、バット(3)、ボール(3)、バッティングサークル(3)、ライン(1)

【あそび方】

① 子どもたちが同数になるよう、3チーム（赤・青・白）に分かれて、それぞれチームごとに1列に並ぶ。

② チームごとに、前から1人ずつバッティングサークルの中に入り、リーダーの合図でコーンの上のボールをラインめがけて打つ。

③ ボールがラインを越えたら、バットをサークル内に置いてからボールをすばやく拾ってもどり、サークル内のコーンの上に置く。そして、次の子の手にタッチして打順を交代する。ラインを越えなければ、ボールを拾いに行き、再度、ラインを越えるまで何回でも打つ。

④ リレーをして、早く全員が終わったチームの勝ちとする。

【メモ】

・人数が少ないときには、チーム数を少なくして調整しよう。

・いろいろな種類のボールで行うと、飛び方が異なり、手加減を工夫するようになるであろう。

・上達したら、ラインを少しずつ遠くに設けるようにして、運動量を増やしてみよう。

だるまさんがころんだティーボール

【あそびで育つもの】

平衡性、瞬発力、調整力、空間認知能力

【あそびの準備】

コーンまたはバッティングティー(1)、ドッジボール(1)

プラスチックバット(人数分)…短くて安全なもの

ライン(2)……鬼のラインと子のスタートラインを１本ずつ

【あそび方】

① ジャンケンをして鬼を１人決め、他の子どもたちはスタートラインの手前に立つ。

② 鬼は、みんなに背を向け、目を隠し、「だるまさんがころんだ」と言う。言った後は、みんなの方を向く。

③ 子は、鬼が「だるまさんがころんだ」と言っている間に、動いてボールを打ちにいく。

④ 鬼が見ているときに動いてしまったら、鬼は動いた子どもの名前を呼ぶ。鬼に名前を呼ばれた子は、鬼につかまったことになり、鬼と手をつなぐ。

⑤ ボールを打った子は、「打った！」と大きな声で言い、捕まっていた子どももみんな逃げる。

⑥ 鬼が「ストップ」と言うと、全員、その場で止まり、鬼はみんなで決めた歩数（例えば、３歩）だけ歩き、つかまった子が次の鬼になる。

【メモ】

・あそびの導入時や小さい子のいる場合は、バットで打つのではなく、手で打ってみよう。

・ボールを打つときは、人のいない方向に打つようにさせる。

・打ったときに、バットを投げないで持ったまま逃げるように指示をする。

サークルキャッチ

【あそびで育つもの】

筋力、協応性、調整力、集中力、空間認知能力

【あそびの準備】

コーン(1)、ドッジボール(1)

バット(1)…OFFICIAL Teeball 75cm

バッティングサークル(1)…直径１ｍ

キャッチングサークル(1)…直径２ｍ、バッティングサークルから約５ｍ離す。

【あそび方】

① ２人１組でチームを作り、バッターとキャッチャーを決める。

② 各チームのバッターが集まって、ジャンケンをし、負けたチームから順にゲームを始める。

③ キャッチャーは、キャッチングサークルの中で待ち、バッターは、バッティングサークル内のコーン上のボールを、キャッチングサークル内のキャッチャーめがけて、捕りやすいように打つ。

④ キャッチングサークルの中で、打たれたボールをキャッチャーが捕ると１点、サークル内でボールを受け取れなかったら０点である。

⑤ これを３回繰り返し、次は２番目のチームが行い、チームごとの合計得点を競う。

【メモ】

・打球が強くならないよう、大きめのやわらかいボールで遊ぶとよい。

・バッターは、パートナーのキャッチャーが捕りやすいように、やさしく、ていねいに打つようにしよう。

・はじめは、手で打ったり、距離を近くにして、キャッチャーが捕りやすいように、練習してみよう。

ティーボールラン

【あそびを通して育つもの】

協応性、瞬発力、敏捷性、走力、空間認知能力

【準備するもの】

コーン(2)…1つをバッティングティーに、もう1つを折り返し地点に目印として置きます。

バット(1)、ソフトバレーボール(1)

【あそび方】

① みんなでジャンケンをし、1番勝ちがバッターに、2番勝ちが審判になります。他の子は、全員、ひろがって守備につきます。

② バッターは、バッティングサークルの中から、バットでコーン上のボールをできるだけ遠くに打ちます。打ったら、バットをバッティングサークル内に置いてから、コーンをまわってゴールライン目指して走ります。

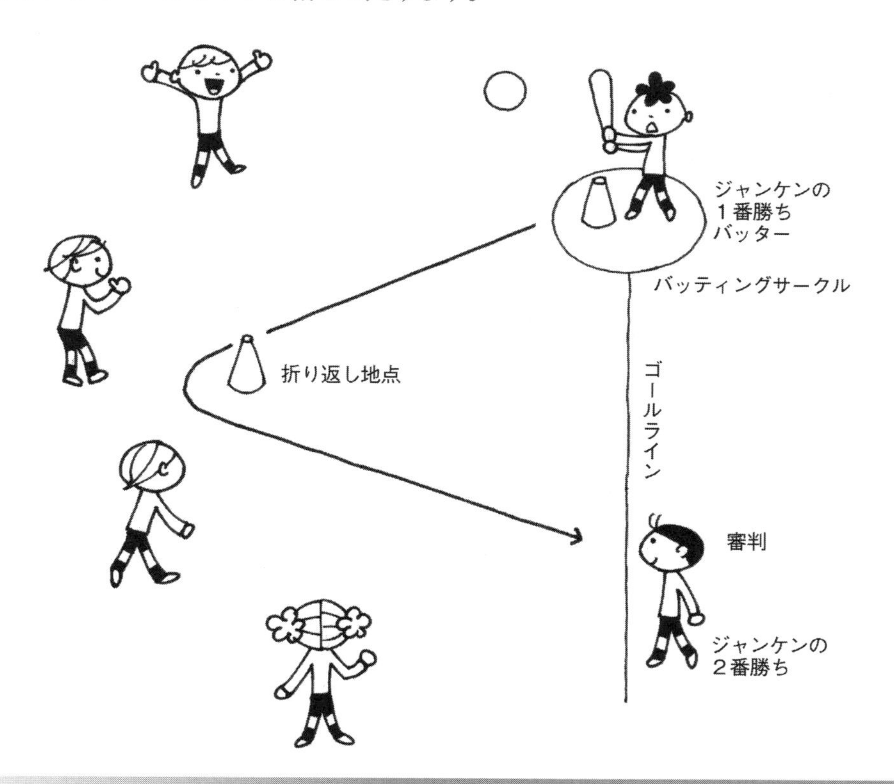

③　守っている子は、ボールを捕りに行き、捕ったら、ボールを持ってゴールラインを目指して走ります。

④　バッターとボールを受けた子の、どちらがはやくゴールインするかを競います。

⑤　このとき、審判はゴールラインの端に立ち、どちらがはやくゴールインしたかをジャッジします。勝った方が、次の審判となります。

⑥　審判は、新しいバッターとなり、ゲームを再開します。

【メモ】

・バッターの方が常に早くもどってゴールインできる場合は、折り返し地点までの距離を少し長くしてみましょう。

・いろいろな大きさのやわらかいボールに変えて楽しんでみましょう。

ボールコレクター

【あそびを通して育つもの】

協応性、瞬発力、敏捷性、操作系運動スキル（打つ・捕る)、移動系運動スキル（走る)、空間認知能力

【準備するもの】

バッティングサークル(1)、一塁サークル(1)…バッティングサークルとラインで結び、ファウルラインとします。コーン(1)…バッティングサークルの中に起きます。ソフトバレーボール(チームの人数分)、バット(1)、ファウルライン(2)

【あそび方】

① みんなで、同数になるように、２チームをつくります。

② チームの代表が出てジャンケンをし、先攻と後攻を決めます。

③ 後攻のチームは、全員守備につきます。

④ 先攻のチームは、打順を決め、一番から順に、バッティングサークルに入り、コー

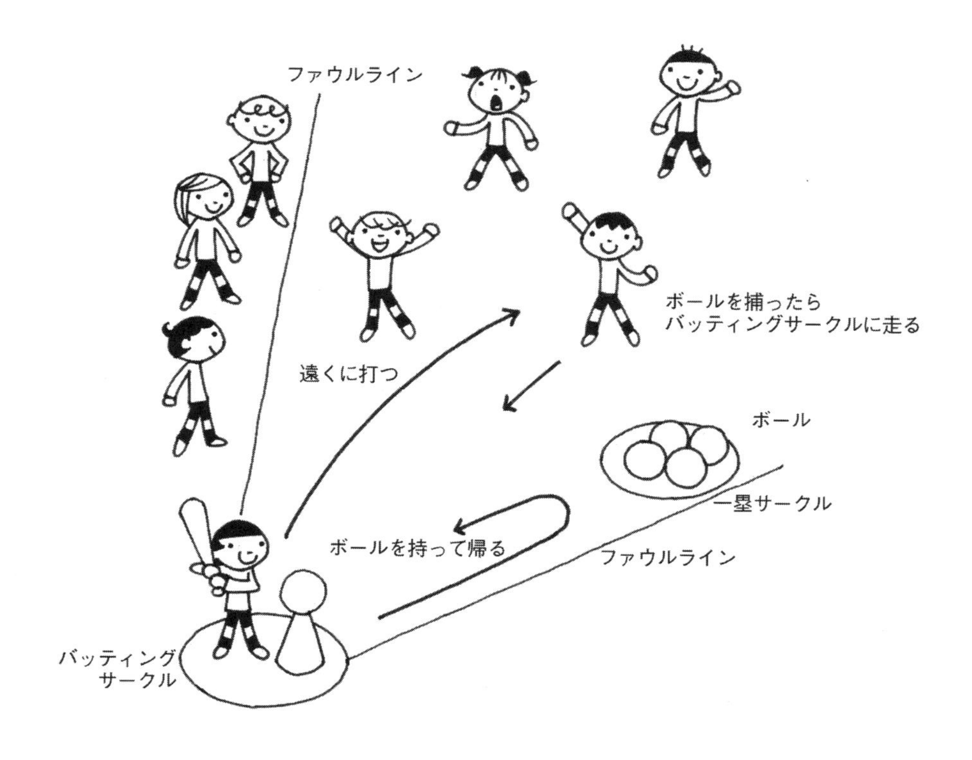

ンの上のボールを思い切り遠くに打ちます。打ったらバットを置き、一塁サークルに向かって走り、一塁サークルの中のボールを１個持って、バッティングサークルにもどります。

⑤　守備の子は、打たれたボールを捕ります。ボールを捕ったら、ボールを持って、バッティングサークルに走り込みます。

⑥　攻撃チームが早くもどったら、１点が入ります。守備チームが早かったら、攻撃チームの得点は０点です。

⑦　攻撃チームのメンバー全員が打ち終えたら、攻守を交代します。攻撃チームとなって、メンバー全員が打ち終えたときの合計得点を競います。

【メモ】

・子どもたちがルールを理解し、あそびに慣れてきたら、１回戦だけでなく、数回戦行うと楽しいでしょう。

・守備チームは、ボールを捕った子がボールを持って走るだけでなく、ボールをパスしてバッティングサークルまで運んでもよいでしょう。

・バッターがボールを持ってバッティングサークルにもどってきたら、サークル内にボールを置いて、もう一度、一塁サークル内のボール（１個）を取りに行くというルールにしてもよいでしょう。その場合、守備者よりも早くバッティングサークル内に持ち帰ったボールの個数を得点とします。

・バッティングサークルと一塁サークルの折り返しだけでなく、二塁サークルを設けて、その二塁サークル内に両足を踏み入れてから、バッティングサークルにもどるというバリエーションも楽しんでみましょう。

・ボールの大きさや重さ、コートの広さ、バッティングサークルと一塁サークルとの距離は、子どもたちの運動能力のレベルに応じて変えてください。

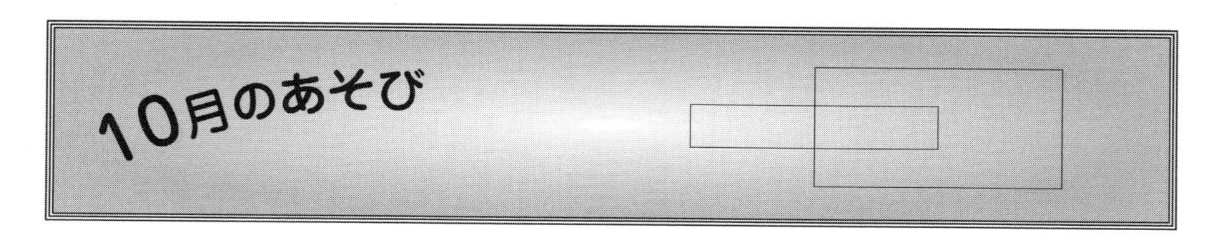

●運動会ごっこ

10月は、さわやかな季節で、運動するのにも最適である。子どもたちも、それぞれが自分の力を発揮しだし、１人でいるよりも、何とか友だちと遊びたいという気持ちがふくらんでくる頃である。好奇心もいっぱいとなるであろう。こんな子どもたちの興味を受け止めながら、運動会の練習や運動会当日の楽しい思い出をもとに、そこでの活動のまねっこをして、思いきり遊ぶ楽しさや友だちと関わるうれしさを十二分に味わえるように応援したいものである。

【あそびで育つもの】

・友だちといっしょに動く楽しさ体験
・力いっぱい走ったり、踊ったりする心地よさの感受
・簡単なルールを理解し、決まりを守って行動する社会性の育ち
・リズミカルな曲に合わせて踊るリズム感覚の向上
・いろいろな素材・遊具を組み合わせ、自分の思ったことをあそびや運動種目として作り上げていく創造性や知的能力の向上
・大勢の友だちといっしょに、１つのことを成し遂げる達成感の体験
・空の青さや吹く風のすがすがしさという自然感覚の味わい

【あそびの準備】

運動会で使う道具（音楽テープやカセットデッキ、ライン引き、旗、ゴールテープ等）を、テラスの前や倉庫の前などに出しておき、活動への導入をしやすくする。でも、多くは出さないようにしよう。子どもたちが考え、不足の物を見つけ出すことも大切である。また、園庭に、きっかけとなりそうな線を１つ引いておくだけでも有効である。

運動会で使う大型の遊具や制作物は、ふだんの遊ぶ物と異なるから、指導者といっしょに出し入れをする中から、安全な扱い方がわかっていくように配慮しよう。

【あそび方】

運動会の練習や実際の運動会を経験し、そこでの良き思い出や感動体験を得ると、子どもたちはそのときの楽しさを再現しようと、運動会種目や会場の中でのやりとりの様子を真似して、行いたい活動を決め、そのためにいろいろと準備をしたり、約束事を作ったり、さらに工夫をして遊び方を考え出して遊ぼうとする。

だれかが、何をするかを提案し、それ（種目や場面など）に興味をもった子どもが集まって参加し、実に生き生きとした活動が見られるようになる。そのうちに、自らが描いた絵を持ち出して旗にしたり、応援が始まったりして、毎日が運動会ごっこになっていく。放送係や道具係、テープ係も出てくるだろう。また、ゴミの始末の経験から、後片づけをしようと動く子どもたちも出てくるだろう。

【メモ】

① 運動会種目をして遊ぼうと、あそびの発案者が出て、自分が思ったことを友だちに伝える。

② いろいろな遊び方を話し合ったり、教え合ったりして、遊び方を決めて始める。

③ おもしろくなかったり、人数が増えたりすると、再度、友だちとルールを相談する。

④ 友だちと力を合わせると、より楽しくなることを体験する。

⑤ 友だちと係を決めて、自分たちで、運動会ごっこを進めていく満足感を味わう。

⑥ まわりのおもしろそうなことに関心を示し始め、今まで興味のなかったあそびにも、友だちが楽しんでいる姿に刺激を受けて、おとなしかった子どもたちも、いっしょに行ってみようとする。

主な活動としては、「体操」、「リレー」（グループ対抗競走・大玉ころがし・キャタピラ競争・デカパン競走など）、「障害物競走」、「つなひき」、「ダンス」、「本部や売店コーナーづくり」等がある。

⑦ 思わず身体を動かしたくなるような曲を用意したり、組み合わせてゲームやあそびが楽しめたりするような遊具や用具を準備しておくとよい。

⑧ いろいろな役になりたい子どもが出てくるので、役については、少しずつでも交代していくことができるよう、子どもたちを導くことが大切である。また、友だちとルールを守って遊ぶと、あそびがより楽しくなるとともに、友だちともなかよくなれることを体験させていくとよい。

⑨ 年少児や引っ込み思案な子どもに対しては、年長児や友だちがしている活動に興味をもっている姿や遊び方がわかってきて安心感を見せ始めたら、その姿を受け止め、

指導者同士の連絡を密にして、子どもたちが関わり合って遊ぶことのできる場づくりと快い誘いかけに力を注ぐ必要がある。

⑩　指導者も、子どもの発想に合わせて、種目に参加することが大切である。いっしょに参加したり、遊ぶ中で、他の子どもたちにもあそびが伝わっていくように配慮したり、ときには、新しいあそびへの発展や友だちとのかかわりの拡大のためのアドバイスもお願いする。

●鉄棒あそび

鉄棒あそびは、高さに対する恐怖心を克服し、腕や足などで１本の棒にぶら下がったり、まわったりするあそびである。できることから自信をつけ、徐々にあそびを発展していくとよい。

ぶたの丸焼き

【あそびで育つもの】

筋力、逆さ感覚、身体認識力

【あそびの準備】

鉄棒

【あそび方】

①　鉄棒をはさむように握り、片足をかける。

②　もう一方の足も鉄棒をはさむようにかけ、両手両足でぶらさがる。

ぶたの丸焼き

【メモ】

・鉄棒から落ちないように、子どもの手を押さえたり、からだを支えたり等の補助をしよう。

・慣れてきたら、片手を放してジャンケンをする。

・ぶらさがったまま鉄棒を移動すれば、忍者に早変わり。

こうもりおり

【あそびで育つもの】

筋力、逆さ感覚、身体認識力、腹筋力、背筋力

【あそびの準備】

鉄棒

【あそび方】

① 鉄棒に足で逆さにぶら下がる。

② 手をついて、逆立ち歩きの要領で、２・３歩手で歩く。

③ かけていた足を放し、鉄棒から降りる。

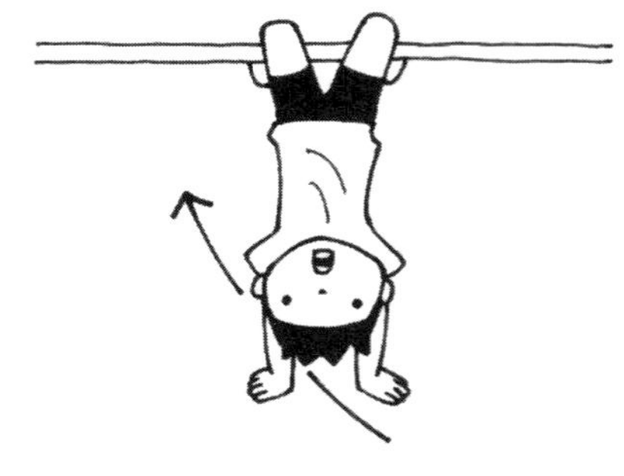

こうもりおり

【メモ】

・鉄棒から降りるとき、膝から落ちないように気をつける。

・足ぬきまわりや尻ぬきまわりとも組み合わせができる。

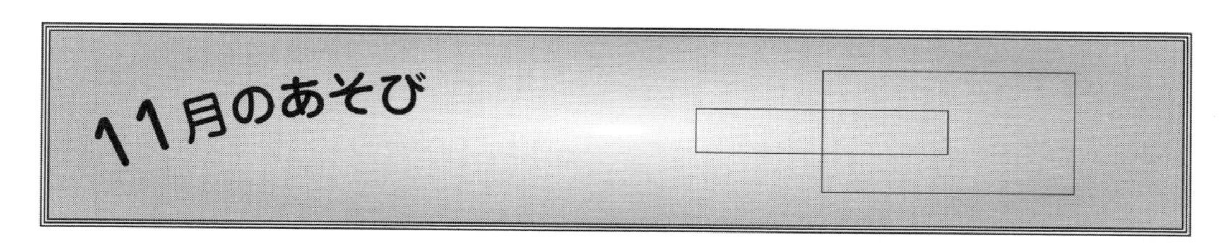

サーキットあそび

11月に入ると、驚くように、子どもたちのあそびにも創意工夫がなされ、内容も少しずつ複雑になり、また、動きも活発になってくる。何種類かの運動遊具を取り出しやすいように置いておくと、力もついてきたせいか、いろいろなところへ運んで行き、固定遊具と組み合わせて、組み合わせあそびや障害物あそびを展開し始める。そこへ、楽しい課題を設けたり、ときには難しい課題を設けたり、あるいは順路を提案したりすると、目の色を変えて挑戦し始める。そこに、子どもたちの成長と頼もしさをうかがうことができる。

【あそびで育つもの】

先生が子どもを観察して、子どもの弱い部分を発見したら、その部分を克服する運動課題を、順路（コース）上に設定することで、下記のいろいろな能力が自然な形で育成できる。

① バランスのとれた体力の向上。

② 移動する動き、物を操作する動き、バランスをとる動きの獲得。

③ 簡単なルールを理解し、決まりを守って行動する社会性の育ち。

④ いろいろな遊具や道具を組み合わせて、楽しい運動場面を作り上げていく創造性や知的能力の向上。

⑤ 大勢の友だちといっしょに遊び、また、自分の運動課題を成し遂げる達成感の体験。

⑥ みんなで同じあそびを行いながらも、個人の能力の向上が期待できる。

【あそびの準備】

固定遊具（園庭に固定しているジャングルジムやすべり台・鉄棒・埋め込みタイヤ等)、移動遊具（とび箱・マット・平均台)、あそびに使える大型道具（はしご・丸太)、廃材・用具（ビール瓶ケース・ロープ・ボール・ネット・長なわ・短なわ・フラフープ)、手づくり遊具（牛乳パックで作った階段・段ボールのトンネル)、ライン引き、音響設備など

【あそび方】

① みんなで遊んでみたい固定遊具や使いたい遊具・道具を選ぶ。

② 遊具や道具の配置の仕方や組み合わせ方、そして、遊び方や回り方を話し合って、あそびの準備をする。

③ スタート地点を決め、決めた順路にしたがって進んでいく。スタート地点にもどってきたら、ゴールインであるが、回る回数を決めて挑戦することも楽しい。

④ 人数が増えると、遊具を増やしたり、おもしろくなくなったら、新鮮でユニークな課題を考え合ったりする。また、簡単すぎておもしろくなくなったら、難しい課題を考える。

⑤ 小さい子が入ってくると、動きやすい道や、やさしい課題を増やして、みんなで楽しめるようにする。

【メモ】

・決めた順路にあきたら、回る方向を逆にしたり、新しい順路を考えたりする。

・あそびの流れができたら、音楽を流して遊ぶ。

・一度に何人もの子どもたちが活動できるので、前の友だちを押さない、触らない等の安全上の約束事を守らせる必要がある。

・子どもたちの興味が失われないように、コース上の遊具や運動課題に変化をつけることが大切である。

・指導者も、子どもの発想に合わせて、あそびに参加することが大切である。いっしょに参加したり、遊ぶ中で、新しいあそびへの発展や友だちとのかかわりの拡大のためのアドバイスもお願いする。また、コースを回ることで、組み合わせた遊具の安全確認にもつなげなくてはならない。

サーキットあそび

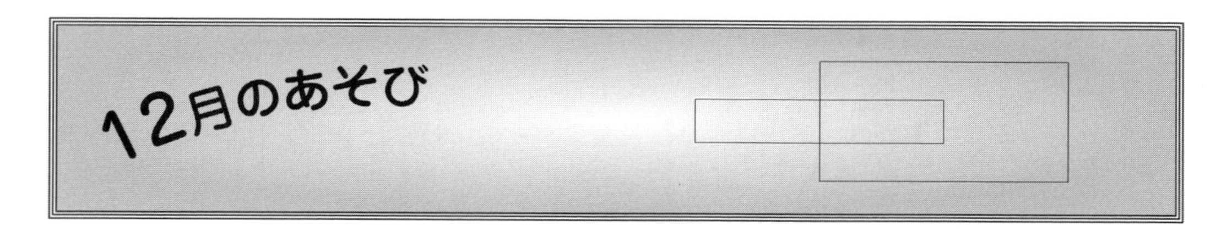

(((サッカーごっこ)))

12月に入って寒くなると、室内で遊びたがる子どもが増えてくる。いつも室内の穏やかな温度環境下で過ごしていると、抵抗力のある強い身体はできないし、精神的にも耐性のある頼もしい子は育たない。

そこで、指導者が、率先して戸外に出て、身体を動かして遊んでみよう。きっと、子どもたちは園庭に出てくるであろう。この時期は、ボールを追いかけたり、チームで競い合ったりする「サッカーごっこ」が最適である。移動運動をしっかり行えば、身体の産熱機能を高めてからだ温かくしてくれる。また、汗をかくことによって、放熱機能を促進させて、自律神経の働きを良くしてくれる。

【あそびで育つもの】

寒さに対する抵抗力や持久力、ボールを足でコントロールする操作能力、勝つためにチームの全員が協力し合うことで深まる仲間意識、みんなが楽しめる公平なルールを作っていくことで高まる知的能力や社会性

【あそびの準備】

サッカーボール (1)、サッカーゴール (2)、コート (1)、得点板 (1)、
ライン引き (1)、カラー帽子 (各自)

【あそび方】

① １チームが同数になるよう、２チームに分かれ、各チームのキャプテンを決める。
② みんなで、あそびのルールを相談して決める。
③ コートの中央に、サッカーボールを１つ置く。
④ キャプテン同士がジャンケンをして、勝った方がボールを蹴ってスタートする。
⑤ 手を使わずに、足でボールを蹴りこんで、ゴールの中に入れる。１回入ったら、１点とする。
⑥ ゴール前で守るキーパーだけは、手を使うことができる。

⑦　シュートしたボールがゴールの中に入り、点が入ったら、今度は点を入れられたチームがコートの真中からボールを蹴って始める。

⑧　ボールがコートの外へ出た場合は、最後にボールに触れた子の相手チームのボールとなり、出したところより、スローインで始める。

⑨　一定時間内に、多く得点したチームの勝ちとする。

【メモ】

・サッカーボールやゴール等の用具や遊具は、子どもたちがいつでも出し入れできるよう、目につきやすい場所に用意しておく。

・チームがわかるように、カラー帽子（ゼッケンも可）をかぶるようにさせると良い。

・ルールや勝敗にこだわってのトラブルが発生するが、できるだけ自分たちでルールを整理して、みんなが楽しめる公平なルールを作っていくように、援助したり、助言したりしよう。とくに、自分たちで作戦を立てたり、応援し合ったりして、あそびを進めていく姿を認めていくことが大切である。

・指導者も仲間になって参加して、子どもたち自身が友だちとのつながりを実感して、さらに、クラスとしてのつながりが深まるように援助したり、見守ったりしよう。その際、友だちのがんばりや良いところに気づき、認め合えるように導く配慮も忘れないようにしよう。

・ボールを蹴ることに慣れてきたら、ボールを見て蹴るだけでなく、ゴール（的）を見て、ねらって蹴るように助言してみよう。

サッカーごっこ

サッカーごっこには、次のようなゲームもある。

①　**2人対2人の的当てサッカーゲーム**：それぞれの陣地に的を１つずつ用意し、相手チームの的にボールを当てたら、１点とする。

②　**シュートゲーム**：タイヤをめがけてシュートする。１人が５回、ボールを蹴って、何回タイヤに当てることができるかを競う。

③　**対列ボールけり**：中央線を境に、２チームが向かい合い、各コートに人数分のボールを入れる。笛の合図で、ボールを相手側のコートに蹴りこむ。一定の時間内にコートに残ったボールの数の少ないチームの勝ちである。

1月のあそび

●なわあそび

1月は寒さにまけないように、活発なあそびを取り入れるとよい。なわあそびは、長なわや自分でまわしたなわを跳ぶあそびである。跳ぶことへの挑戦、跳べたことでの達成感などを体験させたいものである。

(((ヘビとび)))

【あそびで育つもの】

瞬発力、筋力、空間認知能力、身体認識力

【あそびの準備】

長なわ

【あそび方】

① 長なわを床（地面）に置いた状態から、指導者が長なわをゆらす。

② 子どもたちは、ヘビをふまないように跳びこえる。

【メモ】

・上手に跳べるようになったら、長なわを縦にゆらしたものや、大波小波を跳んでみよう。

ヘビとび

(((なわとび汽車ポッポ)))

【あそびで育つもの】

協応性、筋力、空間認知能力、リズム感覚、操作系運動スキル

【あそびの準備】

長なわ、ラインカー

【あそび方】

① 2本のなわを両手に1本ずつ持つ。

② なわをまわしながら、ラインカーで描かれた線路を歩く。

③ なわをまわしながら、走ったり、両足で跳んでみよう。

なわとび汽車ポッポ

【メモ】

・友だちになわが当たらないように、距離をあけて遊ぼう。

・慣れてきたら、なわを1本にして、かけ足とびに発展させよう。

●リズム・表現あそび

「くっつき虫」は、魔法にかかったことを想定して、床や壁、積み木などに、指定された身体の部分がくっついたり、磁石のように友だち同士がくっついたりする様子を表現するあそびである。移動系の動き（歩く、走る、跳ぶ、スキップする等）と組み合わせることにより、冬場の運動量を増して身体を温め、タンバリンや音楽を用いることにより、リズム感を育てて、楽しい雰囲気をも作り出すことができる。

くっつき虫

【あそびで育つもの】

創造性、リズム感、柔軟性や平衡性、敏捷性などの調整力

【あそびの準備】

タンバリン（1）

【あそび方】

① みんなで、ジャンケンをし、あそびのリーダーを１人決める。（１番勝ちの子）

② リーダーになった子は、タンバリンを持ち、あそび場の中央に立つ。

くっつき虫

③ 他の友だちは、全員いっしょに、リーダーのまわりをタンバリンの音に合わせて歩いてまわる。

④ リーダーは、タンバリンをたたくリズムを変えたり、音の強さや速さに変化をつける。みんなは、タンバリンの音のリズムや強さに合わせて歩く。

⑤ リーダーは、「お尻がくっついた！」と言って、タンバリンを「パン！」と鳴らし、お尻を床につける。みんなは、リーダーの指示に応じて動いて表現する。

⑥ 「魔法がとけた」と言って、リーダーが立ち上がったら、子どもたちもすばやく立ち上がり、再びタンバリンの音に合わせて歩きはじめる。

⑦ リーダーは、手のひら、頭、頬など、他の身体の部分を床や壁、柱、固定遊具にくっつけたり、身体の２か所を同時にくっつけたりして、あそびを楽しくしていく。

【メモ】

・同じ方向にまわるだけでなく、自由に歩いてみよう。

・あそびに参加しにくい子どもがいれば、無理強いをしないようにし、保育者がいっしょに手をつないであそびに参加しよう。

・先生がリーダーをするときは、子どもが考えたところを、床にくっつけるように指示し、どこがくっついたのかを尋ねてみることも大切である。

・くっつく場所を自分で考えて、工夫した表現をした子どもには、しっかり言葉をかけて、誉めて認めるようにしよう。

・じしゃくあそび：リーダーが、引っ張る方の磁石となり、「みんなをくっつけちゃうぞ」と言って、友だちに少しずつ近づいていく。子どもは、吸いつけられてリーダーにくっついていく。あそびに慣れたら、リーダーを交代して行ったり、２～３人が手をつないだり、腕を組んだりして、１つのじしゃくを作って行ってみるのも楽しい。

2月のあそび

鬼あそび「手つなぎ鬼」

エアコンの調節の利いた生活を不自由なく送っている近年の子どもたちは、厳冬期を迎え、これまで以上に部屋に閉じこもって、外で遊ばなくなるだろう。そこで、天気がよければ、できるだけ戸外に出て、楽しい運動あそびに参加させたいものである。

また、２月ぐらいになると、クラス集団での活動にも慣れてきているので、せっかくのチャンスであるから、集団で遊ぶ楽しさを、もっと味わわせたいものである。それが、社会の中で、理性をコントロールして、社会性を育む良き体験となっていく。

【あそびで育つもの】

走力（敏捷性、巧緻性、持久性)、協調性、空間の認知能力、作戦を立てる知的能力

【あそびの準備】

安全なスペース

【あそび方】

① みんなで、ジャンケンをし、「鬼」を２人（１番勝ちの子と１番負けの子）決める。あわせて、あそびの区域も決める。
② 鬼の２人は、手をつなぎ、あそび場の中央に立つ。
③ 他の友だちは、全員が「子」となり、決められた区域内を逃げる。
④ 手をつないだ鬼は、大きな声で、10数えてから、子を追いかける。
⑤ 子を捕まえると、手をつなぐ。
⑥ 鬼が４人になったら、２人ずつに分かれて、２組の鬼ができあがる。
⑦ こうして、鬼を増やしながら、あそびを楽しくしていく。
⑧ みんな捕まったら、あそびを終え、最初に捕まった２人が、次の鬼となって、あそびを再開する。

【メモ】

・鬼の中でリーダー的存在になったとき、自分の指示に対して、仲間が協力して動いてくれるという経験を大切にして、こうした中で、自分と仲間との関係、あるいは、集団の中での自分の位置などに気づかせていくとよい。

・あそびに参加しにくい子どもがいれば、無理強いしないようにし、指導者がいっしょに手をつないであそびに参加しよう。

手つなぎ鬼

・先生が鬼の役をするときには、どうしたら、子を捕まえやすいかを尋ねて、みんなで作戦を立てる機会を設けることも大切である。

・冬になり、かなりの厚着が予想される。保護者から「脱がないように」と言われている子どももおり、汗をかきながらも脱がない子どもがいるので、家庭との連絡を十分に行っておこう。

・寒いときは、手を洗ったり、うがいをしたり等を怠りがちであるが、あそびの後は、健康で冬を過ごすためにも、こうしたことが大切であることに気づかせていくとよい。

鬼あそびには他に次のものがある。

・**色つき鬼**：子は、鬼が指示した色にさわる。鬼は、移動中の子を捕まえる。鬼に捕まったら、子は鬼と役割を交代する。

・**助け鬼**：捕まった子は、トリコとなり、捕まった順番に鬼の陣地より手をつないで、列を作り並ぶ。捕まっていない子は、捕まった子を助けに行こうとする。捕まった子は、捕まっていない子に、つないでいる手を切られる（手にタッチされる）と、手を切られたところより後に捕まった子だけ逃げることができる。

雪あそび

また、雪が降ることも予想されるので、雪を使ったあそびも、大いに経験させるとよい。この時期に、集団での戸外あそびを通して、ルールや協力の必要性もしっかり感じさせることが大切である。

【あそびで育つもの】

自然とのふれあい、協調性、巧緻性、筋力

【あそびの準備】

手ぶくろ、長ぐつ、スコップ

【あそび方】

- 雪なげチャンピオン：雪を遠くに投げたり、的にうまく当てたりするチャンピオン大会をする。
- 雪だるまづくり：雪を運ぶ子、雪を固める子、顔や手を作る子などに分かれて、みんなで交代・協力して挑戦する。雪を集め、運ぶだけで、全身の力を使った運動になる。また、雪の冷たさや重たさ、水になってとけるという性質にも目を向けさせよう。手袋を忘れないこと。

雪あそび

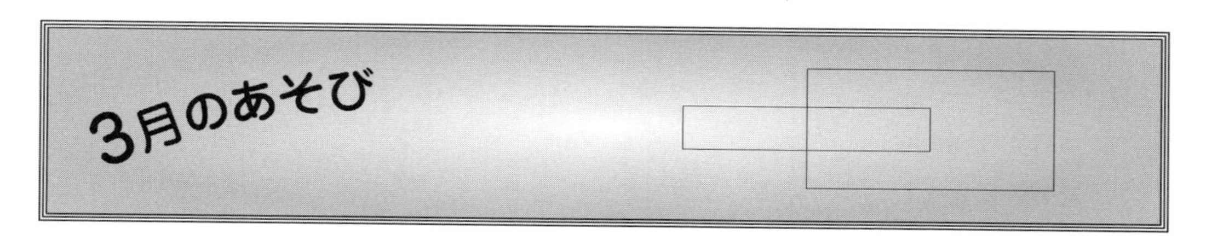

ドッジボール

３月になると、園生活も充実し、みんなでいっしょに何かをしようという意識が、しっかりできると同時に、一人ひとりの子どもが園生活を楽しみ、充実感をもつようになるであろう。そして、１つのあそびが長い時間継続できるようにもなる。また、園生活の発展として、子どもたちが、興味や関心をもって、運動あそびを集団的に行えるようになっていく。

そこで、子どもたち全員がいっしょになって遊べるもの、そして、みんなで考えることのできるゲーム性のある運動あそびとして、ここでは、円形ドッジボールをとり上げて、子どもたちの欲求を満足させ、友だちとのかかわりを深めていくことを目的のひとつとしたい。

内野と外野に分かれるだけの単純なドッジボールであるので、年少児にもわかりやすいゲームである。基本的なルールがわかってくると、率先してコートを作ったり、年少児に遊び方を教える等して、積極的に行動し、社会性が発達してくることになる。

【あそびで育つもの】

ボール操作による協応性、逃げる敏捷性・巧緻性・空間認知能力、協調性、作戦を立てる知的能力。

ドッジボールは、投げる・転がす・逃げる・かわすといった動作が不規則に発現する全身運動なので、協応性や調整力を高める大変よい運動となる加えて身のこなしが器用になっていく。また、ゲームに慣れると、走りながらボールを投げたり、後退しながら受けたりという複合動作の運動技能が向上する。

【あそびの準備】

円形コート（半径３ｍぐらいの円）、ドッジ用ボール、メジャー、ラインカー

【あそび方】

①　２人ずつでジャンケンをして、ジャンケンに勝ったら、円形コートの中（内野）に

入る。ジャンケンで負けたら、コートの外（外野）に出る。

② 内野のリーダーは、ボールを１つ持ち、みんなの準備ができたら、ボールを円の外にゆっくり転がす。

③ 外野の子どもたちは、転がってきたボールをとると、円の線を踏み越えないように、円内にいる子どもをめがけて、ボールを投げたり、転がしたりして、当てようとする。内野の子どもたちは、ボールに当たらないように逃げる。

④ コートの外から、コート内の子にボールを当てた場合、当てた子は内野に入り、ボールに当たった子は外野へ出て、交代する。

⑤ ボールがコート内で止まったら、近くにいる子がボールを外野の子に転がして渡す。

⑥ このやりとりを繰り返して遊ぶ。

【メモ】

・外野に行って、ボールを取りに行かない子どもには、指導者がボールを渡し、投げるチャンスを与えることが必要である。また、ルールがわからなくて、ぼんやりしている子には、そばについて、いっしょに動いたり、早めに動けるように言葉をかけていくことが大切である。

・内野に子どもが多いと、ボールが見えずにぶつかったり、転倒したりしやすいので、円の大きさは、人数に応じて調整しよう。はじめは、円を小さくして、人数を少なくした方がよい。また、動く範囲が変わると、機敏性が大きく変わるだろう。子どもたちのあそび経験や運動能力に応じて、コートの広さを変えるようにするとよい。

・ドッジボールの経験が浅いときは、単純なルールで繰り返し行うことが必要である。

・円形だけでなく、三角や四角、ひょうたん型など、いろいろな図形を描いて遊ぶことで、変化に対応できる力が身につく。

・ボールの取り合いが起こるようであれば、話し合ってルールを決めるようにしよう。

導入・展開のために、次のようなルールでも行ってみよう。

・転がしドッジボール（ボールよけゲーム）：ボールを投げてキャッチするドッジボールを行う前に、転がってきたボールをよけて、ボールから逃げるゲームを行ってみよう。これは、敏捷な動きを養うことができる。

・バウンドドッジ：ワンバウンドしたボールをよけて、遊ぶ。

・角ドッジボール：２つのチームに分かれて、それぞれ外野と内野に分かれて遊ぶ。ボールに当たって取りそこなったら、外野に出ていく。外野から相手チームの内野の子どもをめがけて、ボールを投げて、相手が取りそこなったら、再び内野に入れる。一定時間が過ぎたとき、内野の人数の多い方の勝ちとする。

・ピーナッツボールドッジ：いろいろな方向へ飛んでいくピーナッツボールを用いて、そのピーナッツボールに当たらないように逃げるゲームである。いつもとは異なった動きが引き出せる。

26 章

野外活動
（山登り・海水浴・雪あそび・スキー）

〔前橋　明〕

野外活動とは、野外(outdooor)において行われる活動の総称です。一般的に野外活動は、「キャンプ活動」に用いられがちですが、花見や野外コンサート等も野外活動の１つとして位置づけられます。このように、野外活動の種類は多種多様ですが、幼児を対象とする場合、「活動の安全性」、「活動仲間の能力レベル」、「参加者の満足度」の３点についての配慮が必要です。

1　野外活動の意義

野外活動は、実施場所が屋外になるので、常に外的環境と関わることになります。そして、その多くの活動が、実際に「体験する」ことを主体としていますから、野外活動の意義としては、次のことがらが考えられます。

①　豊かな人間関係をつくります

集団で営む野外活動では、個々がそれぞれの能力に応じた役割を担い、全体の一員として行動することが求められます。同年代の集団では、個々の能力を再認識し、みんなで力を合わせて１つの活動を実現する場となり、また、異年齢集団においては、上下関係を知り、リーダーシップを発揮したり、助け合える機会ともなります。

つまり、１つの集団社会の中で、基本的な社会性を養うことが可能となります。

②　身のまわりの環境をしっかり認識できます

野外活動では、その場の環境を取り入れたプログラムを実施することが多々あります。日常生活の中において、何気なく生活してきた空間の中でも、野外活動の中で、その環境を改めて見つめ直すことにより、身のまわりの環境状況を再認識することができます。

③　自然を知ることができます

活動の場を自然環境においた場合、本来の自然とは何かということを知る機会ともなります。

④　心身のリフレッシュになります

活動の場を、自然が豊かにある空間に求めることにより、自然とのふれあい、また、自然環境下における体験により、身体的および精神的にもリフレッシュでき、活力に満ちた生活を営む転機となります。

⑤　体験学習ができます

野外での体験を通して、子どもたちの五感に直接的に働きかけることができます。

また、自然についても、総合的に学ぶことができます。もちろん、野外レクリエーション技術や多様な運動スキルを学び、あわせて共同で社会性を伸ばすことを実現します。

2 子どもの野外活動の準備と計画

近年の子どもの多くは、社会性を身につけていく重要な成長過程において、都市化・夜型化社会の強い影響を受けて、つくられた自然や与えられた自然の中で成長しています。その結果、思考能力を十分に発揮する機会を失い、子どもらしさの発揮できる子どもの自発的な活動が抑制されています。

また、自然の中には多くの危険があります。大人は、安全という名のもとに、子どもたちをそれらの危険性から、必要以上に早めに回避させる傾向にあり、その結果、現代の子どもたちは、自然の驚異や怖さを知らずに成長しています。同時に、自然から学ぶべき多くの事柄をも見失っています。

野外活動は、自然を活動のフィールドとするため、いつ、どのようなことが起こるかわかりません。よって、野外活動の実施に際しては、事前に十分な準備と周到な計画を立案しておくことが必要であり、それが安全確保につながっていきます。

まず、「活動の目的」を明確にし、それを達成できる「時期」と「場所」を選定します。それらが決まったならば、その場所へどのような「交通手段」で行き、「宿泊形態」はどのようにするか等を決定する必要があります。この段階においては、必ず可能なかぎり最新の資料を収集し、それらの資料をもとに、立案することが大切です。ぜひとも、事前調査をしっかり行い、必要なものをあらかじめチェックしておくと、より充実した計画が立案できます。過去の知識のみに頼っていては、実際にその場所に着いてから、以前と全く異なった状態になっていることがよくあります。

計画が立案できたならば、その参加人数に応じ、グループ分けを行ったり、役割分担を決めたりすることが必要になります。一人ひとりが役割をもち、その責任を遂行することによって、集団としての機能がうまく発揮できることになります。

3　山登り

山登りは、日頃、自然に関わることの少ない現代の子どもたちにとって、様々な経験をもたせることができます。山の豊かな自然にしっかりふれることができると同時に、山を登ることによって、いろいろな運動経験がもて、そのことが、健康づくりや体力づくりにもつながっていきます。

(1) 歩いて山登りに行く場合（遠足、散歩など）

気候のよい時期に計画し、子どもの年齢やクラスの状態を考慮に入れて、登る山や距離、時間配分などを決めるようにします。

出発前……その日の人数を確認します。全員、トイレを済ませ、服装や持ち物のチェックを行います。クラスや園で行く場合には、迷子になったときのことも考えて、園服（園の体操服）や帽子の着用が望ましいでしょう。靴は、履きなれた運動靴が望ましいです。

持ち物……ハンカチ、ティッシュ、水筒の他に、昼を過ぎる場合には、弁当、おやつ等。全体で用意する物として、救急箱、笛など。

出発………登山口まで歩いて行きます。交通量の多い所は、とくに注意するようにし、安全に登山口まで行けるようにします。また、子どもの体力に合わせて、行きや帰りはバスや電車を利用してもよいでしょう。

山登り……あらかじめ決めておいたコースを進みます。子どもたちの様子を見ながら、ゆっくりと登っていきます。途中、草花や木、虫などを観察したり触れたりしながら、楽しい雰囲気の中で山登りができるように配慮します。また、木陰で休憩をとったり、お茶を飲んだりして水分を補給します。

頂上到着…頂上に着いたら人数を確認し、頂上で過ごすときの約束事を子どもたちに知らせます。その後、食事をとったり、おやつを食べたりして、楽しく過ごせるようにします。また、登ってきた道を見たり、山の下の町並みを見て、頂上に着いたことの満足感を味わえるようにします。がんばったことを認めてあげることで、子どもたちに自信や充実感をもたせるようにします。

下山………登りと同様、子どもたちの様子を見ながら、ゆっくり下山します。ただし、下りは加速がつくので、走って下りて、友だちや木にぶつかったりしないように、気をつけさせます。

帰園………行きと同様に、交通に留意して帰るようにします。疲れから注意が散漫になることがあるので、とくに注意する必要があります。園に着いたら、休養をしっかりとるようにさせます。

(2) 泊まりがけ（宿泊）で山登りに行く場合

計画………泊まりで施設を利用する場合、施設としっかり連絡をとり、計画を進めるようにします。園内でも、活動内容や進め方などについて綿密な打ち合わせをして行きます。また、実際に歩くコースを十分に下見して、迷ったり、行き止まり等のないようにします。

保護者への連絡…実際に山登りに行く日から１ヶ月前頃より、徐々に連絡をしていくようにします。日時、場所、活動内容、持ち物などを細かく知らせます。

しおりの作成…活動内容、宿泊や山登りの目的や参加者名簿、引率者名簿、行き先やその周辺の地図などを載せます。

ねらい……☆集団の決まりを守り、共同生活を楽しみます。
☆自然の中で思いきり遊び、自然にふれたり、山登りによる体力づくりをします。
☆子どもたちが協力しながら、主体的・自主的に活動します。

持ち物（１泊２日）……水筒、半袖シャツ（３）、半ズボン（２）、タオル（３）、歯ブラシ、パジャマ、長袖シャツ・長ズボン（山登り時に着用）、ハンカチ、ティッシュ
持っていく物の用意は、子どもといっしょに行い、何がどこに入っているか、わかるようにします。

出発………バスを利用する場合、あらかじめ乗り物酔いをする子を確認しておき、前の席に座らせて様子を見るようにします。
バスの中では、うたを歌ったり、なぞなぞやゲーム等のレクリエーションをして、楽しく過ごせるようにします。

山登り……長い道のりのときには、途中、何度か休憩をとりながら、ゆっくり登っていくようにします。傾斜のなだらかな所では、自然物にふれ、いろいろな物を見たり集めたりすることも、子どもたちにとっては、良い経験となります。

山登り後…下山したら、ゆっくり休養をとり、その日は早めに寝て、次の日の活動に備えます。

(3) 山登り実施上の留意点

【山登り指導前】

① 子どもの健康状態や疾病の有無などについて把握しておきます。

② 用便をすませておきます。

③ 当日のコースやねらいを、子どもたちにわかりやすく知らせます。

④ 準備運動には、山登りのための身体の準備と、子どもたちの精神がリラックスできる内容を取り入れるようにします。

⑤ 登山口までの平地部分の歩行は、ゆったりとした楽しい雰囲気の中で行われるようにします。

【山登り指導中】

① 自然に親しみながら、定められた道を歩くように指導します。

② 平坦な道やでこぼこ道、勾配の急な道など、様々な道を歩くことで、その道に応じた歩き方を子どもたち自身が学んだり経験したりしていくようにします。

③ 途中で挫折しかかっている子には、言葉をかけたり、いっしょに歩いたりして、励ますようにします。

④ 目的地に到着したら、満足感や充実感が味わえるように、しっかり誉めたり、認めたりします。

⑤ 休憩するときには、身体と同時に心も休めるように指導します。

⑥ 目的地では、自由あそびやレクリエーションをして楽しく過ごしたり、お茶を飲んで、 水分を補給したり、おやつを食べたりする時間も設けるようにします。

⑦ 下山するときには、足元に十分気をつけさせます。

【山登り指導後】

① 下山し終えたら、平地で整理運動を行います。その際、腕や足の筋肉の緊張をほぐし、 呼吸を整える運動を取り入れます。

② がんばったことを誉め、次回に対する期待がもてるよう、話をして解散します。

③ ケガをしたり、気分の悪い子はいないかを確認し、いれば、対応します。

4　海水浴

海水浴では、海水の中で身体を支えたり、沈まずに浮いたり、進んだりして、水の中での移動運動や非移動系の運動スキルを養うことができます。知的面では、海水の中で身体がどのように浮いたり、動いたり、沈んだりするのかを理解し、海水浴での様々な活動が、健康・体力づくりにいかに貢献できるかが理解できればよいでしょう。社会面では、他者による海水でのいろいろな遊び方や泳ぎ方の創作を鑑賞し、受け入れるとともに、友だちといっしょにあそびや活動に参加することで満足感を得ることができるようにさせたいものです。

この海での水あそびや水泳は、直接生命と関わるので、その活動の計画や指導においては、健康・安全を指導の中核にすることが大切です。プールでは、必ず管理者側が安全管理を十分行っていますが、海の場合は、そこでの安全管理が不十分になるときが少なくありません。とくに人が多いときには、監視者がいても、目の行き届かないことが生じる危険性が高まります。

そこで、安全管理上、注意すべきポイントを以下に示しておきます。

① 海水浴を行う場所の安全を事前に確かめます。海水浴場として指定されている場所、しかも、水底の状態がわかる場所で泳ぐようにさせることが大切です。

② 水温や気温に注意し、20度以下の場合は泳がせないようにします。通常、気温は水温より高い方がよく、幼児が裸になって寒くない程度であればよいですが、気温が水温より高くても風があると、濡れている皮膚から体温を奪われ、身体が冷えやすくなるので、要注意です。

③ 幼児から絶対に目を離さないようにし、無断で入水することのないよう、十分安全に関するルールを徹底させておきます。また、指導者や大人（引率者）は、常に幼児の活動が見渡せ、いざというときに、いつでも手が差しのべられる場所に位置しておきます。安全対策無しに、幼児１人で、水あそびや水泳をさせないようにします。浮輪やロープ等、救助に役立つ用具は、必ず準備しておきましょう。

④ ボートに乗るときは、救命胴衣を必ず着用させます。

⑤ 監視者は、水泳場全域がよく見える所に位置し、とくに水泳場の隅、底、水底で急に深くなる所、水面がよく反射する所などを注意して監視します。

さて、次に、日頃から子どもに伝え、指導しておく事項を紹介します。

① 海水浴には、家の人、または世話をしてもらえる大人と同伴で行くようにします。

② 海水浴場や水泳が許可されている場所で泳ぐこととします。つまり、監視人がいたり、安全施設が設置されている場所で泳ぎます。

③ 食事の直後に入水しないことが大切です。また、用便をすませ、準備運動をしっかり行い、急に飛び込まないようにさせます。

④ 海の状態について、標示されていることや注意書きを大切にし、その指示に従って遊んだり、泳いだりすることを忘れないようにしましょう。

⑤ 海の深さや底の状態をよく知って泳ぐことが不可欠です。とくに、沖の方に向かって泳がないようにします。

⑥ 人を水の中に押し込んだり、引っ張り込むようないたずらをしたりして、他の人に迷惑をかけないように指導します。また、ふざけて、溺れたまねもしないようにさせます。友だちや近くで泳いでいる人で、潜ったまま浮いてこない場合や、苦しそうにもがいているような場合など、様子がおかしいと思ったときは、すぐ監視の人や近くの大人に連絡させましょう。

⑦ からだが冷えて寒いときは、水から出てタオルを体に巻いて温かくしたり、足がつったり、胸が苦しくなったときは、すぐに監視者や指導者、大人に連絡したり、友だちを通じて知らせてもらったりしましょう。

⑧ 日照りの強いときは、時々頭を濡らすようにします。また、休憩中、タオルで身体をおおうか、日陰で休んだりして、日照りによる皮膚炎を起こさないようにします。とくに、休憩時には、あまり長く直射日光を浴びないで、日よけの下に入って休むことを心がけます。

⑨ 水中では、小便をしないように伝えます。

⑩ 泳いだ後は、シャワーやお風呂に入り、身体をきれいに洗います。

5　雪あそび

わが国において、雪あそびのできるシーズンは、地域によって差がありますが、とくに南国の、日頃、絵本や写真、テレビの中でしか雪を見たことのない子どもたちにとっては、冬に一時的に降った雪を使っての雪あそびやスキーエリアへ出かけて行っての雪あそびは、からだ全体で雪の感触を味わいながら、いろいろなあそび方を工夫して、友だちといっしょになかよく楽しむ貴重な体験をもたらしてくれます。

ここでは、雪山へ雪あそびをしに行く、計画の立て方と雪あそびの一端を紹介してみます。

1）雪あそびに行く計画を立てます。

雪山では、予想もつかない出来事が起こったり、危険な物があったりしますので、綿密な計画を立てることが大切です。

①場所……なるべく子どもたちが思いきり遊べる安全な場所のある所を選びます。病院や避難場所など、緊急時の対処のできる場所であることが大切です。また、その日、雪がなかったりすることもあるので、比較的多くの雪がある場所を選んでおくとよいでしょう。なお、雨天の場合は、どこに変更するかも決めておきます。

②日時……目的地の山になるべくたくさんの雪があり、他の行事にさしさわりのない日時を選びましょう。

③時間配分……集合時刻（登園時刻）・出発時刻から帰園時刻まで、無理のないように計画していきます。時間的にゆとりをもった計画が望ましいです。

④グループ分け……子どもたちと指導者（保育者）のグループ分けをする際は、日常行っているグループ分けを基本にしておくのがよいでしょう。また、緊急時の連絡や安全な監督のための指導者側のグループ分けと連絡のしかたについては、必ず子どもを見る人と連絡にまわる人の、1グループ最低2人の確保と役割を確認し合うことが大切です。

⑤係分担

(ア)　記録係：カメラ・フィルムを準備し、当日の子どもの様子を記録します。

(イ)　用具係：あそびに使用する用具（そり、スノーボード）やバスの中でのレクリエーション用品（ビデオを含む）を準備し、持って行きます。

(ウ)　救急・保健係：子どもたちの保健・衛生、ケガの救急処置に使用する薬や用品を準備するとともに、現地の病院や医療機関との連絡方法を確認し、緊急時のための連携と協力がもらえるよう依頼しておきます。

(エ)　受付係：当日、病気やケガ等の緊急時の欠席者の確認をするために、受付係を設けておきます。これは、電話受付でもよいでしょう。

(オ)　レクリエーション係：なぞなぞ、風船送りゲーム、タオル結び・はずしゲーム、曲当てクイズ等、バスの中で行えるゲームやレクリエーションを計画・準備しておきます。

⑥持ち物……リュック、着替え（トレーナー、ズボン、シャツ、パンツ、靴下、運動靴)、手袋、帽子、タオル、おやつ、ナイロン袋、水筒、そり、スノーボード等

⑦服装……スキーウェア、または、保温性と防水性のある上下服、スノーブーツ、または、長靴

2）雪あそびの計画を保護者に連絡します。

計画が決まったら、日時、場所、用意してもらうもの、当日の服装・持ち物、当日の登園時刻・帰園時刻、注意事項、当日欠席の場合の連絡時間･電話番号を知らせます。また、車に酔いやすい子は、指導者や担任まで知らせてもらい、使っている酔いどめの薬があれば、持ってきてもらうようにします。

3）雪あそび前日について

忘れ物のないよう伝えるとともに、子どもたちの雪あそびへの期待をもたせるような配慮をします。とくに、持ち物の確認はいっしょに行い、当日の服装や持ってくるもの、集合時刻（登園時刻）の確認は、保護者にも徹底しておきます。

指導者側としては、救急用品やティッシュ、雑巾、タオル、子どもの着替えの予備、ナイロン袋、ゴミ袋、カメラ、フィルム、ビデオ、レクリエーション用品、おやつを用意しておきます。

4）当日について

雪あそびの当日、集合（登園）してから解散までの流れを紹介すると、以下のようになります。

①　集合（登園）した子を、各クラスへ入室させます。

② 持ち物・服装の点検をします。
③ 人数確認をします。
④ 健康状態の把握をします。
⑤ 排泄をすますように指示します。
⑥ バスに乗車させます。乗り物酔いする子は、なるべくバスの前の方に座るようにさせます。
⑦ バスレクリエーションを行います。
乗り物酔いをしないように、みんなで楽しめるようにします。ゲームの中で飴を出すと、喜んで活動できるだけでなく、出された飴をなめていると酔いにくいので、飴の利用価値は大きいです。
⑧ トイレ休憩の時間を設けます。人数確認は、必ず行います。
⑨ 目的地に到着します。
グループごとに別れて、雪あそび場に向かいます。
⑩ 雪あそびをします。
指導者は、グループの子どもがどこにいるかをしっかり把握しておきます。人数確認は、集合ごとに必ず行うことが大切です。また、時間にゆとりのあるプログラムであれば、昼食後も少し遊んで帰ることができるようにするとよいでしょう。
⑪ 昼食を食べます。
連絡事項があれば、この時間を使います。また、昼食後は、必ずトイレに行くようにさせておきましょう。
⑫ 雪あそびをします（午後にゆとりのある場合）。
⑬ 記念撮影をします。
写真を撮るときに、フードや帽子で子どもの顔が見えなくなってしまわないように気をつけます。撮影は、天気や場所の様子で午前中に撮る等、適宜、工夫するとよいでしょう。
⑭ 着替えます。
濡れた物は、ナイロン袋に入れ、リュックにつめます。指導者は、子どもの忘れ物がないかをチェックしてまわります。
⑮ おやつを食べます。
⑯ 人数確認をして、バスに乗り、帰り、解散します。

【雪あそび】

① 足跡つけ

足跡をはっきりと残すために、新雪の積もったところで自分の足跡をつけて遊びます。

② 雪だるまづくり

雪を固めたり、大きな雪玉を転がしたり、持ち上げたりして、大きな雪だるまを作ります。とくに、大きな雪だるまを友だちと協力して作り上げることは、大切なことであり、大きな喜びをもたらします。指導者は、スコップやバケツ、すみ等を用意しておくと役に立ちます。

③ かまくらつくり

よく固めた雪を、横から屋根になる部分を落とさないように中をうまくくり抜いて、かまくらをつくります。指導者の協力が必要であり、スコップは、大人用、子ども用ともに準備しておきましょう。

④ 雪玉投げ

(ア) 雪玉を作り、どこまで遠くに投げられるか、投げっこします。

(イ) 標的を決めて投げます。雪だるまを的にしてもおもしろいです。

(ウ) グループ分けをして、雪玉の投げ合いっこ（雪合戦）をします。このとき、頭部はねらわないような、簡単な安全上の約束事を決めておきます。

⑤ そり（スノーボード）あそび

(ア) 平地で１人がそり（スノーボード）に乗り、そのそりを２～３人で引いて走ります。

(イ) そり（スノーボード）に乗り、斜面で滑る楽しさを味わいます。そり（スノーボード）がない場合には、段ボール箱でも楽しめます。

斜面で滑る際には、ブレーキがきかないので、斜面を降りた所は、広くて、安全な場所であることが大切です。

⑥ スキー

平地で歩く練習をした後、緩い斜面でスキーをします。

雪そり（段ボールを使って）

スノーボード

雪玉投げ

雪合戦

6　スキー

(1) スキーのための準備

スキーを安全で楽しいものにするためには、適切なスキー用具、服装の準備や、心と身体の準備が必要です。また、安全や事故防止、スキー場や自然環境に関する基礎的な知識については、オリエンテーションを通じて、子どもたちにもしっかり学習させる必要があります。また、スキー場までの交通機関や宿泊におけるマナーや注意事項についても、十分に知っておくことが大切です。

① 用具

(a) スキー板

スキー板は、用途によってサイズ・幅・長さ・性能が異なりますが、一般用にはアルペン用スキーが用いられ、ターンがしやすいようにできています。スキー板の先端部をトップ、尾部をテールと言い、滑走面にはエッジ（滑走面の両側についている金属）がついています。

スキー板の長さは、初心者であれば、身長プラス 10cm 前後でよいです。

(b) 締具（ビンディング）

ビンデイングは、スキーに靴を固定する金具で、危険なときはスキーが外れるようになる開放機能をもっており、スキーをする上で、なくてはならない機能です。種類として、ステップイン式、ワンタッチ式などがあります。

(c) スキー靴

スキー靴は、運動を正確にスキーに伝える大事な用具です。一般スキーでは、アルペン用を使用します。

(d) ストック（スキーポール）

ストックは、歩行、登行の支えや、滑降時のバランス、また、ターンのきっかけをつかむための役割をもっています。ストックの長さは、身長マイナス 50 ～ 55cm 程度で、ストックを握ったとき、前腕が 90 度になる長さのものがよいです。

② 服装とその他の持ち物

スキーウェア、アンダーシャツ、靴下、タイツ、帽子、手袋、ゴーグル、ワックス（スキー滑走面に塗るろうの一種）、スキーケース、バッグ、セーター、これ以外に宿泊の場合、寝まき、体操服、下着、タオル、洗面具、常備薬、衛生用品、保険証、その他、各自必要と思うもの。

③　ファミリーでスキーに行く前の心得（例：３泊４日分）

(a)　心と身体の準備

スキーに出発する３〜４日前より体調を整えておきます。

(ア)　早寝、早起き、朝ごはんの習慣をつけます。

(イ)　トイレ（排便）に行く習慣をつけます。

(ウ)　風邪をひかないように注意します。

(b)　持ち物の確認

宿泊で用意する持ち物は、次のとおりです。

(ア)　スキーウェアー（上）……防水のしてある物

(イ)　スキーウェアー（下）……防水用

(ウ)　スキーセーター、または、トレーナー（２枚）

(エ)　帽子……耳までかくれる物

(オ)　スキー手袋……（ナイロン・皮製の防水してある物（２）、幼児や低学年の児童は、ミトンでもよいです。）

(カ)　靴下…・ スキー用（４足）、室内用（４足）

(キ)　アンダーシャツ……タートルネック、または、ポロシャツ（２枚）

(ク)　タイツ……ズボンの下にはきます。足首までのものが２枚あるとよいです。

(ケ)　パジャマ……いつも着ているもの

(コ)　下着……パンツ（４枚）、シャツ（４枚）

(サ)　長袖、長ズボン……室内で着ます。トレーニングウェアー、または、スエット、ジーパン等

(シ)　洗面用具……歯みがき、歯ブラシ、タオル、バスタオル

(ス)　ゴーグル

(セ)　ビニール袋……ぬれた物を入れる袋（２枚）

(ソ)　保険証……必ず持参しよう。

持ち物は、自分で整理整頓できるように、親といっしょに用意させ、リュックサックに入れます。また、スキーウェアーの脱ぎ着がスムーズにできるようにしておきます。

(c)　スキー用具、ウェアーについて

現在では、スキーの板からウェアーまで、レンタルで間に合いますが、ウェアー

は、自分の好みに合う物を買っておくとよいでしょう。スキーと靴は、現地スキー場でレンタルするとよいです。初心者には、レンタルショップで、子どもの体力、体型、技術に合ったものを選んでくれます。少し技術が上達したら、自分に合ったスキー、靴を買うことをおすすめします。

(d)　スキー場の選び方

(ア)　交通の便がよく、有名スキー場より小さくても、あまり混まないスキー場。

(イ)　子どもたちが滑りやすい、ゆるやかな斜面が多く、風あたりが弱くて、1日中、日あたりの良いスキー場。

(ウ)　家族で行く場合、宿舎はゆっくりと落ち着いて過ごせる宿がよいでしょう。料金が安く、家庭的なサービスと、いろいろな注文を聞いてくれる民宿をおすすめします。

④　スキー場での心がけ

(a)　服装のチェック

山の天気は、どんなに晴れていても、どのように変化するかわかりません。帽子から靴下まで、忘れ物のないようにしましょう。暑い場合は、脱げばよいのです。

(b)　スキー場の施設の確認

(ア)　トイレや休憩所、リフト乗り場、パトロールセンター等の場所を確認します。

(イ)　迷子になったときの待ち合わせ場所と、宿舎の名称と電話番号を書いた紙を持たせておきます。

(c)　スキー場でのマナー

(ア)　雪合戦をして遊ぶときは、ゲレンデの端で、スキーヤーの邪魔にならないように注意しましょう。

(イ)　ゲレンデ以外の整備されていない場所に行かせないようにしましょう。雪の下が空洞になっている場所があるので、危険です。

(d)　一般的なマナー

スキー場では、様々な技術レベルの人々が多く集まっていて、しかも、スピードを伴い交錯しあって滑っています。このような状況の中で、安全に楽しくスキーをするためには、各自、マナーやルールを守らねばなりません。

(ア)　スピードは出しすぎないように注意します。

(イ)　斜面の途中で停止する際は、コースの中央では止まらず、コースの端で止まるようにします。

(ウ) 滑走中、追い越す際は、相手の動きをよく見て安全に行います。

(エ) ビンデディングが外れたときは、なるべく早く装着するか、コースの端で装着します。

(オ) スキーの流れ止めかストッパーは、必ずつけます。

(カ) 自分の技術にあった斜面を選びます。

(キ) スタートの際、上方から来るスキーヤーを確認します。

(ク) パトロールの人やゲレンデの標識の指示に従います。

(ケ) リフト待ちの列への割り込みは、しないようにします。

(コ) ゲレンデ内にゴミを捨てないようにします。

(2) 基本技術と練習法

初心者にとって、一番大切なことは、まず、スキー用具に慣れる、転び方、起き方、方向転換、登行、歩行といった基本的な動作を体験させることでしょう。このことは、初心者の不安を取り除き、次のスキー技術の習得をスムーズにさせることにつながります。また、安全対策という点でも大切なことです。次の段階としては、スキーの基本的な動作や、リズムやバランス感覚を学び、スピードをコントロールした回転技術を獲得していきます。

① スキーの持ち方・着脱

スキーがバラバラにならないように、２本をまとめてスキーの先端(トップ)を前にして肩にかつぎます。ストックは、２本まとめて片手に持ちます。

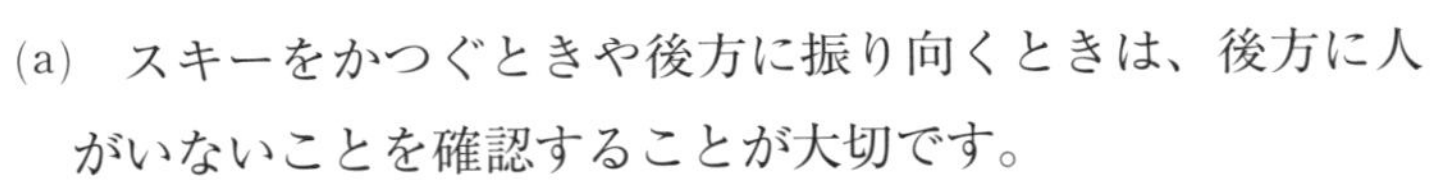

(a) スキーをかつぐときや後方に振り向くときは、後方に人がいないことを確認することが大切です。

(b) スキーの中央よりやや前のトップ寄りを肩にかつぐと、バランスがとれて運びやすいです。

(c) スキーを持つときは、手袋を着用すること。

(d) 混雑しているところでは、スキーを立てて持ちます。

(e) ストックは、手革を手前にし、手を手革の下から通します。手革を手首の関節位置にかけ、掌で手革をかぶせるように、グリップといっしょに握ります。

(f) スキーをつけるときは、スキーをできるだけ平らなところに、２本そろえて置き、片方ずつつけます。傾斜のあるところでは、斜面に対して直角に置き、谷側のスキーからつけます。このとき、山側のスキーが流れないように注意しましょう。ストックで、スキー靴の底の雪を取り除くことが大切です。とくに、スキーの雪を取り除くときは、ストックを立て、バランスをとることを忘れないようにしましょう。

② 転び方と起き方

ケガの大部分が、転んだときに発生していることから、安全な転び方を練習しておく必要があります。転ぶときは、尻から転ぶとよいでしょう。このとき、両足を谷側の方へ伸ばすように転び、前のめりや膝から転ばないようにします。

起きるときは、両脚のスキーを谷側にそろえ、次に膝を曲げ、手を身体の近くに置き、それを支えにして起きます。ストックを使う場合は、ストックを後方にしっかりついて、ストックに体重をかけて立ちます。

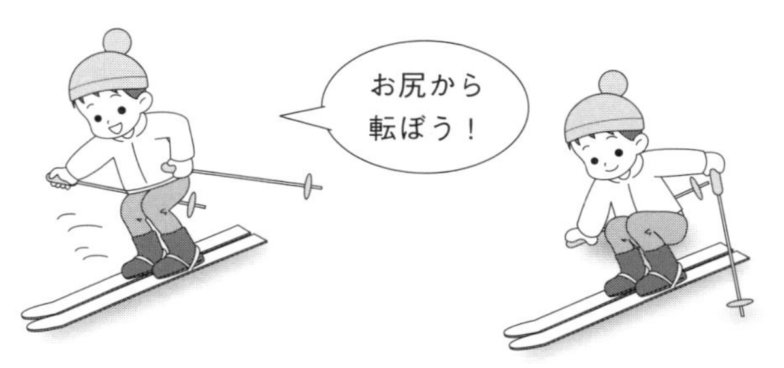

③ スキーの歩き方と滑らせ方

スキーの場合は、何もつけない普通の歩行と違い、足はあまり上げず、スキーを滑らせながら前進します。姿勢はやや前傾して、体重はやや前足にかけ、ストックはしっかりと斜め後ろについて押します。ペアになったり、片足スキーで歩いてもよいです。

滑らせ方は、歩き方でスキーが滑る感覚がつかめたら、平地でスキーを大きく滑らせてみます。最初は、片足でスキーの前に体重をかける練習をし、要領をつかんだら両足にスキーをつけて行います。両ストックを身体の前につき、後ろに強く押しながら身体を前に倒してスキーを滑らせます。スキーが滑りはじめたら、身体が残されないよう、体重はスキーの上にしっかり乗せます。

④ 方向転換

方向転換には、「踏み換え」と「キックターン」があります。

(a) 踏み換えターン

平地では、踏み換えターンがよく行われ、トップを閉じてテールを開いて徐々に踏み換え、方向を変える方法と、トップを開いて行うものの２つがあります。

注意点としてはトップやテールを踏まないようにすることです。

(b) キックターン

斜面で主に行われる方法で、片方の足を思いきり前方に蹴り上げ、スキーを立て、ストックの位置を変えながら、ストックの方向にスキーを反対側に倒し、支持足もストックといっしょに持ち上げて方向を変えます。大切なことは、思いきりよく蹴り上げることと、バランスをくずさないようにすることです。

斜度のある所では、必ず谷側のスキーから方向を変えることが大切です。

(ア) ストックで身体を支えます。

(イ) 山側のスキーに体重を乗せて、谷側のスキーを振り上げます。

(ウ) 谷側のストックを山側に移動させながら、振り上げたスキーを反対方向へ向けます。

(エ) 振り下ろしたスキーに体重を乗せ、山側のストックをまわしながら谷側につき、山側のスキーを回しながらそろえます。

⑤ 登行

緩斜面では、歩行と同じように、スキーをまっすぐにして登る「直登行」やスキーをＶ字にして登る「開脚登行」がありますが、いずれもストックを支えにしっかり押して登らねばなりません。また、斜度のある斜面に対しては、スキーを真横にして登る「階段登行」、「斜登行」がありますが、いずれも、あまり歩幅は大きくせず、斜面に対してスキーを真横に踏みつけ、スキーが斜面からずり落ちないように、角付けることが大切です。とくに、開脚登行では、両スキーの内側のエッジが立つようにし、足の裏は、親指側に体重をかけてスキーがずれないように心がけます。

⑥　直滑降

最大傾斜に向かってまっすぐに滑る技術です。直滑降の姿勢は、上体はリラックスして、両腕は軽く体側から離し、ストックは軽く前に出して平行にし、足の裏全体に体重をかけ、足首をしっかりと曲げます。

注意すべき点は、上体はあまり力を入れすぎないことと、目はスキーの先端よりやや前方を見ることです。このとき、腰が後ろに引けないようにすることがポイントです。

また、初めて斜面を滑るときは、安全で．滑りやすい斜面を選ばなければなりません。出発地点が平らで、ごくゆるい斜面、ねじれがない斜面、そして、自然に止まれるアップヒルになっていれば理想です。

２人が横に並び、ストックを握っていっしょに滑る練習

具体的な練習としては、次のとおりです。

(a)　両足を 20cm ぐらい平行に開き、膝と足首を軽く曲げ、足の裏全体に体重を乗せます。手は膝の上に軽く乗せ、視線は足もとを見ないで前方を見て滑ります。

(b)　２人が横に並び、ストックを横にし、おなかのところで握り、いっしょに滑ります。

(c)　リーダーが後ろから支えながら、いっしょに滑ります。

(d)　ストックを２本平行にして、前が初心者で、後ろにリーダーが位置し、ストックを握り、いっしょに滑ります。

⑦　プルーク

スキーのテールをＶ字型（プルーク）に開き、谷に向かってまっすぐに滑ることをプルークファーレンと言います。内エッジに適当な角付けをし、左右平等にテールを押し開き、足首、膝を内側に曲げることが大切です。初めは平らな所でプルークの姿勢をしっかりととり、スタートの練習を行い、その後、傾斜のゆるやかな斜面で練

習をするとよいです。直滑降からプルーク、グライト（テールの開きの狭い）とブレムス（テールの開きの広い、制動の強い）プルークの練習や直滑降とプルークを交互に練習するとよいです。

(a) 初心者には、スキーの先端を、指導者が持って、後ろ向きで滑りながら、ハの字に開く要領を教えます。

(b) 手は横にして、バランスをとり、体重を左右均等に乗せ、スキーの裏に雪の抵抗を感じながら滑るようにさせます。

(c) 留意することとしては、足をハの字に開き、膝、足首を前傾させながら曲げ、かかとを押し開く感じで滑ります。

(d) 膝を曲げるときは、内側にしぼり込むように行い、しぼり込みの強さにより、スピードのコントロールを行います。

⑧ プルークボーゲン

プルークの姿勢のまま回転する技術で、初歩的な回転技術です。斜めプルークの姿勢から、外側の脚の膝を徐々に曲げながら荷重を強め、スキーを最大斜度に向かって回し込んでいきます。トップの開きを一定に保つこと、上体を回転方向に回さないことに気をつけます。

この技術を身につけると、自由にゲレンデを滑ることができ、そこで初めてスキーの楽しさやすばらしさを感じることができるのです。

(a) 練習としては、回転する場所にストックを立てて置き、基本姿勢のプルークで滑りはじめ、右へ回転する場合は、左足に体重をかけながら外傾姿勢をとります。そ

して、膝、足首を曲げ、かかとを押し開く感じで回転します。左右の回転練習を別々に行います。

(b)　要領がつかめない場合は、体重をかける方の膝に両手を軽く乗せ、体重をかけて回転します。

(c)　ストックを２本立て、左右に連続して回転します。留意することは、膝と足首は、常に曲げておくことです。とくに、体重をかけていない内スキーは、内側のエッジングを少しゆるめ、横滑りをさせながら回転します。回転のきっかけがわかるように、リーダーが声をかけるようにすることも大切です。

(d)　回転は、浅い弧から深い弧へと行います。

(e)　指導者が初心者の後ろからついて滑り、かけ声で体重移動のタイミングを教えます。

(f)　両手を膝の上に、体重は両足にしっかり乗せ、連続回転で滑ります。

(g)　ストックの本数を多くして、その間をリズミカルに回転して滑ります。

⑨　斜滑降

斜面を横切って滑る技術で、山側のスキーをやや前に出し、両スキーを平行にし、角付けのため、膝を山側に倒します。このとき、谷側の足荷重をしっかり行い、視線は進行方向に向けます。上体を谷側に向け、くの字の姿勢をとる外向外傾になります。

⑩　横滑り

スキーを平行にそろえたまま、横にずらして、直線的に滑る技術です。角付けを強めた斜滑降から立ち上がって角付けを緩めると、スキーは横にずれはじめます。このとき、両膝を再び曲げてエッジングを加減しながら斜め前へ横滑りをします。斜め前の横滑りは、山回りの要領へつながり、パラレルターンにつながります。また、横滑りはスキーを平行にし

たままスピードをコントロールし、急な斜面も安全に滑ることができます。

ポイントは、斜滑降と同じく外向の構えをくずさないことと、肩に力を入れないことです。

⑪　山回り

山回りは、弧を描いて山側にまわり込む横滑りです。横滑りと山回りは、身体の使い方がわずかに異なるだけで基本的には同じです。斜滑降からスタートし、かかとを谷側に送り出すように両膝を伸ばし、スキーを横ずれさせながら、ストックできっかけをつくり、再び、両膝を曲げて山側に押しつけながら角付けし、山側に回転します。

⑫　プルークターン

シュテムターンの導入技術で、プルークでスタートし、外側のスキーに荷重を強め、内側のスキーをなめらかに引き寄せ、スキーをそろえて山回りをします。

⑬　シュテムターン

山回りの後半、両脚でしっかりＶ字をつくり、Ｖ字が谷側に真下に向かう方向に向いたら、回転外足に荷重し、膝を曲げながら内スキーを引き寄せて山回りをします。

⑭　パラレルターン

スキーを平行にしたまま、角付けの切り換えを行う回転技術です。沈み込みながら角付け、ストックで回転のきっかけをつくり、立ちながらテールを回します。

(a)　ジャンプパラレルターン

回転後半、ストックできっかけをつかみ、スキーのテール、また、全体をわずかにジャンプし、エッジを切り換えながら膝を使い、柔かく着地をして山回りをします。

(b)　抱えこみパラレルターン

回転後半、抱えこみ動作で角付けをゆるめ、回転内側に荷重を移し、エッジを切り換え、脚を伸ばすことで回転を行います。

(c)　踏み換えパラレルターン

回転後半、谷側のスキーに乗り（1本足に荷重）、山側のスキーを持ち上げて踏み換えます。回転外スキーのインエッジを踏みながら回転を行います。

⑮　ウェーデルン

パラレルターンのリズムを速くして、小さい弧を連続させる回転技術です。上体は、常に谷に向け、脚部の操作でターンをすることと、ストックを利用してタイミングをとり、リズミカルに滑ります。

27章

水あそび・水泳

〔前橋　明〕

1　指導の基本的方向

水あそびや水泳指導では、衣服の着脱を中心とした基本的生活習慣の指導から水あそびや水泳技能の指導までを折り込み、水の中で身体を思いきり動かすことを通じて、総合的な発達に働きかけるるという考え方で当たるとよいでしょう。具体的な指導の場面でも各児の発達段階や健康状態、体力、興味など、個人差に応じた展開がなによりも必要です。

指導初期には、顔を水につけることができたり、仲間といっしょに水をかけ合って楽しく遊べたりする等、水を怖がらず、水を使って十分遊べるように計画することが大切です。そして、活動過程の中で徐々にきまりを守り、危険なことはしないという社会的態度や安全に留意する習慣を身につけさせます。さらに、仲間と仲よく楽しく水あそびや水泳ができるようにするとともに、健やかな心身の発達と安定した人間関係をつくり、集団への適応がうまくなされるようにしたいものです。

2　水あそび・水泳の指導の方法

一定の指導パターンがあるわけではありませんが、恐怖心をもたせないで泳ぎを習得させるために、一般的には次のような順序で指導が展開されています。

①水に慣れさせます。

水中での移動やあそびを通して、水に対する恐怖心を取り除き、水に慣れさせます。陸上と同様の運動を水中で行い、顔に水がかかったり、水中で転んだりしても平気でいられるように、水に慣れさせます。

②顔を水につけます。

徐々に顔を水面につけたり、水中で目を開けたり、そして、息をはけるようにしていきます。

③水中で安全に立ちます。

子どもたちが強い恐怖心をもつのは、足が水底から離れ、からだが不安定な状態になることが多いからです。水中で、どんな状態になろうとも、安全に立てることを学ばせ、安心感をもたせましょう。そのために、次の練習をしておきます。

（ア）伏し浮きから立ちます。

（イ）あおむけ姿勢から立ちます。

④沈んだり、浮いたりします。

沈むことは、浮くことにつながります。水中に全身を沈めて力を抜けば、からだは浮き、全身に力を入れすぎると浮きにくくなります。

⑤浮いて手足を動かし、泳法へ発展します。

3　水あそび・水泳の指導のステップと内容

まず、水に慣れさせるための指導から述べてみましょう。子どもは、水あそびが大好きです。しかし、中には、入浴の際、お風呂に落ちたり、水あそび中に溺れたり等の危険な体験をしたために、水から遠ざかっているケースをよく見受けます。また、怖くて水の中で目を開けることができないといった視覚面や、顔に水がかかることへの不安など、触覚面からくる嫌悪感、気管に水が入って呼吸困難から生じる恐怖心などが原因になっている場合があります。

水あそびの指導にあたっては、こういった恐怖心をおこさせないように、とくに初めの段階で注意する必要があります。家で髪を洗うことを嫌っている子どもが、プールの中に入るやいなや、いきなり水かけや潜水をしだすとは考えられません。

早く泳げるようにとあせって指導すると、かえって恐怖心を大きくします。時間を十分かけて、水の中で遊ばせることから始めましょう。水あそびの教材は、水に関するものばかりでなく、ふだん陸上で行っている運動やあそびをとり入れるとよいでしょう。

例えば、いろいろな物の動きを真似して、動きまわらせながら、徐々に水の中で活動することの楽しさを教えていきます。これは、ゆっくりと子どものペースで経験させましょう。

(1) 水慣れあそび（ステップ1）

家庭の風呂やビニールプール、水深40ｃｍくらいの小プールでできる水慣れあそびを、紹介しましょう。

①水の中でリラックスさせ、手足を伸ばすようにします。また、名前を呼んだり、話しかけたりしながら、身体をゆっくりゆすります。

②動く遊具や興味をひくおもちゃ等を利用して遊ばせます。また、ビニールボールを沈めて目の前に浮上させる等の働きかけも試みてみましょう。

③バケツやプラスチック製のコップに水を移して遊んだり、じょろやホースで水まきをしたりします。

④プールの中を歩きまわったり、やさしい水かけあそびをしたりします。

⑤手で水面をたたき、バチャパチャあそびをしたり、手を水底につかせ、身体を伸ばして這ったりします。

⑥水の中で、動物（イヌ・ワニ・カニ）の真似をします。

⑦腕立ての姿勢で両足を伸ばし、バタ足をします。顔が水面につきそうになるので、伏せ面への導入になります。

⑧ビーチボール送りやピン球吹きをします。

水の中に入ると、異常なほどに緊張する子どもには、身体的および情緒的に適応させる必要があると考えられます。その指導の第１歩は、まず水の中に入ることに慣れさせること、次に、徐々に活動させていくようにすることです。

つまり、水あそびでは、水を利用して遊ぶ楽しさを味わわせ、水に親しみをもたせることです。全身を水に浸した感じを得るために、水の中で立ったり、すわったりすることに多くの時間を費やして下さい。水を怖がる子どもにとっては、水に入ることだけでも大変なことですので、水に入ることができたら、しっかりとほめてあげましょう。

(2) 水あそびと水中集団遊戯（ステップ２）

水深60cm程度の中プールでできる水あそびに、挑戦させてみましょう。

①つたい歩きをさせたり、しゃがんだ姿勢で、水を両手で水平にかいて歩かせたりします。

②大型のビート板や浮き島を浮かべて、子どもたちといっしょに押したり引いたり、上に乗ったりします。

③トンネルくぐりをして、顔や頭を水につけます。顔を水中から上げたときは、顔や目を手でこすらないで、２、３回強くまばたきをするように指導しましょう。

④友だちやプールの壁につかまって立ち、顔を水につける練習をします。苦しくなったら顔を上げ、また顔を水につけます。これを連続して行わせます。上達したら、顔つけ時間競争をすると楽しいでしょう（呼吸のしかたについては、ステップ４を参照）。

⑤２人組になって手を引いてもらいながら、水面に顔をつけて歩きます。上達したら、１人で両手を前に伸ばしたり、両手で水をかいたりして、顔を水面につけて歩きます。

⑥２人組で連手し、同時にしゃがみこんで、水中にらめっこや水中ジャンケンをします。

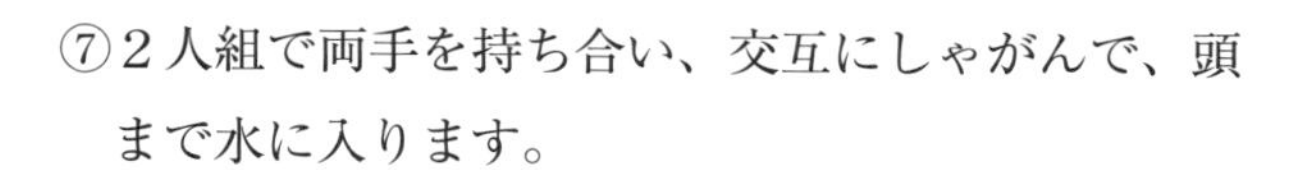

⑦２人組で両手を持ち合い、交互にしゃがんで、頭まで水に入ります。

⑧息を止めて水中にもぐり、水中で息をはいてから顔を上げます。顔を上げたら、口で大きく息を吸い込み、続いて水中にもぐります。上達したら、これを数回続けます。

⑨プールの底に石を置いて、水中石拾いをします。

⑩プールサイド上での腰かけ姿勢から、水の中に飛びおり、膝を曲げて安全に立ちます。上達したら、しゃがみこんだ姿勢から、足先をプールサイドの角にかけて踏み切って飛びおりさせます。とびおりるとき、後ろにそると頭を打つ危険があるので、少し前かがみに水に入るようにさせましょう（立ち飛び込み）。

⑪高く跳び上がって、からだを伸ばしてとび込み、水の中で膝を曲げさせます。上達したら、膝や腕の振動を使って、できるだけ遠くへとび込んだり、空中でからだをひねって方向を変えてとび込んだりしましょう。水にもぐったら、鼻から息を出させましょう。

水の中で、ある程度の活動ができるようになったら、仲間といっしょに行う集団遊戯的なものを多くとり入れましょう。この段階では、１人で練習するよりも、友だちといっしょに楽しく行う方が、お互いに刺激し合って、新しい試みに挑戦することができます。

⑫水中で手をつなぎ､いっしょに歩きます。輪になったり、横隊になったりします。子どもによって､歩くはやさが違うので、転倒に注意して下さい。子どもと視線を合わせるために、指導者は水中にしゃがんだ姿勢で参加しましょう。

⑬前の子の両肩に手をかけて、電車ごっこをします。２人１組でトンネルや橋をつくると、より楽しい水あそびが展開できます。

⑭水のかけ合いごっこをします。逃げたり、顔をふいたりしないように、がんばるようにさせます。

⑮水の中でいろいろな鬼あそび（手つなぎ鬼、助け鬼など）をします。その他、陸上で行う集団遊戯を、工夫してとり入れてみましょう。

(3) 水中運動（ステップ３）

水あそびから技術的なものへ、指導の重点を移すとき、水の中で次のような運動をさせてみましょう。

①プールの壁につかまって、あごをひき、顔を水につけ、膝を曲げて浮かせます。

②膝をかかえ、顔を膝につけるようにして脱力し、くらげ浮きをします。

③左右の手を上下に開き、一方の手を水中に入れてプールの壁をつかみ、足を浮かせます。

④指導者が子どもの両手を引きながら後方にさがり、止まったところで、子どもに膝を曲げさせ、からだを起こして立たせます。

⑤顔を水面に伏せて目を開き、力を抜いて胸や手足を伸ばして浮かせます（伏し浮き）。伏し浮きの練習では、からだを水の上にのしかかるようにすると浮きません。できるだけ、からだを低くして、肩まで水につけて、水面をすべるように行わせて下さい。

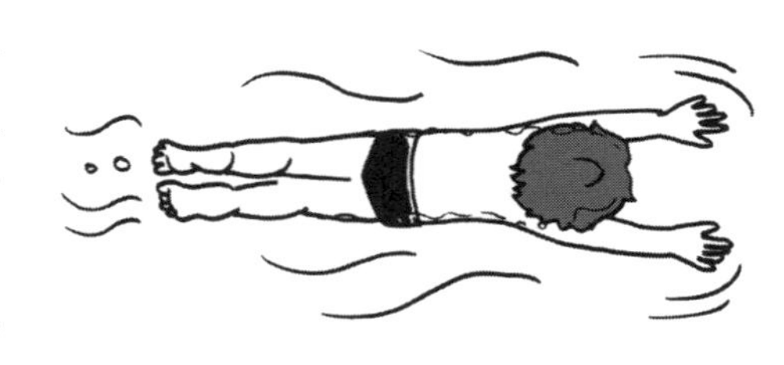

⑥プールの壁を蹴って伏し浮きをさせます。上達したら、できるだけ長い距離を行ったり、水中で息を少しずつはき出しながら行ったりします。

⑦伏し浮きの姿勢から立ちます。伏し浮きの姿勢から顔を上げ、両手で水を押さえながら、膝を腰に引きつけるようにして曲げ、からだを起こして立ちます。

⑧あおむけ姿勢から立ちます。

⑨プールサイドの縁に浅く腰をかけ、足を伸ばして水の中に入れて、バタ足をします(腰かけキック)。足は少し内またにし、親指が軽く触れ合うように動かします。

⑩プールサイドに両手をついて、伏し浮きの姿勢で顔を上げてバタ足をします（手のばしキック)。このとき、肩や腕の力を抜かせます。

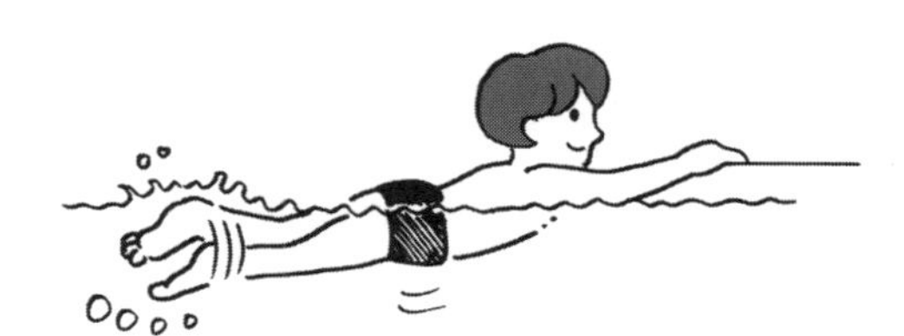

⑪伏し浮きの姿勢でビート板を握らせ、子どもを引っぱります。コースやスピードを変えながら行います。ビート板のつかまり方は、板の両わきを軽くもつ方法と、板の上に両手をのせる方法とがあります。

⑫ビート板をもち、バタ足をします（ビート板キック）。

(4) 呼吸法（ステップ４）

次の段階は、「呼吸法」です。「呼吸ができる」ということは、恐怖心をなくすというだけでなく、上達するために必要な、身体の緊張をほぐすことにもつながります。

初期の段階では、まず、あご、そして、口まで水につけさせ、ブクブクーと息をはかせます。次に、鼻やおでこ、顔全体を水につけて息をはかせ、最後に顔をあげてまとめて「パッ」とはかせます。目を開けて「ブクブク・パッ」ができるようになれば、かなりの上達です。

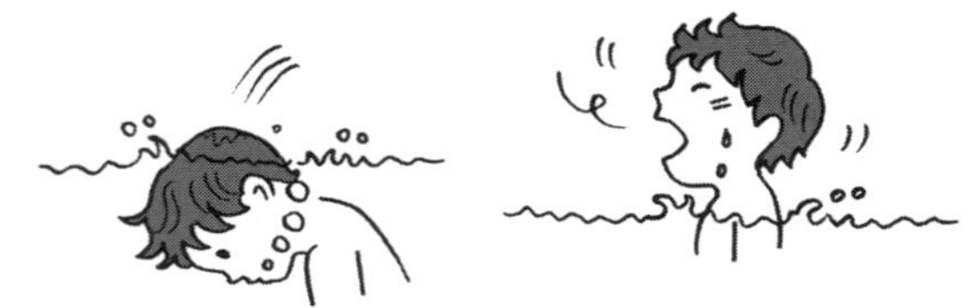

指導のポイントは、吸わせるのではなく、１度にまとめて「パッ」と息をはかせることです。口が水面上に出た瞬間のタイミングをはかってできるように、指導して下さい。大人でも、予期せぬときに水が顔にかかり、鼻から水が入って“ツーン”と、激痛を感じることがあります。水慣れの段階では、このように鼻から水を吸いこまないように注意しましょう。

こうして、呼吸法と身体各部の運動の調整を結合させることができるようになったとき、子どもたちは、次の水泳のステップを踏み出せるようになります。

(5) 泳法（ステップ５）

泳ぐ動作の基本は、手・足の一定のリズムに従った活動を呼吸と結合させることです。つまり、身体各部分における運動の調整を得ていくことです。そこで、浮いて進む練習をさせてみましょう。ここでは、クロールの一例をとりあげ、紹介します。

まず、伏し浮きの姿勢でバタ足を使って進ませます。だんだん上手になるにつれ、キックをはやく行わせます。ビート板やスイミングヘルパー等を使用して練習に入ると効果的です。手の動作は、バタ足がある程度できるようになってから指導し、手と足の動きを関連づけながら練習させます。

とくに、水中での息のはき方や、目を水中で開けて行うことに留意させます。できれば、顔を横に上げての呼吸ができるようにさせましょう。

チェックリスト（クロールまでの過程）

◀チェックのしかた▶

できない	／	または	×
できている	✓−	または	△
できる	✓	または	○
よくできる	✓+	または	◎

①腰かけキック……腰かけ姿勢から、足を交互に上下に動かし、バタ足をします。

項目＼チェック月日					
プールサイドの縁、またはプール内に準備したイスに浅く腰をかけることができる					
両手をついてからだを支えることができる					
両脚をまっすぐ伸ばすことができる					
足首は脱力している					
まっすぐ前を向いて、大きくゆっくり脚の上げおろしができる					
もものつけ根から脚全体が動かせる					
キックを、強くはやく行える					
脚を曲げず、キックを強くはやく行える					

※足首を少し内側に曲げ、親指がふれ合うように動かしているかどうかを、確認させます。

②プールサイドでの手のばしキック……プールサイドにつかまって、伏し浮きをしながらバタ足をします。

項目＼チェック月日					
自分でプールサイドにつかまることができる					
プールサイドにつかまって、肘を伸ばすことができる					
あごを水面につけることができる					
体をまっすぐ伸ばし、浮かすことができる					
まっすぐ前を向いてキックできる					
脚の親指が軽くふれ合うように、ハの字キックができる					
肩、腕の力を抜いて、手を伸ばし、キックが適切にできる					
「ブクブク・パッ」をしながら、手を伸ばし、キックができる					

※足首を少し内側に曲げ、親指がふれ合うように動かしているかどうかを、確認させます。

③２人１組で引っぱってキック……２人組になって、立っている人の手につかまってバタ足をします。

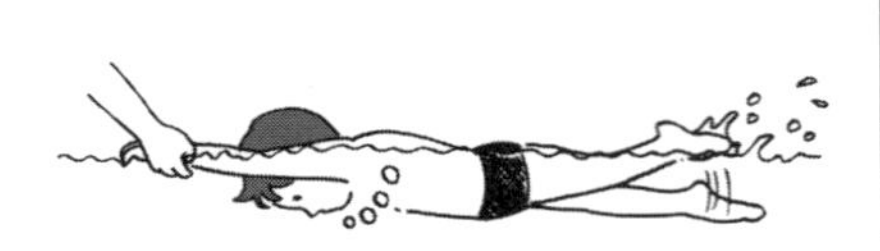

項目 ＼ チェック月日					
あごを水につけることができる					
肘を伸ばすことができる					
からだをまっすぐにすることができる					
まっすぐ前を向いてキックできる					
「ブクブク・パッ」をしながら、キックできる					

※膝は曲がらないように、伸ばしたままで行わせます。

④ビート板キック……ビート板につかまって、バタ足をします。

項目 ＼ チェック月日					
ビート板を正しく持つことができる					
肘を伸ばすことができる					
あごを水につけることができる					
足首は脱力している					
自転車こぎキックにならないように、もものつけ根から上下にキックすることができる					
「ブクブク・パッ」をしながら、キックできる					

※腕に力が入るとビート板が立ってしまい、推進力が減ってしまうことを知らせます。

⑤潜　水……水中にもぐります。

項目 ＼ チェック月日					
ジャンプができる					
水の中に顔がつけられる					
水の中にからだ全体を入れることができる					
水の中に深く沈み、底を蹴って高く跳びあがることができる					
トンネルくぐりができる					
前にはやく進むために、手で水をかくことができる					
前にはやく進むために、キックすることができる					
前にはやく進むために、手と足の両方を使うことができる					
目をあけて、潜水が適切にできる					

※息を無理に長くこらえることは危険です。

⑥クロール……バタ足を使い、両手で水をかいて進みます。

手の動作

項目　　　　　　　　　　　チェック月日					
陸上で、手を左右交互にリズミカルに動かすことができる					
陸上で、手の動作と呼吸とのバランスが適切にできる					
肘は常に手首より高い位置に保持できる					
水をキャッチする時は、指先から行える					
常にどちらかの手で水をかいている					
からだの真下までかき、それからプッシュできる					
プッシュの際、肘を支点として、水を後方に押すことができる					
肩を水面下深く落とさない					

※プッシュ……（水を）押し出すこと

足の動作

項目　　　　　　　　　　　チェック月日					
けり上げは膝を伸ばしてできる					
けりおろしは、膝をゆるめ、最後に強く伸ばすことができる					
足首の力を抜くことができる					

コンビネーション

項目　　　　　　　　　　　チェック月日					
片手が前方に伸びるとき、反対側の足を強くキックすることができる					
手でかき終わるとき、その方に顔を回して呼吸ができる					
泳ぐとき、視線は前方を向いている					

※正しい泳ぎを習得するために、ビート板を利用したクロールや伏し浮きをしてバタ足をし、さらに手のかきを加え、息つぎをしないで前に進む面かぶりクロールを子どもの必要に応じて取り入れて、指導して下さい。

あとがき

日本幼児体育学会で行ってきた「幼児体育指導員」養成が10年を迎えました。これまで、「幼児体育」の理論と実技、両方を習得した保育・教育現場や社会体育現場の先生方をはじめ、学生の皆様、保育者養成校の先生方によって、目の前の子どもたちをすこやかに育んでいただけていると期待しています。

近年の夜型化した生活が、子どもたちの心身に様々なネガティブな影響を及ぼすようになりました。その改善と子どもたちの心とからだをよりすこやかに育てていくためには、まわりの大人が適切な生活環境を考慮しながら、幼児の健康や発達、運動、あそびに関する理論や、豊富な実技指導、運動実践に必要な技術の習得が必要となります。

子どもたちは、信頼できる指導者の下で、皆と楽しく遊んでいる中で、全身、または、いろいろな身体部位を動かしたり、様々な道具を使って運動したり、リズムに合わせてからだを動かしたりする経験が必要です。子どもたちは、楽しくからだを動かして遊んでいるけれども、実はそれは、指導者が子どもたちの生活背景、発達、運動経験、好むあそび等、様々なことを理解したうえで、その時、最善の運動やあそびを選択し、必要な運動経験をさせることで、自然と子どもたちの力を伸ばしているということが必要だと思います。

そのためには、様々な運動やあそびを知っておくことはもちろんのこと、その運動やあそびのねらいや目的、注意事項についても、しっかり把握したうえで、実践することが必要となります。

本書には、経験豊富な指導者が、これまで指導してきた運動やあそびが数多く掲載されています。皆様方の日々の実践に活用していただき、子どもたちのすこやかな成長と健全な発達の一助になればと、心から願っています。

京都ノートルダム女子大学　石井　浩子
（日本幼児体育学会事務局長・幼児体育専門指導員）

■編著者紹介

前橋　明（まえはし　あきら）

早稲田大学人間科学学術院教授・医学博士、日本幼児体育学会会長、インターナショナルすこやかキッズ支援ネットワーク代表、日本食育学術会議会頭。
米国ミズーリー大学で修士（教育学）を、岡山大学で博士（医学）を取得。著書に『乳幼児の健康』『幼児体育～理論と実践～』『いま、子どもの心とからだが危ない』（大学教育出版）、『あそぶだけ！公園遊具で子どもの体力がグングンのびる！』（講談社）、『３歳からの今どき「外あそび」育児』（主婦の友社）など。監修に『０・１・２さいのすこやかねんねのふわふわえほん』（講談社）など。1998 年に日本保育学会研究奨励賞、2002 年に日本幼少児健康教育学会功労賞、2008 年に日本保育園保健学会保育保健賞を受賞。

（１章、２章、３章、９章、12 章、19 章、25 章、26 章、27 章）

■執筆者紹介

石井　浩子（京都ノートルダム女子大学准教授）（４章）
岩城　淳子（白鴎大学教授）（５章）
田中　光（流通経済大学教授・（社）TAISO LAND　田中光体操クラブプロデューサー）（６章）
岡　みゆき（大阪大谷大学）（７章）
原田　健次（京都西山短期大学）（８章、18 章）
楠　美代子（一般社団法人 日本キッズヨガ協会代表理事）（８章）
越智　正篤（神戸親和女子大学）（９章、24 章）
米谷　光弘（西南学院大学教授）（９章）
伊藤　華野（京都西山短期大学）（10 章）
梶谷　信之（岡山大学教授）（11 章、22 章）
松尾　瑞穂（元国際学院埼玉短期大学講師）（12 章）
田中　芳美（流通経済大学）（13 章）
石原由美子（JUMPS 代表）（14 章）
佐野　裕子（聖徳大学准教授）（15 章、16 章、23 章）
北田　和美（大阪女子短期大学教授）（17 章）
森　博史（岡山理科大学講師）（18 章）
片岡　正幸（ピース・スポーツクラブ代表）（19 章）
永井　伸人（国学院高等学校教諭）（20 章、21 章）
池谷　仁志（さわだスポーツクラブ）（20 章）
廣瀬　団（JP ホールディングス）（20 章）

日本幼児体育学会
幼児体育　実技編

2017 年 4 月 10 日　初版第 1 刷発行

■編 著 者――日本幼児体育学会　前橋　明
■発 行 者――佐藤　守
■発 行 所――株式会社大学教育出版
〒700-0953　岡山市南区西市855-4
電話(086)244-1268㈹　FAX(086)246-0294
■印刷製本――モリモト印刷㈱
■Ｄ Ｔ Ｐ――ティーボーンデザイン事務所
■イラスト――宇野紀子・大森和枝・行天達也・日名雅美

日本音楽著作権協会（出）許諾第1702968－701号
ISBN978－4－86429－434－8